FRAUENPERSPEKTIVEN
KÖLN

FRAUENPERSPEKTIVEN

KÖLN

Texte und Interviews
CHRISTIANE MÖSCHLE

Fotografien
BETTINA FLITNER

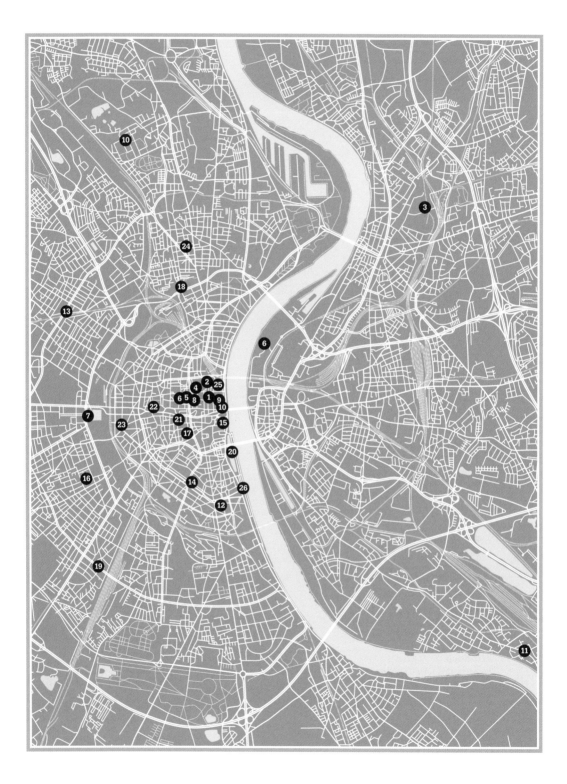

INHALT

Viel alte Herrlichkeit ist ihm geblieben, unverändert,
wie seine Kirchen sind, fließt sein Strom, der Rhein.

RICARDA HUCH, *Im alten Reich. Lebensbilder deutscher Städte*

VORWORT

»Köln wollen sie sehen! das verrückte Nest?«, schrieb die Schriftstellerin und Salonnière Rahel Varnhagen von Ense (1771–1833) im Jahr 1819.

Ist Köln tatsächlich ein »verrücktes Nest«? Was macht eine Stadt lebens- und liebenswert? Prägen die Menschen eine Stadt oder prägt die Stadt ihre Menschen? Die Künstlerin Mary Bauermeister schrieb in ihrem Buch *Ich hänge im Triolengitter*: »An Orten verankert sich unser *Schicksal*, so als prägten wir Menschen der Erde unser Erleben ein.« Köln ist eine der ältesten Städte Deutschlands. Seit über zwei Jahrtausenden haben viele Menschen ihr *Schicksal* im Kölner Boden verankert.

Achtundzwanzig Frauen, die ihr *Erleben* der Kölner Erde eingeprägt haben, stellen in diesem Buch einen Ort vor, der für sie von besonderer Bedeutung ist. Allen voran, die amtierende Oberbürgermeisterin Henriette Reker, das erste weibliche Stadtoberhaupt in der langen Geschichte Kölns. Als Stadtgründerin gilt die Römerin Julia Agrippina, die Köln ihren Namen geben ließ. Der eigentliche Vater der Stadt war laut Forschungen der *Universität zu Köln* Agrippinas Urgroßvater Augustus, der den Ort, der später Köln heißen sollte, gründete. Doch für die KölnerInnen spielt das keine Rolle, sie verehren Julia Agrippina. Und so kann man Henriette Reker als Kölns erste Frau nach Agrippina an der Spitze der Stadt bezeichnen.

Heinrich Böll versuchte in seinem Essay *Was ist kölnisch?* herauszufinden, was für ihn das Kölnische ausmacht. Als wir mit der Arbeit an diesem Buch begannen, fragten sich auch Bettina Flitner und ich, was kölnisch ist und die kölnische Kultur ausmacht. Welche Frauen sind heute Teil dieser kölnischen Kultur? Und wie prägen sie das kulturelle Leben Kölns?

Böll stellt in seinem Essay vor allem den Dom und den Karneval in den Mittelpunkt seiner Überlegungen. Am Kölner Dom kommt man sicher nicht vorbei, ob man ihn mag oder – wie Heinrich Böll – nicht, ebensowenig am Kölner Karneval, aber auch der WDR und das *Funkhaus am Wallrafplatz*, das *Dufthaus 4711*, die *Oper Köln* und das *Hänneschen-Theater*, die vielen Museen, das *Literaturhaus*, der *Kölnische Kunstverein* und der *FrauenMediaTurm* sind heute wichtige Kultureinrichtungen, die das Stadtleben prägen.

Zwölf bedeutende romanische Kirchen und ein gotischer Monumentalbau innerhalb der ehemaligen mittelalterlichen Stadtmauern machen Köln auch zu einer Pilgerstadt. Vor allem der *Kölner Dom* zieht gläubige Katholiken aus der ganzen Welt an, aber auch Heerscharen kunstsinniger Touristen und Menschen, die einmal in ihrem Leben dieses Bauwerk gesehen haben wollen. Dabei grenzte es an zwei Wunder und bedurfte großer Ausdauer, dass dieser Bau überhaupt jemals vollendet wurde und wir ihn in seiner vollen Pracht bestaunen können. Etwas mehr als dreihundert Jahre dauerte seine erste Bauphase, dann verfiel er zur Ruine und fristete ein trauriges Dasein, bis der Gemäldesammler Sulpiz Boisserée die fixe Idee hatte, dieses einzigartige Kunstwerk zur Vollendung zu bringen. Die ehemalige Dombaumeisterin Barbara Schock-Werner, die erste und bisher einzige Frau, die dieses Amt inne hatte, erzählt von ihrem Werdegang, den Herausforderungen während ihrer Amtszeit und was ihr im Dom am besten gefällt.

Das erste Gebäude des 1956 gegründeten *Westdeutschen Rundfunks Köln* war das *Funkhaus am Wallrafplatz*. Es ist sozusagen die Keimzelle der größten Sendeanstalt der ARD, die für das kulturelle Leben der Stadt von wesentlicher Bedeutung ist. Vor allem im Bereich der neuen Musik hat sich der WDR verdient gemacht. Im Schatten des Doms entwickelte sich aber auch das neue Medium Fernsehen zum Leitmedium. 1935 wurde in Deutschland über den Sender Paul Nipkow in Berlin, dem ersten regulären Fernsehsender der Welt, zum ersten Mal ein regelmäßiges Fernsehprogramm ausgestrahlt. Nach dem Zweiten Weltkrieg wurden sowohl in der BRD als auch in der DDR die ersten Fernsehprogramme ausgestrahlt. Die ARD startete 1952 mit ihrem Programm des *Deutschen Fernsehens*, heute Das Erste, 1963 folgte das *Zweite Deutsche Fernsehen*, das ZDF. Ab Mitte der 1960er-Jahre kamen die regionalen dritten Programme dazu. Der WDR nahm am 17. Dezember 1965 unter dem Namen *Westdeutsches Fernsehen*, kurz WDF und heute *WDR Fernsehen*, seinen Sendebetrieb auf. Seit den Anfängen dabei ist Melitta Erven und sie erzählt uns von vielen spannenden Jahren beim WDR, für den sie an anderer Stelle noch immer arbeitet.

»Mein Duft ist wie ein italienischer Frühlingsmorgen nach dem Regen, Orangen, Pampelmusen, Citronen, Bergamotte, Cedrat, Limette und die Blüten und Kräuter meiner Heimat.« So beschrieb Johann Maria Farina sein *Eau de Cologne*. Sprach man im 18. Jahrhundert von *Eau de Cologne* oder *Kölnisch Wasser*, so meinte man das Duftwasser von Johann Maria Farina, dessen Firma sich noch heute in der Obenmarspforten 23 befindet. Der gebürtige Italiener schuf 1709 sein *Aqua mirabilis*, das er nach seiner Wahlheimatstadt *Eau de Cologne* benannte. Schon bald wurde es in ganz Europa verkauft. Da es damals noch keinen Markenschutz gab, wurde das Wasser vielfach kopiert und schließlich der Begriff *Eau de Cologne* der Name einer Duftklasse. Das weltweit bekannteste und erfolgreichste *Eau de Cologne* ist das *Echt Kölnisch Wasser* der Firma 4711, die Ende des 18. Jahrhunderts von Wilhelm Mühlens gegründet wurde. Das Stammhaus von 4711 in der Glockengasse ist heute ein Dufthaus und einer der meistbesuchten Orte Kölns. Für die Parfümeurin Alexandra Kalle ist es ein einzigartiger Ort, der viel davon erzählt, was die Stadt Köln ausmacht.

Ein eigenes Opernhaus besitzt Köln erst seit 1902. Es befand sich am Habsburgerring und wurde im Zweiten Weltkrieg so stark beschädigt, dass man sich gegen einen Wiederaufbau entschied und stattdessen von dem Kölner Architekten Wilhelm Riphahn ein neues Haus am Offenbachplatz erbauen ließ, das 1957 eröffnet wurde. Im Eröffnungssommer gastierte die *Mailänder Scala* in der neuen *Oper Köln* und Maria Callas sang in Vicenzo Bellinis Oper *La sonnambula*, was für Furore sorgte. Als eine Sanierung des Opernhauses notwendig wurde, dachte man aus Kostengründen zunächst an einen Abriss und Neubau. Zum Glück besann sich der Kölner Stadtrat eines Besseren und stimmte einer Sanierung des Baudenkmals zu. Die gebürtige Kölnerin Birgit Meyer war die erste und bisher letzte weibliche Intendantin der *Oper Köln*. Da das Operngebäude am Offenbachplatz erst ab März 2024 wieder in Betrieb genommen werden soll, lernten wir den Charme einer ganz anderen Spielstätte kennen, den des Ausweichquartiers im *Staatenhaus* auf der anderen Rheinseite. Was das Besondere an diesem ganz anderen Opernerlebnis in einer ehemaligen Messehalle ist und warum sie ihrer Amtszeit im Ausnahmezustand auch viel Positives abgewinnen konnte, davon erzählt uns die Theaterwissenschaftlerin und promovierte Ärztin.

Unter Sprachwissenschaftlern gilt der Kölner Dialekt auch als Sprache. Warum? Weil das Kölsch einen eigenen Wortschatz und eigene Laute besitzt und einer eigenen Grammatik folgt. Die US-amerikanische Journalistin und Schriftstellerin Nora Waln empfand die deutsche Sprache als spröde und hart, »barbarisch und rauh«. Ganz im Gegensatz zur Sprache der Kölnerinnen und Kölner, über die sie 1949 schrieb: »Auf den Zungen der Kölner Bevölkerung aber verwandelt diese Sprache sich in einen melodisch klingenden Dialekt. Sie fügen ein sanftes Rollen an die R-Laute und bereichern die Sprache um einen ausdrucksvollen Tonfall, indem sie sie mit oft gewöhnlichen, aber fast immer drolligen Redewendungen schmücken.« Aber es gibt auch kehlige L-Laute, die in den Ohren der Schauspielerin, Kabarettistin und Gartentherapeutin Anne Rixmann für heimelige Gefühle sorgen und für die sie Köln und die KölnerInnen immer lieben wird.

Das Epizentrum der kölschen Sprache und auch der kölschen Mentalität befindet sich im *Hänneschen-Theater* am Eisenmarkt, einem Puppentheater, in dem nur Kölsch gesprochen wird. Die Schauspielerin Katja Lavassas liebt die kölsche Sprache und hat sich deshalb im *Hänneschen* als Puppenspielerin beworben. Die von ihr sehr geliebte Großmutter mütterlicherseits hat nur Kölsch gesprochen. Mir ihr zusammen hat Katja Lavassas früher die Karnevalssitzungen des *Hänneschen* im Fernsehen angeschaut hat und steht nun selbst *hinger dr Britz* des Theaters.

Auch im Karneval spielt die kölsche Sprache eine wichtige Rolle. Keines der unzähligen Lieder, die der Stadt huldigen und ohne die der Kölner Karneval nicht denkbar wäre, würde auf Hochdeutsch auch nur annähernd dieselben Gefühlswallungen erzeugen. Das erlebten wir bei der Begegnung mit den Sängerinnen Elli Erl und Tina van Wickeren, mit denen wir in der Kölner Südstadt im Restaurant *Speisekammer* das Lied *En unserem Veedel* von den *Bläck Fööss* sangen. Gefühlvoll geht es in Köln überhaupt oft zu. So haben auch Stadtteile ihr ganz eigenes *Jeföhl* und wir konnten nicht nur das *Südstadtjeföhl*, sondern dank der Sängerin Melane auch das *Ehrenfeldgefühl* erleben.

Doch zurück zum Karneval, auf keinen Fall zu verwechseln mit dem Fasching, »etwas so vollkommen Unkölnisches«, wie Heinrich Böll in seinem Essay *Was ist kölnisch?* schreibt. »Fasching ist eine Erfindung der Boheme, der Karneval stammt aus dem Volk, er ist klassenlos, so wie eine ansteckende Krankheit keine Klassenunterschiede kennt. Den Fasching bemerkt man nicht im Leben einer Stadt, man kann ihn ignorieren; in Köln den Karneval ignorieren zu wollen, wäre zwecklos; man kann sich nur aus der Ansteckungszone entfernen.«

Ursprünglich eine reine Männerdomäne, dringen immer mehr Frauen in diese Domäne ein. Am 27. April 1999 wurde die erste Kölner Damen-Karnevalsgesellschaft *Colombina Colonia* gegründet. Einige »tapfere« Frauen erfüllten sich im Jahr 2014 ihren Traum und gründeten am 15. Juni das erste Damencorps im Kölner Karneval, die *Damengarde Coeln 2014 e.V.*. Seit über zwanzig Jahren ist Biggi Wanninger Präsidentin der *Stunksitzung*, einer alternativen kabarettistischen Karnevalssitzung, die 1983 von einigen Kölner StudentenInnen, unter anderem dem Kabarettisten Jürgen Becker, gegründet wurde. Sie war die erste Frau, die einer Karnevalssitzung vorstand. Seit 1991 findet die *Stunksitzung* im *E-Werk* in Mülheim statt. Von Biggi Wanninger erfahren wir nicht nur, was dieser Ort für sie bedeutet, sondern sie lässt uns auch hinter die Kulissen der *Stunksitzung* blicken.

Das amtierende *Funkenmariechen* der *Kölsche Funke rut-wieß vun 1823 e.V.*, dem ältesten Traditionscorps im Kölner Karneval, Judith Gerwing, stellt das Hauptquartier, der Roten Funken vor. Die *Ulrepforte*, ein erhaltenes Tor der mittelalterlichen Stadtmauer, wird von den Roten Funken auch als Stadtdenkmal erhalten.

Im Mittelalter führte die *Ulrepforte* auf landwirtschaftlich genutzte Felder, war also kein strategisch wichtiges Tor. Der direkt am Rhein gelegene *Bayenturm* hingegen hatte eine wichtige Schutzfunktion und schloss die mittelalterliche Stadtmauer im Süden ab. Im Jahr 1262 eroberte die Kölner Bürgerschaft den *Bayenturm* und beendete damit die Herrschaft des Erzbischofs über Köln. 1994 haben die Frauen den Turm erobert, allen voran Alice Schwarzer, die uns erzählt, wie diese *Eroberung* vonstatten ging und was der *FrauenMediaTurm* bewahrt.

»Kunst ist zwar nicht alles, aber in Köln ist ohne Kunst alles nichts«, sagte der ehemalige Beigeordnete für Kunst und Kultur der Stadt Köln Kurt Hackenberg 1967. Bis in die 1990er-Jahre galt Köln als die Kunstmetropole. Ist Köln immer noch eine Stadt der Kunst? Das fragte ich die Galeristin Marietta Clages, die 2008 eine Galerie im Belgischen Viertel eröffnet hat. In Köln befinden sich viele Kunstgalerien und bedeutende Museen. Einige davon, werden auch in diesem Buch vorgestellt. So schreibt die stellvertretende Direktorin des *Museum Ludwig*, Rita Kersting, über die feministische Sammlungsausrichtung des Museums. Von Nanette Snoep, Direktorin des *Rautenstrauch-Joest-Museums*, erfahren wir, wie wichtig es ist, einen Perspektivenwechsel vorzunehmen und die Direktorin des *Kölnischen Kunstvereins*, Nikola Dietrich, spricht über die künstlerischen Freiräume, die Kunstvereine bieten. Die Künstlerinnen Christiane Löhr und Leiko Ikemura fühlen sich im *Museum für Ostasiatische Kunst* und im *Kolumba* zu Hause, und Mary Bauermeister hatte Anfang der 1960er-Jahre in der Kölner Altstadt ein legendäres Atelier, mit dem sie nicht nur Kölner Kunstgeschichte geschrieben hat.

Die *Kunsthochschule für Medien* ist eine junge Hochschule, die sich auf die neuen medialen Künste exMedia, Film und Kunst und Wissenschaft spezialisiert hat. Dass auch die Filmkunst in Köln beheimatet ist, erfahren wir dank der früheren Rektorin der KHM, Kerstin Stutterheim.

Literatur nimmt einen großen Raum im kulturellen Leben der Stadt ein. Die Leiterin des *Literaturhauses Köln*, Regina Fischer, liebt Häuser mit Geschichte(n) und sie erzählt uns, wie sie das *Haus Bachem*, in dem sich das *Literaturhaus Köln* seit 2014 befindet, entdeckt hat und was es für sie bedeutet, in diesem geschichtsträchtigen Haus zu arbeiten.

Es gibt aber auch ganz unspektakuläre, weniger bekannte Orte, an denen sich das Kölnische finden lässt, wie auf dem Wochenmarkt in Klettenberg oder in der *Alhambra* und auf dem Wilhelmplatz in Nippes oder in einem nüchternen Institutsgebäude der *Universität zu Köln*. Dank der Schriftstellerinnen Hanne Hippe und Brigitte Glaser, der Kunstwissenschaftlerin Leonie Pfennig und der Archäologiestudentin Aleksandra Kruglova werden diese Orte lebendig und sehenswert, denn überall findet sich Schönes, Reizvolles und eben typisch Kölnisches.

Darüber hinaus werden Orte vorgestellt, die durch sehr persönliche Geschichten mit der Stadt verbunden sind, wie ein Afro Shop in Ehrenfeld für die

Sängerin Melane, der *Nordfriedhof* für die Puppenspielerin Katja Lavassas oder die *Alexianer Klostergärtnerei* für die Schauspielerinnen und Gartentherapeutinnen Anne Rixman und Gabi Weiss.

Und dann ist da noch der Rhein, der die Kölner Stadtgeschichte schon immer mitbestimmte. An seinen beiden innerstädtischen Ufern laden Promenaden und Wiesen zum Verweilen ein. Die Geschäftsführerin des *Salonfestival* lebt in der Südstadt unweit des Rheins und findet das Leben am Fluss besonders schön. Je nach Stimmung zieht es sie entweder in den Rheinauhafen oder in die Rheinauen, in die Stadt oder die Natur, beides direkt vor ihrer Haustür. Für Alice Schwarzer ist der Rhein das Beste an Köln. Von ihrem Büro aus hat sie ihn eigentlich immer im Blick.

Jede der Frauen, die in diesem Buch ihren besonderen Ort vorstellt, hat durch ihr Wirken ihr *Schicksal* an den unterschiedlichen Orten und damit auch in der Stadt Köln mehr oder weniger intensiv verankert. Köln kannte ich nur von regelmäßigen Besuchen. Dank der Begegnungen mit den Frauen, die in diesem Buch porträtiert werden, und einigen anderen Kölnerinnen, die am Entstehen dieses Buchs beteiligt waren, konnte ich tief in das Leben und die Geschichte der Stadt eintauchen und habe eine sehr besondere, ja, eine einzigartige Stadt kennengelernt.

Die Begegnung mit der Kölnerin Bettina Flitner war für mich besonders bereichernd. Es war eine große Freude, mit ihr zusammenzuarbeiten, und ihre Bilder waren für mich beim Schreiben der Texte eine Inspiration. Bettina Flitners Fotografien machen die Verbundenheit der Frauen mit ihrem Ort und seiner Geschichte sichtbar und beinhalten mehr als nur einen Moment an einem bestimmten Ort. Sie nehmen die Persönlichkeit der Frauen auf und sind sehr viel mehr als nur eine Darstellung oder Ergänzung dessen, was in den Texten beschrieben wird.

Durch den Blick der Frauen erhalten die Orte eine persönliche Färbung. Durch den Blick von Bettina Flitner werden die Frauen an ihren Orten erlebbar. Er zeigt, auf welche Art sich ihr *Schicksal* an diesen Orten verankert hat.

Ob Köln auch ein verrücktes oder ein *jeckes* Nest, wie das auf Kölsch heißt, ist oder nicht ... lesen Sie selbst. Kölle Alaaf!

Christiane Möschle

HENRIETTE REKER

Oberbürgermeisterin

RATHAUSTURM

Heimat ist der Ort, an dem das Herz sich vertrauensvoll öffnet und ein Fenster zur Seele offenbart. Heimat ist für alle KölnerInnen ein Gefühl der Lebenslust und Zusammengehörigkeit, das vor allem in den vielen kölschen Liedern seinen Ausdruck findet. Uns gelingt es, unsere Stadt mit all ihren Ecken und Kanten in ihrer Unvollkommenheit zu lieben. Köln ist eine Stadt, deren Wurzeln multikulturell sind. Als alte Handelsstadt am Rhein ist unsere DNA geprägt von Vielfalt. Die Menschen reisten Jahrhunderte lang über den großen europäischen Strom zu uns. Sie verliebten sich in Stadt, Kultur und Leute. Und sie blieben. So erging es auch Hertha Kraus, der Frau, die am Rathausturm bis heute eine Hauptrolle spielt.

»Heimweh nach Kölle«

von Henriette Reker

Am Kölner Rathausturm befinden sich Figuren von achtzehn Frauen der Kölner Stadtgeschichte. Eine davon, die Sozialwissenschaftlerin Hertha Kraus, ist Henriette Rekers *persönliche Heldin.*

Hertha Kraus ist eine von achtzehn Frauen, die zu den insgesamt einhundertvierundzwanzig Figuren am Kölner Rathausturm zählen. Diese Figuren zeigen HeldInnen und einflussreiche Persönlichkeiten der Kölner Stadtgeschichte. Der Turm wurde erstmals im frühen 15. Jahrhundert als spätgotisches Bauwerk errichtet. Sein Bau begann, als der Bau des Doms bereits stagnierte. Mit seinen sechzig Metern Höhe zählte der Rathausturm neben Groß Sankt Martin zu den höchsten Gebäuden der damaligen Zeit und prägte die Kölner Skyline. Im Zweiten Weltkrieg fast vollständig zerstört, wurde er im Rahmen des Wiederaufbaus recht originalgetreu rekonstruiert – die Skulpturen und Figuren wurden erst in den 1980er-Jahren neubestimmt. Damals brachen eine spaltende Debatte und eine hitzige Pressediskussion aus. Der Protest wurde angeführt von der grünen

Ratsabgeordneten Gundi Heap, die mit Unterstützung der Gründerin des Frauengeschichtsvereins, Irene Franken, den Kampf um die gerechte Anerkennung des Einflusses zahlreicher weiblicher Persönlichkeiten in Köln gewann. Statt der ursprünglich angedachten fünf Frauen, sind es nun achtzehn Persönlichkeiten aus den unterschiedlichsten Epochen unserer Stadtgeschichte. So zählt auch eine meiner persönlichen Lieblingsfiguren, Hertha Kraus, heute zu den Frauen, die vom Rathausturm über die Geschicke der Stadt wachen und uns daran erinnern, wie wichtig es ist, unseren Beitrag in dieser Stadt zu leisten. Eine Aufgabe, die alle Frauenfiguren am Rathausturm übernehmen: Symbolisch stehen sie – jede für sich in ihrer Disziplin – für den Mut, die Stärke, das Mitgefühl, die Opferbereitschaft und die visionäre Vorstellungskraft der gebürtigen und immigrierten Kölnerinnen. Sie dienen uns als Mahnmal, als Erinnerung und als Vorbilder. Sie überdauern mit ihrem Werk und ihren Taten die Zeit.

Hertha Kraus ist meine persönliche Heldin. Eine Frau, mit der ich einige Gemeinsamkeiten teile. Geboren wurde die Pionierin jüdischer Abstammung am 11. September 1897 in Prag. Sie war damals eine der wenigen Frauen an deutschen Universitäten und studierte in Frankfurt am Main zuerst Wirtschaftswissenschaften, später Sozialwissenschaften. Noch im Zug ihres Studiums schloss sie sich der Lebens- und Glaubensgemeinschaft der Quäker an.

Auch ich habe meinen Weg über die Sozialverwaltung zur Stadtverwaltung gefunden, bevor ich in das Amt der Oberbürgermeisterin gewählt wurde. Als Sozialdezernentin der Stadt Köln habe ich somit in gewisser Weise das Erbe von Hertha Kraus übernommen. Es war der Oberbürgermeister Konrad Adenauer, der Köln nach dem Ersten Weltkrieg eine neue Richtung als eine weltoffene Stadt im Herzen Europas gegeben hat. Er initiierte die Städtepartnerschaften, schuf den Grüngürtel, und er war es auch, der Hertha Kraus nach Köln holte. Mit gerade einmal sechsundzwanzig Jahren sollte die junge Stadtdirektorin und Leiterin des Wohlfahrtsamts, eine überzeugte Sozialdemokratin, die Idee der Settlements und der Nachbarschaftsheime in die Tat umsetzen. Sie unterrichtete außerdem an der *Wohlfahrtsschule der Stadt Köln*, unterstützte ein Quäkerhilfswerk für erwerbslose junge Mädchen und war unter anderem noch Mitglied des Hauptausschusses des *Deutschen Vereins für öffentliche und private Fürsorge* sowie der Arbeiterwohlfahrt. Ihr wohl bemerkenswertester Beitrag zur Gestaltung der Stadt Köln war die Errichtung einer Anlage mit einem Wohnstift,

Pflegeheimen und einem Versorgungsbereich für Personen mit körperlichen und psychischen Einschränkungen auf dem Gelände der ehemaligen Pionierkasernen an der Boltensternstraße in Köln-Riehl. Begonnen im Jahr 1927 wurden die *Riehler Heimstätten* nach ihrer Fertigstellung 1934 die größte derartige Einrichtung der damaligen Zeit. Die Heimstätten haben bis heute Bestand und laufen lediglich unter anderen Namen: Die *Sozial-Betriebe-Köln* bestehen somit schon seit fast einhundert Jahren.

Hertha Kraus und mich verbindet eine besondere Stärke: Ihr Lebenswerk in der Stadt Köln lässt mich glauben, dass sie – ebenso wie ich – aus der Fürsorge und der Übernahme von Verantwortung Kraft schöpft. In den 1930er-Jahren war Hertha Kraus als Frau jüdischer Abstammung gezwungen, Köln zu verlassen. Durch ihre gute Beziehung zu den Quäkern erhielt sie unmittelbar eine Stelle als Dozentin am *Institut of Technology* in Pittsburgh/Pennsylvania. 1936 wurde sie, inzwischen Mitglied der *National Association of Social Work*, zur Professorin für Social Work and Social Research am renommierten von Quäker gegründeten *Bryn Mawr College* in Philadelphia berufen. Sie engagierte sich darüber hinaus in der Geflüchtetenhilfe. Auch in diesem Themenkomplex fühle ich mich Hertha Kraus stark verbunden. War Hertha Kraus eine Frau, die aus Prag als Kind nach Deutschland gekommen war und später selbst die Flucht nach Amerika antreten musste, so stamme auch ich aus einer Familie, die von Flucht und ihren Folgen geprägt ist. Meine Mutter kam als Geflüchtete aus Schlesien nach Köln. Und sie hat mir ein Wertesystem vermittelt, das geprägt ist von Disziplin und Leistungswillen sowie einem stark ausgeprägten Sinn für soziale Gerechtigkeit, Offenheit gegenüber Andersartigkeit und dem Wunsch, Menschen auch in schwierigen Lebensumständen und Situationen zur Seite zu stehen. Hertha Kraus – so glaube ich – hat ihr Lebenswerk auf einem ähnlichen Wertesystem erbaut. Und so hilft mir im Alltag ein Blick hinauf zu ihr an den Rathausturm, um mir meiner eigenen Stärke, meines Antriebs und meiner Vision für Köln bewusst zu werden.

Willy Ostermann singt in dem Lied *Heimweh nach Kölle*: »Ich mööche zo fooss noch Kölle jonn« und beschreibt damit ein Gefühl, dass viele Menschen erlebten und erleben, die für eine Zeit lang Köln ihre Heimat genannt haben. Auch Hertha Kraus kehrt nach dem Ende des Krieges viele Male als Delegierte des *American Friends Service Committee* nach Deutschland zurück, um zwischen den beiden deutschen Staaten zu vermitteln. Bis 1952 unterstützte sie die Gründung von Nachbarschaftsheimen in Köln. Insgesamt dreizehn Einrichtungen sind so entstanden. Im Jahr 1952 verlor sie ihre Lebensgefährtin Gertrud Schulz. Sie selbst verstarb 1968 nach schwerer Krankheit. Über ihren Tod hinaus bleibt sie ein Vorbild für Frauen in unserer Stadt. Ändern auch Sie mal die Perspektive, schauen Sie am Rathausturm hinauf zu Hertha Kraus und fragen Sie sich: Welchen Beitrag kann ich leisten, um Köln zu einer sozialgerechteren Stadt zu machen?

Über
Henriette Reker

Wäre Henriette Reker Astronautin geworden, wie sie sich das als Kind gewünscht hat, so wäre sie vielleicht die
erste deutsche Frau im All gewesen.
Die erste Frau im All war eine Russin
im Jahr 1963, die zweite zwanzig Jahre

später eine Amerikanerin. Neben einigen weiteren Frauen, die inzwischen
ins Weltall geflogen sind, war bis heute
noch nie eine Frau aus Deutschland
dort. Doch ihren Kindheitstraum erfüllte
sie sich nicht. Stattdessen wurde sie die

erste Frau an der Spitze Kölns und kann in dieser Position zwar nicht die ganze Welt von oben betrachten, hat aber zumindest das Privileg, jederzeit ihre Stadt vom Ratsturm aus zu überblicken.

In ihrer Eigenschaft als Oberbürgermeisterin der Stadt Köln ist sie darüber hinaus die erste Frau im aktiven Corps der *Roten Funken*. Das sind die OberbürgermeisterInnen von Köln automatisch. Als die Satzung der *Roten Funken* bei deren Gründung 1823 aufgesetzt wurde, hätte sicherlich keines der Mitglieder auch nur einen Gedanken daran verschwendet, dass dieses Amt jemals eine Frau bekleiden könnte. Erst ab 1919 können Frauen in Köln überhaupt wählen und auch gewählt werden. Auch Henriette Reker hätte es sich nicht träumen lassen, einmal Mitglied bei den *Roten Funken* zu sein. Auf Twitter schrieb sie nach ihrer Aufnahme ins Corps: »Als Kind in Bickendorf war ich schon ein Fastelovendsjeck. Ich hätte mir nie träumen lassen, dass ich die erste Frau in der Uniform der *Roten Funken* sein würde.« Es gibt zwar noch eine Frau bei den Funken, das *Funkenmariechen*, aber das gehört nicht zum aktiven Corps und trägt nicht die Funkenuniform der Soldaten. In früheren Zeiten sorgte in Köln eine Marketenderin mit etwas zweifelhaftem Ruf für die Belustigung der preußischen

Stadtsoldaten. Aus ihr wurde bei den Funken die *Marie*, die erste Gardetänzerin. Früher auch von einem Mann dargestellt, hat diese Rolle erst im Dritten Reich eine Frau übernommen, weil die Nationalsozialisten keine Männer in Frauenrollen duldeten.

Als Henriette Reker 2015 zum ersten Mal zur Oberbürgermeisterin von Köln gewählt worden war, gaben ihr die *Roten Funken* den Spitznamen *Agrippina Colonia*. Nach ihrer Wiederwahl 2020 wurde aus dem *Colonia* ein *Courage*, weil Henriette Reker trotz des Attentats, das einen Tag vor der Wahl auf sie und vier weitere Personen verübt und bei dem sie schwer verletzt worden war, die Wahl angenommen hatte: *Agrippina Courage*. Eine mutige Kämpferin, wie die berühmte Namensgeberin von Köln sicherlich auch eine war, die Römerin Julia Agrippina.

2015 war auch das Jahr, in dem der zweitausendste Geburtstag der stolzen Römerin Julia Agrippina mit einer Sonderausstellung im *Römisch-Germanischen Museum* gefeiert wurde. Sie erblickte das Licht der Welt im Jahr 15 in der am Rhein gelegenen römischen Siedlung *Oppidum Ubiorum*, die sie später zur Stadt erheben und auf ihren Namen taufen ließ: *Colonia Claudia Ara Agrippinensium*, kurz *CCAA*. Im Lauf der Jahrhunderte verkürzte sich dieser lange Namen immer mehr, so dass schließlich irgendwann nur noch der Name Köln übrig blieb.

Julia Agrippinas Vater Germanicus, ein römischer Feldherr, wurde im Jahr 13 Statthalter der römischen Siedlung Oppidum Uborium. Sein Palast, in dem Agrippina geboren wurde und ihr erstes Lebensjahr verbrachte, stand da, wo heute das Kölner Rathaus steht.

Als Julia Agrippina vier Jahre alt war, starb ihr Vater vermutlich in Folge eines Giftanschlags. Kurz nachdem sie einige Jahre später mit dem römischen Großgrundbesitzer Gnaeus Domitius Ahenobarbus verheiratet worden war, verstieß der neue Kaiser Tiberius ihre Mutter, Agrippina die Ältere, auf eine einsame Insel und ließ sie dort verhungern. Im Jahr 37 bekam Julia Agrippina ihr einziges Kind, einen Sohn, der zunächst den Namen Lucius Domitius Ahenobarbus und später als Kaiser des Römischen Reichs den Namen Nero Claudius Caesar Augustus Germanicus trug. Ebenfalls im Jahr 37 starb Tiberius und Agrippinas Bruder Caligula wurde römischer Kaiser. Doch schon bald verdächtigte er seine Schwester, sich gegen ihn verschworen zu haben, und verbannte sie auf eine Insel. Nachdem Caligula ein Jahr nach ihrer Verbannung ermordet worden war, kam der nächste Verwandte von Agrippina

auf den Kaiserthron: ihr Onkel Claudius. Agrippina, inzwischen Witwe, wurde durch die Heirat mit ihrem Onkel und neuen Kaiser zur mächtigsten Frau der damaligen Welt. Sie wollte allerdings nicht nur die Frau an der Seite des Kaisers sein, nein, sie wollte mitregieren. Was für ein Anspruch in römischer Zeit. Als erste lebende Frau wurde sie, die Kaisergattin, vom römischen Senat mit dem Ehrentitel *Augusta* ausgezeichnet.

Als ihr Mann Claudius seinen Geburtsort Lugdunum (heute: Lyon) von den anderen gallischen Siedlungen hervorhob, tat er dasselbe auf Wunsch Agrippinas auch mit deren Geburtsort am nördlichen Rand des römischen Imperiums und erhob ihn in den Rang einer Bürgerkolonie römischen Rechts. Fortan trug die neue Stadt den Namen seiner Frau: Colonia Claudia Ara Agrippinensium, was übersetzt so viel heißt wie »Stadt römischen Rechts am Ort eines dem Kaiser geweihten Altars unter Claudius gegründet auf Initiative Agrippinas«.

Als Claudius sich von Agrippina scheiden lassen wollte, vergiftete sie ihn und machte damit den Weg frei für ihren Sohn Nero, der mit siebzehn Jahren sein Nachfolger wurde. Die eigentliche Machthaberin war allerdings seine Mutter Agrippina. Sie führte zunächst die Regierung, empfing

Gesandte und korrespondierte mit den anderen Staaten. Aber diese Frauenherrschaft währte nicht lange, denn Nero entzog sich ihrer Kontrolle immer mehr. Aus Furcht vor eventuellen Intrigen und Verschwörungen seiner Mutter ließ er sie schließlich im Jahr 59 umbringen. Aus heutiger Sicht kann man Agrippina als machtbesessene und

Agrippinas rundem Geburtstag im Jahr 2015 sagte. Denn die Erhebung zur Bürgerkolonie führte zu einem Boom, den sich die heutige Oberbürgermeisterin von Köln wieder wünschen würde: »Und auch heute ist es mein Ziel, dass sich Köln im Ranking der deutschen Großstädte dort wiederfindet, wo es hingehört: auf einen der

»HEIMAT IST DER ORT, AN DEM DAS HERZ SICH VERTRAUENSVOLL ÖFFNET UND EIN FENSTER ZUR SEELE OFFENBART.«

HENRIETTE REKER

männermordende Kaiserin betrachten. Sieht man sie jedoch im Kontext ihrer Zeit, so war sie eine emanzipierte, ambitionierte und kämpferische Frau, eine der ersten großen Herrscherinnen Europas, die versuchte, ihre Macht auf dieselbe Weise zu sichern wie die männlichen Herrscher. Für die Stadt Köln war sie ein »Glücksfall«, wie Henriette Reker in ihrer Videobotschaft anlässlich der Eröffnung der Sonderausstellung zu

vordersten Plätze! Wenn natürlich auch mit anderen Mitteln als denen einer Agrippina«, sagte sie weiter. 2021 lag Köln im deutschen Städteranking laut der Zeitschrift *Wirtschaftswoche* im Niveauranking auf Platz 27 und im Dynamikranking auf Platz 19.

Für die antiken KölnerInnen war Agrippinas Geburtstag ein Feiertag. Heute gedenken die KölnerInnen ihrer Stadtgründerin im Karneval: Das Gewand der Jungfrau des *Kölner Drei-gestirns* soll an die römische Macht-haberin erinnern.

Henriette Reker wurde im Dezember 1956 in Köln geboren und wuchs im Stadtteil Bickendorf auf. 1975 machte sie ihr Abitur an der *Liebfrauenschule* in Lindenthal und studierte anschlie-ßend Jura an der *Universität zu Köln*, der *Universität Regensburg* und der *Georg-August-Universität Göttingen*. Nach einem Rechtsreferendariat am Landgericht Münster legte sie 1986 ihr Zweites Staatsexamen ab. Während ihrer Tätigkeit als Justiziarin des Lan-desverbandes der Innungskranken-kassen in Münster erhielt sie 1996 beim Landgericht Münster ihre Zulassung als Rechtsanwältin.

Von 2000 bis 2010 war sie Beigeord-nete für Soziales, Gesundheit und Ver-braucherschutz der Stadt Gelsenkirchen, anschließend bei der Stadt Köln Beige-ordnete für Soziales, Integration und Umwelt. Ihre politische Karriere begann erst durch ihre Wahl zur Oberbürger-meisterin. Am 18. Oktober 2015 konnte sie sich als parteilose Kandidatin be-reits im ersten Wahlgang durchsetzen und wurde am 27. September 2020 im zweiten Wahlgang wiedergewählt.

An ihrer Heimatstadt mag sie »die Liebe der Kölnerinnen und Kölner zu ihrer Stadt«, wie man auf der Internet-seite der Stadt Köln nachlesen kann. Ihr kölsches Lieblingslied ist *Am Dom zo Kölle* von den *Bläck Fööss*, das 2022 auch beim ökumenischen Karnevals-gottesdienst im Kölner Dom gespielt wurde.

Außer ihren Arbeitsplatz und das Kölner Rathaus mit seinem Ratsturm, zeigt sie Gästen auch gern den Stadt-wald, den Rheinauhafen mit den Kran-häusern oder den Deutzer Hafen auf der anderen Rheinseite, sowie das Rheinufer und die *Kölsche Riviera*, ein strandiger Uferabschnitt in Köln-Roden-kirchen am Heinrich-Lübke-Ufer, der allerdings nur zum Sonnenbaden ein-lädt. Das Baden im Rhein ist verboten.

Als Tochter eines Kochs und Kon-ditormeisters liebt sie es, in ihrer knapp bemessenen Freizeit zu kochen. Doch im Gegensatz zu ihrer Mutter, die Mitglied der Sozialdemokratischen Partei Deutschlands war, gehörte Hen-riette Reker nie einer Partei an.

Ihre zweite Amtszeit als Kölner Bürgermeisterin endet offiziell im Sep-tember 2025.

In ihrer Videobotschaft anlässlich der Eröffnung der Sonderausstellung *Agrippina – Kaiserin aus Köln* am 25. November 2015 sagte Henriette Reker auch: »Wer immer sich mit der Geschichte dieser Stadt beschäftigt,

kommt an Agrippina nicht vorbei!«
Und an Henriette Reker nun auch nicht
mehr. War das römische Köln die einzige nach einer Frau benannten Stadt
des römischen Reichs, so ist das heutige Köln eine der wenigen von einer
Frau regierten Städte in Deutschland.
Auch wenn die Hälfte der Bevölkerung
weiblich ist, regiert in den deutschen
Rathäusern in über achtzig Prozent der
Fälle ein Mann.

In Nordrhein Westfalen amtieren
2022 in dreiundzwanzig kreisfreien
Städten und Aachen OberbürgermeisterInnen, neunzehn Männer und vier
Frauen. In Bonn steht momentan zum
zweiten Mal eine Frau an der Spitze
der Stadt. In Aachen, Gelsenkirchen
und Köln bekleiden aktuell zum ersten
Mal Frauen das Amt der Oberbürgermeisterin, eine davon, Henriette Reker,
in zweiter Amtszeit.

Die erste Oberbürgermeisterin in
Nordrhein Westfalen war Elisabeth
Roock (1919–1995) in Solingen. Siebenundzwanzig Monate dauerte ihre
damals noch ehrenamtliche Amtszeit
zwischen 1973 und 1975.

Mit den vier aktuell amtierenden
Oberbürgermeisterinnen waren und
sind es bisher dreiundzwanzig Frauen,
die seit 1973 dieses Amt in Nordrhein-
Westfalen inne hatten. Der Anteil der
Männer in diesem Amt ist unverhält-

nismäßig höher. Sechs der von OberbürgermeisterInnen regierten Städte in
Nordrhein-Westfalen hatten noch nie
eine weibliche Oberbürgermeisterin.
In zwei der Städte gab es wenigstens
schon zwei Frauen in diesem Amt:
Mühlheim an der Ruhr und Bonn wurden zwei Mal von einer Oberbürgermeisterin regiert. Die verbleibenden
fünfzehn Städte hatten jeweils nur einmal in ihrer Geschichte ein weibliches
Stadtoberhaupt.

2021 stellte der *Deutsche Städte-
und Gemeindebund* sogar einen
Rückgang der weiblichen Amtsinha-
berinnen fest: »Es werden nicht mehr,
sondern weniger Rathaus-Chefinnen«,
wird er in einem Artikel des Spiegel
am 7. März 2021 zitiert.

In Köln liegen zwischen der offiziellen Stadtgründerin und dem ersten
weiblichen Stadtoberhaupt zweitausend Jahre. Bleibt zu hoffen, dass es
irgendwann nach Henriette Reker nicht
wieder so lange dauert, bis eine Frau
an der Spitze der Stadt stehen wird.

DAS RATHAUS ZU KÖLN UND SEIN TURM

Während seines Besuchs in Köln bezeichnete Victor Hugo das Kölner Rathaus und den Dom als »zwei seltene und außerordentliche Bauwerke«. Die einzigen, die er besuchte. Heute repräsentieren achtzehn Frauenfiguren am Rathausturm die Stadtgeschichte.

Die Baugeschichte des Kölner Rathauses erstreckt sich über einen Zeitraum von mehr als achthundert Jahren. Wie schon der französische Schriftsteller Victor Hugo bei seinem Besuch in Köln Mitte des 19. Jahrhunderts notierte, besteht es aus mehreren Gebäudeteilen unterschiedlicher Baustile: »Das Rathaus von Köln, nicht weit vom Dom gelegen, ist eines jener überraschenden Misch-Gebäude, aus Stücken aller Zeiten und aller Stile

bestehend, wie man sie in alten Gemeinden findet, die sich selbst gestalteten (...) Die Art der Gestaltung solcher Bauwerke und solcher Gemeinden ist sehr interessant zu studieren. Es gibt mehr Anhäufung als Aufbau, mehr allmählichen Zuwachs, eigenwillige Vergrößerung, ja Eingriffe in fremde Rechte; nichts wurde nach einen regelmäßigen und vorher entworfenen Plan ausgeführt, alles entstand von Zeit zu

Zeit und je nachdem Bedürfnisse ein-
traten.«

Wie Urkunden belegen, ist in der
ersten Hälfte des 12. Jahrhunderts im
sogenannten Judenviertel der Stadt ein
domus in quam cives conveniunt, also
ein Haus, in dem die Bürger zusammenkommen, erbaut worden. Damit ist das
Kölner Rathaus das erste in Deutschland.

Etwa hundert Jahre später, um
das Jahr 1330, erfolgte der Bau eines

weiteren Gebäudeteils, der heute noch
erhalten ist: ein langer gotischer Saalbau, der Hansasaal, damals noch Langer
Saal genannt. Mit den Worten Victor
Hugos: »... später unter Maximilian, als
der heitere Atem der Renaissance in die
düsteren Steinblätter der Kirchen hinein-
wehte, erwachte überall Geschmack an
Zier- und Schmuckwerken. Die Schöffen
von Köln fühlten das Bedürfnis, ihrem
Rathaus ein neues Kleid anzulegen, (...)

und bekleideten ihre schwarze Fassade aus dem 13. Jahrhundert mit einer kühnen und prächtigen Vorhalle.«

Diesem Saalbau vorgelagert war eine Laube, die zwischen 1569 und 1573 im Stil der Renaissance erneuert wurde. Von hier verkündete der Rat seine Beschlüsse. Die Vorhalle, von den KölnerInnen immer noch Laube genannt, erlitt im zweiten Weltkrieg schwere Beschädigungen und wurde originalgetreu wieder aufgebaut. In den Jahren 1660 und 1661 entstand der sogenannte Spanische Bau im Stil der Spätrenaissance und war für Sitzungen, Empfänge und festliche Veranstaltungen konzipiert. Er wurde im Zweiten Weltkrieg komplett zerstört, jedoch schnell wieder aufgebaut und als vorläufiges Ersatzrathaus genutzt. Beim Wiederaufbau entdeckte man Reste des einstigen *Praetoriums* der ehemaligen römischen Siedlung und späteren Stadt Köln und integrierte es in den Neubau. Das *Praetorium* war der wichtigste römische Palast am Rhein, Amtssitz des Statthalters und somit die politische und administrative Wiege der Region. Und im besonderen war es die Geburtsstätte von Julia Agrippina.

»... und das 14. Jahrhundert erbaute einen schönen Turm, bürgerlich und feudal zugleich«, wie man bei Victor Hugo nachlesen kann. Zwischen 1407 und 1414 ließen die Kölner Zünfte nach dem Sturz der Patrizier als Zeichen ihrer Macht den Rathausturm errichten. Einhundertvierundzwanzig Steinfiguren zierten den spätgotischen Turm mit seinen drei vierkantigen Unter- und zwei achteckigen Obergeschossen. Über diese erste Generation Skulpturen weiß man leider nichts mehr, nur dass es sie gab. Weil sie völlig verwittert waren, wurden sie im 18. Jahrhundert entfernt und später durch einundachtzig neue ersetzt.

Mit einer Höhe von mehr als sechzig Metern war der Rathausturm damals das höchste profane Turmgebäude Europas. Im Zweiten Weltkrieg wurde er außen schwer beschädigt und brannte innen fast komplett aus. Die Kölner Handwerkerschaft initiierte gemäß ihrer alten Zunfttradition 1950 die *Bauhütte Rathausturm*, wodurch der Neubau des Turms gewährleistet war. Bis wieder einhundertvierundzwanzig Figuren auf ihren Sockeln am Turm standen, verging noch ein halbes Jahrhundert. Erst 2008 waren alle Figuren wieder an Ort und Stelle, achtzehn davon stellen Frauen dar.

Neben Julia Agrippina und der von Henriette Reker verehrten Sozialwissenschaftlerin Hertha Kraus ist das im Erdgeschoss des Turms bei den Herrschern und herrschergleichen Personen zunächst *Plektrudis*, eine Königin, Wohltäterin und Klosterfrau, die von circa

660 bis etwa 717 gelebt hat und unter anderem das Stift *Sankt Maria im Kapitol* begründete. Die Kirche *Sankt Maria im Kapitol* ist die größte der romanischen Kirchen Kölns.

Gesellschaft leistet ihr die Nichte des byzantinischen Kaisers und Frau von Kaiser Otto II. (955–983), *Theophanu* (etwa 955–991), eine der einflussreichsten Herrscherinnen des Mittelalters. Immer wieder hielt sie sich in Köln auf, wo sie in der Abteikirche *Sankt Pantaleon* begraben ist.

Im ersten Obergeschoss des Turms, unter den sich um die Stadt verdient gemachten Persönlichkeiten, haben drei Frauen ihren Platz eingenommen: Die heilige *Ida*, eine Enkelin von Kaiser Otto I. (912–973) hat im 11. Jahrhundert gelebt hat und war eine bedeutende Äbtissin des Klosters *Sankt Maria im Kapitol*. Sie veranlasste den Erweiterungsbau der Basilika nach Osten hin und ließ die zweitgrößte Krypta Deutschlands nach dem Speyrer Dom errichten, deren Fertigstellung sie allerdings nicht mehr erlebte.

Sela Jude (circa 1180– nach 1230) wurde erstmals nach dem Tod ihres Mannes, dem Schöffen Daniel Jude, namentlich erwähnt. Sie war Stifterin des ersten Beginenkonvents, das nach seiner Stifterin benannt wurde: *Ver Sele* oder *Haus Sele*. In den Beginenhöfen lebten Frauen zwar in freiwilliger Armut und Keuschheit, waren aber keine Nonnen. Sie durften heiraten und waren hauptsächlich im Textilbereich, der Krankenpflege und der Mädchenerziehung tätig. In Köln gab es die meisten Beginenhöfe innerhalb Deutschlands.

Die dritte Frau im ersten Obergeschoss ist *Fygen Lutzenkirchen* (circa 1450–1515). Als erfolgreiche und bedeutende Seidenmacherin repräsentiert sie die Kölner Frauenzünfte und stand ihrer eigenen Zunft insgesamt sechs Mal vor. Im Mittelalter gab es nur in Köln und Paris Zünfte, die fast ausschließlich aus Frauen bestanden. Ihr Mann, Kaufmann im Rohseidenhandel, und sie ergänzten sich in ihren unternehmerischen Tätigkeiten. Als er starb, übernahm das Seidengewerbe vermutlich ihre Tochter und Fygen widmete sich dem Handel mit Wein und Drogeriewaren. Fygen Lutzenkirchen starb sehr wohlhabend und gehörte zu den reichsten Frauen Kölns.

Im zweiten Obergeschoss des Turms befinden sich fünf Frauen, die sich um die Stadt Köln verdient gemacht haben: Zunächst *Katharina Henot* (zwischen 1570 und 1580–1629), eine Kölner Patrizierin und Postmeisterin, sowie bekanntestes Opfer der Kölner Hexenverfolgungen. Nach dem Tod ihres Vaters betrieb Katharina die ererbte Postmeisterei weiter. Dem damaligen Generalpostmeister

Graf Leonhard II. von Taxis war das ein Dorn im Auge, denn er versuchte das Postwesen zu zentralisieren. Katharina beharrte auf ihrem Familienrecht und zog vor das Reichskammergericht. Als eine angeblich besessene Nonne Katharina der Hexerei beschuldigte, war das Unheil nicht mehr aufzuhalten. Auch wenn Katharina nie aufhörte, ihre Unschuld zu beteuern, wurde sie als angebliche Hexe zuerst erwürgt und dann verbrannt.

Die flämische Ursulinin *Anna Maria Augustina de Heers* (um 1610–1666) führte mitten im Dreißigjährigen Krieg der Wunsch, ein Ursulinenkloster zu gründen und sich für die Bildung von Mädchen einzusetzen, nach Köln. Obwohl sie nicht willkommen waren, ließen sich die Ursulinin und ihre Begleiterinnen nicht beirren und begannen heimlich zu unterrichten. Aus diesen zunächst nicht genehmigten Aktivitäten ging 1858 die *Ursulinenschule*, Kölns erste externe Mädchenschule, hervor.

Auch wenn sie mit der Stadt Köln nur ihren Geburtsort verbindet, hat das Universalgenie *Anna Maria van Schurmann* (1607–1678) einen Platz am Rathausturm erhalten. Sie war eine Ausnahmeerscheinung ihrer Zeit. Mit drei Jahren zog sie mit ihrer Familie aus Angst vor religiöser Verfolgung nach Utrecht. Dort studierte sie als einzige Frau an der Universität,

beherrschte zwölf Sprachen und verfügte über eine enorme enzyklopädische Bildung. Über ihre wissenschaftliche Begabung hinaus verfügte sie auch in künstlerischen Bereichen über ein außerordentliches Können, vor allem in der Porträtmalerei und dem Kupferstechen. Auch wenn sie sich vor allem aus religiösen Gründen für das Frauenstudium einsetzte, in dem ihrer Meinung nach die christliche Gelehrsamkeit und moralische Tugend der Frauen verbessert werden sollten, kam ihr Einsatz letztendlich allen Frauen zugute.

Die Nonne *Maria Clementine Martin* (1775–1843) kam erst mit fünfzig Jahren nach Köln, gründete 1826 am Fuße des Doms den äußerst erfolgreichen Destillations- und Herstellungsbetrieb *Maria Clementine Martin Klosterfrau* und begann mit der Produktion von Melissenwasser. Noch heute existiert die Firma an der Gereonsmühlgasse und produziert das weltberühmte pflanzliche Arzneimittel *Klosterfrau Melissengeist*.

Die Schriftstellerin, Journalistin und spätere führende Persönlichkeit der amerikanischen Frauenbewegung *Mathilde Franziska Anneke* (1817–1884) kam mit ihrem zweiten Mann nach Köln und war in ihrem Salon Gastgeberin vieler bekannten Demokraten. Ihr erster Mann war ein reicher Weinhändler und brutaler Alkoholiker. Nach der Geburt ihrer Toch-

ter trennte sie sich von ihm und wurde nach einem drei Jahre dauernden Scheidungsprozeß schuldig geschieden, womit sie jeglichen Anspruch auf Unterhaltszahlungen verlor. Mit dem Schreiben verdiente sie für sich und ihre Tochter den Lebensunterhalt und begann nach dem demütigenden Scheidungsprozess, sich mit der politischen und sozialen Lage von Frauen zu befassen und deren Gleichberechtigung einzufordern. 1849 kämpfte sie mit ihrem zweiten Mann und den letzten Aufständischen aus dem Revolutionsjahr 1848 in der Pfalz, floh dann nach Frankreich und in die Schweiz und emigrierte schließlich in die USA, wo sie ihr journalistisches und politisches Engagement für die Emanzipation der Frauen fortsetzte. Von der deutschen Frauenbewegung lange vergessen, wird sie in der amerikanischen Frauenbewegung als Pionierin verehrt.

Fünf Frauen schmücken das dritte Obergeschoß: *Mathilde von Mevissen* (1848–1924), Tochter des Kölner Unternehmers Gustav von Mevissen und seiner ersten Frau Elisabeth, war Gründungsmitglied des *Vereins Mädchengymnasium* und setzte sich für die gleichberechtigte Hochschulbildung für Frauen ein. 1903 eröffnete mit Hilfe des Vereins das erste Mädchengymnasium in Köln und ganz Preußen. Außerdem war Mathilde von Mevissen maßgeblich an der Neugründung der *Universität zu Köln* beteiligt und forderte nicht nur gleiche Bildungschancen, sondern auch politisch die vollständige Gleichberechtigung der Frauen.

Auch die Politikerin *Amalie Lauer* (1882–1950) setzte sich für die Rechte der Frauen ein, im besonderen für die Anerkennung der weiblichen Berufstätigkeit und die Modernisierung des Ehe- und Familienrechts. Bis 1932 war sie die erste Leiterin der *Wolfahrtsschule der Stadt Köln*. Außerdem war sie bis 1933 Abgeordnete im Preußischen Landtag. Früh erkannte sie die Gefahr für die Rechte der Frauen im Nationalsozialismus und veröffentlichte 1932 hierzu ihre Schrift *Die Frau in der Auffassung des Nationalsozialismus*. Mit ihrer Lebenspartnerin Grete Esch zog sie sich nach dem Beginn des Dritten Reichs aufs Land zurück.

Christine Teusch (1888–1968) war eine der ersten weiblichen Lehrerinnen. Während der Weimarer Republik erlebte sie einen rasanten Aufstieg als Politikerin und wurde Vizepräsidentin des Reichstags. Im Dritten Reich wurde sie ins Schulwesen zurück versetzt. Nach dem Zweiten Weltkrieg wurde sie Mitglied der CDU und des Kölner Stadtrats. Die britische Besatzungsmacht berief sie außerdem in den Landtag des neuen Bundeslandes Nordrhein Westfalen. Im Dezember 1947 ernannte sie der damalige Ministerpräsident Karl Arnold zur Kultusministerin. Als erste Frau überhaupt hielt sie 1954 in einer Sitzung des Bundesrats eine Rede in der Länderkammer.

Die in Berlin geborene Schriftstellerin *Irmgard Keun* (1905–1982) kam 1913 mit ihren Eltern nach Köln und wuchs in der Eupener Straße 19 in Köln-Braunsfeld auf. Ermutigt von Alfred Döblin erschien 1931 ihr erster Roman *Gilgi, eine von uns*, schon ein Jahr später ein weiterer, *Das kunstseidene Mädchen*. Beide Romane waren Verkaufserfolge und machten Irmgard Keun berühmt. Unter den Nationalsozialisten waren ihre Bücher verboten und sie ging ins Exil nach Ostende und später in die Niederlande. In deutschen Exilverlagen in den Niederlanden erschienen weitere Bücher von ihr, unter anderem der Roman *Das*

Mädchen, mit dem die Kinder nicht verkehren durften, in dem ein junges Mädchen von ihren Erlebnissen in ihrer Heimatstadt Köln im zweiten Halbjahr 1918 berichtet. Vermutlich trägt der Roman autobiographische Züge und beschreibt gleichzeitig ein Stück Kölner Stadtgeschichte.

Nachdem die deutsche Wehrmacht in den Niederlanden einmarschiert war, kehrte Irmgard Keun unter falschem Namen zurück nach Deutschland und lebte bis Kriegsende illegal im Haus ihrer Eltern in Köln-Braunsfeld. Literarisch konnte sie nach dem Zweiten Weltkrieg nicht mehr Fuß fassen und glitt in den Alkoholismus. 1966 erfolgte nach ihrer Entmündigung die Einweisung in die psychiatrische Abteilung des Landeskrankenhauses Bonn. Ab 1977 wohnte sie in einer kleinen Wohnung in der Trajanstraße in Köln. Ihre finanzielle Lage verbesserte sich, als Ende der 1970er-Jahre ihr Werk von der feministischen Literaturkritik wiederentdeckt wurde. Eine Lesung in Köln und ein Artikel im Stern gaben den Ausschlag für Neuveröffentlichungen ihrer Romane. *Das kunstseidene Mädchen* war 2003 das erste *Buch für die Stadt* in Köln.

Schließlich haben noch zwei Frauen ihren Platz unter den Schutzheiligen im vierten Obergeschoss eingenommen:

Die heilige *Ursula von Köln* hat vermutlich im 4. Jahrhundert gelebt und stammte aus der Bretagne. Der Legende nach sollte sie den Sohn des heidnischen Königs von England heiraten, stellte jedoch Bedingungen für diese Heirat: Innerhalb von drei Jahren musste sich ihr Prinz taufen lassen und vor der Hochzeit mit ihr eine Wallfahrt nach Rom unternehmen, begleitet von zehn vornehmen Jungfrauen, die wiederum je tausend Mägde mitnahmen. Auf der Rückreise belagerten die Hunnen die Stadt Köln, töten alle Jungfrauen und auch Ursula, nachdem sie sich geweigert hatte, den Prinzen der Hunnen zu heiraten. Elf Flammen im Kölner Stadtwappen erinnern an die Legende der heiligen Ursula, ebenso der Ursulinerorden und die ihr geweihte Kirche *Sankt Ursula*, eine der zwölf großen romanischen Basiliken in der Kölner Altstadt.

Die katholische Nonne *Edith Stein* (1819–1942) wurde als Jüdin in Breslau geboren. Nach dem Abitur ging sie zum Studium nach Göttingen und wurde Schülerin des Philosophen Edmund Husserl. Mit Beginn des Ersten Weltkriegs stellte sie ihr Leben in den Dienst des Staats und ließ sich zur Krankenpflegerin ausbilden. Als das Lazarett, in dem sie arbeitete, aufgelöst wurde, promovierte sie und arbeitete als Assistentin von Husserl. Dieser wusste allerdings ihre Habilitation zu verhindern. Enttäuscht von ihm und auch von der Liebe wandte sie sich dem katholischen Glauben zu und ließ sich 1922 taufen. Sie hielt Vorträge, publizierte frauenrechtliche Werke und lehrte ab 1932 wissenschaftliche Pädagogik in Münster. Als sie nach der Machtergreifung der Nationalsozialisten nicht mehr

Maria vom Frieden, in dem sich heute das *Edith-Stein-Archiv* befindet. 1987 wurde Edith Stein von Papst Johannes Paul II. im Müngersdorfer Stadion selig gesprochen.

Die Schriftstellerin Ricarda Huch (1864–1947) bezeichnete in ihrem 1927 erschienenen Werk *Im Alten Reich. Lebensbilder deutscher Städte* den Kölner

»TROTZDEM WAR ES DIE ZÜNFTIGE REGIERUNG,
DIE DEN RATHAUSTURM UND DEN HANSASAAL
IM RATHAUS ERRICHTETE, DIE BEIDEN MONUMENTE,
DIE NOCH HEUTE DIE HERRLICHKEIT DER
FREIEN STADT KÖLN VERKÜNDEN.«

RICARDA HUCH

unterrichten durfte, ging sie ins Kloster, in den Orden der Unbeschuhten Karmelitinnen in Köln, genannt *Karmel Maria vom Frieden*. 1938 zog sie ins Kloster *Karmel von Echt* bei Maastricht, wo sie 1942 von der Gestapo verhaftet, nach Auschwitz-Birkenau gebracht und ermordet wurde.

Im Zweiten Weltkrieg wurde das Kölner *Karmel* zerstört und die Karmelitinnen zogen in das Kloster *Sankt*

Rathausturm und den Hansesaal als »die beiden Monumente, die heute noch die Herrlichkeit der freien Stadt Köln verkünden«. Auch der Hansesaal wurde im Zweiten Weltkrieg zerstört und in seiner gotischen Form wiederhergestellt. So legen beide, Turm und Saal, immer noch Zeugnis von Kölns großer Vergangenheit ab und würdigen seit dem Wiederaufbau nach dem Zweiten Weltkrieg auch Frauen der Stadtgeschichte.

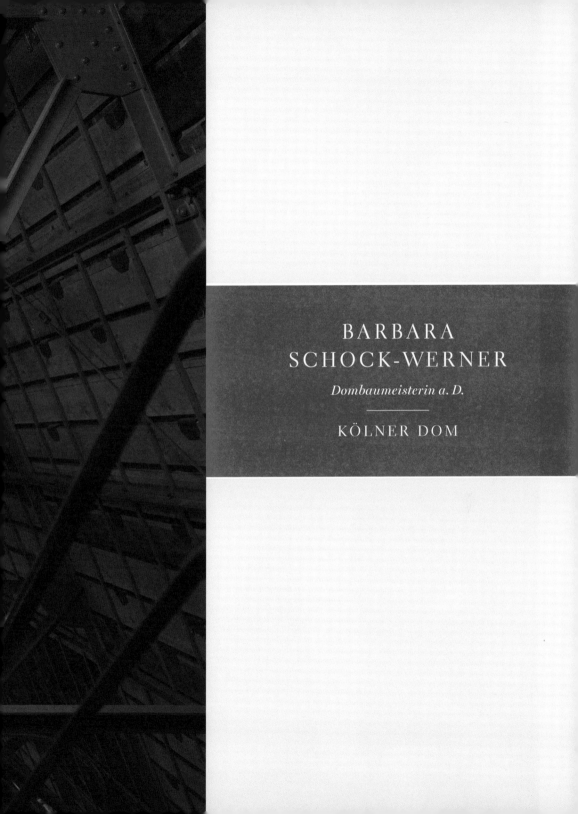

BARBARA
SCHOCK-WERNER

Dombaumeisterin a. D.

KÖLNER DOM

Die ehemalige Dombaumeisterin lebt auch im Ruhestand nur wenige Schritte von der Hohen Domkirche Sankt Petrus, so die offizielle Bezeichnung, entfernt. Wir treffen uns zum Gespräch in ihrer Wohnung in der Domprobstei, die sie gegen eine viel größere im sogenannten Prälatenbunker schräg gegenüber eingetauscht hat.

Liebe Barbara Schock-Werner, anlässlich der Feier *50 Jahre Neue Frauenbewegung*, die im September 2021 in Köln stattfand, nannte Alice Schwarzer sie »Dombaumeisterin aufs Leben«. Von 1999 bis 2012 waren sie Dombau-

Dombaumeisterin auf Lebenszeit

Der Kölner Dom *lässt* Professor Dr. Barbara Schock-Werner
in ihrem Leben vermutlich nicht mehr los. Seit sie in Köln lebt,
hat sie den Dom immer im Blick.

meisterin des Kölner Doms, die erste und bisher einzige Frau. Immer wieder schreiben Sie in Ihrer Kolumne für den Kölner Stadtanzeiger über den Dom, einige der Texte sind in dem Buch *Domgeschichten* zusammengefasst und im DuMont Buchverlag 2020 veröffentlicht worden. Für besondere Gruppen, oder wenn Not an der Frau ist, machen Sie immer noch Führungen. Gehen Sie auch privat in den Dom?

Ich gehe oft privat in den Dom, es ist für mich auch ein Ort der Besinnung. Wenn man sich eine Weile den Räumen aussetzt und nicht einfach so durchmarschiert, wird sich das Tempo verändern. Man wird ruhiger, die Alltagsprobleme erscheinen weniger relevant und man merkt, dass andere Dinge wichtiger sind.

Wann waren Sie zum ersten Mal im Kölner Dom?

Das muss 1974 gewesen sein. Ich bin in Stuttgart aufgewachsen, habe dort Architektur studiert und meine erste Arbeit in einem Architekturbüro, das sich mit Denkmalpflege beschäftigte, aufgenommen. Nebenher habe ich Kunstgeschichte studiert.

Dann stand ich vor der Entscheidung: Arbeite ich weiter oder nehme ich mein Zweitstudium ernst? Ich entschied mich, mein Zweitstudium ernstzunehmen! Aber nicht mehr in Stuttgart, es war einfach genug Stuttgart. So bin ich nach Bonn gegangen – mit ungefähr vierundzwanzig Jahren – und natürlich auch gleich in den Kölner Dom, der ja um die Ecke war.

Wie wird man Dombaumeisterin?

Die Stelle wurde ganz normal ausgeschrieben. Die Schar der ernsthaft in Frage kommenden Bewerberinnen und Bewerber war nicht sehr groß, wenn ich mich richtig erinnere, waren es von den insgesamt zweiunddreißig BewerberInnen nur acht. Ich wusste natürlich, dass mit meinen zwei Studien und meiner Erfahrung in der Denkmalpflege so leicht keiner an mir vorbeikommt. Es gibt nicht viele Menschen, die sich mit der Architektur und der Bauorganisation des Mittelalters auskennen und sich dann auch noch mit der Gotik beschäftigen. Die Frage war eher, so dachte ich zumindest: Nehmen die eine Frau?

Waren Sie die einzige weibliche Bewerberin?

Es gab noch eine andere, aber nur ich war in der engeren Auswahl. Aber wie ich hinterher erfuhr, war gar nicht das Thema *Frau* relevant, sondern die Diskussion war, ob ich nicht zu sehr aus der Theorie käme und jemand aus der Praxis mehr geeignet wäre. Die Entscheidung fiel dann dennoch auf mich.

Weshalb haben Sie sich als Dombaumeisterin beworben?

Nach meiner Doktorarbeit habe ich geheiratet und zwei Kinder bekommen. Wir lebten in Nürnberg, wo mein Mann Direktor des *Germanischen Nationalmuseums* war und ich an der *Akademie der Bildenden Künste* lehrte. Ich habe dann eine längere Zeit in Vertretung an der Universität Kunstgeschichte gelehrt. Die Lehre ließ sich gut mit der Organisation einer Familie verbinden, aber ich habe damals die Universität als extrem frauenfeindlich erlebt und ich wollte auch

immer zurück in die Architektur, und zwar auf jeden Fall in die Denkmalpflege und die Architekturgeschichte. Ich kann besser beschreiben und analysieren
als entwerfen. Dann hörte ich von der freien Stelle in Köln und habe mich beworben.

Worin bestehen die Aufgaben einer Dombaumeisterin?
Man ist für das gesamte Gebäude und das, was ringsherum so passiert, zuständig, von der Führungsorganisation über die Sicherung des Gebäudes, die Be-
leuchtung, den Umgang mit den städtischen Behörden, die Korrespondenz mit
dem Domkapitel bis hin zur Leitung des gesamten Betriebs mit fast hundert
Mitarbeiterinnen und Mitarbeitern. Das erste, was ich machen musste, waren

Lohnverhandlungen, das hatte ich nun überhaupt nicht gelernt! Aber mit der Zeit lernt man alles. Ich bin von Natur aus neugierig und freue mich immer, wenn ich etwas Neues lernen darf.

Muss man als DombaumeisterIn katholisch sein?
Ja, muss man. Man muss verstehen, was in dieser Kirche passiert. Es gibt jeden Tag noch fünf Gottesdienste im Dom, und die sind gut besucht. Außerdem wäre sonst die Kommunikation mit dem Domkapitel als Verwalter des Doms sicher schwieriger. Da macht der gleiche Glaube Sinn.

»DIE STADT IST SCHEUSSLICH,
DER DOM DAS HERRLICHSTE, WAS ICH
ÜBERHAUPT JE GESEHN.«
THEODOR FONTANE, 1852

Was war Ihre größte Herausforderung als Dombaumeisterin?
Die größte Herausforderung ist immer, einen Betrieb mit vielen Personen zu leiten, bei mir waren es sechsundachtzig Personen. Das ist schon anstrengend. Ich habe versucht, das mit viel Kommunikation zu meistern. Als Aufgaben waren die größte Herausforderung das Eingangsbauwerk zur Turmbesteigung. Das war vorher eine ziemliche Katastrophe. Das erfolgreichste und schönste Projekt war das Südquerhausfenster. Es war umkämpft, aber auch das hat das Domkapitel beschlossen. Für mich war es sehr spannend, mit Gerhard Richter zusammenzuarbeiten. Vom ersten Gespräch bis zum Einbau waren es genau fünf Jahre – fünf spannende und bereichernde Jahre. Das war ein Prozess! Welche Farben, welches Glas nehmen wir, wie groß sollen die Quadrate werden? Wir

mussten hier sehr gut und präzise kommunizieren, denn die Farbmischung war ja entscheidend. Wenn ich dann gesagt habe, jetzt ist es zu grün oder zu blau, dann wurde das von ihm akzeptiert und wir haben weiter experimentiert, bis wir die Farbmischung hatten, die sich in den Gesamtraum einfügte.

Was fasziniert Sie am Dom?

Dass man mit einer ganz rationalen Architektur, so eine emotionale Wirkung erreichen kann, das finde ich faszinierend. Er ist perfekt gebaut.

Welchen Teil des Doms mögen Sie besonders gern?

Den Binnenchor vor dem Schrein und auch das Triforium im Westen, von wo aus man den Innenraum am besten überblickt. Wie haben sich Menschen im Mittelalter, die in ganz kleinen Häusern gewohnt haben, diesen großen Innenraum nur ausdenken können? Und als sie mit dem Bau begonnen haben, wussten sie ja, dass sie das Ende nicht erleben würden. Ich mag auch sehr den Vierungsturm. Von hier hat man den besten Blick über den Dom, auf den Rhein und auch auf die Stadt.

Welches Kunstwerk gefällt Ihnen am besten?

Faszinierend finde ich das Gerokreuz, weil es den Leidensausdruck Christi besonders gut darstellt und in seiner Zeit auch ein revolutionäres Kunstwerk war. Der Dreikönigenschrein ist natürlich auch ungeheuer beeindruckend – und mein Fenster natürlich.

Seit wann leben Sie in Köln?

Ich bin 1998 nach Köln gezogen und wurde 1999 Dombaumeisterin, bin also von berufswegen zur Kölnerin geworden. Ein Jahr später bezog ich meine Dienstwohnung am Roncalliplatz im sogenannten *Prälatenbunker**, dem roten Ziegel

---

* An der Stelle des Kurienhauses an der Südostecke des Roncalliplatzes stand bis ins 17. Jahrhundert der Erzbischöfliche Palast aus dem 12. Jahrhundert, an den heute nur noch der Straßenname »Am Hof« erinnert. Zu seiner Zeit war er einer der großartigsten Profanbauten in ganz Deutschland mit einem achtzig Meter langen und vierzehn Meter breiten doppelstöckigen Saal. Das Kurienhaus gehört der römisch-katholischen Kirche und beherbergt neben einer Buchhandlung die Dombauverwaltung, die Dombibliothek, das Domarchiv, Ausstellungsflächen des ehemaligen Diözesanmuseums sowie Wohn- und Büroflächen.

haus, ganz oben im vierten Stock. Ich hatte einen fantastischen Blick auf die Südseite des Doms. Nachdem mein Mann gestorben war, war mir die große Wohnung zu gruselig und ich bin in die kleine hier in der Domprobstei gewechselt. Jetzt schaue ich auf die Vorderfassade des Doms mit den beiden Türmen.

Auch nach dem Ruhestand haben Sie sich entschieden, in Köln zu bleiben.
Ich bin froh, dass ich immer noch in Köln wohnen kann, weil ich hier sozialisiert und vernetzt bin. Hier sind meine Freunde, hier kenne ich ganz viele Leute, hier bin ich engagiert in diversen Vereinen. Ich kenne in Stuttgart, wo ich aufgewachsen bin und auch studiert habe, fast niemanden mehr, und fürs Land, da bin ich der falsche Typ. Ich habe immer mitten in der Stadt gewohnt. Wenn ich Wiese sehen möchte, dann radle ich raus, aber leben will ich in der Stadt.

Liegt Ihnen als gebürtige Schwäbin die rheinische Mentalität?
Mir liegt die rheinische Mentalität für eine Schwäbin erstaunlicherweise sehr gut, auch Karneval. Kaum war ich da, wurde ich von Amts wegen zu Sitzungen eingeladen. Bei meiner ersten Sitzung, das war die der Architekten, hatte ich einen professionellen Karnevalisten an meiner Seite, der mir immer sagte, was ich machen musste. Mir macht Karneval richtig Spaß! Als ich noch im Beruf war, hatte ich bis zu elf Sitzungen pro Saison, da kannte man die eine oder andere Rede schon auswendig. Karneval kann nicht über das Fernsehen transportiert werden, man muss dabei sein. Die Stadt steigt für vier oder fünf Tage völlig aus, es passiert ja nichts mehr, und danach ist alles wieder normal, das finde ich schon toll, das hat auch was Anarchisches.

Die Menschen hier sind einfach anders, sind neugierig, aufgeschlossen, das ist vielleicht mal ein bisschen oberflächlich, aber es ist erst mal eine Offenheit da. Die Mentalität der Menschen macht die Stadt für mich lebenswert, auch wenn Köln keine schöne Stadt ist. Seit ich im Ruhestand bin, darf ich sagen, was ich möchte, und Köln hat keinen Sinn für Stadtplanung. Ohne die bedeutenden historischen Bauten, ohne den Dom und die romanischen Kirchen wäre die Stadt furchtbar. Das bekommen sie bis heute nicht hin. Wenn Köln den Rhein nicht hätte, wäre es ganz schlimm, so ein Fluss in der Stadt macht alles ja immer etwas schöner.

Barbara Schock-Werner

Anlässlich der Verabschiedung aus ihrem Amt als Dombaumeisterin sagte der damalige Kölner Dompropst Norbert Feldhoff, Barbara Schock-Werner sei für dieses Amt prädestiniert gewesen, weil sie an einem 23. Juli geboren sei – dem Tag, an dem das Fest der Überführung der Reliquien der Heiligen Drei Könige nach Köln gefeiert wird. Am 23. Juli 1164 traf nämlich der Kölner Erzbischof Rainald von Dassel mit den Reliquien im Gepäck in Köln ein, die ihm Kaiser Friedrich Barbarossa, nachdem er die Stadt Mailand zerstört und erobert hatte, geschenkt hatte. Genau siebenhundertdreiundachtzig Jahre später, 1947, wird Barbara Schock-Werner in Ludwigsburg geboren und wiederum einundfünfzig Jahre später traf auch sie in Köln ein, um Dombaumeisterin zu werden.

Doch nicht nur ihr Geburtsdatum, sondern ihr gesamter beruflicher Werdegang prädestinierte sie für dieses Amt und lief geradezu auf diese Berufung hinaus. Nach einer Lehre zur Bauzeichnerin sowie einem Praktikum als Zimmerin und Maurerin studierte sie ab 1967 in Stuttgart Architektur, unter anderem ein Jahr bei Frei Otto, bei dem sie ihr Interesse für Architektur-

und Konstruktionsgeschichte entdeckte. Ihr Studium schloss sie als beste Absolventin ihres Jahrgangs ab – eine Leistung, die die württembergische Bauindustrie normalerweise mit einer Auszeichnung, einer Urkunde und einer goldenen Uhr, gewürdigt hätte. Doch damals war es offensichtlich nicht normal oder einfach nicht gewollt, dass einer Frau diese Ehre zuteil wurde. So wurde dem zweitbesten Absolventen, einem Mann, die Würdigung verliehen und die goldene Uhr überreicht – eine Herrenuhr, versteht sich.

Doch Barbara Schock-Werner ließ sich nicht beirren und ging selbstbewusst ihren Weg weiter: Ihre erste Anstellung hatte sie in einem Architekturbüro in Stuttgart, das sich hauptsächlich mit Denkmalpflege beschäftigte. Parallel dazu studierte sie Kunstgeschichte, Geschichte und christliche Archäologie an den Universitäten Stuttgart, Wien und Bonn. »Mein erster Chef war auch Architekt und Kunsthistoriker zugleich. Wir hatten sehr viel mit Objekten wie Schlössern und Kirchen zu tun. Da wollte ich einfach mehr wissen über die Dinge, mit denen ich umging, und habe nebenher begonnen, Kunstgeschichte

zu studieren. Das Studium hat mir dann so viel Spaß gemacht, dass ich den Job erstmal an den Nagel gehängt habe. Ohne diese beiden Studiengänge wäre ich jetzt nicht hier.«

Ihre Dissertation schrieb sie über das Straßburger Münster. »Im Architekturbüro habe ich viel gezeichnet und gotische Bauzeichnungen haben mich immer schon interessiert. Also dachte ich, es sollte irgendetwas sein, das mit Bauzeichnungen zu tun hat. Es gibt zwei große Sammlungen, eine ist in Wien und eine in Straßburg. Nach einem Jahr in Wien wusste ich, dass ich dort nicht promovieren möchte – deshalb fiel die Entscheidung für Straßburg. Mich haben die Baurisse des Münsters interessiert. Ich habe mich ein paar Monate ins Archiv gesetzt und festgestellt, dass zur Baugeschichte gar nicht so viel zu finden war, dass ich aber lernen konnte, wie der mittelalterliche gotische Baubetrieb funktionierte – das ist seither mein Hauptthema.« Ein Thema, das sie 1999 für ihr Amt als Dombaumeisterin mitqualifizierte, das sie bis zum Beginn ihres Ruhestands 2012 innehatte.

Und auch im Ruhestand folgt Barbara Schock-Werner weiter ihrer Berufung, ist Mitglied in zahlreichen Vereinigungen, Beiräten, Vereinen und Kuratorien und seit 2019 Beauftragte der Bundesregierung für Kultur und Medien für die Koordination der Hilfe für den Wiederaufbau des Notre Dame: »Vor neuen Aufgaben schrecke ich nicht zurück, und als mich die deutsche Kulturstaatsministerin anrief und um Hilfe bat, sagte ich gern zu. Es waren nach dem Brand von Notre Dame so viele Hilfsangebote gekommen, da brauchten sie jemanden, der sie koordinierte. Auch die Kölner Dombauhütte beteiligt sich an der Restaurierung der Glasfenster, die ausgebaut wurden und deswegen auch in Deutschland restauriert werden können. Und Deutschland zahlt die Restaurierung weiterer Fenster, die in Frankreich restauriert werden.«

Bevor wir uns verabschieden, erzählt Barbara Schock-Werner mir von ihrem neuesten Projekt, einem Buch über die Schicksale einiger Menschen, darunter auch vieler Frauen, die auf dem Kölner Friedhof Melaten ihre letzte Ruhestätte fanden: »Ich habe mir ein E-Bike gekauft, mit dem ich oft zum Friedhof fahre, um zu recherchieren. Diese Aufgabe hat mich in der ersten Zeit der Pandemie beflügelt. Man konnte ja nicht viel machen und ich hatte genügend Zeit, am Schreibtisch zu sitzen.« Beeindruckt vom Facettenreichtum dieser inspirierenden Frau, die sich in einem männerdominierten Umfeld positionierte und deren Leben und berufliches Schaffen mindestens so bunt ist wie das Fenster von Gerhard Richter, verlasse ich ihre Wohnung.

EIN TRAUM UND ZWEI WUNDER

*Als der Kölner Kunsthändler Sulpiz Boisserée im Winter 1808
Bauaufnahmen des Kölner Doms machte, war er
so fasziniert von diesem Kunstwerk, dass er dessen Fertigstellung
zu seiner Lebensaufgabe machte.*

Köln ohne den Kölner Dom können sich die KölnerInnen und vermutlich auch die nach Köln Reisenden nicht vorstellen. Jedes Mal, wenn ich mit dem Zug nach Köln fahre und aus dem Hauptgebäude des Hauptbahnhofs auf den Vorplatz trete, freue ich mich über den Anblick dieses unglaublichen Bauwerks, das scheinbar unermesslich hoch in den Himmel ragt. Schon ab Köln-Deutz klebt meine Nase am Zugfenster, um den

Dom zu sehen. Meist hält der Zug kurz vor der Hohenzollernbrücke für ein paar Minuten, als würden die ZugführerInnen ihren Fahrgästen und auch sich selbst ein paar Minuten der stillen Betrachtung des Doms gönnen.

»Die Stadt ist scheußlich, der Dom das herrlichste, was ich überhaupt je gesehn«, schreibt Theodor Fontane 1852 an seine Frau Emilie von einem Besuch in Köln, obwohl er zu der Zeit den Dom noch gar nicht in seiner Vollendung sehen konnte, denn es waren erst zehn Jahre seit seinem Weiterbau vergangen. Wie Fontane sah das vermutlich auch der gebürtige Kölner Sulpiz Boisserée, als er Anfang des 19. Jahrhunderts Köln als »verödete alte Reichsstadt« bezeichnete, die zur »Französischen Provinzialgrenzstätte« verkommen sei, und dessen Beharrlichkeit der Weiterbau des Doms zu verdanken ist. Sulpiz Boisserée (1783–1854), Sohn des Kölner Kaufmanns Nicolas Boisserée, war Gemäldesammler. Zusammen mit seinem Bruder sammelte er vor allem altdeutsche und altniederländische Tafelgemälde. Ihre Sammlung ist heute in der *Alten Pinakothek* in München zu sehen. Sulpiz und sein Bruder hatten einen großen Freundeskreis, zu dem unter anderem der Botaniker, Mathematiker und ebenfalls Kunstsammler Ferdinand Franz Wallraf sowie der Schriftsteller und Philosoph Friedrich Schlegel und seine Frau Dorothea gehörten. Außerdem war er mit Johann Wolfgang von Goethe befreundet, dessen Zeitschrift *Über Kunst und Altertum* er mit herausgab. Goethe war es auch, der maßgeblichen Anteil am Weiterbau des Doms hatte. Doch der Reihe nach.

»Im Winter 1808 kam es in mir zu einer großen, gewaltigen Gärung«, schrieb Sulpiz Boisserée, damals gerade

mal fünfundzwanzig Jahre alt, über seinen Entschluss, sich für die Fertigstellung des Kölner Doms einzusetzen. Der war zu dieser Zeit mehr oder weniger eine Ruine, sein Bau, der 1248 begonnen hatte, war 1560 eingestellt worden. Seit der Grundsteinlegung hatte es über dreihundert Jahre gedauert, um den Chor, zwei Geschosse des Südturms und das Langhaus bis zur Höhe des Seitenschiffgewölbes zu bauen. Fast so lange blieb auch der mittelalterliche Baukran auf dem Turmstumpf das Wahrzeichen Kölns. Durch die Reformation änderten sich die religiösen Vorstellungen der Menschen, immer weniger Pilgerinnen und Pilger kamen in die Stadt, wodurch sich wiederum die Einnahmen der Kirche verringerten. Außerdem galt die Gotik mit ihrer Vielgestaltigkeit, ihren Spitzbögen, Kreuzrippengewölben und reichen Verzierungen inzwischen als unmodern. Neue Zeiten brachen an, die Renaissance belebte die römische und griechische Antike wieder, man wollte das Mittelalter hinter sich lassen. So verlor man auch das Interesse am Weiterbau des Kölner Doms und er fristete ein trauriges Dasein. In ihrem *Ausflug nach Köln* schreibt die Schriftstellerin und Salonnière Johanna Schopenhauer 1828: »Keine Ruine in der Welt, nicht die tief versunkene Herrlichkeit des alten

Rom, nicht Pompeji und Herculanum, selbst nicht die Ruinen von Palmyra können, nach meinem Gefühl, einen ernsteren, schmerzlich wehmütigeren Eindruck hervorbringen als der Anblick dieses Doms!«

Dann erweckte er das Interesse von Sulpiz Boisserée. Es war das »hohe künstlerische Potenzial der Kathedrale«, das ihn faszinierte und motivierte, sich für ihre Vollendung einzusetzen. Doch um dieses Vorhaben zu realisieren, musste er viel Überzeugungsarbeit leisten. Für den Weiterbau des Kölner Dom interessierte sich damals kaum jemand. Boisserée hatte die Idee eines Kupferstichwerks, in dem der Dom sowohl vor als auch nach Fertigstellung gezeigt wurde. Damit wollte er Deutschlands intellektuelle Elite für seinen Plan gewinnen. Allen voran Goethe, den er aus diesem Grund 1811 in Weimar besuchte. Schließlich hatte Goethe in seinem Aufsatz *Von deutscher Baukunst* bereits 1772 einen neuen Blick auf die Gotik eröffnet und sie wieder ins Positive gewendet. Er war dreiundzwanzig Jahre alt, als er diesen Text, beeindruckt vom Anblick des Straßburger Münsters, geschrieben hatte – ein junger Mann, der von seinen Empfindungen übermannt wurde und sie zu Papier brachte. Goethe positionierte sich mit diesem Text gegen die etablierte

zeitgenössische Meinung, die, initiiert vom italienischen Architekten Giorgio Vasari (1511–1574), als barbarisch galt und nahezu verachtet wurde. Es war Vasari, der den Bauepochen der Vergangenheit ihre Namen gegeben hatte. Da er die Bauepoche der französischen Kathedralen und der *deutschen Baukunst* in Straßburg und Köln als hässlich, kalt und seelenlos empfand, benannte er diesen Stil nach dem seiner Meinung nach kulturell ungebildetem Volk der Goten.

Auch wenn Goethe seinen Text *Von der deutschen Baukunst* später in seinen Memoiren *Dichtung und Wahrheit* neu bewertete und relativierte, vor allem seine Abneigung gegen die Baukunst Italiens, stand er durch ihn am Beginn der Begeisterung für das Mittelalter und die Gotik. Diese erfasste auch Sulpiz Boisserée, und auch wenn Goethe zunächst ablehnend reagierte, auch wenn die Franzosen die Domakten in ihren Besitz genommen hatten, auch wenn niemand wusste, wo sie waren, auch wenn es weder Baupläne des Doms gab noch irgendwelche Aufzeichnungen über ihn vorhanden waren, also niemand wusste, wie der fertige Dom hätte aussehen sollen, er ließ sich nicht von seinem Plan abbringen!

Und dann geschah das erste Wunder: Am 1. September 1814 bekam

Boisserée von seinem Freund Georg Moller, Architekt und Baurat in Darmstadt, einen Brief, in dem er ihm Folgendes mitteilte: »Heute habe ich eine große Freude gehabt. Jemand wollte mir eine alte Zeichnung zeigen, welche auf irgend einem Speicher über einem Rahmen gespannt zum Bohnen trocknen gedient hatte. Er kommt, rollt auf, und es ist, denkt Euch meine Freude, ja mein Entsetzen, denn wahrlich, ich glaubte zu träumen und glaube es noch jetzt, nun rate, was? der D o m von Köln ... es ist der alte Riss von 13 ½ Fuß Länge.« Es war allerdings lediglich die halbe Vorderansicht des Doms mit nur einem der beiden Türme, der südliche Turm fehlte. Boisserée kam seinem Traum näher. Und erlebte ein zweites Wunder: Er selbst fand in Paris die fehlende Hälfte der Zeichnung und hatte somit den kompletten Fassadenriss, wie ihn vermutlich um 1280 der Nachfolger des ersten Dombaumeisters Meister Gerhard, Meister Arnold, angefertigt hatte. Am 6. Januar 1816 schreibt er an Moller: »Meinem letzten Versprechen gemäß gebe ich Euch gleich Nachricht von der Ankunft der in Paris gekauften Baurisse. Beim Eröffnen der Rolle entdeckte ich, was bis dahin nur ungewisse Vermutung war, dass es noch andere Kölnische Original Risse sind, von denen man bisher nichts gewusst hat. Von meiner

Freude brauch ich nicht zu reden, Ihr könnt sie Euch denken. Aber damit Ihr ohne weiteres wisst, wovon die Rede ist, so sage ich Euch, dass der Hauptriss vollkommen das Gegenstück zu dem Eurigen ist, nämlich der Turm zu Eurer Rechten nur mit dem Unterschied, dass sich das ganze Mittelfenster und die ganze Mitteltür darin befindet, während Eurer Riss unten an dem Fetzen des noch erhaltenen Randes, nur etwa 2/3 von der Mitteltür zeigt.«

Natürlich setzte Boisserée auch Goethe von seinem Fund in Kenntnis und erreichte, dass dieser 1815 endlich nach Köln kam, um sich den halbfertigen Dom anzuschauen. Über diesen Besuch schreibt Goethe in *Dichtung und Wahrheit*: »Ein Gefühl aber, das bei mir gewaltig überhand nahm, und sich nicht wundersam genug äußern konnte, war die Empfindung der Vergangenheit und Gegenwart in Eins: eine Anschauung, die etwas Gespenstermäßiges in die Gegenwart brachte. (...) Köln war der Ort, wo das Altertum eine solche unzurechnende Wirkung auf mich ausüben konnte. Die Ruine des Doms (denn ein nichtfertiges Werk ist einem zerstörten gleich) erregt die von Straßburg her gewohnten Gefühle. (...) hier war abermals ein ungeheurer Gedanke nicht zur Ausführung gekommen!« Boisserée hatte es geschafft und Goethe als Unterstützer für seinen Traum vom fertigen Dom gewonnen, wodurch dessen Umsetzung Fahrt aufnahm. Goethe veranlasste den Druck der Kupferstiche, die Boisserée vom Dom, sowohl vom tatsächlichen Zustand als auch vom zukünftigen, anfertigen ließ. 1823 und 1832 erschien Boisserées *Geschichte und Beschreibung des Doms von Köln*. Daraufhin wurden immer mehr Stimmen laut, die aus unterschiedlichsten Gründen für den Weiterbau warben. Goethe pries die Baukunst, Friedrich Schlegel setzte die gotischen Gestaltungselemente in Bezug zur Natur: »Es gleichen, mit einem Worte, diese Wunderwerke der Kunst, in Rücksicht auf die organische Unendlichkeit und unerschöpfliche Fülle der Gestaltung am meisten den Werken und Erzeugnissen der Natur selbst.« Für den katholischen Publizisten Joseph Görres, Herausgeber des *Rheinischen Merkur*, stellte der Dom »das Symbol des neuen Reiches, das wir bauen wollen« dar. Als 1815 die Zeit der französischen Besatzung endete, formierte sich im gebildeten und besitzenden Bürgertum die Idee eines einheitlichen Nationalstaats. Ein neues Zeitgefühl brach an, die Romantiker suchten in der Verklärung der Vergangenheit ihre geistige Heimat, das Mittelalter und die altdeutsche Lebensweise wurden idealisiert.

Doch es vergingen noch einige Jahre, bis sich Boisserées Traum erfüllen sollte. Ein wichtiger Schritt dahin war die Wiedereröffnung der Dombauhütte im Jahr 1823, nach zweihundertdreiundsechzig Jahren. Köln war inzwischen unter preußischer Herrschaft und der preußische Oberbaudirektor Karl Friedrich Schinkel schrieb während eines Besuchs aus Köln an seine Frau: »Die Domarbeiten sind das Gefährlichste, was es gibt. Ich selbst glaube überall in Lebensgefahr zu sein, weil die Verwitterung so zugenommen hat, dass täglich Stücke der vielen frei stehenden Teile herabstürzen.« Die wiedereröffnete Dombauhütte hatte zunächst die Aufgabe, den Koloss vor dem Zerfall zu retten. Doch letztendlich kam Schinkel zu der Auffassung, dass der Dom nur gerettet werden könne, wenn sein Bau vollendet werde.

1840 wurde Friedrich Wilhelm IV. preußischer König und Boisserée war fast am Ziel. Bereits 1814 hatte er den damals noch jungen Kronprinzen durch den unvollendeten Kölner Dom geführt und fand in ihm einen glühenden Befürworter des Weiterbaus und der Vollendung. Geschickt bat er den Protestanten Friedrich Wilhelm IV., die Gründung eines Dombauvereins zu genehmigen, indem er ihm den Dom nicht als katholisches Bauwerk verkaufte, sondern als

Symbol des Preußenstaates. Und sein Ansinnen fiel auf fruchtbaren Boden, war der Dom doch das Pendant der Kathedrale von Reims, dem National-stolz der Franzosen, und waren Dom und Kathedrale doch die Symbole der damaligen Feindschaft zwischen Deutschland und Frankreich. Friedrich Wilhelm IV. war die national-patrio-tische Symbolik des gotischen Bau-stils durchaus bewusst und er kam Boisserées Bitte nach. 1842 wurde der *Zentral-Dombau-Verein zu Köln* gegrün-det, der den Dombau mitfinanzierte.

Im selben Jahr rief der Dichter Joseph von Eichendorff zur Spende für den Weiterbau auf und schrieb ganz im Geist von Goethes Aufsatz über die Baukunst, dass »das erhabenste Denk-mal Deutscher Baukunst, dessen groß-artiger Gedanken, in dem Geiste eines Deutschen Künstlers entsprungen«, wiederaufgebaut werden solle: »Wohlan denn! es gilt den Ausbau eines Kunst-werkes auf Deutschem Boden!«

Und dann endlich wurde am 4. Sep-tember 1842 das Fest der Grundstein-legung zur Vollendung des Kölner Doms gefeiert. Boisserée vertraute seinem Tagebuch an, dass er in Tränen ausge-brochen sei. Aus Berlin kam Schinkels bester Schüler, der schlesische Baumeis-ter Ernst Friedrich Zwirner (1802–1861), und übernahm die Bauleitung. Moderne

Techniken und Maschinen ermöglich-ten den Bau beider Türme, die einhun-dertsiebundfünzig Meter in den Him-mel ragen. Der Kölner Dom war damals das höchste Gebäude der Welt und seine Vollendung das größte Bau-vorhaben des 19. Jahrhunderts. Nur achtunddreißig Jahre nach der zweiten Grundsteinlegung war dieses Vorhaben unter großem Anteil der Bevölkerung im ganzen preußischen Königreich beendet. Der Kölner Dom stellte alle Kathedralen des Erzrivalen Frankreich an Größe in den Schatten. Über sechs-hundert Jahre lagen zwischen dem ersten Baubeginn und seiner Vollendung.

Weder Boisserée noch Zwirner erlebten die Erfüllung dieses Traumes. Doch ohne die beiden wäre er nie in Erfüllung gegangen. Zwirner hatte akribisch dafür gesorgt, dass der Dom nach dem ursprünglichen Plan aus dem Mittelalter fertig gestellt wurde. Die KölnerInnen wussten seinen Einsatz zu würdigen. Als er 1861 starb, bekam er auf dem Friedhof Melaten ein Ehrengrab der Stadt Köln und sie erwiesen ihm ein nie zuvor gesehenes Trauergeleit. Boisserée wurde 1845 von Friedrich Wil-helm IV. zum Geheimen Hofrat ernannt und verstarb noch im selben Jahr in Bonn, wo er auch bestattet wurde. Er starb in dem Bewusstsein, dass sein Lebenstraum verwirklicht werden

würde, und seinen Trauerzug begleite-
ten die Mitarbeiter der Dombauhütte.

Nachdem ich nun all dieses dank der
Mitwirkung Barbara Schock-Werners an
diesem Buch recherchiert und erfahren
habe, merke ich bei meinem nächsten
Kölnbesuch, wie ich mit ganz neuen
Gedanken und Perspektiven am Dom
vorbeigehe. Auch wenn er inzwischen
für die Menschen in Deutschland nicht
mehr die Bedeutung hat wie zur Zeit

seiner Fertigstellung, als er Symbol des
aufkommenden Nationalstolzes war, so
ist und bleibt er das Wunder von Köln
und sein Stellenwert als großartiges und
herausragendes Kunstwerk wird ewig
bestehen. Die Schriftstellerin Karoline
von Günderode schrieb Ende des 18.,
Anfang des 19. Jahrhunderts in ihrem
Fragment *Der Dom zu Cölln*: »Das Leben
der Kunst, es führte die Seele zum
Himmel.« Was für ein schöner Gedanke.

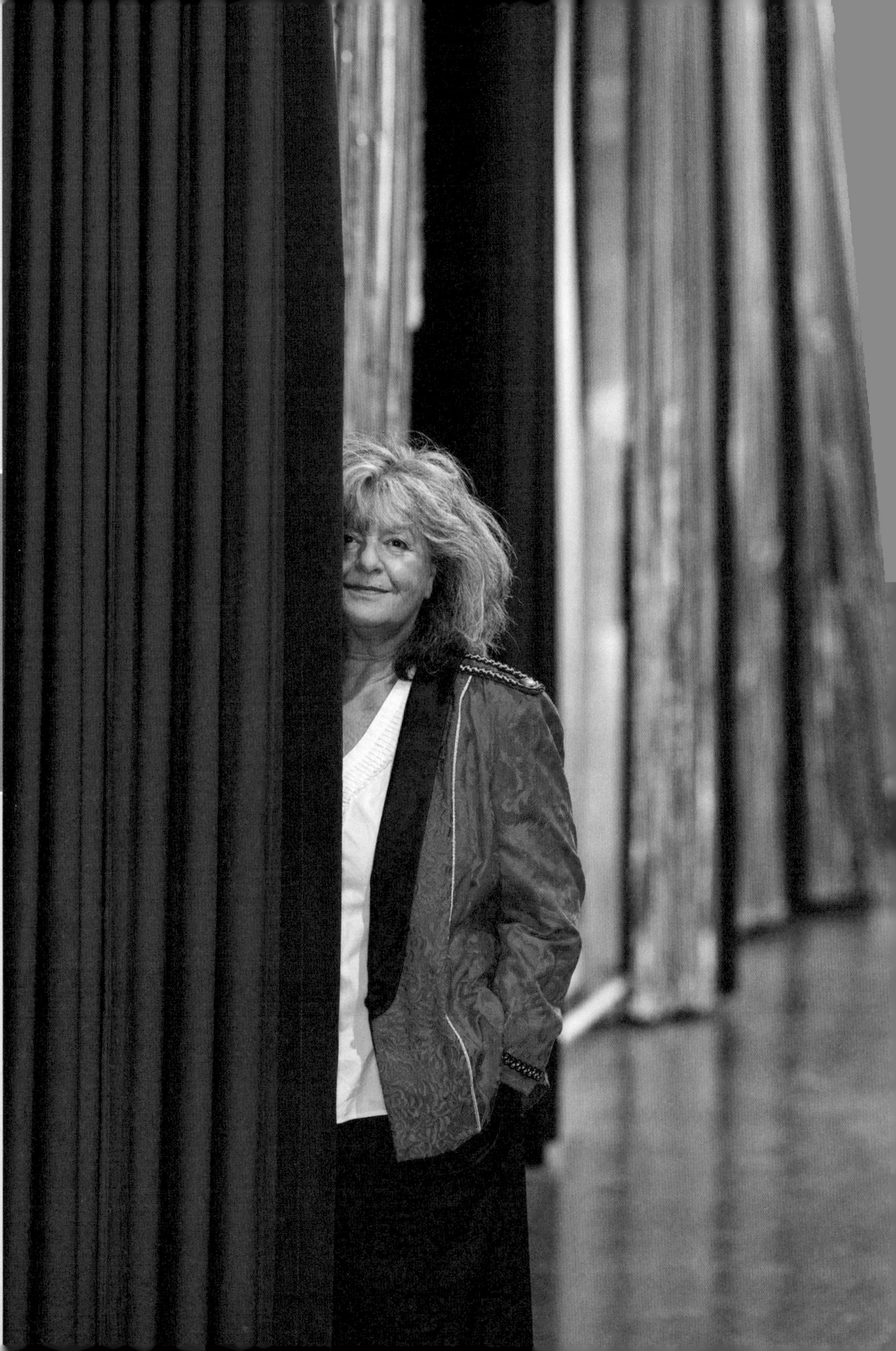

BIGGI WANNINGER

*Schauspielerin, Kabarettistin, Komikerin,
Sängerin, Hörfunk- und Fernsehsprecherin,
Präsidentin der* Stunksitzung

————

E-WERK

Auf dem Weg zu meinem Treffen mit Biggi Wanninger fahre ich mit dem Taxi von der nördlichen Kölner Altstadt nach Mülheim auf die andere Rheinseite, die sogenannte *schäl Sick* – die falsche Seite – wie die KölnerInnen gern sagen. Doch es tut sich viel auf dieser Seite des Rheins, vor allem im Schanzenviertel entsteht unglaublich viel Neues. Historische Industriebauten, die inzwischen umgebaut und umgenutzt wurden, stehen neben modernen Bürogebäuden, teilweise klaffen dazwischen noch riesige Baulücken oder geben große Baustellen einen Eindruck davon, wie alles bald aussehen wird. Die Schanzenstraße, in der sich das *E-Werk* befindet, ist keine geradlinige Straße, sie umfährt die ehemaligen

Ein Teil meines Lebens

Von Anfang Dezember bis einschließlich Karneval ist das E-Werk *in Köln-Mühlheim mit rund sechzig Sitzungen die Heimat der* Stunksitzung *– und somit auch die ihrer Präsidentin* Biggi Wanninger, *für die das* E-Werk *seit fast dreißig Jahren zu ihrem Leben gehört.*

Carlswerke im Westen und im Norden und nach einer scharfen Neunzig-Grad-Kurve und einem weiteren Knick bin ich angekommen und sehr gespannt auf das Gespräch mit Biggi Wanninger.

Liebe Biggi, Du hast dir das *E-Werk* als deinen Lieblingsort in Köln ausgesucht, was sicher auch mit der *Stunksitzung* zu tun hat, die hier in der Haupthalle aufgeführt wird und der Du als Präsidentin vorsitzt. Wie bist Du eine *Stunkerin* geworden?
Anfang der 1990er-Jahre habe ich im COMEDIA Theater in Köln als Schauspielerin in verschiedenen Produktionen mitgespielt. In dieser Zeit habe ich die *Stunksitzung* zum ersten Mal gesehen und dachte: »Was machen die denn da?«

Ich fand es zum einen sehr amateurhaft, aber mir gefiel, dass es sehr anarchistisch war. Das lag wohl daran, dass es eine Gruppe von SozialarbeiterInnen war, die sich während ihres Studiums zusammengetan hatten, um den sehr konservativen traditionellen Karneval »instand zu besetzen«, quasi eine Alternative anzubieten. Zu der Zeit hatte die *Stunksitzung* schon einen gewissen Ruf in der linken Szene, wo sie großen Anklang fand. Man konnte Karneval feiern und ohne schlechtes Gewissen schunkeln – weil man ja irgendwie auch auf einer politischen Veranstaltung war.

Ein Jahr später habe ich die Gruppe dann im Kölner Volksgarten auf einem Sommerfest gesehen. Ich kannte eine der *Stunkerinnen* und fragte nach, ob sie eigentlich keine Regie brauchen würden. Da sagte sie: »Wir haben jemanden.« Das war mir ein bisschen peinlich, aber ein halbes Jahr später rief sie mich an und sagte: »Unser Regisseur braucht Hilfe.« Und so bin ich zur *Stunksitzung* gekommen. Eigentlich über die Regieassistenz und später als Co-Regisseurin mit Thomas Köller als Hauptregisseur. Das hat von Anfang an ziemlich gut geklappt da ich Erfahrung mit Gruppen und auch in der Regiearbeit hatte, die ich einbringen konnte.

1996 haben der damalige Präsident Jürgen Becker, Thomas Köller und Gaby Köster gleichzeitig aufgehört. So stand die Frage im Raum: Übernehme ich die Regie komplett oder gehe ich für Gaby auf die Bühne? Ich habe mich dann für die Bühne entschieden und Reiner Rübhausen wurde Präsident. Er hat das dann aber nur drei Jahre gemacht und ich dachte, ich könnte mal wieder eine neue Herausforderung gebrauchen und habe meinen Hut in den Ring geworfen, eine Moderation präsentiert und zack saß ich mit Zustimmung meiner KollegInnen auf dem Präsidentinnenstuhl. Natürlich war ich anfangs noch etwas unsicher und angespannt, aber mittlerweile fühle ich mich auf meinem Stuhl so entspannt, als säße ich in meinem eigenen Wohnzimmer. Vor der Generalprobe bin ich natürlich nervös, aber wenn ich merke, es läuft, entspanne ich mich ziemlich schnell. Ich habe große Freude daran, im Laufe so eines Abends thematisch hin und her zu springen. Vom Quatsch zum Ernsthaften, von lauten zu leisen Tönen. Alle Facetten zu bedienen, die das Leben bietet.

Dabei ist es mir wichtig, Haltung zu zeigen und gleichzeitig die Menschen auf humorvolle Weise zu unterhalten – manchmal kann das Lachen aber auch ruhig im Hals stecken bleiben.

Was unterscheidet die *Stunksitzung* von einer traditionellen Karnevalssitzung?

Wir sind – und ich glaube, das ist ein ganz wichtiges Kriterium – ein großes Ensemble, das jedes Jahr gemeinsam ein neues Programm auf die Beine stellt und mit etwa fünfundfünfzig bis sechzig Veranstaltungen auf die Bühne bringt. Kurz vor Weihnachten fangen wir an, Karnevalsdienstag ist unsere letzte Vorstellung. Bei den traditionellen Sitzungen werden Gäste verpflichtet. Das heißt, die Zusammensetzung ist unterschiedlich, aber es sind mehr oder weniger immer dieselben Acts. Die reisen dann an einem Abend mit ihren Kurzauftritten von Bühne zu Bühne. In der Regel gibt es ein, zwei Reden, fast immer von Männern, und alles andere ist mittlerweile Musik. Im Gegensatz dazu produzieren wir unsere Show in Eigenverantwortung, mit Unterstützung von AutorenInnen, RegisseurInnen und vielen anderen MitarbeiterInnen. Wir entscheiden, was wir machen, was auf die Bühne kommt und was nicht, wen wir veräppeln und wen nicht. Wir sind unsere eigenen ChefInnen. Wir können alles machen, worauf wir Lust haben, da wir autonom und von keinem Sponsor abhängig sind und auch keinem karnevalistischen Verband angehören. Die Kosten und Honorare, die wir aufbringen müssen, generieren sich aus dem Umsatz der Veranstaltungen.

Was wir allerdings genauso wie die traditionellen Sitzungen auch haben, ist eine feste Band und einen Elferrat – also das äußere Erscheinungsbild ist dasselbe. Allerdings wechselt bei uns jeden Abend der Elferrat. Neben mir sitzen jeden Abend bunt kostümierte Menschen – mal gemischt geschlechtlich, mal nur Männer, mal nur Frauen. Allein schon dadurch ist jeder Abend anders.

Mit der *Stunksitzung* bedienen wir ein anderes Segment als Sitzungen im traditionellen Karneval das tun. Wir verstehen uns mehr als KabarettistInnen und denken mehr in politischen Kategorien. Was auch eher dem Ursprung des Karnevals entspricht: die Verhältnisse auf den Kopf stellen und der Narr, der sich die Obrigkeit vorknöpft und den Menschen den Spiegel vorhält. Im traditionellen Kölner Karneval bleibt das immer noch etwas auf der Strecke, obwohl sich einiges in den letzten Jahren geändert hat. Die offiziellen Karnevalisten sind mittlerweile weniger betonköpfig. Ich glaube, da hat die *Stunksitzung* auch mit zu beigetragen, weil sie zeigt, dass die Menschen diese Art von Karneval, in dem man sich politisch äußert und trotzdem ausgelassen feiern kann, sehr mögen. Ich denke, das belegen die zigtausende ZuschauerInnen, die unsere Sitzungen jedes Jahr besuchen.

Bist Du als Sitzungspräsidentin auch die Chefin des Ensembles?
Nein, das bin ich nicht, ich führe nur durch die Sitzung. Bei uns gibt es keine Chefin und keinen Chef. Wir sind ein Kollektiv und entscheiden in allen wichtigen Fragen gemeinsam. Allerdings gibt es organisatorische und andere Aufgaben, die Einzelne von uns übernehmen und die in bestimmten Fragen auch Entscheidungsbefugnis haben.

Als Du 1999 Präsidentin geworden bist, wurde das in der Presse als Sensation beschrieben. Bis heute ist der Kölner Karneval eine Männerdomäne. Wie ist das bei euch: Wie groß ist der Frauenanteil in eurem Ensemble?
In der öffentlichen Wahrnehmung war es offensichtlich von Bedeutung, denn es gab diverse Schlagzeilen, die das zum Thema machten. Ich fand das nichts Besonderes. Warum sollte das keine Frau machen können? Entscheidend war doch, ob ich Lust dazu hatte und die anderen mir diese Position zutrauten. Ich selbst traute sie mir ja zu, sonst hätte ich meinen Hut nicht in den Ring geworfen. Aber ich weiß natürlich, dass es nicht unerheblich ist, dass ich als Frau diese Position besetze. Vor allem für jüngere Frauen und Mädchen kann es Anregung und Inspiration sein zu sehen, dass Frauen in allen Bereichen mitspielen

können. Bei den SchauspielerInnen beträgt der Frauenanteil fünfzig Prozent, in unserer elfköpfigen Band *Köbes Underground* gibt es aber in der Tat nur eine Frau. Aber wer von den Männern sollte denn aufhören, damit eine weitere Frau dazu kommen kann? Es gibt eben auch gewachsene Strukturen in so einem Ensemble, die man nicht so ohne Weiteres ändern kann – und vielleicht auch nicht ändern will. Es ist eine wunderbare Band, die nicht ausgetauscht werden kann. Die Band besteht halt auch schon seit weit über dreißig Jahren. Heute würde so eine Besetzung wahrscheinlich anders aussehen.

Woran, glaubst du, liegt es, dass so wenig Frauen in den vorderen Reihen des Karnevals mitmischen?
Das ist ja eine Frage, die alle gesellschaftlichen Bereiche betrifft, aber in den meisten ist schon ein Wandel wahrnehmbar – aber immer noch lange nicht genug. Die katholische Kirche und der Kölner Karneval – in Köln ja auch eng verwoben – sind wohl mehr oder weniger die letzten männlichen Bastionen. Gut, Schützenvereine auch ... Zumindest in der katholischen Kirche regt sich Widerstand: Stichwort Maria 2.0. Die Frauen wollen nicht mehr mitmachen, dass sie nicht mitmachen dürfen. Das wäre im Karneval vielleicht auch mal fällig: Mariechen 2.0. Die Diskussion um ein weibliches Dreigestirn in Köln gibt es schon lange, aber da gibt es noch viele Hürden zu überwinden, bis die Herren Karnevalisten erkennen, dass auch Traditionen eine Erneuerung brauchen. Aber letztendlich liegt es auch an den Frauen, ob sie Lust haben, sich in diesen Männerverein zu begeben. Ich kenne auch die Auffassung: Och, die sollen ruhig unter sich bleiben. Inzwischen gibt es aber auch die eine oder andere Damengesellschaft, die dem offiziellen Karneval angeschlossen ist. Aber generell gibt es nach wie vor viel zu wenig Frauen, die in der Öffentlichkeit sichtbar sind.

Du bist unweit von Köln aufgewachsen und lebst seit deinem neunzehnten Lebensjahr in der Stadt. Hat man als Rheinländerin Karneval im Blut und ist er Teil deiner Identität?
Vermutlich schon. Ich bin mit dem traditionellen Karneval in meinem Heimatdorf nahe bei Köln groß geworden und fand's klasse, mit meiner Clique zu feiern und sich die Frage zu stellen: »Was für ein Kostüm ziehe ich denn dieses Jahr an?« Übrigens war mein Vater auch mal in unserem Dorf die Jungfrau im Drei-

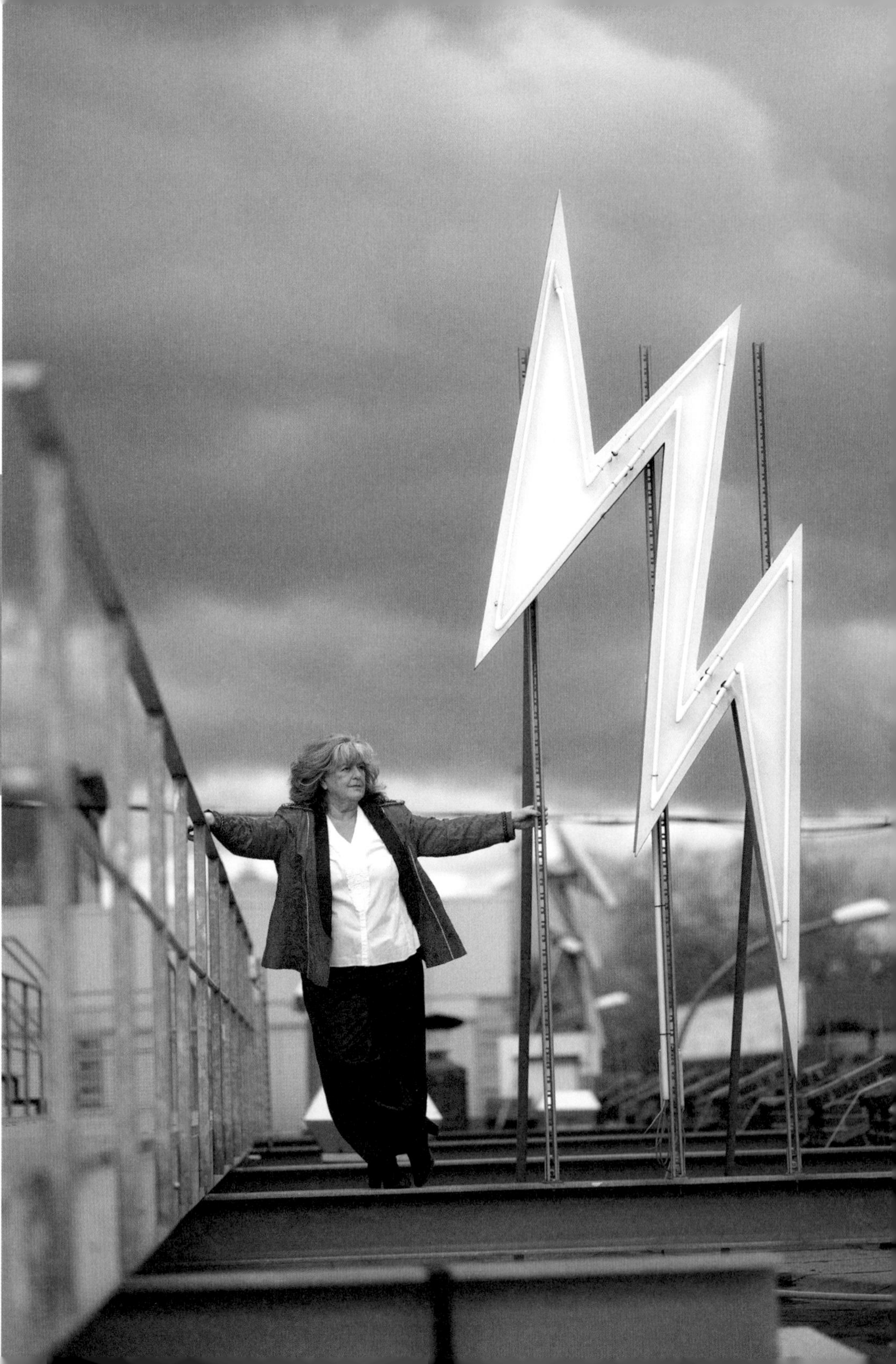

gestirn. Ich habe bei der katholischen Jugend – damals war ich noch in der Kirche – auf einer Karnevalssitzung in einer Mädchen-Tanzgruppe auf der Bühne gestanden. Ich glaube, da war ich dreizehn Jahre alt. Meine Mutter war eher zurückhaltender, was Karneval anging. Sie hat sich allerdings gerne die Mainzer Karnevalssitzung im Fernsehen angeschaut, weil sie mehr Spaß an politischen Witzen hatte. Ich glaube, sie fand die Kölner Sitzungen mit den ganzen Schwiegermütter- und Ehefrauenwitzen nicht besonders lustig.

Und ja, Karneval ist ein Stück weit Teil meiner Identität. Spätestens an Weiberfastnacht hole ich mein Kostüm raus, schnalle mir mein Trömmelchen um und gehe zusammen mit all den anderen JeckInnen auf die Straße. Mein Mann sagt immer, danach könne man die Uhr stellen. Allerdings meide ich die Orte, an denen das Besäufnis im Vordergrund steht. Und wenn man das macht, kann man eine wunderschöne Zeit haben. Dann stelle ich mich mit meinem Trömmelchen überall dazu, wo musiziert und gesungen wird. Egal, ob man sich kennt oder nicht. Das ist eine Offenheit und ein Miteinander, wie ich es mir eigentlich fürs ganze Jahr wünschen würde. Kaum einer, der nicht in Köln lebt, kann verstehen, dass von Weiberfastnacht bis Karnevalsdienstag ein Ausnahmezustand herrscht. Der Alltag wird auf den Kopf gestellt. Und am Aschermittwoch sitzt man dann wieder ohne Kostüm in der Straßenbahn und alles ist vorbei. Es ist ein bisschen verrückt. Man sagt ja, an Karneval reißen sich die einen die Masken ab, die anderen setzen sie auf. Aber es hat was, ich würde es sehr vermissen, wenn es Karneval nicht gäbe.

Wie sieht ein _Stunksitzungsjahr_ für Dich aus?

Ein gutes halbes Jahr ist das eine arbeitsintensive Zeit. Wir fangen im Sommer an mit Brainstorming und sammeln Themen. Dann wird aussortiert und überlegt: Wie bekommen wir »Fleisch« an diese Themen, wie werden sie lustig umgesetzt. Und dann geht ein Teil der Nummern an mehrere AutorInnen, die Szenen und Sketche schreiben, Pointen formulieren – das hat seine eigene Qualität. Einige Nummern entstehen allerdings auch über Improvisationen innerhalb unserer Gruppe. Die Band arbeitet anders als wir. Da werden Hits ausgesucht und mit witzigen deutschen Texten versehen, die sie selber schreiben.

Wenn alle Nummern und Songs fertiggeschrieben sind, gibt es sogenannte Literatentage, wo alles vorgestellt wird. Anschließend entscheiden wir, welche

Nummern in die Proben gehen. Es ist ein ständiger Prozess, denn auch während dieser Zeit überprüfen wir immer wieder, ob wir mit unserer Auswahl richtig liegen. Es gibt dann noch, kurz bevor wir ins *E-Werk* gehen, ein externes Vorspiel mit geladenen Gästen, die die Möglichkeit haben, ihre Einschätzung abzugeben. Zehn Tage vor der Premiere gehen wir dann ins *E-Werk*. Es gibt die ersten technischen Stellproben, der Ton wird gecheckt, das Licht eingerichtet. Ein paar Tage später gibt es zwei Hauptproben mit halbbesetztem Saal, ein Tag später die Generalprobe mit voller Zuschauerzahl. Bis zur Premiere steigt die Nervosität bei allen natürlich von Tag zu Tag an. Aber danach wissen wir endlich, ob wir richtig liegen mit unserem Programm. Meistens funktioniert alles. Es gab aber auch schon Situationen nach Premieren, wo wir doch noch einiges geändert haben. Denn schließlich wollen wir alle, dass die Sitzung rundum gut ist. Aber ich muss sagen, wenn dann zu den letzten Vorstellungen auch noch das Feiern an den Karnevalstagen dazukommt, bin ich doch ziemlich platt ... und brauche Urlaub.

Du hast sehr lange Trude Herr gespielt, die hier in Mülheim aufgewachsen ist. Hast Du eine besondere Affinität zu ihr?

Ich kannte Trude Herr als Schauspielerin aus dem Fernsehen in den Stücken von Willy Millowitsch, mit dem ich übrigens auch in seinem Theater auf der Bühne gestanden habe – und natürlich habe ich sie in ihrem eigenen Theater in Köln gesehen. Sie hatte ihren eigenen Humor, der sehr volksnah war, so wie ihre Stücke, die sie selber geschrieben hat. Sie war auf jeden Fall aufmüpfig. Und deshalb dachte ich, es wäre eine gute Idee, sie auch nach ihrem Tod noch in irgendeiner Form »lebendig« zu halten. Deshalb entschied ich mich, sie als Figur auf die Bühne zu bringen. Sie kam dann als »Engelchen« vom Himmel auf die Bühne und redete auf eine kölsch-derbe und freche Art und Weise über alle möglichen Themen. Ob über islamistische Selbstmordattentäter, Reich-Ranicki oder Michael Jackson, die im Himmel angekommen waren. In dieser Figur war alles möglich. Die letzte »Trude«, die ich gespielt habe, hat sich mit dem Thema *Me too* beschäftigt. »Ja – mir han he im Himmel och Sexismus. Zum Beispiel der Luther. 95 Nonnen haben schon Me-too-Schilder an seine Wolke genagelt. Und 57 Päpste sin en Zwangstherapie bei den anonymen Föttchensföhlern. Die meisten davon in der Kevin-Spacey-Gruppe. Sujar dat Maria hätt jetwittert: Von wegen der heilige Geist ist über mich gekommen – mich hat aber keiner gefragt. Hashtag Me too.«

Ich kannte Trude Herr nicht persönlich, aber ich war mit ihrer Schwester lange Jahre befreundet, die eine tolle selbstbewusste Frau war. Sie war nach dem Zweiten Weltkrieg die einzige Frau, die in Köln mit einem LKW den Schutt gefahren hat und später war sie die erste Fahrschullehrerin in Köln. Von ihrem ersten selbst verdienten Geld hat sie sich einen Porsche gekauft und ist damit über den Nürburgring gebrettert. Übrigens hat sie von der ersten *Stunksitzung* 1984 bis zu ihrem Tod 2015 keine einzige Sitzung verpasst. Sie wurde vierundneunzig Jahre alt und war bis zum Schluss eine lebensfrohe humorvolle Frau.

Die *Stunksitzung* findet seit 1991 hier im *E-Werk* statt. Was bedeutet dieser Ort für dich?

Mir gefällt, dass es ein Ort ist, der nicht hochglanzpoliert ist und in einem Stadtteil liegt, der Gott sei Dank auch noch nicht hochglanzpoliert ist. Die Keupstraße in Mülheim ist wie ein kleines Istanbul, die Außenspielstätte des Schauspielhauses und viele Medienfirmen befinden sich nebenan – es ist eine bunte Mischung aus Menschen, die hier leben und arbeiten.

Das *E-Werk* gehört seit mittlerweile fast dreißig Jahren zu meinem Leben. Vielleicht gefällt mir dieses Gebäude, in dem ursprünglich Strom erzeugt wurde und dann später Drahtseile produziert wurden, deswegen auch, weil ich aus einer klassischen Arbeiterfamilie komme. Mein Vater war Schlosser bei *Rheinbraun* im Tagebau. Und in dieser ehemaligen Fabrikhalle standen auch Schlosser an den Werkbänken – Malocher eben wie mein Vater.

Außerdem ist die Zusammenarbeit mit den MitarbeiterInnen und den BetreiberInnen der Halle sehr, sehr angenehm. Es hat sich im Laufe der Zeit schon fast ein freundschaftliches Verhältnis entwickelt. Alle freuen sich, wenn wir wieder ins *E-Werk* kommen und die Veranstaltungen losgehen. Seien es die KellnerInnen, SanitäterInnen, Feuerwehrleute – und natürlich wir auch. Und wenn wir dann mit den Securities unten in den Katakomben des *E-Werks* nach der Vorstellung die letzte Zigarette des Abends rauchen und das letzte Kölsch trinken, ist das ein wunderbarer Ausklang.

(Diesen Ausklang konnte das Ensemble der *Stunksitzung* in den Sessionen 2020/21 und 2021/22 leider nicht genießen, da sie wegen der Pandemie ausgefallen sind.)

Über
Biggi Wanninger

Nach dem Abschluss der Handelsschule begann Biggi Wanninger, Jahrgang 1955, erstmal eine Banklehre.
In dieser Zeit lernte sie Mitglieder einer
linken Polit-Songgruppe kennen und
war begeistert von der Möglichkeit, in

dieser Gruppe dabei sein zu können –
nicht nur weil sie dort singen konnte,
sondern auch aus politischem Interesse.
Nach der Banklehre entschied sie sich
zunächst für das Wirtschaftsabitur, um
als Berufsschullehrerin arbeiten

zu können. »Meine linksgerichtete Politisierung allerdings machte mir dann schnell klar, dass ich mit den Themen Kapitalismus und Marktwirtschaft auf Kriegsfuß stand. Ich entschied mich auf dem Zweiten Bildungsweg das Vollabitur zu machen und zog nach Köln, um dort das Köln-Kolleg zu besuchen. Auch in dieser Zeit habe ich in verschiedenen Bands gesungen und bin noch in einen Gewerkschaftschor eingestiegen, der sich thematisch mit der Arbeitswelt und anderen gesellschaftlichen Fragestellungen beschäftigte.«

Aufgrund ihrer Leidenschaft für die Musik entschloss sie sich, Musik- und Kunsterziehung an der *Pädagogischen Hochschule* in Köln zu studieren. »Zu dieser Zeit konnte man die Studiengänge noch ohne Aufnahmeprüfung anfangen. Ich wusste nur, dass ich singen wollte, von Musiktheorie oder Ähnlichem hatte ich keine Ahnung. Meine Eltern hatten kein Geld für Klavier- oder Gesangsstunden. Und auch nicht für mein Studium. Aber ich bekam BAFöG und – dank meiner Ausbildung als Bankkauffrau – konnte ich mir mit Bürojobs was dazu verdienen. Ich wusste nicht mal, was ein Intervall ist, ich hatte einfach nur Spaß am Singen und so habe ich mich durchgebissen. Und fürs Kunststudium habe

ich mich entschieden, weil ich das eine super Ergänzung fand. Davon profitiere ich heute noch, denn seit 2002 male und zeichne ich auf dem Computer. Für mich ist es zwischendurch einfach wohltuend, quasi als Solistin zu arbeiten, alleine zu entscheiden, was ich wie mache. Ich arbeite ja sonst hauptsächlich im Ensemble, was bedeutet, dass man das ein oder andere Mal auch Kompromisse in künstlerischen Fragen eingehen muss.«

Aber damit nicht genug! Sie wollte ihre Möglichkeiten noch erweitern und entschied sich, am *Theater der Keller* in Köln neben dem Studium eine Schauspielausbildung zu absolvieren. Der Grund: »Ich habe nach meinem Praktikum an der Schule begriffen, dass ich lieber in einem Beruf arbeite, in dem man freiwillig zu mir kommt. Und nicht wie in der Schule gezwungenermaßen. Und so ist es ja auch gekommen, die Menschen kommen freiwillig zu mir. Und ich verdiene damit schon seit Jahrzehnten mein Geld. Wie toll ist das denn?!«

Sie schloss zwar ihr Pädagogikstudium ab, das Referendariat allerdings trat sie nie an. Dafür begann sie eine andere, sehr erfolgreiche Karriere: als Schauspielerin, Kabarettistin, Komikerin, Sängerin, Hörfunk- und Fernsehsprecherin.

Sie arbeitete – und arbeitet immer noch – als freie Sprecherin unter anderem für den WDR, war lange Zeit bei Stern TV zu hören und wirkte in verschiedenen Fernseh- und Hörspielproduktionen mit. War als Schauspielerin an verschiedenen Theatern auf der Bühne zu sehen und ihr Name stand in vielen Fernsehproduktionen auf der Besetzungsliste. Auch ihrer Liebe zur Musik ist sie bis heute treu geblieben. Konzerte mit dem *Biggi Wanninger Trio* das Jazz verpoppt und Popsongs verjazzt, sowie als Sängerin in anderen Bands wie zum Beispiel der *Atlanta Jazzband* gehören nach wie vor zu ihrer künstlerischen Tätigkeit. »Ich hatte immer den Traum, mal mit einer Bigband zu singen. Und der hat sich auch erfüllt. Mehrfach sogar. Im Rückblick bin ich froh, dass ich so viele verschiedene Sachen in meinem Berufsleben gemacht habe und immer noch mache. Denn lange Zeit dachte ich ›Mein Gott, du machst so viele verschiedene Sachen, kannst aber eigentlich nichts richtig gut.‹ Heute sehe ich das anders, denn genau diese Vielseitigkeit hat dazu geführt, dass ich mich nie gelangweilt habe. Im Gegenteil: Es gab immer neue Herausforderungen. Ich habe beruflich auch nur neue Sachen angefangen, von denen ich überzeugt war, dass ich sie meistern konnte. Ich habe zwar keinen bestimmten Plan verfolgt, wusste aber immer, was ich nicht wollte – das ist ja auch ein Plan. Das Besondere an meinem Beruf als freiberufliche Künstlerin ist, dass ich nicht fremdbestimmt arbeite und die Möglichkeit habe, ›Nein‹ zu sagen. Aber vor allem bekomme ich bei jeder Vorstellung direktes Feedback für meine Arbeit. Dafür bin ich sehr dankbar. In welchem Beruf hätte ich das sonst haben können? Also alles richtig gemacht. Aber natürlich hatte ich auch viel Glück, zum richtigen Zeitpunkt am richtigen Ort gewesen zu sein, die richtigen Menschen kennengelernt zu haben und selbstbewusst zu sagen: ›Ja, das will ich machen.‹«

Am richtigen Ort war Biggi Wanninger auch, als sie sich im April 2017 im Rahmen eines Festakts ins *Goldene Buch* der Stadt Köln eintragen durfte. Eine der höchsten Ehrungen, die die Stadt zu vergeben hat für diejenigen, wie Oberbürgermeisterin Henriette Reker anlässlich der Eintragung sagte, »die auf der Basis ihres Erfolges im Brauchtum große Verdienste für das Miteinander in unserer Stadt und das kulturelle Leben in Köln erworben haben«. Und das hat Biggi Wanninger allemal!

E-WERK

*Im Schanzenviertel in Mülheim treffen industrielle Vergangenheit
und Moderne aufeinander. Als 1903 das Elektrizitätswerk, ein heute über die
Stadtgrenzen hinaus unter dem Namen E-Werk bekannter und beliebter
Veranstaltungsort, in der Mülheimer Schanzenstraße gebaut wurde, war der
heutige Kölner Stadtteil Mülheim noch eine selbstständige Stadt.*

In direkter Nachbarschaft des Werks wurden im *Carlswerk* der Firma Felten & Guilleaume seit 1874 Drahtseile und Kabel produziert, so auch das erste transatlantische Telefonkabel, das ab 1904 Europa mit Nordamerika verband. Das *Carlswerk* war damals einer der größten industriellen Arbeitgeber in Deutschland. In den 1960er-Jahren arbeiteten hier über zwanzigtausend Menschen.

Jetzt entwickelt sich das riesige, circa einhundertdreißigtausend Quadratmeter große Gelände des ehemaligen *Carlswerks* zu einem beliebten Stadtviertel. Das *E-Werk*, in dem nach der Eingemeindung Mülheims in Köln 1914 bis einschließlich 1930 Strom für die Stadt erzeugt wurde und das danach in den Besitz der Firma Felten & Guilleaume Carlswerk AG überging und zuerst als Flechtwerk, dann als Ketten-

fabrik genutzt wurde, war für diesen
Wandel Vorreiter und hat die Entwicklung des ehemaligen Industriequartiers
in einen Medien-, Kultur und Gewerbe-
campus maßgeblich beeinflusst. Es
war der erste Fabrikbau, der 1991 auf
Initiative der bekannten Kölner Band
BAP im Mülheimer Schanzenviertel umgenutzt wurde. Nach einem heftigen
Unwetter im November 1984 konnte
das Gebäude nicht mehr industriell
genutzt werden und ihm drohte der
Abriss. Das konnte 1986 durch die
Eintragung in die Denkmalliste verhindert werden. Nachdem es eine Zeit
lang als Lager genutzt wurde, setzte
sich BAP dafür ein, dass das Gebäude
zu einem Veranstaltungsort mit zwei
Hallen umgebaut wurde. Dabei wurde
am ursprünglichen äußeren Erscheinungsbild der Halle so gut wie nichts

verändert, lediglich ausgebessert, wo
es nötig war. Nur wenige durch Bom-
beneinschläge entstandene Löcher
in der Fassade wurden geschlossen,
und auch nur, wenn es dem Schutz vor
der Witterung diente. Auch der Wechsel zwischen Putz und sichtbarem
Backstein an den beiden Giebeln zur
Schanzenstraße wurde beibehalten.
So erscheint das *E-Werk* von außen
unverändert im ursprünglichen Erscheinungsbild und seine industrielle Patina
wurde erhalten: eine Doppelhalle mit
seitlich angebautem Turm und niedri-
gem Vorbau im Stil des Historismus.

Auch im Innenraum blieb trotz
vieler baulicher Maßnahmen die ehemalige Industriestätte sichtbar, wie
eine alte Galerie aus Stahlträgern, was
sicher auch den Charme dieses Ortes
ausmacht.

Gemeinsam mit der gegenüberliegenden 1899 erbauten ehemaligen Maschinenfabrik der *Carlswerke*, dem *Palladium*, ist es heute längst eine feste Größe in der Kölner Unterhaltungsbranche.

Und seit dreißig Jahren das Zuhause der *Stunksitzung*, die zuvor zunächst in der Mensa der *Fachhochschule Köln* und später in der *studiobühneköln*, dem ältesten bestehenden deutschen Universitätstheater, gegründet 1920, abgehalten wurde. Jährlich feiern etwa fünfundvierzigtausend JeckInnen hier den alternativen Karneval.

Nach dem *E-Werk* wurde das *Palladium*, eine ehemalige Maschinenbauhalle direkt gegenüber und seit 1998 Veranstaltungsort, unter Denkmalschutz gestellt und renoviert. Ihnen folgten viele weitere der alten Fabrikgebäude, so das Kupfer-Walzwerk, die Stacheldrahtfabrik oder die Neue Seilerei. Mittlerweile haben sich hier auf der *schäl Sick* immer mehr Unternehmen angesiedelt. So zum Beispiel der Verlag Bastei Lübbe, der 2010 von Bergisch Gladbach nach Köln in das einhundertunddrei Meter lange Hauptgebäude aus dem Jahr 1961 gezogen ist, und zahlreiche weitere Firmen und Start-ups, die begleitet werden von Restaurants, Arztpraxen und Freizeitangeboten wie einer Boulderhalle und

innovativen Projekten wie einer Urban-Gardening-Anlage. Auch das Kölner Schauspiel hat hier im ehemaligen Depot des *Carlswerks* seit 2013 sein Interimsquartier aufgeschlagen, da sein denkmalgeschütztes Gebäude in der Innenstadt seit 2012 saniert wird. Das Ergebnis ist ein bunter Mix aus Einzelhandel, Gastronomie, unterschiedlichen Gewerben und Unternehmen diverser Branchen, die in die alten Industriehallen eingezogen sind und es auf zeitgemäße Art und Weise beleben. Hallte früher der Lärm der Schwerindustrie durch das Viertel, ist es heute auditiv zwar etwas ruhiger, aber auf eine andere Weise sehr lebendig. Längst fühlt man sich auch auf dieser Seite des Rheins ganz *richtig*, so auch ich, als ich nach dem Gespräch mit Biggi Wanninger durch dieses Viertel laufe, das sich das Flair einer Industriestadt des 19. und frühen 20. Jahrhunderts trotz aller Modernisierungen erhalten hat. BAP sei Dank.

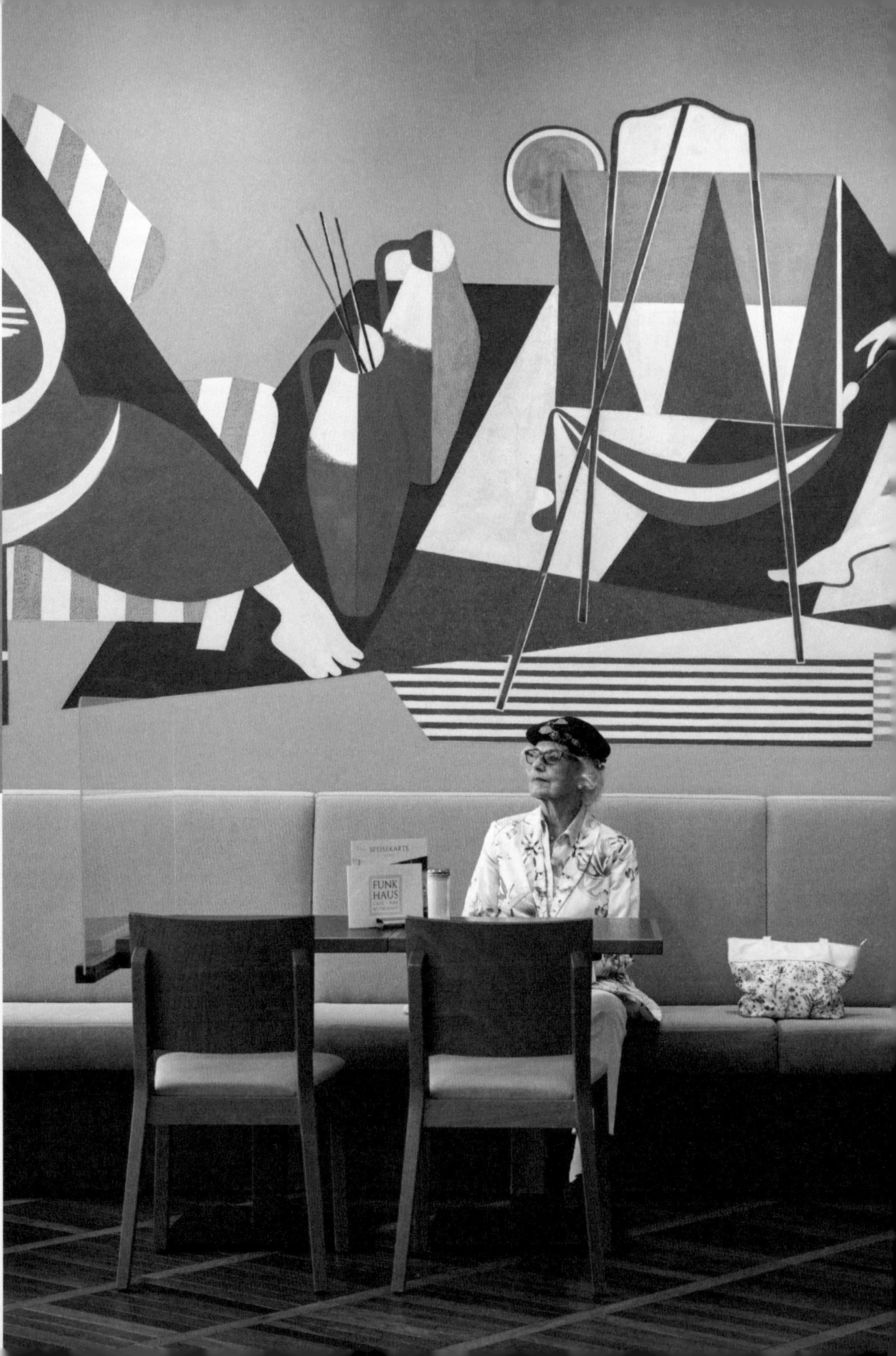
SPEISEKARTE
FUNK
HAUS

MELITTA ERVEN

Mitarbeiterin des WDR

———

FUNKHAUS
AM WALLRAFPLATZ

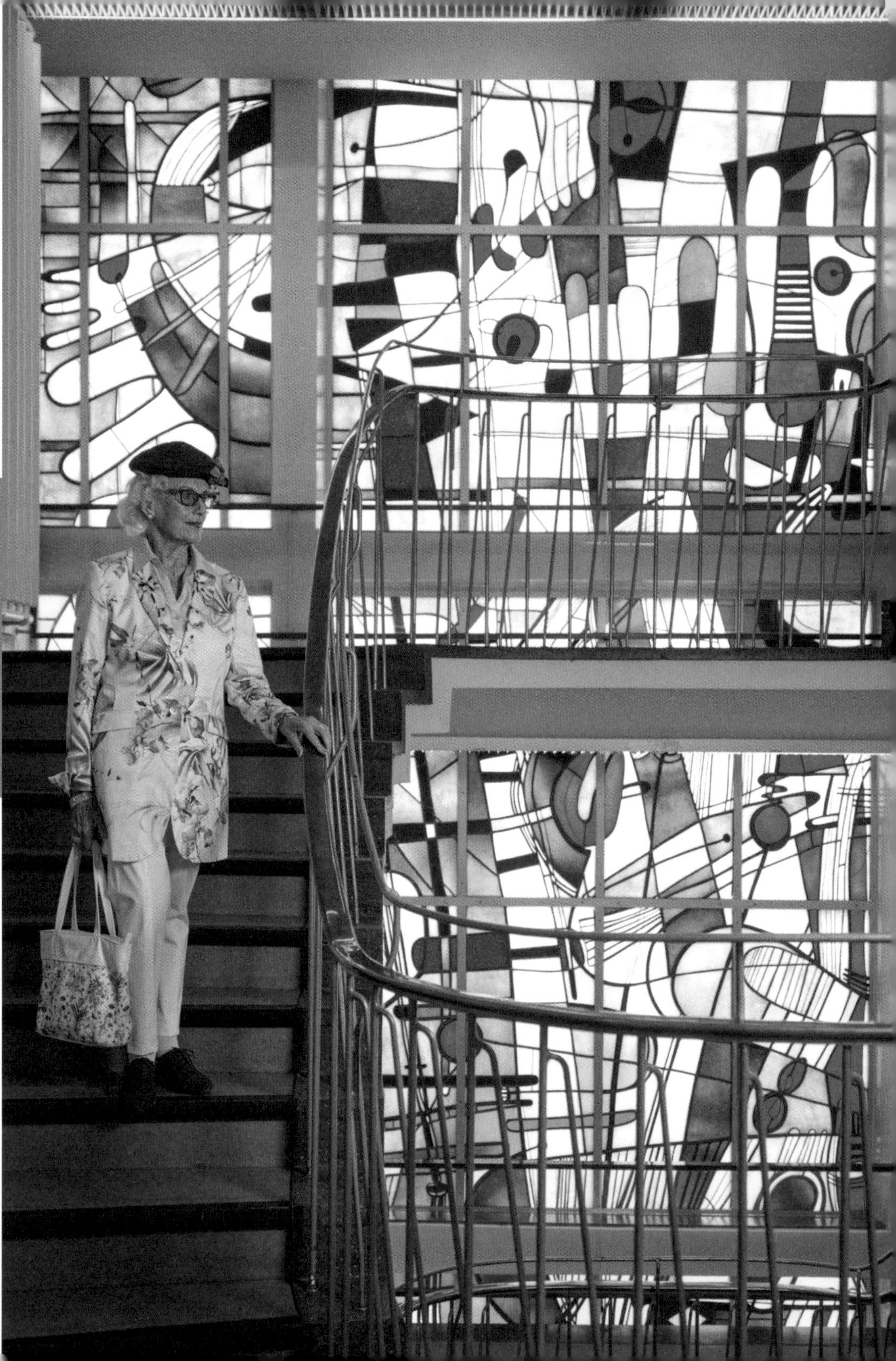

Liebe Melitta, Du bist 1957 zum WDR gekommen. Wie kam es dazu?

Über einen Menschen aus dem Freundeskreis, der schon beim Fernsehen war. Ich arbeitete damals beim Kölner FC und war die Sekretärin von Franz Kremer. Das war meine erste Stelle nach meiner Ausbildung. Das war eine sehr spannende Zeit, aber nach drei Jahren war es genug. Ich habe mich dann zuerst beim Hörfunk beworben, aber die gaben meine Bewerbung ans Fernsehen weiter. Das hieß damals noch NWDR. Ich saß da vor den Machern des Fernsehen und hatte keine Ahnung, was man dort alles machen konnte. Also sagten sie, ich solle erst mal zu ihnen kommen. Und das war im Nachhinein genau die richtige Entscheidung.

Der WDR ist mein Leben

Fast vierzig Jahre war Melitta Erven *beim* Westdeutschen Rundfunk *für das Fernsehen tätig und erlebte das neue Medium von seinen Anfängen an. Auch nach dieser Zeit blieb sie dem WDR treu und engagiert sich bis heute ehrenamtlich für den Verein WDR AKTIV.*

Wen meinst Du mit »Machern«?

Die das Sagen hatten. Von denen ist ja keiner als Fernsehmensch geboren. Die meisten kamen von Berlin, von der UFA, oder waren Redakteure von den Zeitungen. Oder sie kamen vom Theater. Der, der damals die Ansagerinnen einteilte, war mal ein Theaterdirektor. Er wollte dann auch immer, dass ich Ansagerin werde. Aber Ansagerinnen waren freiberuflich. Und da warst du abhängig von dem Typ, der dich einsetzt. Da habe ich gleich abgelehnt. Außerdem, einmal Programmansagerin immer Programmansagerin. Als Sekretärin oder Ansagerin hattest du damals keine Möglichkeit, innerhalb des WDR den Posten zu wechseln. Später gab es dann die Fort- und Weiterbildungen, aber das war viel später. Damals gab es eine Redakteurin, alle anderen waren Männer. Heute ist das zum Glück anders, aber zu meiner Zeit gab es nur wenig Frauen. In den Redaktionen hatten wir in den Sommersemesterferien immer Studenten, die sich was verdienen wollten. Da haben es dann welche geschafft, nach dem Studium einen Posten in der Redaktion zu bekommen. Sie waren dann die Chefs von der Sekretärin, die sie während ihres Studentenjobs angeleitet hat. Die kam nicht weiter, obwohl sie alles wusste. Also, diese Ungerechtigkeiten. Es gäbe ganz viele Geschichten ... Als ich später beim Dritten Fernsehen war, habe ich selbst Programmansagerinnen eingesetzt und getestet. Das habe ich gern gemacht. Aber die gab es ja dann irgendwann nicht mehr. Als das Privatfernsehen aufkam,

»DAS MEISTERMANN-FENSTER IM TREPPENHAUS
WAR SCHON IMMER MEIN LIEBLINGSFENSTER. DAS WAR
DAMALS ALLES WAS BESONDERES. UND WENN
DU DARAN NOCH BETEILIGT BIST UND DU KANNST DA
DURCHGEHEN, DA HAST DU DAS MITGELEBT.«

MELITTA ERVEN

wurden sie abgeschafft, damit die Zuschauerinnen und Zuschauer während der Ansage nicht umschalteten. Da hast du manchmal gar nicht mehr gewusst, ist es noch die alte Sendung oder schon eine neue. Darüber diskutierte man unter anderem bei den Programmkonferenzen.

Warst Du bei den ARD-Programmkonferenzen dabei?
Ja. Jede Fernsehanstalt hatte einen Vertreter bei der Programmkonferenz, nur der WDR hatte zwei, weil wir fünfundzwanzig Prozent Programmanteile hatten. Der WDR war und ist die größte Fernsehanstalt von insgesamt neun, weil Nordrhein-Westfalen die meisten Zuschauerzahlen hat. Aber die Ergebnisse der Konferenz mussten immer einstimmig sein, egal wie viel Prozent eine Anstalt

hatte. Ich war damals die zweite Vertreterin, Günter Siefahrt war die erste Kraft. Er hat auch die Sendung zur Mondlandung 1969 gemacht. Wir haben die Programmschemen gemacht und gut zusammen gearbeitet. Zu den Programmkonferenzen fuhren wir meist gemeinsam. Die fanden alle vier bis sechs Wochen reihum statt und dauerten immer drei Tage. Ich musste aber meist nur am ersten Tag bei der Sitzung der sogenannten Beauftragten dabei sein. Am zweiten Tag kamen die Direktoren und am dritten die Intendanten und Gremien. Nur wenn Siefahrt nicht konnte, musste ich als seine Stellvertreterin an den anderen Tagen teilnehmen. Ich war neben der Protokollführerin die einzige Frau der Konferenz, alles andere waren Männer. Mehr Frauen kamen erst später sukzessive dazu. Ich musste immer das Ergebnisprotokoll für unsere Redaktionen und den Intendanten schreiben. Außerdem gab es einmal in der Woche eine telefonische Schaltkonferenz aller Sender.

Als Du zum Fernsehen gekommen bist, war das ja ein ganz neues Metier ...
Absolut neu! Darum habe ich die ganze Entwicklung des Mediums ja mitbekommen. Und die haben mich auch immer geholt, wenn was getestet wurde. Wenn ein neuer Kameramann kam, dann musste ich mit ins Studio, weil die da was gefummelt und ausprobiert haben. Dann kamen das Farbfernsehen und die Blue Box, da durfte man kein blaues Hemd tragen. Ich war immer vor Ort und auch immer dabei, durfte auch in alle Studios. Auch zu den Produktionen durfte ich immer hin. Wir haben die besten Fernsehspiele gemacht, mit Wilhelm Semmelroth, dem Chef der Fernsehspielabteilung, und all den bekannten Regisseuren. Und mit wunderbaren Schauspielerinnen und Schauspielern, wie Tilla Durieux. Sagt Dir das was?

Nur als Ehefrau des Kunsthändlers Paul Cassirer, der für zwei Jahre den *Kölnischen Kunstverein* geleitet hat und sich später das Leben nahm, nachdem Tilla Durieux die Scheidung beantragt hatte. Sie starb übrigens an Paul Cassirers hundertstem Geburtstag, am 21. Februar 1971.
Sie war eine der bekanntesten und wunderbarsten Schauspielerinnen. Ich war im Studio, als mit ihr gedreht wurde, und sie lag in einem Bett. Als sie mich entdeckte, fragte sie, wer das sei. Die wollte es genau wissen! Die, die nicht dazu gehörten, mussten draußen bleiben. Das sind so schöne Erinnerungen. Oder

später kam Zarah Leander. Sie wohnte im *Hotel Königshof* und war nicht zur verabredeten Zeit im Studio. Also musste einer hin und sie holen. Sie musste sich aber erst präparieren und dann wollte sie ein Hähnchen essen. Es flitzte wieder einer los und holte ein Hähnchen. Anschließend sagte sie: »So, nun ist die Mutter müde«, und das war's dann für diesen Tag. Mit Peter Alexander haben wir produziert und wer ein Cocktailkleid hatte, konnte bei der Produktion dabei sein. Hatte man natürlich! Diese Aufzeichnungen – das war einfach spannend. Das war ja alles neu. An meinem ersten Arbeitstag musste ich gleich nach Düsseldorf, ins *Apollo-Theater*, und sollte das Skript für eine Hassert-Ballett-Sendung schreiben. Ich wusste nicht, was ich machen sollte, denn ich hatte das ja noch nie gemacht. Das war learning by doing.

Du warst also genau wie die »Macher« Autodidaktin in einem neuen Medium. Was war genau Deine erste Aufgabe beim Fernsehen?

Ich war im Sendebetriebsbüro von Walter Pindter und Klaus Mahlo, der ab 1960 stellvertretender Programmdirektor des WDR war, eingesetzt. Dort wurden die Studioplanungen und die Außenübertragungen organisiert. Von dem Sendebetriebsbüro ging alles aus, die Redaktionen belieferten uns mit dem, was sie senden wollten, und wir waren die Koordinierungsstelle. Heute ist das etwas anders organisiert, allein schon durch die ganze Technik. Ich habe das von 1957 bis 1964 gemacht. Als ich anfing, hatten wir beim Fernsehen achtzig Mitarbeiterinnen und Mitarbeiter und man kannte jede und jeden. Mein Büro hat auch die Zeitungen mit dem Programm und den Änderungen bedient. Das war schon alles sehr aufwendig, weil wir ja noch keine Computer hatten und alles per Telefon, Fernschreiber oder Boten erledigen mussten. Die Koordinierungsstelle aller neun Fernsehanstalten war und ist in München, und alle Sender haben regelmäßig Kontakt mit ihr. Auch ich musste jeden Tag mit München telefonieren.

Und was hast Du ab 1965 beim WDR gemacht?

Dann bin ich zu Werner Höfer gegangen. Er hat das Dritte Fernsehprogramm gegründet und war dort der Programmdirektor. Er fragte mich, ob ich für ihn arbeiten würde. Das habe ich dann gemacht und arbeitete für den Sendeleiter des Dritten Fernsehens. Ich organisierte den täglichen Sendeablauf für alle, die Technik, die Maske und so weiter, habe also dreizehn Jahre mit der Stoppuhr

gearbeitet, weil der Ablauf einer Sendung im Sekundentakt erfolgt. Es musste ja alles stimmen, denn nach diesem Ablauf wurde gesendet. Und dann kümmerte ich mich um die Ansagerinnen vor den Fernsehsendungen. Eine meiner Ansagerinnen war Christine Steinfeld, die hat später den Künstler Günther Uecker geheiratet. Ich habe auch die Nachrichtensprecher eingesetzt, Nachrichtensprecherinnen gab es damals noch nicht. Ja, das war schon sehr spannend, zu erleben, wie das alles anfing mit dem Fernsehen.

Zum Höfer muss ich noch was sagen: Er war ein Superchef. Zwar auch anstrengend, weil er sehr perfektionistisch und korrekt war und auch entsprechenden Einsatz verlangte. Er hatte den aufgeräumtesten Schreibtisch und hat alles sofort erledigt. Seine Tür zum Sekretariat war immer offen. Er hatte im Büro und auch zu Hause drei Fernsehgeräte – es gab ja damals nur drei Sender – und hat immer alle drei gleichzeitig geschaut. Und er las auch jeden Morgen alle Tageszeitungen. Also, die Arbeit mit ihm war äußerst interessant. Ich musste für ihn immer erreichbar sein. Egal wo ich war – ich musste immer meine Telefonnummer hinterlassen. Wenn ihm zum Beispiel eine Ansagerin nicht gefiel oder sie etwas falsch ausgesprochen hatte, rief er mich an. Ich hatte zu Hause ein Telefon mit einem zehn Meter langen Kabel, damit ich das überall in der Wohnung mitnehmen konnte. Ich musste immer präsent sein! Als Höfer 1978 den WDR verließ, bin ich zum Ersten Programm zurück und habe dort die Koordinierung und Platzierung der Sendungen gemacht, die der WDR für die ARD produziert hat. Günter Siefahrt war mein Chef und der Abteilungsleiter, ich seine Stellvertreterin.

Wo befand sich Dein Büro? In welchem Gebäude hast Du gearbeitet?
Ich hatte viele Büros. Am Anfang immer in dem Gebäudekomplex um das *Funkhaus* herum. Mein erstes Büro war im Gebäude neben dem *Café Reichard*, dann hatte ich eines im *Stollwerck-Haus* am Wallrafplatz. 1965, als ich beim Dritten Fernsehen anfing, zog ich in ein Büro im ehemaligen *Hotel Carlton* am Roncalliplatz. In jedem Büro befand sich ein Badezimmer, weil das ja alles mal Hotelzimmer waren. Das war sehr interessant dort, denn zu der Zeit wurden die Grabungen für die Tiefgarage vorgenommen und ich konnte sie von meinem Fenster aus bis zur Steinzeit verfolgen. Die gruben immer tiefer und tiefer. Als 1967 Konrad Adenauer starb, konnte ich sehen, wie die Soldaten am Tag vor der Beerdigung das Tragen seines Sargs durch den Südeingang des Doms übten. Da durfte ja nichts schief gehen. Seine Beerdigung konnte ich dann live aus dem Fenster und vor dem Fernsehen im Büro verfolgen. Später hatte ich dann auch im *Vierscheibenhaus* Büros gehabt, im sechsten und im siebten Stock. Im *Funkhaus* selbst habe ich nie gearbeitet. Dort fanden aber immer die Programmkonferenzen statt, wenn sie in Köln waren. Und da war ich ja immer dabei.

Wann endete Dein aktives Arbeitsverhältnis beim WDR?
Das war 1995, also im Dezember 1994, nach fast vierzig Jahren. Der WDR hat mir eine Abschiedsfeier gegeben, da durfte ich hundert Kolleginnen und Kollegen einladen. Das war schon etwas Besonderes. Das ging aber nicht von mir

aus, sondern war die Idee des WDR. Ich habe dann noch eine private Feier mit achtzig Gästen in der Flora gemacht. Das waren wunderbare Feiern. Ich habe da noch schöne Briefe von denen, die nicht kommen konnten. Und der Bayerische Rundfunk hat mir auch eine Abschiedsfeier im Hotel *Bayerischer Hof* in München gegeben, weil ich ja immer bei den Programmkonferenzen dabei war und auch sonst viel mit München zu tun hatte, da ich für die Programmkoordination zuständig war.

Du hast Dir das *Funkhaus* als den Ort ausgesucht, an dem Du für dieses Buch fotografiert werden möchtest ...
Ja, weil ich es von Anfang an kenne. Ich war ja regelmäßig dort, vor allem in der Kantine. In meinen Pausen war ich auch immer wieder auf der Dachterrasse des *Funkhauses* und schaute auf den Dom. Der Dom ist für mich auch ein Fixpunkt in Köln.

Zu welchen Gelegenheiten gehst Du in den Dom?
Im Sommer gibt es immer die Orgelkonzerte, jeden Dienstag. Die sind etwas sehr Besonderes. Da kann jeder hingehen, man muss aber frühzeitig da sein. Der Dom hat ja zwei Orgeln, eine alte und dann die neue. Mir persönlich gefällt die alte Orgel besser, die hat einen anderen Klang, der ist dunkler. Und dann gibt es natürlich den Karnevalsgottesdienst, zu dem man aber eingeladen werden muss. Ich war schon zweimal eingeladen. Das ist sehr speziell.

Die sechste Glocke des Domgeläuts, die *Josephsglocke*, stammt aus der Eifeler Glockengießerei, mit deren Inhaberin ich verwandt bin. Mein Urgroßvater mütterlicherseits, Mathias Schmitz, war Glockengießer und Grubenbesitzer in Müllenbach in der Eifel. Als er starb hatte er keinen männlichen Nachfolger für die Glockengießerei. Seine Tochter, also die Tante meiner Mutter, heiratete den Glockengießer Mark aus Brockscheid. Deren Enkelin Cornelia Mark-Maas übernahm später diese Gießerei ihres Vaters und ist die erste und einzige Glockengießerin der Welt. Als die *Josephsglocke* am 2. September 1990 geweiht wurde, war ich mit meiner Mutter dabei. Zum ersten Mal geläutet wurde sie am Tag der Wiedervereinigung, am 3. Oktober 1990. Das ist auch ein besonderer Tag für mich, weil ja meine anderen Großeltern aus der DDR stammten. Ich habe also auch aus familiären Gründen eine besondere Beziehung zum Kölner Dom.

Was für interessante Geschichten ... Lass uns noch einmal zum _Funkhaus_ zurückkehren: Ist das auch innerhalb des WDR ein besonderes Gebäude?

Im _Funkhaus_ fing ja alles an. Es war ursprünglich in der Dagobertstraße. Da war ich aber nicht, das war vor meiner Zeit. Und dann ist das eben der Stammsitz. Danach wurde das Gebäude An der Rechtsschule gebaut, unten mit den Studios. Dort war der Sendebetrieb für das Fernsehen, die Maske und so weiter. Damit die Geistlichen im Garten ihr Brevier in der Sonne lesen konnten, mussten die Studios extra noch tiefer gebaut werden. Man durfte nicht höher nach oben bauen. Das ist eben alles sehr christlich in Köln. Dann wurde das _Vierscheibenhaus_ gebaut. In den oberen Etagen war reiner Fernsehbereich, in den unteren Etagen Verwaltung und so weiter. Als Fernsehmensch hast Du mit dem _Funkhaus_ eigentlich nichts zu tun, dort ist nur der Hörfunk drin.

Das _Funkhaus_ wurde in den 1950er-Jahren gebaut und vor ein paar Jahren aufwendig und detailgetreu renoviert. Gefällt Dir das Gebäude?

Das war zu der Zeit zumindest das beste und schönste Gebäude des WDR. Das war was Neues und hatte was! Der Paternoster, das Treppenhaus und die Verglasung, der große Sendesaal. Das Meistermann-Fenster im Treppenhaus war schon immer mein Lieblingsfenster. Das war damals alles was Besonderes. Und wenn du daran noch beteiligt bist und du kannst da durchgehen, da hast du das mitgelebt. Von meinem Büro gelangte ich unterirdisch ins _Funkhaus_, um in die Kantine zu kommen.

Wo früher Eure Kantine war, ist heute das _Café Funkhaus_ ...

... das gehört für mich in die alte Zeit, darum wollte ich auch gern dort ein Foto machen. Es sah ganz ähnlich aus wie heute, auch mit den großen Fensterfronten. Irgendwann war das Wandgemälde weg, das hatten sie übertüncht. Zum Glück ist es jetzt wieder da.

Du warst lange stellvertretende Vorsitzende des Vereins WDR AKTIV, der unter anderem Freizeitangebote für seine Mitglieder anbietet und organisiert. Auch heute bist Du noch im Vorstand aktiv, mit welcher Funktion?

In meinen Bereich fallen das Kochen und die Malakademie. Mit dem Koch organisiere und koordiniere ich die Veranstaltungen. Außerdem bin ich die Ansprechpartnerin für die Malerin der Malakademie. Das Kochen entfällt seit zwei Jahren wegen Corona. Wir haben im Moment leider keine Küche mehr, wo wir das machen können. Am 15. September 2022 feiern wir im *Kleinen Sendesaal* im *Funkhaus* den 50. Geburtstag des Vereins.

Noch ein Wort zu Köln. Was macht Köln für Dich aus? Ist es für Dich eine lebens- und liebenswerte Stadt?
Zwei Seiten. Köln ist meiner Meinung nach mit die dreckigste Stadt in Deutschland. Das ist wirklich wahnsinnig. Aber es hat eben viel Geschichte. Und das liebe ich. Mich interessiert die Vergangenheit und die hast Du in Köln in Hülle und Fülle. Mein Mann war ja ein echter Kölner und hatte eine humorige Art. Da konntest du dich daran erfreuen.

Würdest Du Dich selbst inzwischen auch als Kölnerin bezeichnen?
Nein! Einmal Berlinerin – immer Berlinerin! Und dabei bin ich gar keine gebürtige Berlinerin. Aber ich fühle mich jetzt, wenn Du so willst, in Köln zu Hause. Köln hat mir schon sehr gutgetan. Und ich mag den Karneval. Meinen ersten Rosenmontagszug in Köln erlebte ich 1951. Ich saß mit meinem damaligen Freund Wolf Vostell auf einem Trümmerberg in der Zeppelinstraße und auf einem der Wagen wurde das Lied »O Mosella« von Karl Berbuer gespielt. Seine Tochter Anneliese lernte ich 1955 kennen und sie war bis zu ihrem Tod vor zehn Jahren meine beste Freundin. Ich kannte die ganze Familie sehr gut und habe dank ihr den Kölner Karneval besonders intensiv erlebt. Auch mein Mann war ein großer Karnevalist und ich habe viele schöne Erinnerungen an den Karneval.

Was bedeutet der WDR für Dich und Deiner Meinung nach für die Stadt Köln?
Der WDR war mein Leben und ist es durch meine ehrenamtliche Tätigkeit immer noch. Er zieht ein gewisses Publikum nach Köln und ist für die Stadt auf jeden Fall eine Bereicherung.

Über
Melitta Erven

Melitta Erven kann auf ein bewegtes Leben zurückblicken. Geboren wurde sie 1934 in Freiburg im Breisgau und verbrachte die ersten vier Jahre ihres Lebens in der Malteserstadt Heitersheim, zwischen Freiburg und Basel gelegen.

Dann zog sie mit ihren Eltern nach Berlin und wuchs im Stadtteil Westend auf. Melitta wollte gern Tänzerin werden, ihre Mutter verbot ihr aber, eine Tanzschule zu besuchen. Zu Hause hat sie zwar privaten Tanzunterricht bekommen, aber für eine Karriere als Tänzerin reichte das nicht aus. Die Tanzleidenschaft aber ist geblieben: »Ich habe immer leidenschaftlich gern getanzt und würde heute noch tanzen, wenn einer mit mir tanzen würde.«

Ihre Mutter wollte gern, dass Melitta Pianistin wird und sie begann am Berliner Konservatorium mit dem Klavierstudium. Melitta träumte aber von der Modebranche.

Ihr Vater, ein Bergbauingenieur und Geologe, starb 1942 und mit ihm und dem Krieg auch erst einmal die Erfüllung von Melittas Träumen. Anfang der 1950er-Jahre verließ sie mit ihrer Mutter Berlin und die beiden Frauen zogen zunächst nach Leverkusen, wo die Mutter, die vorher nie berufstätig war, Arbeit bei der Firma *Bayer* fand: »Durch den Tod meines Vaters hat sich unser Leben leider anders entwickelt, als wir das geplant hatten. Das war ein riesiger Einschnitt in unserem Leben. Die Schwester meiner Mutter lebte in Leverkusen und so sind wir erst mal dahin gezogen. Das war der größte Fehler meiner Mutter. Das hat sie auch immer wieder gesagt. In Berlin hatten wir eine schöne große Wohnung, hier keine. Einen Teil unserer Möbel mussten wir verscherbeln, weil sie hier gar keinen Platz gehabt hätten. Aber die Angst vor dem Russen, dass er womöglich noch

Westberlin einnimmt, war größer. Wenn man jemanden im Westen hatte, konnte man übersiedeln. Einige Zeit später haben wir eine kleine Wohnung in Köln bekommen. Ich wäre gern in Berlin geblieben. Auch meine Mutter wollte wieder nach Berlin zurück, dort kam man aber nicht mehr hin, wenn man keine Arbeit hatte. Und die Wohnung war ja auch weg. In Köln konnte ich kein Abitur machen. In Berlin begann das Schuljahr im Herbst, in Köln im Frühjahr. Ich hatte außerdem mit Englisch und Französisch am Gymnasium in Berlin angefangen, in Köln hatten sie mit Latein angefangen. Da hätte ich all die Jahre nachholen müssen und auch den restlichen Stoff aus dem verlorenen halben Jahr. Es war unmöglich. Also, konnte ich nur mittlere Reife machen, habe aber dafür ein Jahr übersprungen.«

Danach versuchte sie, ihren Traum von einem Beruf in der Modebranche zu verwirklichen und hatte bereits eine Lehrstelle bei einem Modehaus gefunden. Doch als sie erfuhr, dass die Lehrlinge hauptsächlich Putz- und Botendienste machen mussten, versuchte sie, über eine kaufmännische Lehre in die Branche zu gelangen, und suchte sich eine andere Lehrstelle. Die fand sie bei der Maschinenfabrik *Dumm & Pech* in Bickendorf: »Das war eine herrliche Zeit. Ich durfte mit siebzehn Jahren schon den Führerschein machen, weil ich für die Firma mit dem Auto unterwegs sein musste. Doch der Traum von einem Beruf in der Mode war danach vorbei, auch wenn die Mode immer ein Hobby von mir geblieben ist.«

Ihre erste Stelle nach der Ausbildung fand sie beim 1. FC Köln als Sekretärin des legendären ersten Präsidenten und

Japan in Kyōto kennen. Ein Jahr später heiraten die beiden und Christian Erven wusste auch Melittas Mutter Magdalene zu lieben und umgekehrt: »Mein Mann war ein toller Mensch. Und wenn schon mal so ein bisschen was war und sie sich über mich geärgert hat, dann wollte sie den Christian auf ihre Seite ziehen. Da hat er immer gesagt: ›Mag-

»ICH HABE IMMER LEIDENSCHAFTLICH
GERN GETANZT UND WÜRDE HEUTE NOCH TANZEN,
WENN EINER MIT MIR TANZEN WÜRDE.«

MELITTA ERVEN

Vaters des Vereins, Franz Kremer. 1957 dann der Wechsel zum Westdeutschen Rundfunk, dem sie bis heute treu geblieben ist.

Auch privat fand sie ihr Glück. Nachdem frühere Beziehungen, unter anderem die zu ihrem Jugendfreund und Künstler Wolf Vostell (1932–1998), von ihrer strengen Mutter unterbunden wurde, lernte sie 1972 ihren späteren Mann Christian Erven auf einer Reise nach

dalene, das ist *meine* Frau!‹ Aber auf der anderen Seite war meine Mutter eine super Frau. In Berlin war sie politisch sehr engagiert, besuchte auch die Deutsche Hochschule für Politik in Berlin. Ich habe jetzt noch die Studienbücher gefunden, wo sie alles eingetragen hat. Und sie hat mich immer mitgenommen, damit ich nicht alleine zu Hause bin. Wenn wir geblieben wären, hätte sie sich sehr der Politik verschrieben. In

Köln arbeitete sie als Sachbearbeiterin bei der Bundeswehr, später war sie Sachbearbeiterin bei Gericht.«

Mit ihrem Mann bereiste Melitta die kulturell besonderen Orte auf den fünf Kontinenten: »Ich war an keinem Urlaubstag zu Hause, sondern immer auf Reisen. Neun Jahre habe ich Studienreisen mit der *Deutsch-Britischen Gesellschaft* nach Großbritannien unternommen, das waren mit die wichtigsten und interessantesten Reisen für mich. Ich habe sehr viel gesehen. Meine erste große Reise außerhalb Europas ging nach Ägypten. Ich bin ein absoluter Ägyptenfan. Außerdem haben wir vierzig Jahre Konzertreisen gemacht. Ich bin extra nach New York, um Pavarotti in der Metropolitan Opera zu hören! Ihm bin ich oft hinterher gereist. An meinem 75. Geburtstag bin ich wieder nach New York gefahren, um Anna Netrebko in der MET zu hören. Ich bin ein großer Fan von ihr und finde ihr Timbre wunderbar. Am 29. August 2022 singt sie in Köln, da habe ich natürlich auch Karten. Hinter dem Central Park gibt es ein Kloster, das kennt kaum einer. Es ist auch kein richtiges Kloster, sondern ein Museum, das wie ein Kloster gebaut wurde. Es gehört zum *Metropolitan Museum of Modern Art*. Da hängen die schönsten Gobelins, die Du Dir nur vorstellen kannst.«

Auf ihren Reisen entwickelte sich eine weitere Leidenschaft von Melitta Erven: das Sammeln von besonderem Kunsthandwerk. Mit Nachttöpfen fing alles an, dann kamen die Geldkatzen, Taschen, Hüte, Fächer und vieles mehr. »Von den Nachttöpfen habe ich nur fünfundzwanzig Stück, dann habe ich aufgehört, aus Platzgründen. Ich habe angefangen mit den Geldkatzen, die sind kleiner und nehmen weniger Platz ein. Das hat sich dann alles immer weiter entwickelt. Ich bin dann auch oft auf Antikmärkte gegangen und gehe immer noch leidenschaftlich gern dorthin. Ich kaufe nur Dinge, die mich wirklich interessierten. Ich habe großen Respekt vor dem, was Menschen mit ihren Händen erschaffen können. Ich liebe Handarbeitssachen und es hat mich schon immer interessiert, wie sie gemacht werden. Mich fasziniert das. Das Sammeln ist für mich auch mit den anderen Ländern verbunden. Manches hätte ich hier nie gekauft. Wenn ich aber vor Ort sehe, wie das gemacht wird, dann habe ich Respekt davor, zum Beispiel in China oder Japan vor einer Lackarbeit. Das sind auch immer so interessante Gespräche, was sich daraus alles ergeben hat und was für Menschen ich dadurch kennengelernt habe.«

Beim Sammeln geht es für Melitta Erven also primär nicht um das Besitzen von kunsthandwerklichen Schätzen, sondern um die Achtung und Wertschätzung dessen, was Menschen erschaffen haben, sowie um das Sammeln von Wissen: »Alles hat ja auch eine Bedeutung. Gerade erst habe ich erfahren, dass es keine Sitte der Fächerbenutzung mehr gibt, seit die Frauen anfingen zu rauchen. Das war mir völlig neu. Aber du kannst nicht rauchen und fächern gleichzeitig. Früher gehörte es dazu und – das wusste ich auch nicht – die Frauen von höherem Stand hatten drei- bis fünfhundert Fächer. Ich habe gerade ein Buch zur Sprache der Fächer bekommen. Da streiten sie sich, ob es das wirklich gegeben hat oder nicht. Aber es gibt sie schon, denn je nachdem, wie die Damen ihre Fächer gehalten haben, hatte das eine Bedeutung. Jetzt bin ich im Fächerrausch und erfahre immer mehr.«

Melitta Erven ist eine Bewahrerin, nicht nur historischen Kunsthandwerks, sondern auch persönlicher Dinge. So bewahrt sie zum Beispiel alle Briefe, die sie jemals bekommen hat, penibel geordnet auf: »Ich kann nichts wegwerfen, nicht mal einen Brief. Ich kann mich von nichts trennen. Wenn ich das alles dann wieder sehe, erfreue ich mich daran. Durch das Alleinsein und das Älterwerden lebe ich immer mehr in der Vergangenheit.«

Und sie hat noch immer einen großen Wissensdurst. Der führt sie auch nach dem Tod ihres Mannes regelmäßig auf Reisen. Sie hat nie aufgehört, neugierig auf die Welt und ihre Umgebung zu sein und so engagiert sie sich ehrenamtlich nicht nur beim Verein WDR AKTIV, sondern auch beim *Internationalen Lyceum Club Köln e.V.*, einem weltweiten Verband, der sich für die Interessen von Frauen und Künstlerinnen einsetzt, und mit dem sie im Mai 2022 anlässlich des Welttreffens eine Rundreise durch Marokko gemacht hat. Außerdem ist sie Freimaurerin in der Loge *Sci Viam*: »Die erste Frauenloge wurde 1948 in Berlin gegründet. Meine Loge in Köln ist die fünfte Frauenloge in Deutschland. Wenn ich das alles nicht mehr machen würde, dann würde ich ja nur noch auf meinen Tod warten. Das wäre ja schrecklich«, sagt die 87-Jährige.

Der Name Melitta geht im Griechischen übrigens auf das Wort *Biene* zurück. Die Bienen sind fleißige Sammlerinnen und sehr soziale Wesen. Im Bienenstaat herrschen klare Arbeitsaufteilungen und er ist meisterhaft durchorganisiert. Die weiblichen Bienen, die Arbeiterinnen, sind für die Erhaltung und Bewahrung des Stocks und das Sammeln von Pollen zuständig. Emsig und fleißig sorgt eine Biene nicht nur für das eigene Wohl, sondern auch für das ihrer Gemeinschaft. Kein Name könnte wohl besser zu Melitta Erven passen!

DAS FUNKHAUS AM WALLRAFPLATZ

In der Kölner Innenstadt hat der WDR insgesamt fünfzehn Standorte. Einen davon, das Vierscheibenhaus *bezeichnet er heute als sein Herzstück, weil dort unter anderem der Intendant seinen Sitz hat. Das eigentliche Herzstück ist aber das erste und damit älteste Gebäude des WDR, das* Funkhaus am Wallrafplatz.

In der ersten Hälfte der 1920er Jahre war es in der britischen Besatzungszone zwischen Rhein und Ruhr nicht erlaubt, eine deutschen Rundfunksender zu gründen. Im restlichen Gebiet des Deutschen Reichs hingegen schossen diese wie Pilze aus dem Boden. Fürs Ruhrgebiet wurde im nicht besetzten Münster der erste Rundfunksender eingerichtet, der unter dem Namen *Westdeutsche Funkstunde AG*, kurz WEFAG, am 10. Oktober 1924 seinen offiziellen Betrieb aufnahm. Als im Sommer 1925 die Besatzer abzogen, erhöhte sich die Zahl der offiziellen Radiohörer um das Sechsfache und die WEFAG begann, sich weiter in den Südwesten auszudehnen. Zum 1. Januar 1927 wurde der Sitz der WEFAG nach Köln verlegt und gleichzeitig wurde der Sender in *Westdeutsche Rundfunk AG*, kurz WERAG, umbenannt. Sechs Jahre später erfolgte unter den Nationalsozialisten wieder eine Umbenennung in *Reichssender Köln*, der später Teil des *Großdeutschen Rundfunks* wurde.

1945 wurde in der Britischen Besatzungszone einschließlich Westberlin eine gemeinsame Rundfunkanstalt gegründet, der *Nordwestdeutsche Rundfunk*, kurz NWDR. Hauptstandort war Hamburg, aber auch in Köln wurde das stark zerstörte damalige *Funkhaus* in der Dagobertstraße 38 provisorisch wieder in Betrieb genommen. Am 30. Dezember 1947 wurde der NWDR – immer noch unter britischer Führung – zu einer Anstalt des öffentlichen Rechts für die Länder Hamburg, Niedersachsen, Schleswig-Holstein, Nordrhein-Westfalen und Berlin und gehörte drei Jahre später zu den Gründungsmitgliedern der ARD. Im Februar 1955 regelten die Bundesländer den Rundfunk neu. Aus dem NWDR wurden zwei eigenständige Rundfunkanstalten, der *Norddeutsche Rundfunk* mit Sitz in Hamburg und der *Westdeutsche Rundfunk* mit Sitz in Köln.

1967 war dann der offizielle Start des Regelbetriebs des Dritten Fernsehprogramms des WDR, das seit 1994 unter dem Namen *WDR Fernsehen* gesendet wird.

Bereits im April 1948 wurde mit dem Bau eines neuen Funkhauses auf den Trümmern des ehemaligen *Hotel Monopol* begonnen. Es war eines der ersten großen Bauvorhaben Kölns nach dem Zweiten Weltkrieg, das für den Architekten Peter Friedrich Schneider (1901–1981), der auch am Bau des *Museum Folkwang* in Essen und der *Ford-Werke* in Köln und Budapest beteiligt war, den beruflichen Durchbruch in der Nachkriegszeit bedeutete. Um Material und Kosten zu sparen, wurde die Ruine des Hotels in den Bau mit einbezogen. Am 21. Juni 1952 wurde das *WDR-Funkhaus* Köln, wie es damals noch hieß, feierlich eröffnet und galt als eines der modernsten in Europa.

Von außen ein geradliniges, mit Travertin verkleidetes und im Erdgeschoß mit verglasten Arkaden versehenes schlichtes Gebäude, besticht es im Inneren durch geschwungene Formen und viele künstlerische und architektonische Details im Stil der 1950er-Jahre, wie dem Treppengeländer in der Empfangshalle, einem Paternosteraufzug, der über vier Etagen reichenden Glaswand im Haupttreppenhaus des seit 1949 in Köln ansässigen Künstlers Georg Meistermann (1911–1990) oder den Fenstern des Bildhauers Ludwig Gies (1887–1966).

Mit den kräftigen Farben und verschiedenen Formen in seinem vierundfünfzig Quadratmeter großen Glasfenster wollte Meistermann die vielfältigen Möglichkeiten der Akustik optisch wiedergeben: »Bei den Fenstern für den Kölner Rundfunk hat mich damals der Versuch gereizt, Bilder zu erfinden, etwas darzustellen, das mit dem Sender, Ausstrahler, Richtstrahler, Antenne, mit Empfangen, Hören, Wahrnehmen zu tun hat«, beschrieb Meistermann einige Jahre später seine Idee. Den Hintergrund hat er in unterschiedlichen Weiß- und Grautönen gehalten, dazu die Farben Blau, Gelb, Rot und Grün für das Innere der Formengebilde verwendet. Das Fenster wurde 1952 fertiggestellt und war zur damaligen Zeit eine glaskünstlerische Sensation. Meistermann hat in Köln, Deutschland und Europa unzählige Fenster gestaltet, vor allem im sakralen Raum, aber auch das Geschichtsfenster für den neuen *Spanischen Bau* des Kölner Rathauses stammt von ihm.

Die Gestaltung der Gussglasfenster auf der Empore des *Funkhauses* und die eines Reliefs zählte nach 1945 zu Ludwig Gies' umfangreichsten Projekten. Von 1950 bis 1962 hatte er in Köln eine Professur für Bildhauerei, Steinmetz- und Friedhofskunst inne und zählt zu den Begründern der *Rheinischen Bildhauerschule*, die ihre Aufgabe darin sah, durch die Kunst im öffentlichen Raum ihren Beitrag zu einer liberalen Gesellschaft zu leisten.

Auch im *Großen Sendesaal* setzte Ludwig Gies gestalterische Akzente. Die von ihm entworfenen kunstvoll im mittelalterlich-skandinavischen Stil geschnitzten halbrunden Säulen und gleichzeitig

Abschlusskanten der gestaffelten Wandvorlagen tragen darüber hinaus entscheidend zur Raumakustik bei, die sich auf jedem Sitzplatz gleichermaßen identisch erleben lässt. Dank einer freischwingenden Decke, einer Schubladenarchitektur mit doppelten Wänden und dem besonderen Mobiliar – so sind zum Beispiel die klappbaren Teile der Sitze extra dick gepolstert und von allen Seiten mit Stoff bezogen – macht es akustisch keinen Unterschied, ob im Saal jeder oder kein Platz belegt ist.

Ausgestattet mit einer großen Klais-Konzertorgel, galt der Saal bei seiner Eröffnung im Oktober 1951 als akustische Sensation und war der erste große Konzertsaal in Köln. Igor Strawinksy (1882–1971) dirigierte beim Eröffnungskonzert seine *Symphonies d'instruments à vent*, womit er den Auftakt für die Konzertreihe *Musik der Zeit* im *Großen Sendesaal* gab. Im Rahmen dieser Reihe wurden unter anderem Werke von Karlheinz Stockhausen (1928–2007), Hans Werner Henze (1926–2012) und Bernd Alois Zimmermann (1918–1970) uraufgeführt. Jährlich finden im *Großen Sendesaal* bis zu zweihundert Konzerte des *WDR Sinfonieorchesters*, des *WDR Funkhausorchesters* oder der *WDR Big Band* statt. Für Konzerte wird auch der *Kleine Sendesaal* mit seinen Stachelbeerleuchten genutzt.

Für den Paternosteraufzug hatte eigentlich schon das letzte Stündlein geschlagen, denn laut einer Verordnung aus dem Jahr 1988 mussten alle Paternoster bis Ende 1994 außer Betrieb genommen werden, zu groß sei das Sicherheitsrisiko. In Deutschland war der Paternoster im Vergleich zu anderen Ländern ein Renner und in vielen öffentlichen Gebäuden eingebaut. Entwickelt hat man ihn in England, wo sich seit 1876 im *General Post Office* in London der erste seiner Art befindet. Der erste Paternoster außerhalb Großbritanniens wurde 1886 im Kontorhaus *Dovenhof* in Hamburg eingebaut. Gegen die Verordnung regte sich heftiger Widerstand und die Regierung nahm sie zurück. In Deutschland waren im Juni 2018 noch etwa zweihundertdreißig Paternosteraufzüge in Betrieb. Der im Funkhaus darf nur von MitarbeiterInnen des WDR genutzt werden und gelangte dank Heinrich Böll und seiner 1955 erschienenen Kurzgeschichte *Doktor Murkes gesammeltes Schweigen* zu literarischer Berühmtheit. 1994 wurde das *Funkhaus* als architektonisch und kunsthistorisch wichtiges Gebäude unter Denkmalschutz gestellt, was dem Erhalt des Paternoster vermutlich auch zuträglich gewesen ist.

Von der Lampe bis zur Türklinke entwarf fast die gesamte Ausstattung des Funkhauses das Büro des Architekten Peter Friedrich Schneider und ließ sich dabei vor allem vom skandinavischen Stil inspirieren. Warme Hölzer wie Birnbaum, Birke und Rotbuche wurden für die Wandvertäfelungen, den Paternoster und die Garderobentische verwendet. Die Dachterrasse wurde mit sogenannten Spaghetti-Stühlen bestuhlt.

1955 wurde der erste Erweiterungsbau des *Funkhauses* am Margarethenkloster in Betrieb genommen, ebenfalls nach den Plänen von Peter Friedrich Schneider. In diesem Gebäude befanden sich unter anderem ein Fernsehstudio und das erste Büro von Melitta Erven. Da sich das neue Medium Fernsehen sehr schnell entwickelte, wurde schon bald ein neuer Bau für Fernsehstudios benötigt, der 1966 eingeweiht wurde und An der Rechtschule an das *Funkhaus* anschließt. Auch wenn das *Funkhaus* ein eigenständiges Gebäude blieb, wurde es mit den beiden Erweiterungsbauten unterirdisch verbunden. Unter anderem war so der Zugang zur Kantine, die sich im Erdgeschoß des *Funkhauses* befand, innerhalb der Gebäude möglich.

Aus der Kantine wurde 1997 ein Bistro, das der legendäre Gigi, eigentlich Pierluigi, Campi (1929–2010) betrieb. Mit seiner Mutter und Schwester eröffnete Campi, Sohn italienischer Einwanderer und gebürtiger Kölner, 1948 ein Eiscafé auf der Hohe Straße 134b, die *Campi*

Eis-Diele. Das Café unweit des *Funkhauses* entwickelte sich schnell zum Treffpunkt der Kölner Kulturszene und internationalen Prominenz. Die Liste der illustren und prominenten Gäste aus der Kunst, Kultur- und Unterhaltungsbranche, sowie der Politik ist unendlich lang. Campi liebte Jazzmusik und gründete 1954 das Jazzlabel *Mod Records*, das erste europäische Plattenlabel, das sich dem Modern Jazz widmete. Darüber hinaus organisierte er mehrere hundert Konzerte und prägte die Jazzgeschichte der Stadt Köln maßgeblich. 1980 schloß die Eisdiele, da der Pachtvertrag nicht verlängert wurde. Als Campi, der auch Architektur studiert hatte, 1997 die ehemalige Kantine des *Funkhauses* pachtete, baute er sie nach seinen Plänen in ein helles, einfaches und sehr stilvolles italienisches Ristorante mit einer langen Bar um. Schon im früheren *Hotel Monopol* gab es an dieser Stelle eine Bar, an der sich bis 1943 Intellektuelle trafen, die Widerstand gegen das Dritte Reich leisteten. Gigi Campis Vater war aus politischen Gründen von Italien nach Köln geflohen. Eigentlich war sein Ziel Paris, aber ab Köln hatte er kein Geld mehr für die Fahrkarte. Gigi Campi hatte also einen symbolischen Ort gefunden, wie es schien. 2012 verlängerte der WDR den Vertrag mit Campi nicht, weil er mehr in das Konzept der ehemaligen Kantine eingebunden werden wollte, andere, eigene Pläne hatte. Doch Campi senior erlebte diese Entscheidung nicht mehr, er war bereits zwei Jahre vorher gestorben und sein Sohn führte die Geschäfte. Im Mai 2013 eröffnete das Café, Bar und Restaurant *Funkhaus*, heute betrieben von Oliver Diaz und Rodney Ranz, nach einer Rundumerneuerung, bei der laut Ranz »alles der Architektur des *Funkhauses*« untergeordnet und auch die Wandmalerei des Kölner Grafikers und Grafikdesigners Anton Wolff (1911–1980) wieder freigelegt wurde. Durch den Einbau einer mobilen Bühne, können hier nun auch Veranstaltungen des WDR, zum Beispiel Autogrammstunden, stattfinden, große Bildschirme bieten die Möglichkeit, Veranstaltungen ins Restaurant zu übertragen.

ALEXANDRA KALLE

Parfümeurin

———

DUFTHAUS 4711

Betritt man das Dufthaus 4711 in der berühmten Kölner Glockengasse, gelangt man in eine besondere Welt. Kaum hat sich die Ladentür hinter einem geschlossen und wird der Baulärm der angrenzenden Baustellen – der Oper gegenüber und des riesigen Einkaufszentrums direkt daneben – gedämpft, taucht man ein in die Welt der Düfte, wird eingehüllt vom berühmtesten Produkt der Manufaktur, dem *Echt Kölnisch Wasser*, das aus dem Duftbrunnen sprudelt. Die Parfümeurin Alexandra Kalle arbeitete einige Jahre für das Unternehmen *Mäurer & Wirtz*, das 2007 die Marke 4711 übernommen hat, und als ich sie zum Interview treffe, merke ich sofort, dass sie ihren Beruf mit großer Leidenschaft ausübt.

Mit der Nase durchs Leben

Alexandra Kalle hat ihr »Schnüffeltalent« zum Beruf gemacht.
Das 4711-Haus in der Glockengasse ist für sie eine Duftoase,
in der sie sich zu Hause fühlt.

Was bedeutete es für Sie, für die Marke 4711 zu arbeiten?

Große Demut und Dankbarkeit. Das Produkt heißt ja *Echt Kölnisch Wasser* oder Original *Eau de Cologne*, doch Cologne beschreibt auch eine olfaktorische Familie und ist der Gattungsbegriff für einen leichten Duft. Cologne ist somit ein Deskriptor für eine Duftrichtung und ein Produktsegment für leichte Duftkompositionen. Jeder, der sich mit Duft beschäftigt, lernt, ein Cologne zu kreieren. Das sind ganz traditionelle Formeln, die immer wieder auftauchen, die aus zitrischen und krautigen Welten bestehen. Die sieben Hauptinhaltsstoffe von *4711 Echt Kölnisch Wasser* sind: Zitrone, Orange, Bergamotte, Petitgrain, Neroli, Lavendel und Rosmarin. Ein Cologne in die heutige Welt nach all seiner Entwicklung über die Jahre zu transportieren, das ist großartig, auch wenn es nicht

ganz einfach ist. Wichtig dabei ist es, die Balance zu finden zwischen den traditionellen Werten und der Moderne. Die Geschichte des Cologne ist so schön, leider heute nicht mehr bekannt, darum haftet dem Duft etwas Altbackenes an. Früher, in den 1920er-Jahren, war es ein glorifizierter Duft, das ist leider in Vergessenheit geraten. Zunächst hat Wilhelm Mühlens, der Gründer von 4711, das *Echt Kölnisch Wasser* als Heilmittel vertrieben. Es wurde äußerlich und innerlich angewendet, pur oder mit Wein gemischt getrunken. Als dann unter Napoleon die Inhaltsstoffe für medizinische Produkte offengelegt werden mussten, sagte Mühlens: »Nein, das ist keine Medizin, das ist ein Duftwasser.« Er hat seine Rezeptur niemals preisgegeben.

Alle Bevölkerungsschichten benutzten das Cologne, manche badeten sogar darin. *Echt Kölnisch Wasser* ist kein Parfum, sondern ein Duftwasser, wie der Name schon sagt. Es ist nicht dafür da, dass ich gut rieche, sondern dafür, dass ich mich erfrische und beruhige. Die große Herausforderung ist nun, das etwas staubige Image in eine neue moderne Welt zu transportieren.

Und wie gelingt Ihnen das?

Zum Beispiel durch Duftseminare. Wenn die Menschen sich etwas Eigenes kreieren können, dann riechen sie die Rohstoffe und wir halten die sieben Stoffe, die die Note ausmachen, wie einen Fächer in den Händen. Dann merke ich, dass der Duft nicht das Problem ist, sondern dass dieses verstaubte Image sich

an der Marke festsaugt, weil es eben für manche vielleicht auch optisch nicht so schön aussieht. Aber alles auf dem Logo hat seine Bestimmung und seine Bedeutung. Die Farbwelt Gold-Blau entspringt den Farben der schwedischen Gardeuniformen, die Münzen deuten auf die Internationalität des Produkts hin. Auch der übergroße Hals der Flasche hat einen Grund. Ähnlich wie beim De-kantieren eines Wein in der Karaffe muss auch der Duft Raum haben, um sich auszubreiten, atmen zu können. Inzwischen ist der Retrostyle von Flasche und Etikett wieder modern.

Außerdem arbeitete ich über zehn Jahre an der Duftlinie *Aqua Colonia*. Das sind leichte Düfte, die mit der Aura einer kontrastreichen Komposition unse-re Sinne beleben, stimulieren, aber auch beruhigen können. Da 4711 die Marke von *Mäurer & Wirtz* ist, kann die Firma allein entscheiden, wie sie diese weiter-entwickeln und modernisieren möchte.

Sie arbeiteten in Stolberg, dem Sitz von *Mäurer & Wirtz*, aber auch hier im Dufthaus, dem Flagshipstore von 4711, wo man an Duftseminaren teil-nehmen kann und sich seinen eigenen Duft kreieren kann. Das Haus hat in den Innenräumen eine Frischekur erhalten. Sowohl das Logo von 4711 wurde verjüngt als auch die Räume, beides sehr gelungen, wie ich finde. Vom Verkaufsraum gelangt man über eine geschwungene Treppe zuerst auf eine Galerie und läuft entlang an Glasvitrinen, in denen historische

Flakons und Verpackungen ausgestellt sind. Eine halbe Etage höher dann ein großer Raum mit weiteren Glasvitrinen und viel Historie – wunderschöne, kunstvolle Flakons, ein kleines Parfümmuseum und gleichzeitig ein Raum für Besprechungen und die Duftseminare. Ich kann verstehen, weshalb das für Sie ein Lieblingsort in Köln ist.

Ja, es ist ein einzigartiger Ort. Allein, wenn man das Geschäft betritt, ist der Raum erfüllt vom *Echt Kölnisch Wasser*-Duft. Das ist wie nach Hause kommen.

Dank einiger Modernisierungsarbeiten kann man nun in der oberen Etage die Balkone betreten, früher war dies nicht möglich. Stehe ich auf dem Balkon, sehe ich in der einen Richtung das Schild *Liebe Deine Stadt* und in der anderen den Dom. Das Haus erzählt vieles von dem, was Köln ausmacht. Viele Touristen haben einen Besuch im 4711-Haus auf ihrer Agenda stehen. Für mich ist das eine super Arbeitsstätte. Das ist wie eine kleine Duftoase.

Köln ist für mich ein Gefühl und das ist mit dem Haus hier genauso. Es hat fast etwas Magisches, wenn ich hier reinkomme. Wenn ich das mit Gästen teile, freue ich mich, dass sie beschwingt hier rausgehen. Das ist keine Übertreibung, wenn ich sage, dass das Lächeln breiter ist, wenn sie das Haus verlassen, als in dem Moment, in dem sie es betreten haben. Ich glaube, das liegt daran, dass sie merken, dass das Produkt viel besonderer ist, als sie gedacht haben.

Was ist für Sie das Besondere an einem Parfüm?

Ein Parfüm zu tragen, ist etwas Emotionales, und ich möchte den Träger damit in eine andere Welt entführen. Düfte lösen so viel in uns aus, eine Vielzahl an Assoziationen, Orte und Erlebnisse werden plötzlich lebendig. Die Nase ist ein interessantes Organ, denn sie kann Erinnerungen wachrufen.

Ich erschaffe gerne Dinge. Aber ich wusste lange nicht, dass ich eine Leidenschaft fürs Riechen habe. Ich bin stark kurzsichtig und überzeugt, dass, wenn der eine Sinn schwächer ist, der andere stärker ist. Bei mir ist die Nase stärker ausgeprägt. Oft ist die Nase ja viel schneller im Entdecken als das Auge. Im Frühling merkt man das, wenn die Luft erfüllt ist von Blütenduft und man kann den Frühling riechen, noch bevor man die Blüten sieht. In einem Moment wird ein Gedanke oder eine Konversation abrupt unterbrochen, weil mich ein Sinn in eine andere Welt entführt. Das ist für mich so großartig, mit der Nase durchs Leben zu gehen. Auch mal zu sagen, ich schalte das Visuelle aus. Das ist

total spannend. Geht man zum Beispiel barfuß mit geschlossenen Augen über eine Wiese, dann ist es spannend zu erleben, was die anderen Sinne, die Nase und Ohren dann übernehmen. Dinge, die wir sonst nicht wahrnehmen, weil wir mit der Nase etwas verkümmert unterwegs sind. Wir riechen zwar, wenn draußen geteert wird oder den frisch gebrühten Kaffee am Morgen, aber Haptik und Optik sind unsere dominierenden Sinne.

Gibt es viele Frauen in Ihrem Beruf?
Immer mehr. Parfümeurkunst war früher sehr männlich dominiert, weltweit hält es sich jetzt aber inzwischen die Waage, der Anteil an Parfümeurinnen wächst stetig. In Deutschland gibt es sechzig Parfümeure, davon sind etwa ein Drittel Frauen. Für einen Parfümeur ist die Sprache sehr wichtig, er muss den Duft beschreiben können, denn es geht ja um die Welt, in die er den Träger und Konsumenten entführen möchte, nicht ausschließlich um die Inhaltsstoffe. Frauen können sich oft besser ausdrücken, sind oft romantischer und verspielter. Wenn mir die Worte in meinem Job fehlen würden, wäre das Eintauchen in emotionale Welten schwieriger. Denn Sprache, Worte sind der Zugang zu dieser sehr flüchtigen, nicht greifbaren Welt, die ausschließlich mit der Nase eingefangen wird und dann in unserem Innersten für eine gefühlsreiche Explosion sorgt. Gern schreibe ich poetische Duftzitate nieder, manchmal auch in Form von Gedichten, das kommt dann einfach so aus mir raus, da bin ich oft selbst überrascht.

Alexandra Kalle

Geboren und aufgewachsen in Paderborn ging es nach meinem internationalen Betriebswirtschaftsstudium mit Schwerpunkt Marketing für meinen ersten Job nach Köln. Zunächst fand ich den Berufseinstieg bei *Coca-Cola*. Nach fünf Jahren führte mich mein beruflicher Weg nach Düsseldorf zu *Johnson & Johnson* – ins Trademarketing für Babypflege. Ich bin der Konsumgüterindustrie und dem Marketing treu geblieben, ebenso der Stadt, denn ein Umzug von Köln nach Düsseldorf wäre für mich zum damaligen Zeitpunkt undenkbar gewesen. Dafür lag mir Köln zu sehr am Herzen ... mit all seinem schrägen Charme und den grünen Oasen, die sich quer durch die Stadt ziehen.

Der Job bei *Johnson & Johnson* blieb nur ein kurzes berufliches Intermezzo, ich nahm einen Job in München an, allerdings mit Tränen in den Augen, weil ich ein schlechtes Bauchgefühl hatte und nicht wirklich weg aus Köln wollte. Damals dachte ich, das wäre eine große berufliche Chance, die ich wahrnehmen muss. Heute weiß ich, dass ich diesen Schritt wohl gehen musste, um zu lernen, dass mich in meinem Leben nicht die Karriere antreibt, sondern die Inhalte – Titel bedeuten mir wenig. Ich habe mir geschworen, das passiert kein weiteres Mal.

Daher ist es nicht verwunderlich, dass ich mich nach einem Jahr in Bayern von einem Angebot im Marketing und Vertrieb bei *Firmenich*, einem Dufthaus im Rheinland, angesprochen fühlte. Und hier begann meine Duftgeschichte. Neben dem typischen Interview fand auch ein Geruchstest statt. Eine gewisse Duftaffinität sollte ich als Bewerberin mitbringen. Nichtsahnend durfte ich diverse Rohstoffe für Parfüm auf Papierstreifen evaluieren und sollte sie mit eigenen Worten beschreiben. Ebenso wurde mittels eines Dreieckstests meine feinere Dufterkennung geprüft. Es war aufregend und spannend zugleich, ich wollte gar nicht aufhören damit. Der Parfümeur war begeistert von meinem Dufttalent, der Job im Marketing und Vertrieb stand nicht mehr zur Debatte und *Firmenich* bot mir an, mich zur Duftentwicklerin auszubilden. Obwohl ich eigentlich nicht nochmal in die Ausbildung wollte, überwogen Neugier und Lust auf neues Terrain. Das entdeckte Talent und meine erweckte Leidenschaft sprachen ebenso für sich. Auch

dieses Mal flossen Tränen, nachdem die
Entscheidung für die Ausbildung zur
Duftentwicklerin gefallen war, dieses
Mal aus purer Freude. Intuition und
Bauchgefühl riefen begeistert »Ja« und
obwohl ich keine Ahnung hatte, wie sich
dieser neuer Berufsweg für mich gestalten würde, fühlte ich mich bereits nach
kurzer Zeit wohl und sehr verbunden mit
der neuen Aufgabe – es bereitete mir

einfach so viel Spaß! Ich entdeckte ganz
neue Seiten an mir. Schon immer hatte
ich empfindsam auf Gerüche reagiert
und das bis dato als normal empfunden.
Die Entdeckung meines »Schnüffelta-
lents« hat mein Leben enorm bereichert.
Ich gehe noch wachsamer und inspirier-
ter durch die Welt. Die Trainingsphase
und das Erlernen der Duftsprache waren
essenziell und hat sich auch aufs Privat-

leben ausgeweitet. Ich bin Menschen hinterhergegangen, hab ihren Duft erschnüffelt und gefragt, ob ich richtig liege, und natürlich selbst ganz viel ausprobiert.

Meine vorherigen Jobs und Erfahrungen im Marketing haben mir den Zugang zur Projektarbeit immens erleichtert und ich konnte schnell Kundenprojekte betreuen. Das Übersetzen von Markenwerten und Emotionen in Düfte umfasst den Großteil meiner Arbeit.

Als Duftentwicklerin agiere ich wie eine Komponistin oder auch Dirigentin. Musik und Parfüm verwenden dasselbe Vokabular. Ich vergleiche diese beiden Welten gern. Auch wir sprechen bei der Arbeit von Akkorden und Noten. Bei Duftbeschreibungen verwendet die Parfümsprache zum Beispiel Begrifflichkeiten wie florale Akkorde, gustatorische Duftnoten, eine Schokoladennote, eine spritzige-zitrische Kopfnote oder eine sinnlich-florale Herznote. Düfte entstehen im Kopf und werden erst dann zu Papier gebracht. Dazu steht dem Parfümeur eine facettenreiche Rohstoffpalette mit etwa dreitausend verschiedenen Riechstoffen zur Verfügung.

Für die Rohstoffbeschaffung gibt es spezielle Abteilungen, die auf der ganzen Welt Quellen für außergewöhnliche Ingredienzen nutzen. Im Rahmen eines Duftprojektes durfte ich mal nach Grasse zur Rosenernte reisen. Die Centifolia-Rose *Rose de mai* wird dort für die Parfümherstellung angebaut. Ihr Duft ist sehr charakterstark: floral, leicht fruchtig, lieblich – sehr besonders. Es war ein großartiges Erlebnis, bei der Ernte dabei zu sein. Die Frauen, zum Teil schon recht alte Frauen, waren mit Hingabe dabei. Sie hatten Stoffbeutel umgebunden und ernteten die Blüten in einem Tempo – so schnell konnte ich gar nicht schauen. Bei meinem Versuch, die fragilen Blütenköpfe zu ernten, war ich eher zaghaft und vorsichtig. Es ist ein traditionelles Handwerk für Frauen in Grasse und mit viel Stolz und Freude verbunden. Eine Ehre für mich, dabei gewesen zu sein. Nach dem Pflücken müssen die Blüten direkt zur Weiterverarbeitung, zur Destillierung vor Ort, damit ihre kostbaren Essenzen sich nicht verflüchtigen. Kurz vor diesem Prozess, aufgefächert auf dem Boden in einer kleinen Lagerhalle, begrüßte mich ein Teppich aus zarten, rosafarbenen Blütenblättern, die nicht nur optisch, sondern auch olfaktorisch geradezu himmlisch waren. Eine Versuchung, der ich mich hingeben musste: Ich habe mich kurz hineingebettet und war total glücklich, gebadet in Rosenduft. Ein Erlebnis, das mir immer wieder ein Lächeln ins Gesicht zaubert.

Nach dieser tollen Zeit bei *Firmenich* konnte ich nicht widerstehen, als das Angebot kam, die Duftentwicklung bei *Mäurer & Wirtz* zu übernehmen. Wieder eine Bauchentscheidung, die mir zwölf sehr abwechslungsreiche, inspirierende, spannende, emotionale, anstrengende und bunte, dufte Jahre beschert hat. Wie großartig ist es, Traditionsmarken wie *TABAC Original* und *4711 Echt Kölnisch Wasser*, die schon sehr lange auf dem Markt sind, auch in dieser Zeit lebendig zu halten und ebenso in neuem Glanz erstrahlen zu lassen.

Für die Linie *Aqua Colonia* unter dem Markendach 4711 konnte ich ganz besonders kreativ und experimentell arbeiten, immer gemeinsam mit den Marketeers und den Vertriebskollegen sowie natürlich den Kollegen aus der Forschung und Entwicklung. Das Entwickeln von Unisex-Düften, die für Frauen und Männer gleichermaßen geeignet sind, hat mich fasziniert, da hier viele Akkorde der Duftpalette in harmonischer und kontrastreicher Balance zum Einsatz kommen. Eine sehr künstlerische Arbeit. Generell habe ich lieber Herrendüfte entwickelt, hier sind die olfaktorischen Möglichkeiten noch vielschichtiger und auch überraschender. Bei den Damenparfums sind bereits viele olfaktorische Terrains erkundet und besetzt. Da ist die Chance, etwas Neues zu kreieren, schwieriger. Auch die Gestaltung und Durchführung von Dufttrainings bei PR-Events und für Handelspartner hat mich sehr erfüllt. Der Austausch, die Sprache und das gemeinsame Erleben von Düften sind sehr beseelend für mich.

Und nun gehe ich wieder zurück zu *Firmenich*, wo ich wieder stärker beratend und auch international arbeiten kann. Der tägliche Austausch mit Experten und Kollegen ist essenziell für mich und hat mir manchmal bei *Mäurer & Wirtz* gefehlt. Es ist sehr bereichernd, vertraut und dennoch neu und ich freue mich, diverse Kunden im osteuropäischen Raum zu betreuen. Die Geschäftssprache ist Englisch, dennoch ist Französisch die bevorzugte Sprache. *Firmenich* hat seinen Hauptsitz in Genf. Ich persönlich beschreibe Düfte auch lieber im Französischen als im Deutschen, weil die Sprache so schön poetisch ist und ich leichter treffende Worte finde, um die flüchtigen Duftnuancen zumindest sprachlich einfangen zu können.

Mit den Jahren haben sich manche Dinge in meinem Leben verändert und wenn es um die Liebe geht sowieso. Mittlerweile lebe ich seit einem guten Jahr glücklich mit meinem Freund in Düsseldorf zusammen. Was aber bleibt: Meine Liebe zum Rheinland – und zu Düften sowieso.

AUF DEN SPUREN VON 4711

*Die Parfümmarke 4711 hat sich seit ihren Anfängen im Kölner Stadtgebiet
ausgebreitet, ihre Spuren finden sich an vielen Orten der Stadt.
Kommt man mit dem Zug am Kölner Hauptbahnhof an, strahlt das Logo
in einer über eineinhalb Meter hohen türkisfarbenen Leuchtreklame
im inneren Giebel der Glasfassade.*

Willkommen in der Heimatstadt von
4711. Beim Anblick dieser vier Ziffern
denke ich an meine Großmutter, die
immer ein Fläschchen *4711 Echt Kölnisch Wasser*, das erste und nach wie
vor bekannteste Produkt der Marke,
in ihrer Handtasche hatte. Sie war
herzleidend und tupfte sich immer mal
wieder ein paar Tropfen zur Beruhigung
an die Schläfen, in den Nacken oder
das Dekolleté. Vielleicht wirkt der über-
dimensionale Schriftzug am Kölner
Hauptbahnhof darum nostalgisch auf
mich und vermittelt mir ein heimeliges
Gefühl. Vielleicht wirkt er aber auch
nostalgisch, weil das Design des Eau
de Cologne-Klassikers immer noch
dasselbe ist. Die Farbe Gotisch-Grün-
gold, später Blau-Gold genannt, wurde
erstmals 1839 für das Etikett der damals neu eingeführten Kropf-Molanus-
Flasche verwendet. Ursprünglich benutz-

te man schmale, runde Flaschen, sogenannte Rosoliflaschen, für das Duftwasser, die allerdings nicht sicher stehen
konnten. 1820 erfand der Destillateur
Peter Heinrich Molanus die nach ihm
benannte Flasche. Durch ihre spezielle
sechseckige Form wurden sowohl die
Aufbewahrung, der Gebrauch und der
Transport erleichtert. Und man kann
großflächige Etiketten darauf anbringen,
die ein schöner Blickfang sind. Der spätere Besitzer von 4711, Ferdinand Mülhens
(1844–1928), ließ zwischen Flaschen-
schulter und Kappe noch ein gewölbtes
Kragenstück einfügen, den sogenannten
Kropf, damit sich das stark alkoholhal-
tige Kölnisch Wasser bei Wärme besser
in der Flasche ausbreiten konnte.

Ich mache mich auf den Weg und folge den Spuren von 4711. Zunächst führt
mich mein Weg nur wenige Schritte vom
Bahnhof zum Domkloster, Ecke Hohe
Straße. Hier am Domkloster 2 stand
ehemals das Palais des Kölner Bankiers
Simon Oppenheim, das er 1843 für seinen Bruder Abraham errichten ließ. Als
dieser in seinen Sommersitz übersiedelte,
erwarb Mülhens das Palais und ließ es
zu einem Hotel umbauen. Da dieses im
Zweiten Weltkrieg zerstört wurde, beauftragte er nach Beendigung des Krieges
an derselben Stelle einen Neubau, passte
es mit goldfarbener eloxierte Aluminium-
fassade und türkisfarbener Brüstung

dem Farbschema seiner Parfümmarke
an und ließ das Logo 4711 an der Fassade
anbringen – der ideale Werbeträger in
exponierter Lage für das über die Stadtgrenzen hinaus beliebte Kölner Duftwasser! Vom Volksmund erhielt es den
Namen *Blau-Gold-Haus* und prägt seitdem das Kölner Stadtbild.

Meine nächste Station auf den Spuren
von 4711 führt mich in die Glockengasse,
die nur achthundert Meter entfernt vom
Kölner Hauptbahnhof in der nördlichen
Altstadt liegt und die wohl weltweit
bekannteste Straße Kölns ist. Im Mittelalter war hier das Glocken- und Topfgie-
ßergewerbe ansässig, weshalb sie 1276
ihren Namen erhielt: in platea campa-
narum – Glockenstraße bzw. -gasse. Um
1545 zählte sie zu den ersten Adressen
Kölns. Es befanden sich ein Beginen-
konvent und das Kloster St. Maria im
Tempel in der Glockengasse. Prächtige
Palais wurden über die Jahrhunderte
gebaut und unterschiedliche Gewerke
und Institutionen siedelten sich an: eine
Druckerei, die über hundert Jahre lang
die Zeitung *Gazette de Cologne* heraus-
brachte, ein Posthaus der Familie Thurn
und Taxis, die spätere königliche Ober-
postdirection, ab 1811 eine der größten
Stecknadelfabriken Europas, das 1872 eröffnete *Stadttheater* mit über eintausend-
achthundert Plätzen und eine Synagoge,
die Abraham Freiherr von Oppenheim

auf seine Kosten bauen ließ. Fast alle Gebäude der Straße fielen im Zweiten Weltkrieg den Bomben zum Opfer, auch das berühmteste Gebäude der Straße: der Firmensitz von 4711, die heutige Glockengasse 4, ehemals Glockengasse 26-28. Ab 1963 wurde es im selben Stil, aber an einem neuen Standort in der Glockengasse wiederaufgebaut. Im Gegensatz zu seinem Vorgänger ist es nun ein Eckhaus und hat an zwei Seiten Arkaden.

Das Dufthaus mit Flagshipstore wirkt vielleicht etwas kitschig inmitten der spröden und gesichtslosen Nachkriegsarchitektur, aber neben dem Dom ist es das bekannteste Wahrzeichen der Stadt und wird jährlich von über einhunderttausend Touristen aufgesucht. Eine Attraktion des Gebäudes ist ein Glockenspiel, das zwischen 9:00 und 19:00 Uhr immer zur vollen Stunde drei unterschiedliche Melodien spielt: die *Marseillaise*,

Der treue Husar und das dritte Lied variiert je nach Saison. Die Innenräume wurden inzwischen umfangreich und stilvoll modernisiert, auch das Logo erhielt ein modernes Update.

Dreieinhalb Kilometer sind es von der Glockengasse bis zum nächsten 4711-Gebäude im multikulturellen Stadtteil Ehrenfeld. Ich gehe zu Fuß vorbei

der das *Blau-Gold-Haus* baute, und in ähnlichem Stil, ebenfalls als Stahlskelettbau mit Vorhangfassade und goldeloxierten Metallprofilen und blaugrünen Glasplatten, mehrere Neubauten zwischen Venloer und Vogelsanger Straße errichten. Es lohnt sich, diesen Gebäudekomplex mit Alt-, Um- und Neubauten näher anzuschauen. Besonders auffallend

»DÜFTE LÖSEN SO VIEL IN UNS AUS,
EINE VIELZAHL AN ASSOZIATIONEN,
ORTE UND ERLEBNISSE WERDEN
PLÖTZLICH LEBENDIG.«

ALEXANDRA KALLE

an der großen Moschee durch die belebte Venloer Straße, trinke unterwegs in einem der vielen kleinen Cafés einen Kaffee und esse ein köstliches Amaretto alla Mandorla und sehe schon von weitem den zehngeschossigen Verwaltungsbau mit dem 4711-Logo auf dem Dach. Er überragt den denkmalgeschützten Gebäudekomplex, in dem ehemals das Duftwasser produziert wurde. Zwischen 1950 und 1958 ließ die Firma Mülhens vom selben Architekten,

ist auch das Lager- und Versandgebäude wegen seiner Rundung, aber auch viele schöne Details wie die transparenten Glasfelder der Fassade oder die schönen originalen Treppengeländer sind sehenswert. 1973 zog die Firma nach Köln-Bickendorf und der Standort in Ehrenfeld wurde aufgegeben. Heute sind die Gebäude Teil des *Barthonia Forums* und werden als Büros, Praxen, privater Wohnraum und für den Einzelhandel genutzt.

Als ich wieder zurück in meinem Hotel bin und noch ein wenig recherchiere, entdecke ich, dass man auch in Kölner Hotels der Marke 4711 begegnet. Im *Lindner City Hotel Plaza* in der Magnusstraße wurde ihr gleich eine komplette Etage gewidmet. Und die Hotelkette *Motel One* greift in seiner Inneneinrichtung an den Standorten im Mediapark und am Neumarkt das charakteristische 4711-Türkis auf.

Vielleicht werde ich bei einem meiner nächsten Besuche in Köln in einem der Hotels übernachten. Einstweilen begnüge ich mich mit einer Miniaturflasche *4711 Echt Kölnisch Wasser*, die ich seit meinem Besuch im Flagshipstore auch immer in meiner Handtasche aufbewahre, denn es eignet sich hervorragend zur Desinfektion der Hände und riecht viel besser als herkömmliche Desinfektionsmittel.

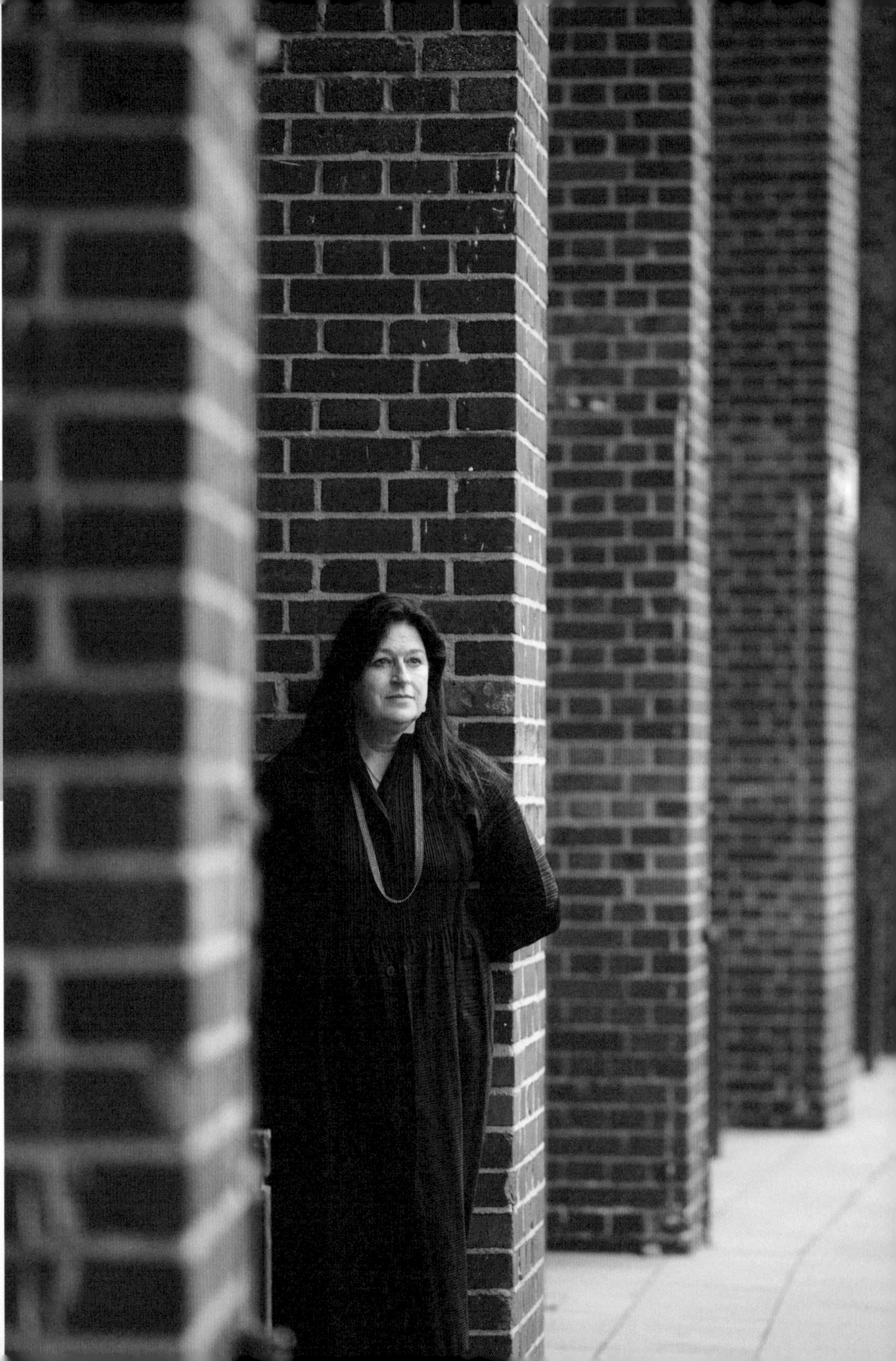

BIRGIT MEYER

Medizinerin und Theaterwissenschaftlerin

OPER KÖLN

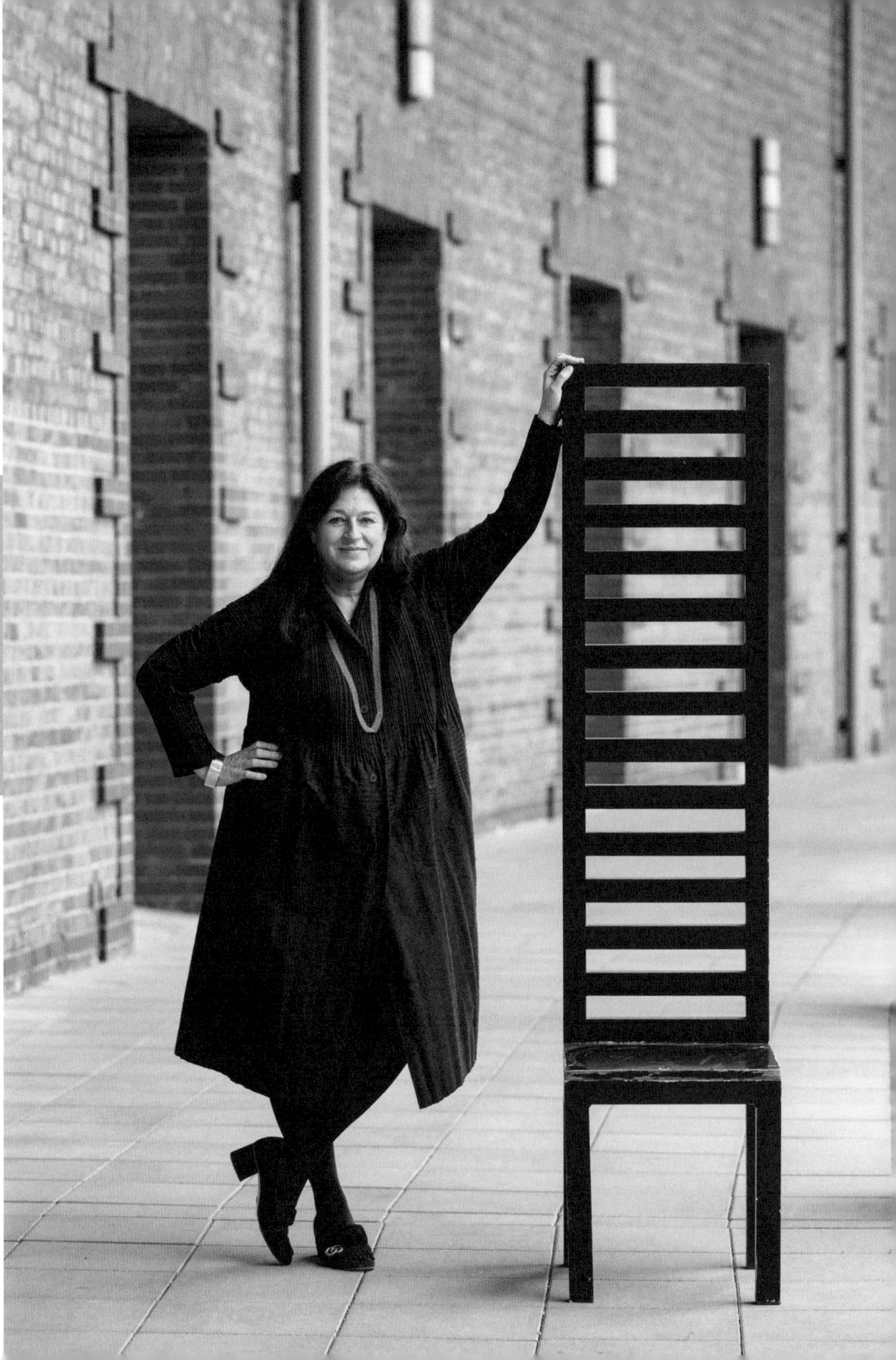

Seit neun Jahren sind Sie, liebe Birgit Meyer, die Intendantin der *Oper Köln*, waren zuvor an der *Volksoper Wien* Chefdramaturgin und Direktionsmitglied und davor am *Tiroler Landestheater* in Innsbruck ebenfalls im Bereich Musiktheater tätig. Dann kam die Anfrage der *Oper Köln*, und Sie wurden zunächst Chefdramaturgin und stellvertretende Intendantin, drei Jahre später übernahmen Sie das Haus als Intendantin. Was bedeutet für Sie die Oper und was wollen Sie mit Ihrer Arbeit bewirken?

Ich liebe die Oper und vor allem das Opern-Machen! Seit dreißig Jahren arbeite ich jeden Tag in der Oper und bis heute haben die mit Musik und Gesang er-

Oper für alle

Für die Medizinerin und Theaterwissenschaftlerin Dr. Birgit Meyer *bietet die Kunst, im Besonderen die Oper, die Möglichkeit, unser Dasein zu betrachten und zu reflektieren. Sie setzt sich als Intendantin der* Oper Köln *für ein Musiktheater ein, das ein breites Publikum aller Altersklassen anspricht.*

zählten Geschichten nichts an Faszination für mich verloren. Immer mehr ist mir durch die stete und lange Beschäftigung mit den Werken und den Aufführungen klar geworden, was alles drin steckt in der Oper und was Oper kann! Sie kann Freude bereiten, beste Unterhaltung bieten, durch ihre universellen Themen und vor allem durch die Musik Menschen verschiedener Kulturen, Religionen und Nationalitäten gleichermaßen begeistern. Insofern möchte ich möglichst viele Menschen für die Oper begeistern. *Oper für alle*, das ist für mich mehr, als eine Leinwand vor dem Theater aufzubauen, wo alle kostenlos zuschauen können. Wir haben einen Spielplan, der Jung und Alt anspricht, der Menschen, die die Opern ganz genau kennen und Liebhaber sind, Attraktives bietet, der aber auch Menschen gewinnt, die zum ersten Mal kommen.

Mich interessiert Theater respektive Oper mit hochkomplexen Inszenierungen, denen nur wenige folgen können, nicht. Alles, was wir hier machen, ist an das Publikum gerichtet und so gedacht, dass es im besten Sinn *ankommt*. Dabei geht es immer auch um höchste Qualität in allen Bereichen. Egal, ob Sie ein Kenner sind oder nicht: Qualität vermittelt sich auch einem Laien und steht für sich. Mir war immer wichtig, die Schwelle zur Oper niedriger zu machen und das ist uns gelungen. Das Publikum in Köln ist ein buntes Gemisch, die einen ganz schick, die anderen in Jeans, jeder wie es ihm entspricht. Die Menschen kommen, weil sie etwas sehen möchten, weil sie gehört haben, dass es hier etwas Tolles zu sehen gibt. Wir können hier keine Exklusivität bieten, wir haben keine VIP-Bereiche, keine Champagnerbar, nichts Schickes. Am Anfang war ich mir nicht sicher, ob die Stücke und das, was auf der Bühne ist, ausreichen. Braucht Oper den gehobenen, glamourösen Rahmen drumherum? Heute kann ich sagen: Nein! Die Opernwerke haben so viel Kraft für sich, das trägt auch ohne Dresscode und den gewohnten Rahmen. Zu Beginn des 17. Jahrhunderts und auch später im 18. und 19. Jahrhundert, als die meisten Opern geschrieben wurden, die heute noch unser Kernrepertoire sind, war Oper auch nicht per se etwas Exklusives. Da ging das wie am Fließband, eine Oper nach der anderen wurde geschrieben. Wenn ein Stück nicht gut lief, dann wurde es abgesetzt und schnell mal durch etwas Neues ersetzt oder ein Werk so überarbeitet, dass es Erfolg hatte. Oper war früher viel mehr zum Gebrauch bestimmt, war volksnah, könnte man sagen. Alles richtete sich danach, ob die Leute gekommen sind oder nicht, ob es ihnen gefallen hat oder nicht. Während der Vorstellungen wurde reingeklatscht oder auch reingerufen, zu gewissen Zeiten auch gegessen. Kurzum: Es gab weniger Berührungsängste. Und genau das möchte ich heute auch erreichen, dass die Berührungsängste fallen.

Gibt es eine Oper, die für Sie von besonderer Bedeutung ist, die Ihnen besonders am Herzen liegt und wenn ja, weshalb?

Ich mag besonders *Titus* von Mozart, *Die Kluge* von Carl Orff, *Rusalka* von Dvorak und auch *Die Vögel* von Walter Braunfels. Darüber hinaus liebe ich das Werk von Leoš Janáček. Im *Titus* und in der *Klugen* geht es um Recht und Gerechtigkeit, Themen, die mich sehr beschäftigen. In beiden Werken sind diese Themen brillant umgesetzt. Mit den *Vögeln* von Walter Braunfels fühle ich mich eng verbunden: die imposante Musik, die Haltung des Komponisten zum Leben, seine feine kluge Ahnung, was sich da 1920 in Deutschland bereits anbahnte ... *Das schlaue Füchslein* von Leoš Janáček, in dem der Förster über den Lauf des Lebens, das Leben und Sterben, sinniert, ist auch ein Stück Musiktheater, das mich immer wieder berührt ... mit den Pauken am Ende der Oper wird der ganze Musikkosmos Janáček beschworen. Da tut sich für mich etwas Großes auf, ein Gefühl dessen, was unser Dasein ist ...

Haben Sie einen Lieblingskomponisten?
Johann Sebastian Bach. Über ihn bin ich zur Musik gekommen. In der Oper habe ich keinen Lieblingskomponisten. Ich schätze und liebe viele. Verdi und Janáček insbesondere.

Ihre Intendanz hier in Köln endet im August 2022. Sie war geprägt vom Umbau des Opernhauses am Offenbachplatz, was bedeutete, dass Sie vor allem viel improvisieren und von einer Spielstätte zur nächsten ziehen mussten. Einen normalen Opernbetrieb haben Sie als Intendantin hier in Köln eigentlich nie erlebt. Was war die größte Herausforderung für Sie?
Ja, meine Intendanz begann tatsächlich auf abenteuerliche Weise mit dem Auszug aus der Oper am Offenbachplatz. Wir sind dann zuerst im *Palladium* in Köln-Mülheim untergekommen, einem Veranstaltungsort für Rock- und Popmusik. Dort hatten wir zwei kleinere Spielstätten für kleinere Formate zur Verfügung. Gleichzeitig haben wir den *Musical Dome* am Hauptbahnhof mit über eintausendsechshundert Plätzen angemietet und die großen Titel wie *Tosca, My Fair Lady, Parsifal, Hänsel und Gretel* oder die *Zauberflöte* mit großem Erfolg gespielt. Eigentlich fast immer vor vollem Haus. Das war erstaunlich, da der Ort gar nicht für Oper ausgerichtet war. Im Juni 2015, am letzten Abend im *Musical Dome*, habe ich vor Publikum angekündigt, dass wir uns im November 2015 am Offenbachplatz zur Eröffnungspremiere im neu renovierten Opernhaus wiedersehen werden. In meinem Urlaub erhielt ich dann einen Anruf und mir wurde mitgeteilt, dass die Renovierung des Opernhauses nicht fertig werden und sich um ein weiteres Jahr verzögern würde. Wir hatten aber schon alle Büros in Mülheim, das *Palladium* und den *Musical Dome* geräumt. Ich stand mit sechshundert MitarbeiterInnen sozusagen auf der Straße. Das war sicher eine meiner

größten Herausforderungen im Berufsleben. Es folgte eine sehr anstrengende, ja durchaus schwere Zeit, bis wir dann im November 2015 tatsächlich den Spielbetrieb im *Staatenhaus* aufnehmen konnten. Ich kannte die Räume, weil wir ein paar Jahre zuvor einmalig eine Oper von Karlheinz Stockhausen, *Sonntag aus Licht*, aufgeführt hatten. Daher wusste ich, dass ein Opernbetrieb hier zunächst mal rein akustisch funktionieren könnte und darüber hinaus man eine Atmosphäre, eine Aura, schaffen könnte, die es für eine überzeugende, der *Oper Köln* entsprechende Qualität von Oper braucht. Innerhalb von nur acht Wochen haben wir alle zusammen aus dem komplett leeren Gebäude eine Spielstätte gemacht. Es gab keine Wände, keine Scheinwerfer an den Decken, keinerlei Infrastruktur … es gab nur viel Platz, sechzehntausend Quadratmeter auf zwei Etagen verteilt, die wir in dieser kurzen Zeit nach unseren Bedürfnissen eingerichtet haben. Am 15.11.2015 war Premiere mit *Benvenuto Cellini* von Hector Berlioz.

Das *Staatenhaus* ist eine ehemalige Messehalle auf der sogenannten *schäl Sick*, also der falschen Seite des Rheins. Was sind die Vor- und Nachteile dieses Ortes?

Am Anfang hatte ich die Sorge, dass die Leute nicht hier rüber kommen würden, um zum Beispiel spontan an der Abendkasse noch eine Karte zu erwerben. Aber das ist geglückt, sie sind gekommen. Für mich ist – wie gesagt – der Kontakt zum Publikum wichtig, und den unterstützt dieser Ort hier sehr. Alles geht hier ineinander über: Backstage und Foyerbereich. Im Foyer treffen sich alle, sowohl das Publikum, als auch die SängerInnen und MitarbeiterInnen der Oper, weil die Logistik des Gebäudes eben das vor und hinter der Bühne nicht trennt, nicht trennen kann. Am Offenbachplatz wird das wieder strikt getrennt sein. Das Publikum geht auf der einen Seite des Gebäudes zum Haupteingang hinein, die Künstlerinnen und Künstler beim Bühneneingang auf der anderen. Dann ist da auch der eiserne Vorhang zwischen der Bühne und dem Zuschauerraum. Man kann sich also gar nicht begegnen. Hier ist ein großes Miteinander: es gibt nur eine Tür aus dem Backstagebereich für alle beteiligten Künstlerinnen und Künstler einer Vorstellung und die führt direkt ins Foyer – unter die Zuschauer. Anfangs hatte ich die Sorge, dass die Darstellerinnen und Darsteller fehlende Intimität beklagen würden, aber mittlerweile sind die Begegnungen im Foyer für alle und nicht zuletzt für die Gattung Oper ein Gewinn. Denn die

Menschen sehen, dass man nicht im Elfenbeinturm sitzt, alles ist zum Greifen nah. Man sieht auch das Orchester, weil es nicht im Graben sitzt, sondern neben oder manchmal auch auf der Bühne. Es hat fast etwas Demokratisches. Alle machen sich im Foyer auf ihren Weg: die Zuschauer auf die Tribüne, das Orchester vor, neben oder auf die Bühne, die Sängerinnen und Sänger zuerst mal hinter die Bühne, für ihre späteren Auftritte. Das Publikum nimmt dann anders teil an einer Aufführung als in einem *normalen* Opernhaus. Mit dem Umzug ins *Staatenhaus* begann eine Erfolgsgeschichte. Die Auslastung ging immer weiter hoch. Bis uns Corona ausgebremst hat. Im März 2020 waren wir

»ICH LIEBE DIE OPER UND VOR ALLEM DAS OPERN-MACHEN! SEIT DREISSIG JAHREN ARBEITE ICH IN DER OPER, JEDEN TAG, UND BIS HEUTE HABEN DIE MIT MUSIK UND GESANG ERZÄHLTEN GESCHICHTEN NICHTS AN FASZINATION FÜR MICH VERLOREN.«

BIRGIT MEYER

bei dreiundneunzig Prozent Auslastung angelangt. Auch der Anteil an Kindern, Jugendlichen und Studenten ist bundesweit etwas besonderes, denn er liegt kontinuierlich bei zwanzig Prozent. Die *Kinderoper*, die zur *Oper Köln* gehört und hier im Saal 3 im oberen Stockwerk mit zweihundert Plätzen angesiedelt ist, feierte gerade ihren fünfundzwanzigsten Geburtstag. Mit der *Oper für Jung und Alt* haben wir ein sehr wertvolles Projekt entwickelt. Da werden Stücke extra für Kinder qualitativ sehr hochwertig eingerichtet. Die Stücke dauern etwa sechzig bis fünfundsiebzig Minuten. Da ist nichts vereinfacht, nur gekürzt im Sinne von konzentriert. Gerade ist so der *Ring für Kinder* mit der *Götterdämmerung* zum Abschluss gekommen. Wir haben für das Projekt *Oper für Jung und Alt* zahlreiche Preise und vom Land NRW finanzielle Zuwendungen in

Form einer Profilförderung bekommen. Ende April 2022 werden wir mit dem Kinder-Ring nach Südkorea fliegen. Für mich ist es wunderbar zu erleben, wie Alte und Junge gleichermaßen Freude haben und gemeinsam – generationen-übergreifend – in der Oper eine schöne und ihr Leben bereichernde Erfahrung machen. Das ist unter anderem das, was Oper kann! Wir haben diesen Spielort zu einer blühenden Oase gemacht, stehen finanziell auch sehr gut da, haben viele neue ZuschauerInnen dauerhaft gewinnen können und ich denke mir, ich habe mein Werk hier getan.

Zum Abschluss unseres Gesprächs würde ich gern auf Ihre Heimatstadt Köln zurückkommen. Seit Ihrem Studium haben Sie in Bayern und Öster-reich gelebt und leben immer noch auch in Wien. Was machen für Sie die Unterschiede zwischen rheinischer und österreichischer oder süddeutscher Lebensart aus?

Das Leben ist sinnlicher, leichter, unbeschwerter je weiter man nach Süden kommt. Und vor allem: die Natur nimmt einen anderen Stellenwert ein. Die Seen und die Berge rund um München bieten eine große Lebensqualität. In Innsbruck habe ich den Blick auf die Nordkette vom Wohnzimmersofa aus über Jahre genossen. Überhaupt, umgeben zu sein von so einer imposanten Bergku-lisse, habe ich Tag für Tag bewusst wahrgenommen; das hat mir innere Ruhe und Kraft gegeben. Der Freizeitwert ist natürlich entsprechend hoch. Auch die Nähe zu Italien war von Innsbruck aus großartig. Im Dezember mal kurz über den Brenner fahren und einen Kaffee in der Sonne auf dem Markt in Bo-zen trinken, das waren sehr belebende Momente. In Wien hat sich dann noch einmal ein ganz anderer Kosmos für mich erschlossen. Die Stadt ist mir zur zweiten Heimat geworden. Ich liebe es, dort zu sein. Schon auf dem Weg vom Flughafen in die Innenstadt geht mir das Herz auf und Meter für Meter ist es ein Eintauchen in diese so schöne und kunstsinnige Stadt. In keiner Stadt der Welt, die ich kenne, gibt es eine derart selbstverständliche und tief verwurzelte Begeisterung für Oper, Theater und Musik. Kultur lebt in Wien. Wenn Sie in der Stadt unterwegs sind, auf der Straße, im Restaurant oder Kaffeehaus: Sie werden, wenn Sie darauf achten, sicher Gesprächsbrocken aufschnappen, die etwas mit irgendeiner Theaterproduktion an der *Burg* oder einer Opernauffüh-rung an einem der drei Opernhäuser zu tun haben, oder mit einem Skandal, der gerade die Gemüter bewegt. Theater ist allgegenwärtig, ebenso die Aura der zahlreichen großen Komponisten, die in der Stadt gewirkt haben. Dazu können Sie herrlich essen und trinken, was ich liebend gerne tue. Ein Wiener Schnitzel im *Café Engländer*, dazu einen Grünen Veltliner oder Gemischten Satz ..., das ist nicht zu toppen! Und das Tempo ist etwas langsamer als in Deutschland. Das mag ich auch.

Was verbindet Sie mit Köln und was bedeutet diese Stadt für Sie?
Köln ist meine Heimatstadt. Ich wurde dort im Klösterchen mitten in der Stadt geboren. Es heißt, die echten Kölner sind eben genau da geboren. Aufgewachsen bin ich dann auf der anderen Rheinseite in Porz, das damals noch eine eigenständige Stadt war. Mit Köln verbinde ich bis heute die Geborgenheit und Liebe zu der großen Familie, in der ich aufgewachsen bin. Eine besonders enge Bindung hatte ich an meine Oma und Uroma. Als Jugendliche habe ich die Stadt sehr tolerant und aufgeschlossen, sehr kommunikativ erlebt. Nach fast dreißig Jahren in der Ferne kam ich beruflich bedingt zurück und muss sagen, vieles, was ich als so positiv in meiner Erinnerung mitgenommen hatte, fand ich so nicht vor. Heute sehe ich klarer, bin desillusionierter. Dennoch habe ich sicher viele Eigenschaften, die man dem Rheinländer zuschreibt: Geselligkeit, Toleranz, Eintreten für Meinungsfreiheit, kommunikationsfreudig ... Meine Zeit hier ist jetzt zu Ende und ich gehe zurück nach Österreich. Meine Mutter und Tante und auch meinen Bruder werde ich zukünftig wieder von Wien aus in der alten Heimat besuchen.

Über

Birgit Meyer

Schon mit fünfzehn Jahren machte Birgit Meyer in Köln, wo sie 1960 geboren wurde und aufgewachsen ist, ein dreiwöchiges Praktikum im Krankenhaus. Die Medizin faszinierte sie. Auch das Theater übte einen großen Reiz aus und so spielte sie bereits an der Schule mit viel Freude bei Theateraufführungen mit. Seit ihrer Jugend gab es eine ebenso große Verbundenheit mit der Musik. In ihrem kreativen Elternhaus wurde viel musiziert, die Mutter sang nicht nur im Chor, sondern ab und an solistisch, Birgit Meyer lernte Flöte, Geige und Klavier spielen.

Sie bewarb sich für einen Studienplatz in Medizin, aber auch ihrem geheimen Wunsch auf die Schauspielschule zu gehen, gab sie eine Chance und bewarb sich zeitgleich an der *Folkwangschule Essen*. Die Zusage für den Studienplatz in Medizin kam schnell und sie begann ein Studium in Regensburg, das sie nach dem Physikum in München fortsetzte: »Ich war damals etwas in der Bredouille: nachdem ich bereits erste Testate in Anatomie erfolgreich absolviert hatte, kam der Vorsprechtermin in der Schauspielschule. Ich habe mich dann aber entschieden, das Thema erst mal zurück zu stellen«, erzählt Birgit Meyer. »Während meines späteren Studiums in München war ich oft in Konzerten, habe dort angefangen Querflöte

zu spielen, und lernte irgendwann meinen Mann kennen. Er hat Gesang an der Musikhochschule in München studiert. Als er sein erstes Festengagement in Würzburg hatte, fuhr ich an den Wochenenden immer von München hin und durfte oft bei seinen Proben dabei sein. Da tat sich ein ganz neuer faszinierender Kosmos für mich auf und ich entdeckte quasi eine ganz andere Welt.«

Nach erfolgreichem Abschluss des Medizinstudiums bekam sie eine Stelle am *Universitätsklinikum Rechts der Isar* in München, wo sie auch promovierte. »Die Stelle an der Uniklinik entwickelte sich zunächst prächtig, dann wurde ich schwanger. Ich habe während meiner ganzen Schwangerschaft weiter gearbeitet, habe eine große Studie in der Gynäkologie erfolgreich geleitet, dann kam das erste Kind. Tatsächlich habe ich es dann noch geschafft, meine Doktorarbeit abzugeben und mein Rigorosum zu machen. Doch das half alles nichts: Nachdem ich vor der Schwangerschaft in der Klinik ziemlich gepuscht und herumgereicht wurde, war ich von dem Tag an, an dem ich dort mitgeteilt hatte, schwanger zu sein, wie nicht mehr da«, so Birgit Meyer. »Ich war siebenundzwanzig Jahre alt und man sagte mir, dass ich als Frau mit Kind keine Perspektive an der Uniklinik mehr

hätte und auch nicht über die soziale Infrastruktur verfügen würde, dass ich es
mir leisten könnte, mit Kind zu arbeiten.
Kaum mehr nachvollziehbar heute.«

Parallel zu ihrer Promotion begann
Birgit Meyer nach dem Abschluss ihres
Medizinstudiums im Oktober 1986 in
München ein Studium der Theater-
wissenschaften mit dem Schwerpunkt
Musiktheater. In ihrem Mutterschutz
hospitierte sie vier Wochen in der Dramaturgie der *Münchner Kammerspiele*.
1992 nahm sie das Angebot an, am
Tiroler Landestheater in Innsbruck in
der Dramaturgie zu arbeiten, wo sie bis
1999 wirkte, zuletzt als Leitende Dramaturgin des Musiktheaters. »Die Entscheidung mit der Medizin aufzuhören,
war schon schwer, denn damals war es
so, wenn man rausging, dann für immer. Man bekam dann keinen Job mehr.
Es gab zu viele Ärzte und Ärztinnen.
Mich hat die Medizin zwar inhaltlich immer total fasziniert und begeistert, vor
allem die Bereiche Biochemie und Phy-
siologie, aber ich hatte immer auch das
Gefühl, dass mir das kreative, gestalterische Element fehlte. Letztendlich war
die Leidenschaft für das Theater einfach
größer«, so Birgit Meyer.

Inzwischen arbeitet sie seit dreißig
Jahren am und für das Theater in unterschiedlichen Tätigkeitsfeldern, unter anderem an der *Volksoper Wien* als

Chefdramaturgin und Direktionsmitglied, bevor sie zurück in ihre Heimatstadt nach Köln an die Oper kam. Die
Oper Köln ist neben den drei Berliner
Opern, den Opernhäuser in Dresden,
Hamburg, Leipzig, München, Stuttgart,
Düsseldorf-Duisburg, Frankfurt, sowie
der Staatsoper Wien und der Oper Zürich
Mitglied der *Deutschen Opernkonferenz*,
einem Zusammenschluss der wichtigsten Opernhäuser im deutschsprachigen
Raum. Birgit Meyer ist die einzige weibliche Intendantin dieser Konferenz. Auf
meine Frage, wie sie sich erklärt, dass
es so wenig Frauen an der Spitze großer
Opernhäuser gibt, antwortet sie: »Ich bin
tatsächlich seit acht Jahren die einzige
Frau in der *Deutschen Opernkonferenz*.
Im Zusammenhang mit meinem Aus-
scheiden in Köln, bekam ich von einem
männlichen Kollegen, der gerade seinen
Vertrag bis 2027 verlängert hatte und
am Ende dieses Vertrags weit über
zwanzig Jahre in seiner Position und
Mitte siebzig sein wird, mit auf den
Weg, dass er mir wünsche, dass ich loslassen könne. Leider fehlen in solchen
Situationen andere Frauen auf derselben Ebene zum Austausch und man
steht fassungslos vor einem solch männlichen Chauvinismus. Vielleicht müsste man, müsste ich cooler sein. Ich fühle mich als Frau manchmal ungeschützt.
Ich bin in keiner Weise hilflos, vertrete

auch meine Meinung in jeder Situation, aber dass ich so bin wie ich bin, meine Arbeit leidenschaftlich und engagiert mache, das macht mich verletzbar. Das hohe Engagement ist natürlich mit großen Emotionen verbunden; ich identifiziere mich sehr mit meiner Arbeit, mit dem Betrieb. Über diese Identifikation und das sich Kümmern habe ich in den letzten Jahren sicher zu wenig genetzwerkt. Wenn etwas nicht gut gelaufen ist, dachte ich automatisch: Du musst es noch besser machen. Heute, nach einer langen Zeit von Erfahrungen würde ich – unabhängig vom Erfolg – selbstbewusster meine Rolle einnehmen. Frauen müssen

bis heute ihren Job viel besser machen als Männer, dürfen sich kaum Fehler erlauben, um dieselbe Anerkennung zu erhalten wie ihre männlichen Kollegen. Alles, was man als Frau macht, wird viel kritischer unter die Lupe genommen. Man sollte sich als Frau davon freimachen und unbekümmerter seinen Weg gehen. Das ist aber natürlich leichter gesagt als getan. Frauen sollten auch mutiger sein, sich einer Herausforderung zu stellen – wenn Sie grundsätzlich Lust an den Inhalten haben, um die es geht. Egal, ob sie alles in einer Ausschreibung erfüllen oder nicht. Man lernt ja dazu und wächst an seinen Aufgaben. Männer sind da viel unkri-

tischer mit dem, was sie für einen Job mitbringen und haben untereinander ein anderes Miteinander. Frauen sind vielfach – noch – Einzelkämpferinnen, die schneller zu verunsichern sind und ihr Licht schnell mal unter den Scheffel stellen. Das sind meine Erfahrungen.«

Birgit Meyer engagiert sich sowohl ehrenamtlich, zum Beispiel 2020 als Schirmherrin des Cross Mentoring Programms der Kölner Unternehmerinitiative *Mit Frauen in Führung*, als auch in ihrem Beruf für Frauen in Führungspositionen. Sie hat in ihrer Zeit an der Oper Köln bewusst viele Regisseurinnen engagiert: »Ich versuche, Frauen zu fördern, wo es geht. Nicht, dass ich nur noch mit Frauen arbeiten möchte, nein. Aber ich habe über die Jahre viele Frauen entdeckt, ihnen Auftrittsmöglichkeiten und leitende Positionen angeboten und an ihnen festgehalten, ihnen Entwicklungsmöglichkeiten und langfristige Perspektiven geboten.«

OPER KÖLN

Viele Gebäude und noch mehr Ausweichspielstätten gehören zur Geschichte der Kölner Oper, die 2024 mit der Wiedereröffnung des Opernhaues am Offenbachplatz einen vorläufigen Höhepunkt erleben soll.

Bis Mitte des 18. Jahrhunderts existierte in Köln keine feste Spielstätte für Musik- und Theaterdarbietungen. Sie fanden zwar regelmäßig statt, jedoch in unterschiedlichen, mehr oder weniger geeigneten Räumen. Am 19. Mai 1768 eröffnete der Kölner Theaterunternehmer Joseph von Kurtz mit einer Aufführung der Oper *La serva padrona* von Giovanni Battista Pergolesi am Neumarkt das erste stationäre Theater Kölns, die *Deutsche Schaubühne*. Es handelte sich bei dem Theater um ein vierstöckiges Holzhaus, das im Winter zugig und im Sommer heiß war und das darüber hinaus auch die Funktion eines Stroh- und Heumagazins hatte. Obwohl das Haus bereits zehn Jahre später baufällig war, wurde es solange genutzt, bis der Kölner Gastwirt Caspar Rodius 1782 das erste steinerne Theaterhaus an der Schmierstraße, später Komödienstraße, bauen ließ, das etwa vierzig Jahre bespielt wurde. 1821 erhielt Köln den ersten Theaterdirektor, den Schauspieler Friedrich Sebald Ringelhardt (1785–1855), der zuvor Theaterleiter in Riga, Breslau und zuletzt Bremen gewesen war. Und mit ihm auch das erste feste Ensemble. Oper und Schauspiel hielten sich unter seiner Führung die Waage.

Da sich der Zustand des Theatergebäudes im Lauf der Jahrzehnte immer mehr verschlechterte, wurde es 1828 abgerissen und an derselben Stelle ein Nachfolgebau errichtet, der dreißig Jahre später, im Jahr 1859, abbrannte. Obwohl das Kölner Theater jener Zeit viele Jahre in Mittellosigkeit und Provinzialität versank und sich die Schauspieldirektoren die Klinke in die Hand gaben, war es den KölnerInnen wichtig, ein Theater zu haben. Darum gründeten Kölner Bürger eine Aktiengesellschaft zur Finanzierung eines neuen Gebäudes, das auf den Trümmern des alten gebaut wurde.

Dieser Neubau des Kölner Architekten Heinrich Nagelschmidt (1822–1902) wurde 1862 eröffnet und hatte fast zweitausend Sitzplätze. Trotzdem wurde auch das neue Haus immer noch als zu klein und für eine Stadt wie Köln, die damals etwa einhundertfünfundzwanzigtausend EinwohnerInnen hatte, als unangemessen empfunden. Die *Kölnische Zeitung* schrieb leicht spöttisch, dass die »beschränkten Dimensionen gegenüber den gewaltigen Häusern in vergleichbaren Metropolen ja auch den Vorteil größerer Intimität« bieten würden.

Es dauerte keine sieben Jahre, da brannte auch dieses Theater vollständig ab. Es schien ein Fluch auf dem *Kölner Theater* zu liegen, denn auch die Ausweichstätte, das erst zwei Jahre zuvor erbaute *Actien-Theater* an der Frohngasse in Riehl, ging drei Monate nach dem Brand in der Komödienstraße in Flammen auf, am 9. Mai 1869.

Daraufhin zog das Theater vorübergehend ins *Thalia-Theater* in der Schildergasse, bis ein Neubau in der Glockengasse 17–23 nach einem Entwurf des Kölner Stadtbaumeisters Julius Carl Raschdorff (1823–1914) fertiggestellt worden war. Das Theater in der Glockengasse war sehr repräsentativ. Es hatte einen Rang mehr als das alte Theater, Rot und Gold waren die vorherrschenden Farben, die Stuckdecke war reich verziert und mit Büsten von Dichtern und Komponisten geschmückt. Die neue Lage wurde von der *Kölnischen Zeitung* lobend erwähnt: Nicht mehr eingekeilt zwischen Wohn- und Geschäftshäusern, sondern »frei nach allen Seiten« liege das neue Theater. Neue Straßen und ein Vorplatz wurden angelegt und am 1. September 1872 öffnete das Theater an der Glockengasse seine Pforten mit

der *Jubel-Ouvertüre* von Carl Maria von Weber und Gottfried Ephraim Lessings *Minna von Barnhelm*.

Auch wenn die Pracht und Größe des neuen Hauses gelobt wurden, stellte sich schon wenige Jahre nach der Eröffnung die Frage nach einer neuen Spielstätte. In der Stadt war viel passiert und hatte sich vieles verändert: Der Dom war seit 1880 vollendet und man erwartete zahlreiche BesucherInnen, ange-

lockt vom damals höchsten Gebäude der Welt. An Stelle der alten Stadtmauer, deren Reste dafür in großen Teilen abgerissen wurden, entstanden Prachtund Flaniermeilen, die Kölner Ringe. 1888 vergrößerte sich die Kölner Stadtfläche durch Eingemeindungen um das Zehnfache und die Bevölkerungszahl wuchs auf einen Schlag um hunderttausend auf zweihundertfünfzigtausend EinwohnerInnen an. 1894 bekam Köln einen neuen Hauptbahnhof. Köln wandelte sich zur modernen Großstadt und auf diesem Weg wollte es auch kulturell mit anderen großen Städten mithalten. Deswegen sollten Oper und Theater jeweils ihr eigenes Haus haben.

Dem *Raschdorff-Bau* wurden erhebliche »Mängel an der Akustik und der Ventilation« attestiert, auch entspreche er nicht mehr den Anforderungen der Zeit. Und das nach so wenigen Jahren. Hinzu kam, dass die zweitwichtigste Kölner Bühne, das *Wilhelm-Theater* in der Schildergasse, 1888 abgerissen wurde. Man beschloss den Bau eines zweiten Theaters. Zum ersten Mal trat die Stadt Köln als Bauherr eines Theaters auf und wählte ein Grundstück an einer der neuen Flaniermeilen aus. Am Habsburgerring gegenüber der Hahnentorburg wurde das erste Kölner Operngebäude nach den Plänen des aus Berlin stammenden Architekten Carl Moritz (1863–1944) erbaut. Moritz war von 1896 bis 1898 Stadtbauinspektor der Stadt Köln, bevor er sich als freischaffender Architekt dauerhaft in Köln niederließ. Er entwarf das neue Theater im Stil des Historismus und als es am 6. September 1902 mit dem dritten Akt aus Richard Wagners Oper *Die Meistersinger von Nürnberg* eröffnete, bediente sich die Presse an Superlativen. So schrieb die *Rheinische Musik- und Theaterzeitung*:

»Wir haben jetzt in Köln eines der besten und den technischen Anforderungen der Neuzeit entsprechende Theater in – vielleicht der ganzen Welt.«

In der ersten Spielzeit wurden an der neuen Oper auch noch Schauspiele aufgeführt, danach wurde sie aber ausschließlich als Opernhaus genutzt und das Haus an der Glockengasse für Schauspiel und Operette. Im Dezember 1906 erfolgte schließlich die offizielle Umbenennung: Das alte Stadttheater in der Glockengasse hieß fortan *Schauspielhaus* und das neue Stadttheater am Habsburgerring *Opernhaus*.

Die künstlerische Trennung von Oper und Schauspiel fand erst einige Jahre später statt. In der Spielzeit 1921/22 hatte die Stadtverwaltung bereits die städtische Intendanz geschaffen und ging so den Schritt vom Pachtsystem zur städtischen Trägerschaft. Die Intendanten waren nun städtische Sachverwalter und nicht mehr Pächter mit eigenem Risiko. Ab 1924 gab es für jedes Haus, das *Opernhaus* und das *Schauspielhaus*, einen eigenen Intendanten. Damaliger Intendant der Oper war Fritz Rémond (1864–1936), der bereits seit 1911 Direktor der Kölner Bühnen war, ab 1921 Generalintendant und ab 1924 bis 1928 Opernintendant: »So wie das *Kölner Opernhaus* mit seinem gründerzeitlichen Prunk und seiner schon bald als veraltet angesehenen Bühnentechnik baulich noch ganz den Gegebenheiten des 19. Jahrhunderts entsprach, war die Kölner Oper unter Rémond auch inhaltlich vor allem ein Hort der Tradition«, schreibt die Musikwissenschaftlerin Claudia Valder-Knechtges in dem von Christoph Schwandt herausgegebenem Buch *Oper in Köln*. Dafür liebte ihn das traditionsbewusste Kölner Publikum. Trotz aller Liebe zur Tradition konnten unter seiner Leitung drei Dirigenten Aufführungen mit Werken moderner Komponisten an der Kölner Oper realisieren, die für Aufsehen sorgten. Einer davon ist nicht nur ein bedeutender Dirigent des 20. Jahrhunderts, sondern auch ein Vorkämpfer für die Musik des von Birgit Meyer verehrten tschechischen Komponisten Leoš Janáček (1854–1928). Es ist der Dirigent Otto Klemperer (1885–1973), der 1817 als Kapellmeister an die Kölner Oper berufen und 1922 zu deren Generalmusikdirektor ernannt wurde. Am 16. November 1918, also nur wenige Tage nach dem Ende des Ersten Weltkriegs, wurde unter seiner Leitung Janáčeks Oper *Jenůfa* in Köln zum ersten Mal in Deutschland aufgeführt. Die Kritiker taten sich mit der neuen Art von Musik schwer. Mit der zweiten Oper von Janáček, *Katja Kabanowa*, die im Dezember 1922 erstmals außerhalb der Tschechoslowakei aufgeführt wurde, hatte Klemperer noch

weniger Glück. Sowohl er als auch der Regisseur erkrankten, sodass er die Aufführung einem jungen Mitarbeiter anvertrauen musste. Und bei der Kritik fiel auch diese Oper durch. Zwei Jahre nachdem Klemperer Generalmusikdirektor geworden war, verließ er die Kölner Oper wieder. Seinen Einsatz für moderne Komponisten wie Janáček, Alexander von Zemlinsky (1871–1942), Igor Strawinsky (1882–1971) und Modest Mussorgski (1839–1881) dankte man ihm in Köln damals nicht.

Doch zurück zum Operngebäude, das 1943 bei einem Luftangriff stark beschädigt wurde. Es konnte zwar noch weiter genutzt werden, jedoch nicht als Opernhaus, sondern als Probebühne, Standesamt und Verwaltungsbau. Pläne für den Wiederaufbau wurden zugunsten eines Neubaus verworfen. Das alte Operngebäude am Habsburgerring

wurde 1958 abgerissen und seine Ziegel verwendete man für den Wiederaufbau der Kirche *Sankt Alban* im *Stadtgarten*. An seiner Stelle errichtete man ein Bürohaus mit Glasfassade für das *Bundesverwaltungsamt*. Seit 1988 befindet sich in dem Gebäude ein Hotel, das heute zur *Steigenberger Hotel Group* gehört.

Mit dem Bau eines neuen Operngebäudes, das auf dem Grundstück des ebenfalls im Zweiten Weltkrieg zerstörten *Schauspielhauses* und der benachbarten Synagoge an der Glockengasse errichtet werden sollte, wurde der Kölner Architekt Wilhelm Riphahn (1889–1963) beauftragt. Riphahn hatte in Köln bereits einige Spuren hinterlassen. Seit der Gründung seines Büros 1913 hatte er unter anderem für den Ruderclub *Germania* in Deutz ein neues Clubgebäude gebaut, sowie Wohn- und Geschäftsgebäude in Deutz und Mülheim. 1924 wurde er mit dem Bau der *Bastei*, einem Ausflugsrestaurant am nördlichen Kölner Rheinufer, international bekannt.

Der moderne Wiederaufbau seiner Heimatstadt war Riphahn ein großes Anliegen: »Köln wird wieder entstehen, ja, es wird sich, wenn auch in später Zukunft, zur großen Metropole Westeuropas entwickeln«, war seine Überzeugung und dafür setzte er sich ein. Der neue Standort der Oper lag zentral in der Innenstadt und bot ihm die Chance, einen ganzen innerstädtischen Bereich planerisch zu beeinflussen.

Bis zur Eröffnung des neuen Hauses kamen Oper und Schauspiel in der Aula der *Universität zu Köln* unter. Die erste Nachkriegssaison der Oper begann am 25. Oktober 1945, das Schauspiel hatte bereits am 17. August 1945 seine neue Saison eingeläutet. Obwohl die Aula als kurzfristige Zwischenlösung für Schauspiel, Oper und Konzert gedacht war, blieb sie über zehn Jahre Hauptaufführungsort.

Am 6. Mai 1954 billigte die Stadt Riphahns Entwurf, den er selbst wie folgt erläuterte: »Die vielleicht etwas eigenwillig anmutende Form der Hochhaustürme – man sprach von Babylonischen Türmen, einer der Herren Stadtverordneten hat, ich glaube begeistert, Aida ausgerufen – ist sehr wohl begründet. Sie ist aus konstruktiven Erwägungen und Zweckmäßigkeitsgründen entstanden. Aber auch gestalterisch ist mir diese Lösung lieb; sie ist keineswegs absolut neuartig. Ähnliche Formen sind von Baumeistern um 1800, wie Gilly und Schinkel, angewandt worden. (...) Der Bau macht einen so kraftvollen Eindruck und wird eindeutig als Theater gekennzeichnet.«

Ein Jahr später, am 4. Juni 1955, war die Grundsteinlegung und schon knapp zwei Jahre später, am 18. Mai

1957, wurde das neue Opernhaus als *Großes Haus für Oper und Schauspiel* feierlich eröffnet.

International war das Echo auf den Bau durchweg positiv und er wurde fast überall als »schönster Theaterbau« Deutschlands gewürdigt, auch wenn die Kölner Presse ihn spöttisch als »Grabmahl des unbekannten Intendanten« oder »Kulturmeiler« bezeichnete. Riphahn selbst sagte über sein Opern-

haus: »Ich habe nichts anderes gewollt als einen kraftvollen Bau in menschlichen Maßen, ohne falsche Repräsentation und im Geiste unserer Zeit zu erstellen.«

Der Kölner Publizist und Verwaltungsbeamte Hans Schmitt-Rost (1901–1978) charakterisierte die Bauweise Riphahns wie folgt: »Was ist die Eigenart der Riphahnschen Bauten? Wenn man sie, um nicht zu wichtig zu reden, ›kölnisch‹

nennt, so ist damit – von einigen Späßen abgesehen – das genaue Gegenteil von Heimattümelei, denkmalpflegerischer Angleicherei oder malerischer Motivfreude gemeint. Kölnisch ist nicht identisch mit lieblich oder idyllisch. Kölnisch ist fränkisch hart, ist nüchtern, zweckmäßig, ausgebreitet, nicht mickrig-sparsam, aber auch nicht aufwendig-pathetisch. (...) Motiv, Dekorationen und Ornamente sind ihm Albernheiten, sowohl die posthumen der zwanziger Jahre als auch die augenblicklich in Mode befindlichen. Er denkt seine Formen deutlich auf den Zweck hin, streng aus der Konstruktion heraus. (...) Er bringt die Geometrie zur Anmut und befähigt die Statik zu Aussagen und Gleichnissen.«

Das neue Opernhaus war das erste Gebäude eines von Riphahn geschaffenen Ensembles zwischen Glockengasse, Krebsgasse, Brüder- und Tunisstraße. Im August 1958 wurden die *Opernterrassen*, ein zweigeschossiger Pavillonbau an der Brüderstraße 2–4, in dem sich Geschäfte und ein Restaurant befanden und die mit einer fünfzig Meter langen Brücke mit dem Foyer der Oper verbunden waren, eröffnet. Es folgte das *Schauspielhaus*, auch *Kleines Haus* genannt, das 1962 fertiggestellt wurde.

Mit der Gestaltung des Platzes vor dem *Opern-* und dem *Schauspielhaus* wurde der Kölner Künstler Jürgen Hans Grümmer (1935–2008) beauftragt. Seinen Namen *Offenbachplatz* erhielt dieser zu Ehren des in Köln geborenen Komponisten Jacques Offenbach (1819–1880) und erinnert auch an die Synagoge in der Glockengasse, die in der Pogromnacht 1938 zerstört wurde und in der Offenbachs Vater Kantor gewesen war.

Ein Jahr nach Fertigstellung des neuen Theaterviertels starb Wilhelm Riphahn am 27. Dezember 1963. Im Frühjahr 2004, im selben Jahr, in dem Riphahn mit einer Ausstellung im *Museum für Angewandte Kunst* wiederentdeckt worden war, wurde über den Abriss sowohl des *Opernhauses* als auch des *Schauspielhauses* heftig gestritten, nachdem die Bausubstanz über Jahre massiv vernachlässigt und die Gebäude sanierungsbedürftig waren.

Das von dem in Köln lebenden österreichischen Künstler Merlin Bauer 2005 initiierte Kunstprojekt *Liebe deine Stadt* trug mit dazu bei, dass die Stadt Köln sich dazu durchrang, das gesamte Ensemble zu erhalten und von Grund auf zu sanieren. Über mehrere Jahre ehrte Merlin Bauer zehn Gebäude, die durch ihre architektonische Qualität aus dem städtebaulichen Bild hervorstechen, indem er sie im Rahmen eines jeweiligen Festaktes mit einer überdimensionalen Wander-Preisschleife in den Kölner Stadtfarben Rot und Weiß schmückte und von einer LaudatorIn aus Kultur und Wissenschaft huldigen ließ. Für das *Opernhaus* gewann er den Schweizer Architekten Peter Zumthor, der ein dreifaches Lob aussprach: »Das Gebäude erzeugt öffentlichen Raum, es hat Festlichkeit und stiftet Identität.« Auf den ersten kurzen Blick hatte er es als »komisches Schiff« bezeichnet und gab in seiner Laudatio zu, dass er es entdecken musste. Nachdem er das getan und genauer hingesehen habe, habe er es als »wunderschöne Komposition« empfunden und an ihm immer mehr Qualitäten entdeckt.

Im Juni 2007 begannen die Sanierungsarbeiten und die Wiedereröffnung der *Oper Köln* soll 2024 stattfinden. Nach Ausweichspielstätten im *Musical Dome*, im *Palladium* in Mülheim, im Oberlandesgericht und der *Trinitatiskirche* am Filzengraben hat die *Oper Köln* seit November 2015 ein vorübergehendes Zuhause im *Staatenhaus* am Rheinpark. Der halbrunde Bau stammt aus den 1920er-Jahren und schließt nördlich an die ehemaligen Rheinhallen der *Kölnmesse* an, die im Mai 1924 eröffnet wurde. Um für die Großveranstaltung *Pressa*, einer fünf Monate dauernden internationalen Presseausstellung im Jahr 1928, genügend Platz zu haben, musste die Messe umgestaltet und erweitert werden. Dafür beauftragte man den Architekten Adolf Abel, der auch den Neubau der *Universität zu Köln* geplant hat. Er umbaute die Messehallen und das Gelände wurde ergänzt durch den Messeturm, die Rheinhallen und das *Staatenhaus*. Den Namen *Staatenhaus* erhielt der langgestreckte eingeschossige Bau mit seinem bogenförmigen Grundriss, weil er während der *Pressa* als Präsentationsbau der teilnehmenden Staaten diente. Nachdem es im Zweiten Weltkrieg schwer beschädigt worden war, baute man das *Staatenhaus* in den 1950er-Jahren wieder auf und verband es mit dem Messehauptgebäude. Seit 2010 ist es ein Veranstaltungsort und heißt *Staatenhaus am Rheinpark*. Nach dem Auszug der *Oper Köln* soll es zu einem Musical-Theater umgebaut werden.

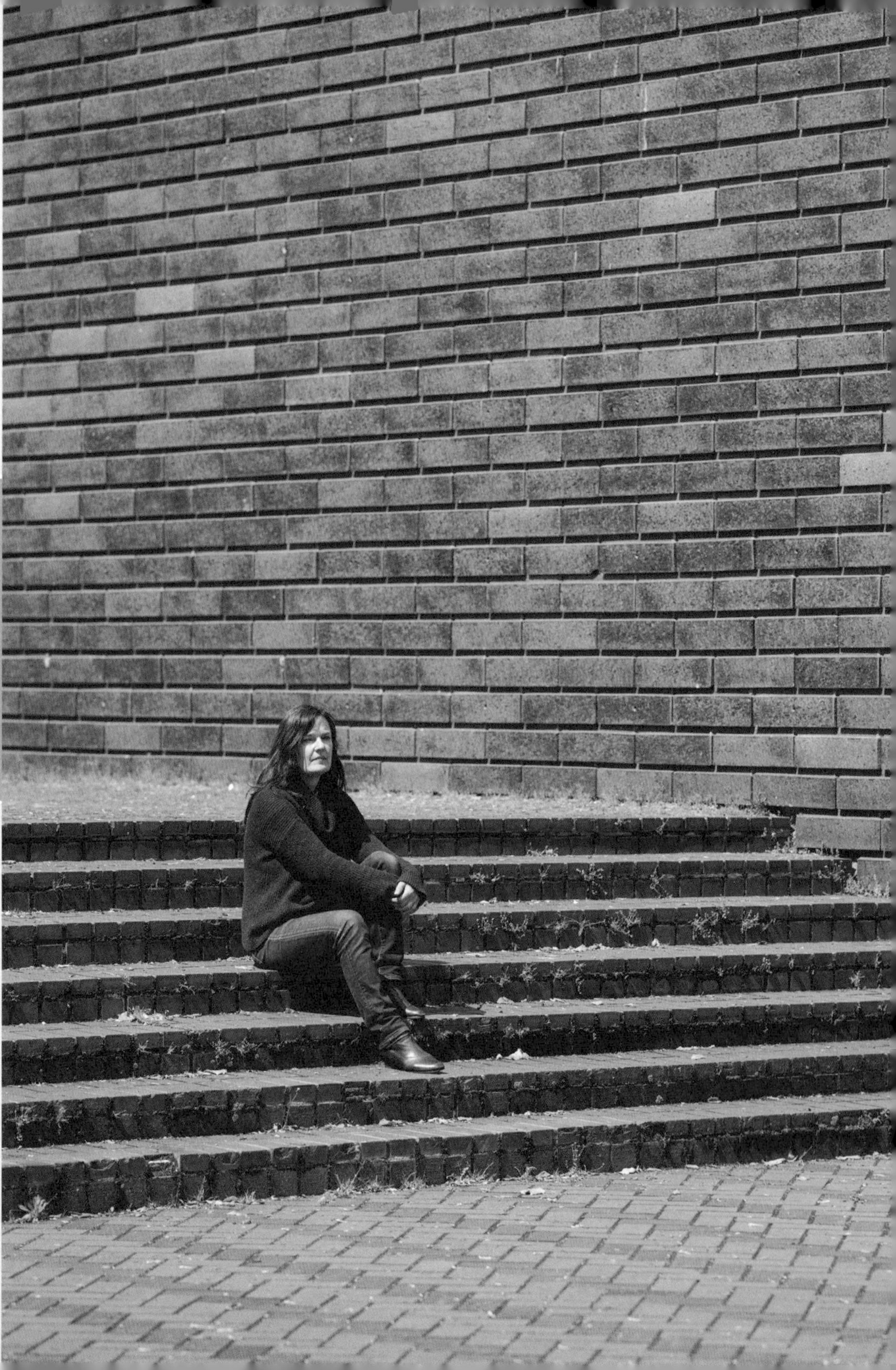

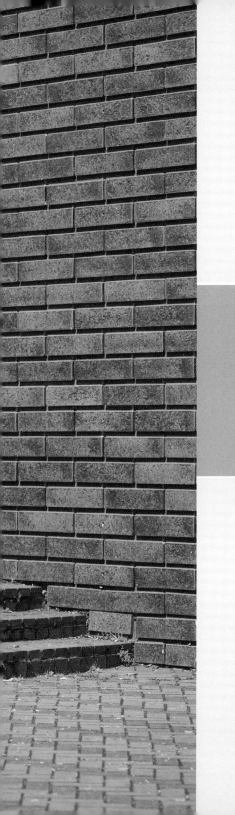

CHRISTIANE LÖHR

Künstlerin

———

MUSEUM FÜR
OSTASIATISCHE KUNST

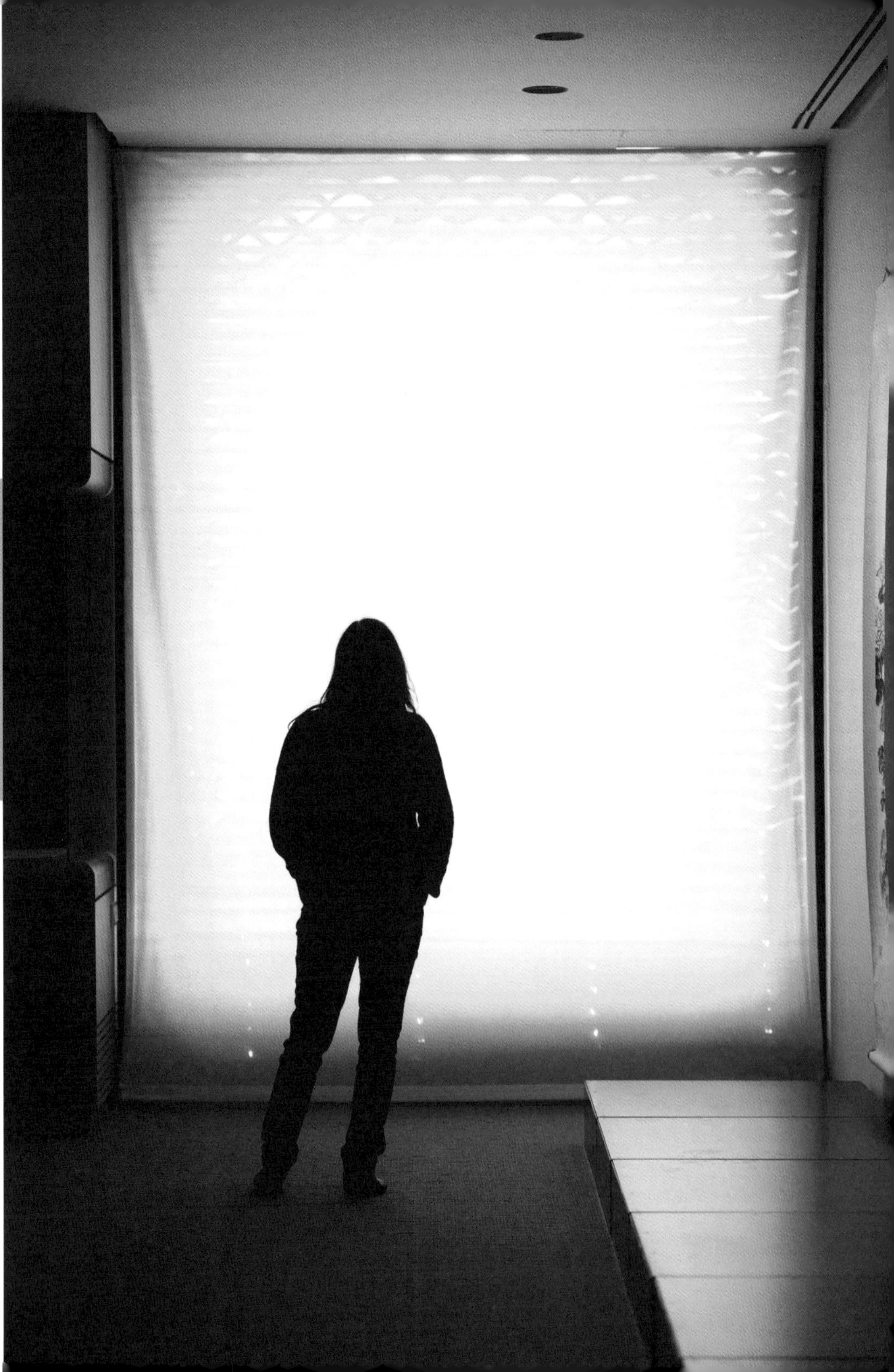

Christiane Löhr und ich treffen uns am frühen Morgen in ihrem Atelier unweit des bekannten Friedhofs Melaten. Es liegt in einem langen Hof, und ich laufe erstmal an verschiedenen Handwerksbetrieben, einem Schreiner, einem Dachdecker, einem Installateur und Heizungsbauer, einem Farben- und einem Elektrogroßhandel, einem Autoservice, wie auch an einem Kostümfundus, einem Geschäft für Stoffe und Kurzwaren und der offenen Initiative *EWVA – Equality for Women in Visual Arts*, vorbei, einem bunten Sammelsurium, bis ich dann ganz am Ende, als ich es schon gar nicht mehr erwarte, das in einem kleinen, älteren, einfachen und meinem Empfinden schönsten Industriegebäu-

Die Kunst der Leere

Die Künstlerin Christiane Löhr *wohnt in der Kölner Südstadt.*
Auf ihrem Weg ins Atelier nach Braunsfeld fährt sie mit
dem Fahrrad regelmäßig am Museum für Ostasiatische Kunst *vorbei.*
Ein Ort, der eine besondere Faszination auf sie ausübt.

de in diesem Hof gelegene Atelier erreiche. Es ist nicht besonders groß, so wie auch die meisten von Löhrs Kunstwerken nicht groß sind, vielmehr aus kleinen Details bestehen und eine Welt zeigen, die man normalerweise im wahrsten Sinn des Wortes übergeht. Das liegt in der Natur ihrer Sache, denn die Materialien, mit denen Löhr arbeitet – Grashalme, Samen, Kletten oder Tierhaare – rücken normalerweise nicht in unseren Fokus, erscheinen nebensächlich und sind zudem noch fein und filigran. Mit ihnen gestaltet sie ihre Kunstwerke meist in geometrischen Formen wie Kuppeln, Quader und Kuben. Eins davon zieht sofort meine Aufmerksamkeit auf sich: Eine quadratische Platte, in der in geraden, gleich langen und hohen Reihen Grashalme stehen. Es sieht aus wie eine Schonung oder ein Wäldchen in Miniatur und ich bin fasziniert von der Ruhe

und Ebenmäßigkeit, die es ausstrahlt. Seine Form ist, wie meist bei Christiane Löhrs Kunst, sein Name: Kubus. Warum, erfahre ich von ihr, als wir uns bei einer Tasse Tee über ihre Kunst unterhalten.

Die Namen Ihrer Kunstwerke sind meistens knapp und bezeichnen ihre Form. Warum?

Mir als Bildhauerin kommt es an erster Stelle auf die Form an. Und auf physikalische Prinzipien. Mein Thema ist der Raum: die Form im Raum und die Spannung, die dadurch entsteht. Die Konstruktion, die Statik oder auch die Architektur ist das Wesentliche. Ich erarbeite meine Werke meist in frischem Zustand, also bevor die Materialien getrocknet sind. Durch das Trocknen erhalten meine Arbeiten ihre Stabilität, sie verzahnen sich ineinander und stützen sich. Ich verwende keine Hilfsmittel, wie zum Beispiel Kleber. Oder auch nichts, um die Haltbarkeit der Materialien oder ihre Optik zu beeinflussen. Die Konstruktion meiner Arbeiten ist immer ablesbar und es gibt nie – sagen wir mal – Tricks. Ich suche beim Arbeiten den richtigen Moment. Wenn die Form eine Art Vollkommenheit bekommt, dann ist das ein Moment, in dem ich aufhören muss. In die Namen der Arbeiten lege ich keine Bedeutungsinhalte, da geht es mir um den architektonischen Aspekt. Ich baue ja, arbeite mit den konstruktiven Möglichkeiten, dem Bogen, der Dehnung, der Aneinanderreihung.

Ihre Werke sehen aus, als wären sie einer Zauberwelt entsprungen, wundersame Miniaturen, zart und fragil. Schaue ich Ihre Kunst an, würde ich vermuten, dass die Natur sie inspiriert.

Nein, eigentlich nicht, ich arbeite mit der Natur, nicht über sie. Ich benutze ihre Rohstoffe, die ich oft in städtischen Brachlandschaften oder an Straßenrändern finde. Wenn ich zu Fuß oder mit dem Fahrrad unterwegs bin, so gleitet mein Blick immer instinktiv auch am Boden entlang und ich entdecke etwas, mit dem ich arbeiten kann. Das, was andere mit Füßen treten, nehme ich mit und verarbeite es. Das hat für mich auch mit Wertschätzung zu tun. Ich gebe den Materialien einen Wert, indem ich sie verwende und die Aufmerksamkeit der Betrachterinnen und Betrachter darauf lenke. Je genauer man die Dinge anschaut, umso mehr sieht man das Wunder darin. Da offenbart sich sehr viel.

Dann finden Sie Inspiration also eher in der Architektur und im Material. Und auch im städtischen Raum. Wie lange leben Sie schon in Köln? Und ist die Stadt auch eine Inspirationsquelle für Sie?

Meine Inspiration finde ich überall – mich interessiert, was in der Menschheitsgeschichte geschaffen wurde, egal, in welcher Epoche, und die Reibung mit der Natur. Nach meinem Studium in Düsseldorf bin ich hierhergezogen. Mir hat Köln immer schon besser gefallen als Düsseldorf, es ist quirlig und zugleich bodenständig. Hier kann ich meine Ruhe haben, aber auch Leben um mich herum, wenn ich das möchte. Ich kann hier viele Dinge wahrnehmen. Außerdem hatte ich mein Pferd in Koblenz, wo ich aufgewachsen bin. Da war Köln etwas näher. Dann kam durch meinen italienischen Partner noch Italien dazu. Seit über

zwanzig Jahren pendle ich zwischen Italien und Deutschland. Ich habe zwei Welten, lebe in zwei Realitäten, das ist sehr bereichernd für mich und auch sehr erfrischend. Nichts ist ja so wie es scheint. In Italien haben die Menschen oft einen anderen Umgang mit den Dingen als hier in Deutschland. Das kann sehr lehrreich sein. Und umgekehrt natürlich auch. Früher war ich öfter in Deutschland als in Italien, das hat sich jetzt geändert. Ich bin nicht mehr so oft hier, auch weil wir inzwischen einen alten Bauernhof in Italien renoviert haben, aber Deutschland, der Rhein und auch Köln, das ist für mich Heimat, das möchte ich nicht aufgeben. Das Weggehen und das Zurückkehren sind für mich wichtig.

Was mögen Sie an Köln?

Köln hat eine gute Energie, ist, wie gesagt, sehr lebendig. Ich bin ja im Rheinland in Koblenz aufgewachsen und die Kölner sind mir nah, sie sind mitteilsam und es ist eine offene Atmosphäre in der Stadt. Dass hier die Römer waren, ist zu spüren. Es passiert hier viel in der Musikszene, in der Kunstszene. Es gab einen schmerzhaften Einschnitt, als viele Künstlerinnen und Künstler und Galerien nach Berlin gegangen sind. Nun hat sich die Szene wieder etwas erholt.

Einer ihrer liebsten Orte in Köln ist das *Museum für Ostasiatische Kunst* am Aachener Weiher. Was macht diesen Ort für Sie so besonders?

Zuerst einmal ist er sehr mit meinem Alltagsleben hier in Köln verknüpft, weil

ich jeden Tag, wenn ich mit dem Fahrrad zum Atelier fahre, an ihm vorbeikomme. Sehr gern halte ich samstags oder sonntags an und gehe durch die Räume. Ich kenne die Sachen gut, die dort ausgestellt sind. Es gibt ein paar Kunstwerke, die ich regelrecht besuche. Ich liebe es, Dinge mehrmals anzuschauen. Man verändert sich ja und sieht die Dinge irgendwann vielleicht anders an. Die Keramiken zum Beispiel, sie sind auf ihre Art vollkommen, und das berührt mich. Und sie haben im Museum mehrere Blätter von Inoue Yūichi, das ist ein Kalligraph, der in den achtziger Jahren gestorben ist. Das sind phantastische Blätter und die werden manchmal gezeigt.

Das Museum hat eine tolle Buchhandlung mit Schwerpunkt Asien und ein phantastisches Café. Das ist für mich am Wochenende ein Ritual in diese Buchhandlung und ins Museum zu gehen, fast wie ein Kirchgang.

Ich fühle mich der asiatischen Kunst sehr nah und komme auf ähnliche Dinge, aber über meinen Weg, meine Überlegungen. Die Themen dieser Kunst, die Kleinheit, die Leere, das Wenige und Reduzierte, das finde ich für mich und meine Arbeit hier wieder. Das Zulassen der Leere ist vielleicht der größte Unterschied zur westlichen Kunst.

Außerdem mag ich die japanische Kultur sehr gern, damit kann ich viel anfangen. Sie beglückt mich und berührt sozusagen meine Seele. Ich liebe japanische Keramik, habe viele Stücke, die ich regelmäßig benutze, auch in Italien. Die japanischen Tempel und die Zen-Gärten faszinieren mich. Auch wie die

Japaner mit Raum umgehen – was ja ein wichtiges Thema für mich ist – mit Grenze und Überschreitungen ist für mich faszinierend.

Ich war schon sehr oft in Japan, mindestens zehn Mal, weil ich dort eine Galerie habe und Museumsausstellungen hatte. Das Land ist voller Gegensätze. Tōkyō zum Beispiel ist eine einzige Betonwüste, das ist brachial und wirklich brutal. Doch dann ist da auch wieder eine enorme Sensibilität, zum Beispiel im Umgang mit den Pflanzen in den phantastischen Gärten. Es ist schön, bei meinen Ausstellungen die Besucherinnen und Besucher zu beobachten. Sie schauen ganz genau, sehr fein, beugen sich runter oder knien auch mal vor den Arbeiten. Da ist sehr viel Gefühl und eine Hingabe an das Geringe, Versteckte, fast Unsichtbare.

Als ich nach dem Gespräch Löhrs kleines Atelier wieder verlasse, habe ich das Gefühl, dass sich meine Perspektive etwas verändert hat: Die Welt erscheint mir größer als normal, ich schaue nach oben, sehe, all die Häuser, den Himmel über mir und zugleich sehe ich auf dem Boden all die kleinen Details, Ameisen, zersplitterte Steine, Pollenstaub, die ganze Welt der Löhr'schen Wunder. Und in der Leere dazwischen, da bin ich.

Über
Christiane Löhr

Mit den Schweifhaaren ihres Pferdes und mit Kletten, die sie daraus entfernte, fing alles an, also mit Materialien, die sie ständig zur Hand hatte. Aufgewachsen in Koblenz studierte Christiane Löhr, Jahrgang 1965, zunächst in Mainz Kunsterziehung und Germanistik. 1994 ging sie an die *Kunstakademie Düsseldorf* und lernte bei einem Protagonisten der *Arte-Povera-Bewegung*, Jannis Kounellis. 1996 wurde sie seine Meisterschülerin. Auch hier war es das

Pferd, das die Verbindung schuf. 1969 hatte Kounellis zwölf lebende Pferde in einer Galerie ausgestellt. Das Foto dieser Installation faszinierte Christiane Löhr so sehr, dass sie sich bei ihm bewarb – mit Erfolg. Die Schule bei Kounellis prägte und festigte sie in ihrer Kunst: Er bestätigte sie in ihrer Arbeit mit Naturmaterialien, mit der sie schon vor dem Studium bei ihm begonnen hatte, und förderte sie in ihrer Weiterentwicklung. »Mit den Klettenarbeiten hat es angefangen, dann wurde es immer leichter, und im Moment ist es sehr architektonisch. Man hat ja seine verschiedenen Phasen«, so Christiane Löhr bei unserem Gespräch in ihrem Atelier.

Ihre Karriere startete Ende der 1990er-Jahre in Mailand, als sie dort in der *Galleria Salvatore + Caroline Ala* eine Einzelausstellung hatte und von den ItalienerInnen als Künstlerin mit sehr viel Enthusiasmus und offenen Armen empfangen wurde. Inzwischen stellt sie auf der ganzen Welt aus, arbeitet mit Galerien in Deutschland und ganz Europa, den USA und Japan zusammen. »Jede neue Ausstellung ist wie eine neue Arbeit oder neu erarbeitete Auffassung. Meine Arbeiten sind ja meist sehr klein und verschwindend. Da muss ich viel Wert auf die Präsentation im Raum legen, muss Mittel und

Wege finden, die Präsenz zu erhöhen.« Die Räume, deren Decken, Wände und Fußböden dienen nicht nur als Kulisse für ihre Arbeiten, sie werden auch Teil davon, heben sie hervor, wodurch sie in den Fokus unserer Aufmerksamkeit gelangen. Ja nach Ausstellungsort entfalten die Objekte ihre ganz eigene Wirkung und verändern sich, je nachdem, wo sie stehen und wie sie präsentiert werden. Das ist das Spannende an der Kunst von Christiane Löhr.

Parallel zu ihrer Arbeit an den Skulpturen hat Christiane Löhr auch immer gezeichnet. Mit Ölstift, Bleistift oder Tusche. Wenige Linien teilen den Raum, das Blatt Papier, das handflächengroß oder überlebensgroß sein kann. »Beim Zeichnen mit dem Ölstift arbeite ich meist mit den Fingern und reibe die schwarzen Pigmente in das Papier hinein. Auch hier geht es mir immer um die Form im Raum: Wie bewegt sich die Linie, wie kommt sie an den Rand? Ich stelle mir dieselben Fragen wie bei einer Skulptur«, beschreibt sie ihre Arbeitsweise.

Christiane Löhr ist seit 2020 Mitglied der *Nordrhein-Westfälischen Akademie der Wissenschaften und der Künste* in Düsseldorf. In Köln wird sie von der *Galerie Werner Klein* vertreten.

DAS MUSEUM FÜR OSTASIATISCHE KUNST

Das Museum für Ostasiatische Kunst *wurde 1913 als erstes Spezialmuseum seiner Art in Deutschland eröffnet. Nach seiner Zerstörung im Zweiten Weltkrieg wurde es 1977 in einem Gebäude des japanischen Architekten Maekawa Kunio wiedereröffnet.*

Von meinem Hotel in der nördlichen Altstadt aus mache ich mich zu Fuß auf den Weg zum *Museum für Ostasiatische Kunst* am *Aachener Weiher*. Dabei überquere ich zunächst den Rudolfplatz mit seiner imposanten *Hahnentorburg*, einer von ursprünglich zwölf Torburgen in der ehemaligen mittelalterlichen Stadtmauer von Köln, und laufe dann durchs Belgische Viertel entlang der Aachener Straße, die seit jeher eine zentrale Ader im Kölner Stadtbild ist: Im Mittelalter fuhren die im Aachener Dom gekrönten Könige über die damals noch als *Krönungsstraße* bezeichnete Straße zum *Hahnentor*, wo sie vom Kölner Erzbischof in Empfang genommen wurden. Heute ist die Aachener Straße über die Kölner Stadtgrenze hinaus bis nach Jülich ausgebaut und eine der längsten Straßen Kölns, auf der sich Cafés, Imbissläden, Geschäfte, Kirchen, private und öffentliche Dienstleister wie Krankenhäuser

und Versicherungen und auch Kultur-
einrichtungen wie die *Volksbühne* am
Rudolfplatz – das ehemalige *Willy-Millo-
witsch-Theater* – aneinanderreihen und
durch die das Stadtleben in all seiner
Vielschichtigkeit pulsiert.

Kurz hinter der Kreuzung Moltkestraße, an der die Stadt 1950 die ersten
Ampeln Kölns installierte, passiere ich
eine Eisenbahnunterführung und
gelange in den sogenannten Inneren

Grüngürtel, in dem sich auch der 1920
angelegte *Aachener Weiher* befindet.
Etwas versteckt hinter einer Baumreihe
am westlichen Ufer des Weihers liegt
das *Museum für Ostasiatische Kunst*,
mein Ziel für heute. Rund um den
Weiher führt ein Weg, der seit 2014 nach
Frieda Fischer benannt ist. Sie und ihr
Mann Adolf Fischer waren es, die mit
ihrer privaten Sammlung das *Museum
für Ostasiatische Kunst* in Köln grün-

deten. Adolf Fischer stammte aus einer Wiener Großindustriellenfamilie und ließ sich – gegen den Willen seiner Eltern – zum Schauspieler ausbilden. Nach einigen Engagements, der Intendanz am *Stadttheater Königsberg* und einer Theatertournee durch die USA zog er sich 1888 für mehrere Jahre nach Italien zurück. 1892 führte ihn eine Reise nach Japan, wo er ostasiatische Kunst erwarb. Nach seiner Reise ließ er sich in Berlin nieder und stellte seine gesammelten Kunstwerke in seiner Wohnung am Nollendorfplatz aus.

In Berlin lernte er im Dezember 1896 Frieda Bartdorff kennen und heiratete sie drei Monate später. Frieda empfand seine Sammlung nach eigener Aussage wie einen »Sinnesrausch« und sie *musste*, so empfand sie es, »die Länder, die Menschen, die die Kunstwerke erschaffen haben, ergründen.« So ging das junge Paar auf eine lange Hochzeitsreise, auf der es zwischen 1897 und 1899 unter anderem Hongkong, Peking und weite Teile Chinas sowie Taiwan und Japan ergründete. Die Kunstwerke, die sie auf dieser Reise erstanden, sollten den Grundstock ihres Museums bilden. Im Sommer 1902 schreibt Frieda Fischer in ihrem *Japanischen Tagebuch*: »Es wachsen Pläne in uns, Pläne zu einem Museum, aber einem solchen, das nicht der Völkerkunde dienen,

sondern nur der Kunst geweiht sein soll, der Kunst Ostasiens.« Fünf Jahre später schreibt sie während eines Aufenthaltes in Kyōto: »Unsere Museumsgedanken reifen mehr und mehr, wir sind ganz von ihnen erfüllt. Wir werden für die Heimreise den Weg über Amerika wählen und das Museum in Boston sehen, das abgesehen von Japan die umfangreichsten ostasiatischen Sammlungen besitzt.« Und ein weiteres Jahr später, am 21. Juni 1909, schreibt sie in Köln weilend in ihr Tagebuch: »Oberbürgermeister Wallraf schickt uns aus der Stadtverordnetenversammlung seine Karte mit der Meldung, dass man unser Projekt für ein Museum für Ostasiatische Kunst einstimmig angenommen hat.« Im Februar 1912 ist das Ehepaar Fischer wieder in Köln und Frieda schreibt: »Freudigen Herzens überschritten wir heute Hand in Hand zum ersten Mal die Schwelle des im Rohbau fertigen Museums. Soll er doch die Wiege werden für unser Kind, unser geistiges Kind.« Und endlich am 25. Oktober 1913 wurde das Museum im eigens dafür gebauten Anbau des Kunstgewerbemuseum am Hansaring 32 im Kölner Gereonsviertel eröffnet: »Die Eröffnung des *Museums für Ostasiatische Kunst*, der schönste Tag unseres Lebens! Fertig steht es da, unser Lebenswerk. Es gibt einen

Überblick über das gesamte Kunst-
schaffen Chinas, Koreas und Japans.
Wir übergeben das Museum der Stadt
Köln. Es bleibt unter unserer Leitung«,
schreibt Frieda Fischer in ihrem letzten Eintrag des *Japanischen Tage-
buchs*. Das Gebäude wurde während
einer Bombardierung 1944 komplett
zerstört, die neunhundert Exponate
konnten aber noch vorher in Sicherheit
gebracht werden. Danach hatte die
Sammlung viele Jahre keinen festen
Ausstellungsort.

Nur sechs Monate nach der Eröff-
nung, im April 1914, starb Adolf Fischer
und Frieda übernahm die Leitung des
Museums, was zur damaligen Zeit
einmalig war. Eigenartigerweise gilt
Hanna Stirnemann als erste Museumsdirektorin Deutschlands, die jedoch erst
1930 die Leitung des Stadtmuseums
Jena sowie die Geschäftsführung des
Jenaer Kunstvereins übernahm. 1914,
als Frieda Fischer die Leitung ihres
Museums übernahm, war Hanna
Stirnemann erst fünfzehn Jahre alt.
Wie dem auch sei: Beide Frauen
mussten ihre Position auf Druck der
Nationalsozialisten aufgeben. Frieda,
weil sie in zweiter Ehe mit einem
jüdischen Mann verheiratet war, und
Hanna, weil ihre Ausstellungstätigkeit
nicht mit der Linie der nationalsozia-
listischen Machthaber übereinstimmte

und sie einen nichtarischen Urgroßvater hatte.

Bis zu ihrem Tod im Dezember 1945
hatte sich Frieda Fischer einen Ruf als
Expertin und Gutachterin für ostasia-
tische Kunst erworben und publizierte
nach ihrer Entlassung aus dem Amt als
Museumsdirektorin 1938 und 1942 die
Tagebücher ihrer Reisen mit Adolf
Fischer durch Japan und China.

Ab 1966 plante einer der bekanntes-
ten japanischen Architekten, Maekawa
Kunio, das neue Museum am Aachener
Weiher. Der 1905 geborene Kunio war
Ende der 1920er-Jahre zwei Jahre zu
Le Corbusier nach Paris gegangen, »um
die sogenannte moderne Architektur zu
studieren«, von der er sich in späteren
Jahren jedoch wieder abwandte. Seiner
Meinung nach diente die moderne
Architektur nach den beiden Weltkrie-
gen nur noch dem Kapital und hatte
sich dem Menschen entfremdet. Seinen
Bau für das *Museum für Ostasiatische
Kunst* wollte er an die Umgebung an-
passen, die nicht gestört werden sollte,
wie er in einem Interview im Kölner
Stadtanzeiger 1978 sagte. Und das ist
ihm meiner Meinung nach gelungen.
Sicher auch dank der Wahl der verwendeten Materialien. Die braunen Kera-
mikfliesen der Außenfassade sind von
Hand gefertigt, mit Spuren von gelben
und roten Pigmenten, und je nach

Leiko Ikemura, Usagi Kannon II, 2013/14.

Tageszeit und Lichteinfall passt sich die Hülle des Gebäudes der natürlichen Umgebung an. »Wie bei natürlichen Gegenständen, die von Moosen, Verwitterungsspuren und Alterungsprozessen gezeichnet sind, enthalten die gefliesten Wände des Museums ein reiches Mikroleben, das ihr Braun borkig aufrauht und belebt, so daß es sich dem Grün der Bäume und den wechselnden Farben des Himmels und des Wassers eigenkräftig und harmonisch zugesellt«, so beschreibt der Schriftsteller Dieter Wellershoff die besondere Wirkung dieser Fliesen des für ihn »schönsten Museums von ganz Köln«. In seinem Buch *Pan und die Engel – Ansichten von Köln* würdigt er in dem Kapitel

Geist der Götter, Geist der Dinge die
Leistung des Architekten Kunio auf
besondere Weise. »Kraftvolle Künstler«
wie er »verwandeln sich das Fremde
an, lassen es aufgehen in ihrer eigenen
Sprache. So ist auch ihr Verhältnis zur
eigenen kulturellen Tradition. Vergangenheit wird nicht historisierend in
charakteristischen Motiven herbeizitiert,
sondern ist in dem ganz und gar heutigen Werk geistig enthalten, als eine

nicht im einzelnen faßbare, aber spürbar weiterwirkende Kraft. (...) Kunio
Maekawa hat die Bindung an alte
japanische und ostasiatische Kultur-
traditionen nicht verloren. Aus ihrem
Geist heraus ist es ihm gelungen,
die moderne Sachlichkeit seines
Baus zu einer Natürlichkeit und Har-
monie zu vergeistigen, die nicht
mehr bloß zweckmäßig ist, sondern
ein Gefühl für das Richtige, das

Einfache und Angemessene verrät, wie es die Kultur des Zen in den Menschen zu entwickeln versucht. Auch ein Gebäude kann auf diese Weise richtig sein, übereinstimmend mit seinem Zweck, seiner Bestimmung, seinem Material und im Einklang mit der umgebenden Welt.«

Ich betrete das großzügige Foyer des Museums. Von hier aus blicke ich durch Glaswände auf den von dem japanischen Bildhauer Masayuki Nagare angelegten japanischen Garten.

Die dem *Aachener Weiher* zugewandte Seite des Museums sollte nach den Plänen von Maekawa Kunio einen Teich mit einer geschwungenen Uferbegrenzung erhalten. Daraus wurde – zum Leidwesen des Architekten – ein Erweiterungsbecken des Weihers mit geradliniger Begrenzung. In der Mitte dieses Beckens steht auf einer Plattform die Steinplastik *Die Fahne im Wind*, die Nagare 1980 erschuf.

Bei meinem Rundgang durch das Museum tauche ich tief in die Welt und Kunst Ostasiens ein und kann nachempfinden, weshalb es sicher nicht nur für Christiane Löhr ein besonderer Ort ist. Zum Abschluss setze ich mich noch in die Cafeteria, die 1999 bei der Neugestaltung des Foyers durch die in New York ansässige und aus Köln stammende Architektin Annabelle Selldorf eingerichtet wurde, und genieße das harmonische Zusammenspiel des Gebäudes, der Sammlung und auch der Umgebung bei einer Tasse Tee mit Blick auf Nagares *Fahne* und den Aachener Weiher, auf dem einige Schwäne gemächlich ihre Bahnen ziehen. Bevor ich diesen ruhigen und harmonischen Ort wieder verlasse, besuche ich noch, Christiane Löhrs Empfehlung im Ohr, die Museumsbuchhandlung, die sich durch ein sehr fein ausgesuchtes Sortiment auszeichnet und eine kleine Oase der Stille ist, sodass ich förmlich flüstere, als ich mit einem Buch unter den Armen dankend hinausgehe, zurück in den Trubel der Großstadt.

LEIKO IKEMURA

Künstlerin

———

KOLUMBA

Sie haben ein Atelier in Köln, leben aber im Moment meist in Berlin. Was verbindet Sie mit Köln?

Ich habe eine emotionale Bindung zu Köln und habe die längste Zeit meines Lebens hier gelebt. Ich bin sehr oft umgezogen, aber in Köln habe ich mich sofort wohl gefühlt.

1990 bin ich nach Berlin, aber nur wegen einer Professur, die ich bis 2015 an der Universität der Künste hatte. Obwohl gewünscht wurde, dass ich komplett nach Berlin ziehe, konnte ich das nicht. Ich habe mich nie endgültig für Berlin entschieden, mein Herz war immer in Köln. So habe ich zwanzig Jahre

Museen sind geistige Tempel

Viele Kunstwerke von Leiko Ikemura *haben im* Kolumba *ein Zuhause gefunden. Darum ist das Museum ein Ort, mit dem sie sich sehr verbunden fühlt.*

eine Art Doppelleben geführt. Erst wegen Corona bin ich dann nicht mehr länger in Köln gewesen, immer nur kurz.

Dann haben wir ein Haus in Berlin gebaut und so hat sich das etwas verlagert. Das Haus hat mein Partner, Philipp von Matt, entworfen. Es ist bewusst nach unserem Anspruch, Kunst und Architektur zu leben, gestaltet. Es war die Vorstufe der Verlagerung von Köln nach Berlin, so eine Art Verankerung in der Berliner Kulturlandschaft. Auch mein Haus in Ehrenfeld, das ich noch immer habe, diente dazu, dass ich geerdet wurde. Tatsächlich bedeutet es für mich eine Art Heimatbindung. Die Menschen und die architektonische Erdung, das war Köln, bevor dann Berlin kam.

Sie haben einmal gesagt, dass jedes Land, in dem Sie gelebt haben, Ihnen etwas geben könne, was mit Ihnen zu tun habe. Was hat Deutschland mit Ihnen zu tun und was gibt es Ihnen?

Hier lernte ich das Formulieren von Gedanken und die Auseinandersetzung mit ihnen, die Ausdauer und die Durchsetzungskraft, um etwas zu kreieren, das niemand zuvor gemacht hat.

Was mögen Sie an Köln?

Die Stadt empfinde ich nicht als die schönste, das ist kein Geheimnis. Sie hat einen anderen Charme. Das ist wahrscheinlich die ungezwungene Liberalität der Kölnerinnen und Kölner, die lassen die anderen so, wie sie sind, das ist wirklich eine Qualität. Diversität ist einfach da, eine Ausländerfrage stellt sich in Köln gar nicht. Du kannst so sein, wie du bist: Sei so, wie du bist, aber ich auch! Diese Haltung gefällt mir gut. Das andere ist das Südländische. Für mich ist Köln der nördlichste Punkt von Italien.

Mögen Sie Italien?

Ja, klar. Das Romanische gefällt mir sehr. Den Geist des Romanischen mag ich in Köln besonders, wir leben hier ja damit, er ist einfach da. Man kann in Köln auch gut arbeiten. Das alles überragt die Hässlichkeit der Gebäude. Köln war ja vor dem Krieg eine schöne Stadt. Und ich fand es auch mit der Zeit nicht mehr hässlich, sondern empfand es als eine ehrliche Art, mit der Zerstörung durch den Krieg umzugehen. Gewisse Dinge werden hier nicht verschönert oder beschönigt. Köln ist nie so geleckt, das gefällt mir.

Was verbindet Sie mit dem *Erzbischöflichen Diözesanmuseum*?

Das Museum hat ein Konvolut meiner Werke. Wir hatten eine kontinuierliche Art des Dialogs und eine Zeit lang haben meine Werke sehr gut in die Sammlungspolitik des Museums gepasst. Das Museum hatte eine interessante Struktur. Es gab nicht den Direktor oder die Direktorin, sondern es gab ein Kuratorium, das alles gemeinsam entschied. Mit Stefan Kraus hatte ich immer einen guten Dialog. Wenn wir gesprochen haben, waren wir immer sofort in der Tiefe. Als Künstler braucht man diese Art von Engagement und Interesse. Katharina Winnekes und Joachim Plotzek haben auch sehr für mich gesprochen. Da hatte ich früh das Glück, mit ihnen zusammenzuarbeiten. 1992 hatte ich eine Einzelausstellung im früheren Gebäude des Museums am Roncalliplatz, was sie selten machten. Sie hatten bei jeder Gruppenausstellung Arbeiten von mir dabei, das Interesse war sehr schön. 2012 gab es eine Präsentation meiner fünfteiligen Malerei *Mare e Monti*. Und da gab es ein Gespräch mit Stefan Kraus und mir. Es war ein sehr gutes Gespräch. Wir sprachen über die Nuklearkatastrophe von Fukushima am 11. März 2011. Wir haben reflektiert, was die Kunst in so einer Situation machen kann. Was hat die Kunst mit dem Environment, dem Lebensraum, der Umgebung zu tun? Wir haben auch über meine Malerei

»FÜR MICH IST DIESE ARCHITEKTUR,
BEI DER NICHTS HINZUGEFÜGT WIRD,
AM PURSTEN. SIE LÄSST KUNST ZU.«
LEIKO IKEMURA

und die Autonomie der Kunst gesprochen. Eine sehr interessante Diskussion, das kann ich nie vergessen. Ich bin also seit dreißig Jahren mit dem Museum sehr verbunden, habe auch Schenkungen gemacht. Das *Kolumba* ist eine Art Zuhause für meine Kunst.

Sie haben es gerade angesprochen, dass das *Erzbischöfliche Diözesanmuseum* vorher am Roncalliplatz war. Nun residiert es an der Stelle der im Zweiten Weltkrieg zerstörten spätgotischen Kirche *Sankt Kolumba*. Der Schweizer Architekt Peter Zumthor hat den Neubau auf die Mauerreste der Kirche gesetzt und so das Neue und Alte harmonisch gegenübergestellt. Spricht Sie die Architektur des Gebäudes an?

Ja, total. Ich finde sogar eher, dass das *Kolumba* im Sinne eines Gesamtkunstwerks selbst künstlerisch ist. Das Gebäude ist zeitlich und stilistisch nicht begrenzt und strahlt Souveränität aus. Für mich ist diese Architektur, bei der nichts hinzugefügt wird, am pursten. Sie lässt Kunst zu. Hingegen habe ich auch keine Berührungsängste, wenn etwas architektonisch nicht übermäßig gestaltet ist, so ist das auch eine Aussage und eine sehr interessante Herausforderung. Dieser Geist herrscht auch in unserem neuen Haus in Berlin. Bei uns ist nicht alles so durch und durch gestylt, sondern ein bisschen gebrochen. Und ich finde, in einem Haus kann nicht alles ästhetisiert sein, der Boden, die Möbel und alles. Man muss über die Jahre auch etwas Patina zulassen. Es sollte nicht zu sehr High-End sein, aber die bewusst gewählte Materialität in Kombination mit den Proportionen sollten ein Raumerlebnis schaffen.

Perfektionismus ist also nicht Ihre Sache?
Nein, ich bin keine Perfektionistin. Ich mag Brüche. In meiner Kunst bin ich nur nie zufrieden. Aber das ist eine positive Unzufriedenheit.

Nicht nur in der Architektur des *Kolumba* wird das Neue dem Alten gegenüber gestellt, auch im Museum wird durch die Gegenüberstellung von alter und zeitgenössischer Kunst ein Dialog zwischen der Vergangenheit und der Gegenwart geschaffen. Ist das ein wichtiger Aspekt für Sie?
Absolut. Deshalb hatte ich das Museum unter anderem ausgesucht. Ich habe zwar neuerdings glücklicherweise auch mit dem *Museum Ludwig* zu tun. Zwei Werke von mir sind jetzt da zu sehen. Aber das *Kolumba* ist sehr mit der Geschichte verbunden. Ich bin keine Historikerin, aber ich setze mich sehr mit der Geschichte auseinander. Und vor allem glaube ich, dass es keine Historie gibt. Für mich ist alles gegenwärtig, auch das, was vor dreitausend Jahren passiert ist. Vergangenheit ist jetzt. Darum geht es. Man braucht nicht immer alles kategorisieren, von wegen das ist die Sache vom Barock, das ist die vom Mittelalter. Natürlich ist das für die Kunsthistoriker ein wichtiger Punkt. Aber mir geht es um das pure Betrachten und Erleben. Das reine Anschauen an sich ist wirklich zeitlos. Deshalb mag ich auch die Strategie des Museums. Die Kunstwerke werden ohne Benennung gezeigt, da hängt kein Schild, wer das gemacht hat oder wie das Werk heißt. Diese gewisse Pseudoanonymität zwingt

die Menschen, die Dinge einfach zu betrachten und zu erleben. Hinzu kommt der religiöse Aspekt, der für mich wichtig ist. Also die unideologische Religiosität – nennen wir es Spiritualität. Das ist ein Aspekt, der mich motiviert, und das ist der Grund, weshalb das Museum meine Arbeiten interessant fand, obwohl ich aus einer anderen Kultur komme.

Inwiefern ist Ihre Kunst spirituell?

Kunst wird oft als Zeitgeist, als autonome ästhetische Ausdrucksform der Zeit gesehen. Sie kann und sollte den Menschen aber inhaltlich und spirituell Lebenssinn spenden. Meine Kunst soll das Herz der Menschen berühren und bewegen, indem ich mit bedingungsloser Hingabe das Wesentliche erfrage und gestalte.

Wie wichtig sind Museen und welchen Zweck müssen sie Ihrer Meinung nach erfüllen?

Museen sind geistige Tempel und keine Sarkophage. Ich stelle gern in Museen aus. Man kann den Raum anders verwandeln, ich kann in der Gegenwart agieren und mich entfalten. Mein Dasein als Künstlerin wird aus der Einsamkeit ans Licht geholt, und zwar ohne kommerziellen Zwang. Galerien sind auch wichtig und ich schätze deren Beitrag, aber wenn man im Museum ausstellt, ist man diesbezüglich freier. Allerdings finde ich, dass Museen interaktiver sein könnten. Die Kunstwerke werden wie Heiligtümer bewacht, das stört mich ab und zu. Natürlich sollte man vorsichtig mit den Kunstwerken umgehen, aber es sollte nicht wie auf einem Friedhof sein. Manchmal möchte ich am Liebsten sagen: »Touch it! Berührt doch alles! Alle Gemälde, alle Skulpturen.« Ich würde am liebsten einmal in einem Museum eine Ausstellung machen, bei der man alle meine Werke berühren kann.

Als Künstlerin oder Künstler kann man Kunst und Leben nicht trennen, sagen Sie. Wie leben Sie mit Ihrer Kunst?

Das ist einzig aller Grund zu leben. Ich lebe für die Kunst und gebe dafür alles. Ich erschaffe keine Werke, sondern Leben. Mein Leben ist der Kunst gewidmet. Kunst ist die unmittelbare Notwendigkeit zu leben und zu überleben.

Leiko Ikemura

Künstlerin zu sein, ist für Leiko Ikemura kein Beruf, sondern eine Berufung. »Ich bin – wie ein Medium – bereit, mit anderen Kräften umzugehen«, beschreibt sie ihre Art des Erschaffens von Kunst. Es seien viele Zufälle gewesen, die sie zur Künstlerin werden ließen, »ich habe mein Leben nie exakt geplant.«

Geboren wurde sie in Tsu, einer Stadt an der Ise-Bucht auf Honshū, der Hauptinsel von Japan. Nur vierzig Kilometer südöstlich der Stadt befindet sich das höchste Heiligtum Japans, der Ise-jingū, ein Shintō-Schrein, bestehend aus einer weitläufigen Gebäudeanlage.

In Osaka studierte sie an der Fremd-sprachen-Universität Spanisch und spanische Literatur. 1972, nach einem Sommeraufenthalt in Granada, ent-schied sie sich, dort zu bleiben. »Da-mals konnte ich alle paar Jahre meinen Ort wechseln. Ich war ein Vagabund, habe immer wieder meine Koffer ge-packt und bin woanders hin. Das kann ich jetzt nicht mehr, ich kann meine Häuser nicht mitnehmen.«

Sevilla war ihre nächste Station. Sie hatte sich entschieden, an der dortigen Kunstakademie Malerei zu studieren. »Mit Zeichnungen fing alles an. Das Zeichnen hat eine gewisse Energie aus-gelöst und war für mich eine innere Befreiung«, so Leiko Ikemura. Den Übergang von der Zeichnung zum Bild, zur Malerei, beschreibt sie als fließend. Eine Skulptur zu schaffen, sei ein hap-tischer Moment, was aber auch eine Zeichnung sein könne. So sind bei ihr Zeichnung, Malerei und Bildhauerei immer irgendwie miteinander verbun-den und befinden sich in einem ständig fließenden Prozess.

1978 packte sie wieder ihre Koffer und zog für ein paar Jahre in die Schweiz, nach Zürich. Dieser Umzug steht für den Beginn ihres Lebens als

Künstlerin. »Latent waren bei mir schon immer Elemente da, etwas aus mir zu machen und andere Wege zu gehen. Ich konnte nicht akzeptieren, wie die Gene-ration meiner Mutter gelebt hat. Auch war ich gegen die Erwartungen, wie eine Frau sein sollte, und zwar ganz entschie-den, schon als Kind. Ich liebte meine Mutter über alles, aber ich habe auch ihr Leid gesehen. So wollte ich nicht leben. Das war eine Entscheidung ohne konkre-tes Ziel, sie war nicht mit einem strate-gischen Denken verbunden. So bin ich auch nach Köln gekommen. Ich war vorher ein Jahr Stadtzeichnerin in Nürn-berg und danach bin ich nach München, wo ich auch bleiben wollte, aber keinen Platz für mich gefunden habe. Dann rief mich eine Kölner Freundin, eine Künstle-rin, an und fragte mich, ob ich Interesse an einem hundertfünfzig Quadratmeter großen Atelier hätte. Es kostete damals nicht viel Geld, vierhundert Mark, und ich sagte zu, ohne es vorher angeschaut zu haben. Ich habe wieder alles gepackt, der Koffer wurde jedes Mal größer, und seitdem bin ich hier.«

In Deutschland zu leben und zu arbeiten, war nicht so einfach für sie. »Niemand hat auf mich gewartet«, er-zählt Leiko Ikemura. »Eine künstlerische Sprache zu finden und als Künstlerin authentisch zu sein, ist ein Ringen. Und sich dann in der Kunstwelt zu behaup-

ten, ist kein einfacher Weg. Die Kunstszene war noch immer extrem männer-
orientiert, vor allem in der Malerei. Aber
meine Entscheidung, mich trotz dieses
Chauvinismus als Künstlerin zu behaupten, kam aus innerer Überzeugung
und war mir dadurch eine Stütze. Das
Fremdsein machte die Sache nicht leichter, ist aber auch eine eigene Qualität!«

1983 hatte Leiko Ikemura eine erste
Soloausstellung im *Bonner Kunstverein*.
Eine erste umfangreiche Ausstellung
hatte sie 1987 im *Museum für Gegen-
wartskunst Basel*, wie das Kunstmuseum
Basel damals noch hieß. Dort wurden
ihre Gemälde und Zeichnungen aus den
Jahren 1980 bis 1987 ausgestellt. Seit-
dem stellt sie in renommierten Museen
und Galerien in der ganzen Welt aus.
Zuletzt wurde 2019 die Retrospektive
Nach neuen Meeren im *Kunstmuseum
Basel* gezeigt.

2020 gestaltete sie die Fenster der
Sankt Matthäus-Kirche am Mathäikirch-
platz in Berlin, sowie deren Altar und
Kapelle mit Bildern, Skulpturen und
einer Projektion als großformatige Raum-
installation. Entstanden ist dabei an
den Wänden und im Raum eine Malerei
aus Licht und Farbe. Die Kirche, die
sich an prominenter Stelle zwischen
Neuer Nationalgalerie, *Philharmonie*,
Neuer Staatsbilbiothek und *Gemälde-
galerie* befindet, wurde in den letzten

Tagen des Zweiten Weltkriegs zerstört.
Beim Wiederaufbau wurden statt der
ursprünglich farbigen Fenster Klarglas-
fenster eingesetzt.

Im Februar 2022 präsentierte Valen-
cia in Spanien, die *Ciudad de las Artes
y las Ciencias* – Stadt der Künste und
der Wissenschaften, wie sie sich selbst
nennt, die Ausstellung *Aquí estamos*
mit Leiko Ikemuras großformatigen
Skulpturen. Sie wurden auf kleinen
schwimmenden Inseln in riesigen
Wasserbecken installiert, so dass es
aussah, als würden sie über dem Wasser
schweben.

Mit ihren Skulpturen schafft Leiko
Ikemura Mischwesen aus Tier und
Mensch, so wie den Heiligen Hasen
Usagi Greeting, ein Wesen halb Frau,
halb Hase, das die Mutter allen Seins
darstellen soll. Frauen- und Mädchen-
gestalten kehren in ihrem Werk immer
wieder, in Pastellzeichnungen, Gemäl-
den, als keramische Skulpturen oder
auch auf Schwarz-Weiß-Fotografien.

Die Natur ist eine ihrer wichtigen
Quellen, auch Märchen und Sagen
haben Einfluss auf ihr künstlerisches
Schaffen, sowie philosophische Fragen:
Woher kommen wir, wohin gehen wir,
die menschliche und politische Ause-
einandersetzung. Das Wort *Inspiration*
ist für Leiko Ikemura zu sehr Klischee.
Sie würde sich eher mit einer Katze, die

etwas beobachtet, vergleichen. Ihr Ziel sei nicht die Maus, es gebe kein Ziel, sondern nur die Konzentration aller Energien, der Daseinsmoment sei wichtig. Und in diesem fokussierten Daseinsmoment passiert etwas, das weit über das eigene Ego hinausgeht, und lässt ihre Werke entstehen.

Eine Katze hatte sie tatsächlich einmal: »Ich habe jetzt keine Katze mehr, aber ich habe die Katzen in mir, viele Katzen, aber auch Hunde und was weiß ich, verschiedene Tiere sind in mir«, sagte sie in einem Interview mit dem *Kunstmuseum Basel* 2019. Alle Menschen seien hybride Wesen. »Die Menschen vergessen, dass sie Hybridwesen sind. Sie stellen einfach den Menschen in der Hierarchie ganz oben hin. Aber wenn man alle Hierarchie auflöst, dann wird die Welt sicher lebenswerter, glaube ich«, so Ikemura weiter.

Auf meine Frage nach ihren japanischen Wurzeln und dem Einfluss der japanischen Kultur auf ihr Schaffen, antwortet sie: »Ich habe es als Jugendliche eher abgelehnt, ich wollte immer was anderes. Erst in der letzten Zeit kann ich sie viel mehr akzeptieren oder sogar auch lieben und schätzen. Vor allem seit ich in Berlin bin und die Berliner ›Schnodderigkeit‹ erlebe. Wenn man von Tōkyō am Berliner Flughafen

ankommt, dann weiß man, was man in Japan hat. Es ist eine ganz andere Mentalität, eine andere Freundlichkeit und so viel Güte, die ich früher nicht so geschätzt habe. Und das andere ist natürlich auch, dass Japan und Deutschland Parallelen in der Geschichte haben. Ich fand es sehr interessant, dass man sich in Deutschland viel offener mit der Vergangenheit auseinandersetzt, und ich lerne sehr viel. Die Japaner verleugnen ihre Vergangenheit nicht, ganz sicher nicht, aber es ist nicht ihre Art, ständig zu analysieren. Sie sind sich ihr schon bewusst, aber sie gehen anders damit um. Und nicht zuletzt hat mich die Atomkatastrophe in Fukushima 2011 sehr betroffen gemacht. Das war ein Schock für mich. Da empfand ich Japan als meine Heimat und ich musste etwas dafür tun. Früher habe ich für Freiheit alles gegeben. Und jetzt, seit dieser Katastrophe, denke ich, dass commitment, also die Bindung an mein Land und die Welt, die Verbundenheit zu ihm und nicht zuletzt zum Kosmischen, das Engagement dafür, sehr wichtig sind. Was kann ich tun, in welcher Art, in welcher Authentizität, das ist schon mein Thema.« Und mit einem Lächeln fügt sie hinzu: »Seit zwei Jahren kann ich wegen der Pandemie nicht nach Japan fliegen und vermisse meine Miso-Suppe, die echte.«

DAS KOLUMBA

Als das Erzbischöfliche Diözesanmuseum, *das heutige* Kolumba, *1972 am Roncalliplatz wiedereröffnet wurde, gab es schon den Plan, ein neues Gebäude zu bauen. Zwei Jahre später wurde dieser offiziell beschlossen und man begann mit der Suche nach einem geeigneten Grundstück.*

Das Kunstmuseum des Erzbistums Köln wurde 1853 als *Diözesanmuseum* gegründet. Die erste Ausstellung des Museums fand 1854 im Kölner *Gürzenich* statt. 1860 bezog es ein eigenes Haus am heutigen Roncalliplatz, das im Zweiten Weltkrieg zerstört wurde. Die Samm-lung blieb erhalten, weil sie in den Kriegsjahren ausgelagert worden war. Von 1954 bis 1971 nutzte das Museum die Kirche *Sankt Gereon* für seine

Ausstellung, bevor es 1972 im wiederaufgebauten Gebäude am Roncalliplatz wiedereröffnet wurde. Allerdings gab es schon damals Überlegungen für einen Neubau an anderer Stelle.

Es dauerte vierundzwanzig Jahre, bis ein neuer Ort für das Museum gefunden wurde. Die lange Suche hat sich gelohnt. Der neue Ort befindet sich in der Kölner Innenstadt, gegenüber dem *Opernhaus* von Wilhelm Riphahn und

der berühmten Glockengasse, unweit
der *Minoritenkirche* aus dem 13. Jahrhundert und in direkter Nachbarschaft
des unter Denkmalschutz stehenden
Disch-Hauses, das 1930 eingeweiht wurde und wichtigstes Zeugnis der Neuen
Sachlichkeit in Köln ist. Dort, wo einst
die bedeutende spätgotische Kirche
Sankt Kolumba stand, sollte der neue
Platz für das *Erzbischöfliche Diözesanmuseum* sein.

    Sankt Kolumba war eine fünfschif-
fige spätgotische Kirche, die nicht zu
einem Stift oder Kloster gehörte, wie
die meisten der erhaltenen romanischen
Kirchen in Köln, sondern sie war die
Pfarrkirche der ältesten und mit etwa
zehntausend Gemeindemitgliedern größten Innenstadtgemeinde des mittelalterlichen Kölns. Zum Pfarrbezirk *Sankt
Kolumba* gehörten neben bedeutenden

Klöstern auch wichtige Einrichtungen
der *Alten Universität Köln*, unter anderem Gebäude der Juristischen Fakultät.
Daran erinnert der Name der Straße An
der Rechtschule. Die meisten Pfarrer
der Kirche hatten an der Kölner Universität studiert und lehrten auch dort.

    Kunsthistorisch wichtige Werke der
Kirche wurden im Zuge der Säkularisa-
tion Anfang des 19. Jahrhunderts verkauft. Sie befinden sich heute in der
Alten Pinakothek in München wie der
Columba-Altar von 1455, ein Triptychon
des niederländischen Malers Rogier
van der Weyden (1399/1400–1464).
Dadurch entkamen sie dem Schicksal
der Kirche, von der nach dem Zweiten
Weltkrieg nur die Außenmauern, ein
Turmstumpf und ein Langhauspfeiler
übriggeblieben waren. An dem Pfeiler
befand sich eine gotische Madonnen-

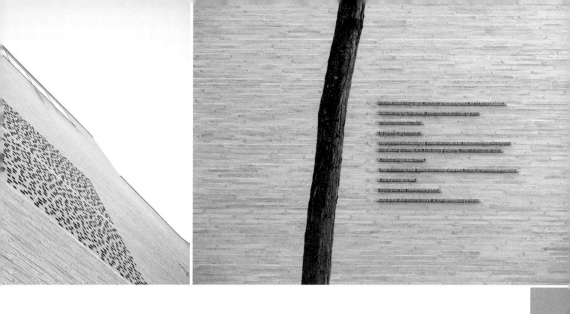

figur aus der Zeit um 1480, die den Krieg vollkommen unbeschädigt überstanden hatte und daraufhin von vielen Menschen als Zeichen der Hoffnung verehrt wurde. Nachdem sich der damalige Pfarrer von *Sankt Kolumba*, Joseph Geller (1877–1958), gegen eine Rekonstruktion des zerstörten Kirchengebäudes ausgesprochen hatte, nahm er Kontakt mit den Kölner Architekten Rudolf Schwarz (1897–1961) und Dominikus Böhm (1880–1955) auf. Der Sohn Böhms, Gottfried Böhm (1920–2021), entwarf den Neubau einer deutlich verkleinerten Kirche, einer Kapelle, deren Grundstein am 8. Dezember 1949 gelegt wurde. Auch Böhm sah in der unversehrten Madonna des Langhauspfeilers– neben dem Dom, der auch noch stand – »ein Hoffnungszeichen, ein Symbol des Lebens, einen ungeheuren Ansporn für den Wiederaufbau« der

Stadt Köln, die genauso in Trümmern lag wie diese Kirche, und gab ihr einen zentralen Platz in der Mittelachse der neuen Kapelle. Der viel kleinere Nachfolgebau von *Sankt Kolumba* bekam den Namen *Madonna in den Trümmern*.

Damals wie heute ist die *Madonna in den Trümmern* weit mehr als eine gewöhnliche Kapelle. Joseph Geller hatte zahlreiche Kontakte zu zeitgenössischen KünstlerInnen und neben der Madonna und einer spätmittelalterlichen Pieta sind es vor allem moderne Kunstwerke, welche die Menschen in die neue Kirche einladen sollten: »Und haben wir wieder wahre und echte Kunst in unseren Kirchenräumen, dann werden die Menschen auch wiederkommen und allmählich anfangen, nachzudenken und in der Kirche nicht nur etwas Rückständiges, sondern etwas Fortschrittliches finden. Und der

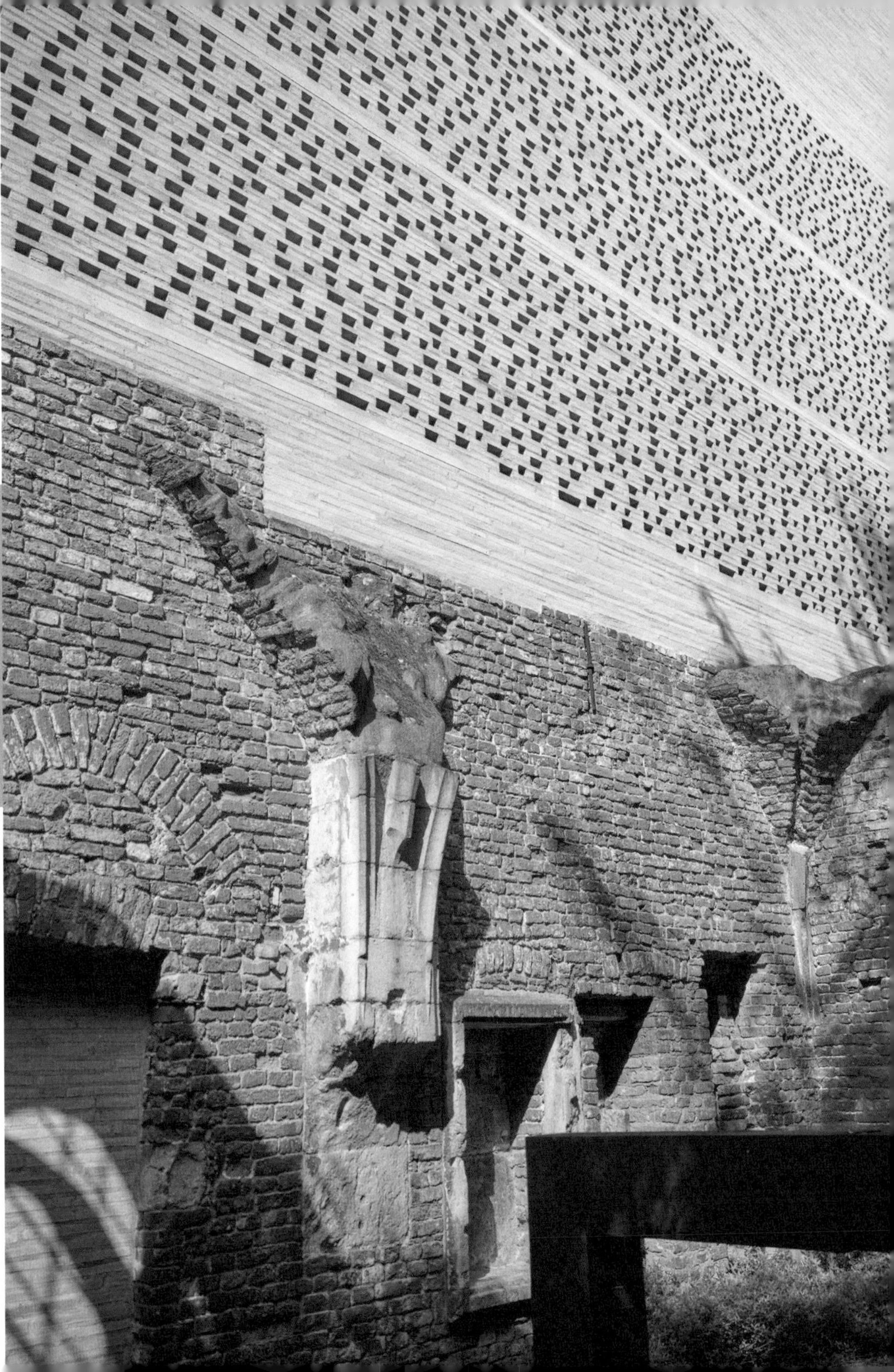

Mensch will ja immer nur fortschreiten; vor echter Kunst macht er dann Halt und wird zum Nachdenken gezwungen, zur Ruhe, die im Tageslärm notwendig ist. Darum lege ich Wert darauf, dass eine solche Kapelle neuzeitlich und mit sicherem Stilgefühl ausgestattet wird. Die Besucher sollen nicht verwirrt, wohl aber aufgewühlt werden, jedoch nicht zum Widerspruch, sondern zur Auseinandersetzung und Anknüpfung«, so Geller.

Gellers Idee fiel bei den KölnerInnen auf fruchtbaren Boden. Die *Madonna in den Trümmern* wird nicht nur für Gottesdienste genutzt, sondern ist einer der am häufigsten besuchten Orte zur privaten Andacht in Köln. Darum war eine Vorgabe für den Bau des neuen Erzbischöflichen Diözesanmuseums, dass diese weiterhin völlig unabhängig von einem Museumsbesuch genutzt werden könne. Darüber hinaus sind sie und die noch bestehenden Ruinen der alten, viel größeren Kirche *Sankt Kolumba*, ein Mahnmal und eine Erinnerung an die Zerstörung, die der Zweite Weltkrieg angerichtet hatte. Böhm wehrte sich zunächst gegen die Umbauung seiner Kapelle mit einem Museumsgebäude. Er fürchtete, dass sie ihre mahnende Wirkung verlieren und zum Museumsstück werden würde. Doch auch ihn überzeugte der Entwurf des Schweizer Architekten Peter Zumthor, der den Wettbewerb

für das neue Museumsgebäude gewonnen hatte, und er lenkte ein. Eine schöne Geste unter Konkurrenten, denn auch Böhm hatte sich am Wettbewerb für den Neubau des Diözesanmuseums beteiligt.

»Wir wünschen uns ein lebendes Museum bezogen auf die Realität und die Würde des Vorhandenen, eine raumschaffende Architektur, zurückhaltende und langlebige Materialien, ein Minimum an Technik, Einfachheit und Funktionalität im Detail, eine sorgfältige und materialgerechte Ausführung, einen selbstverständlichen Ort für die Menschen und die Kunst.« So stand es in der Präambel der Auslobung des offenen und anonymen Realisierungswettbewerbs für den Neubau des Diözesanmuseums an *Sankt Kolumba*, der vom Erzbistum 1996 ausgeschrieben wurde. Alle vorhandenen Fragmente sowie die Kirche *Madonna in den Trümmern* sollten einbezogen werden wie auch die Reste römischer Bebauung, die bei Ausgrabungen in den Jahren 1974 bis 1976 entdeckt wurden, sowie Fundamente von Vorgängerbauten der Kirche. Kein Stein der Ruinenlandschaft durfte abgetragen werden, sie sollte für die MuseumsbesucherInnen sichtbar und zugänglich sein. Es ging also darum, das historische Erbe zu bewahren und dieses in Einklang mit einem Neubau zu bringen.

Mit dieser Vorgabe entwarf Peter Zumthor das neue Museum. Für den international tätigen Architekten sind Altes und Neues keine Gegensätze, sondern bilden eine Art Symbiose, sind vernetzt miteinander, wie er selbst einmal sagte. Sein Neubau für das Museum aus eigens dafür angefertigten Backsteinen ruht wie eine Burg auf einer Erinnerungslandschaft, die von einem Holzsteg aus betrachtet werden kann und mit einem luft- und lichtdurchlässigen Filtermauerwerk ummantelt ist. Getragen wird diese Museumsburg von schlanken, eleganten und sichtbaren Säulen – »eine Reihe extrem dünner Säulchen«, wie die ehemalige Dombaumeisterin Barbara Schock-Werner im ersten Teil ihres Buchs *Köln auf den Punkt* schreibt, die wie eine moderne Reminiszenz an die Bauweise der Gotik in der Erinnerungslandschaft stünden. »Ich stelle mir vor, dass er seinen Statiker damit an den Rand des Wahnsinns getrieben haben muss«, schreibt sie weiter. Ihrer Meinung nach ist dieser Museumsbau »perfekt durchdacht, geplant und gebaut« und »ganz, ganz große Kunst!«

Backsteine seien laut Zumthor das Material des Wiederaufbaus in Deutschland, ein Material des Flickens und Ergänzens. Außerdem gab es in Köln eine lange Tradition mit Backsteinen

zu bauen, weshalb er sich für dieses Material entschieden habe. Zumthor habe kein spektakuläres Gebäude erschaffen wollen, um die Stadt aufzuwerten, sein Ziel war nicht, einen sogenannten Bilbao-Effekt zu erreichen. Vielmehr entwarf er aus der Auseinandersetzung mit der historischen Substanz und der historischen Kunst des Museums das neue Gebäude. Unzählige Stunden verbrachte er vor Ort, betrachtete die Ruine und die Umgebung, das Lichtspiel der Fassaden, das entscheidend für die Farbauswahl des Backsteins war, überlegte, wo er Durchblicke von innen nach außen schaffen konnte und suchte einen neuen Zugang zur historischen Kunst des Museums. Und fand ihn, wie er selbst sagt. Besonders gut gefalle ihm, dass das Diözesanmusem, das seit 2004 *Kolumba* heißt, keinen Unterschied zwischen alter und neuer Kunst mache und vor allem, dass man noch an die Kunst glaube, an ihre Kraft und Spiritualität. Und dass man ihr einen würdigen Ort schaffen wolle.

Peter Zumthor ist es gelungen, einen Ort zu erschaffen, dessen Architektur viel Raum lässt, sowohl für die Kunstwerke als auch für die Zwiesprache der BetrachterInnen mit ihnen; der die Geschichte mit der Gegenwart harmonisch und äußerst sensibel verbindet; der in seiner Auswahl an Baumaterialien zwar reduziert, aber sehr hochwertig ist und zum Beispiel ökologische Aspekte wie nachwachsende Rohstoffe aus kontrolliertem Anbau berücksichtigt und auf Kunststoffe weitestgehend verzichtet.

Es ist ein Ort, der nicht nur durch seine zweitausendjährige Geschichte und außergewöhnlichen Kunstwerke – eine Sammlung mit Werken vom frühen Christentum bis zur Gegenwart –, sondern auch und vor allem durch seine Architektur die Menschen ehrfürchtig werden lässt, sie an die Hand nimmt und sie bewusst oder unbewusst in eine andere Welt entführt, in eine stille, ruhige Welt, aus der sie anders wieder herausgehen als sie hineingegangen sind. Das *Kolumba* ist ein würdiger Nachfolger der gleichnamigen Kirche, deren Ruinen nicht nur im neuen Mauerwerk integriert wurden, sondern die

auch auf der Ostseite des Gebäudes erhalten geblieben sind. Es ist ein meditatives Museum ohne Café oder Museumsshop, ohne Lärm und Konsum, dafür mit einem Lesezimmer und einem ruhigen Innenhof.

Peter Zumthor, der im selben Jahr geboren wurde, in dem die Kirche *Sankt Kolumba* bei einem Bombenangriff auf Köln zerstört wurde, nämlich 1943, hat auf und in deren Trümmern einen neuen spirituellen Ort geschaffen, an dem sich nicht nur Leiko Ikemura mit ihren Kunstwerken wie zu Hause fühlt, auch die vielen Madonnen der Sammlung scheinen sich dort wohlzufühlen. »Sie lächeln alle«, wie Peter Zumthor auf einer Pressekonferenz anlässlich der Eröffnung des *Kolumba* im September 2007 sagte. Seine Lieblingsmadonna schaue aus einem Fenster zum Dom hinüber.

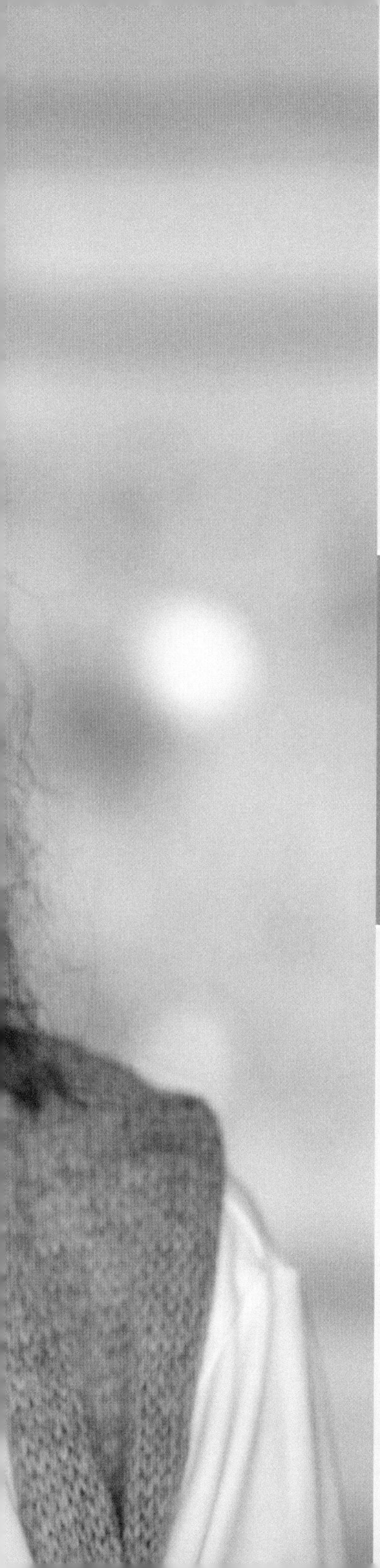

MARY BAUERMEISTER

Künstlerin

LINTGASSE 28

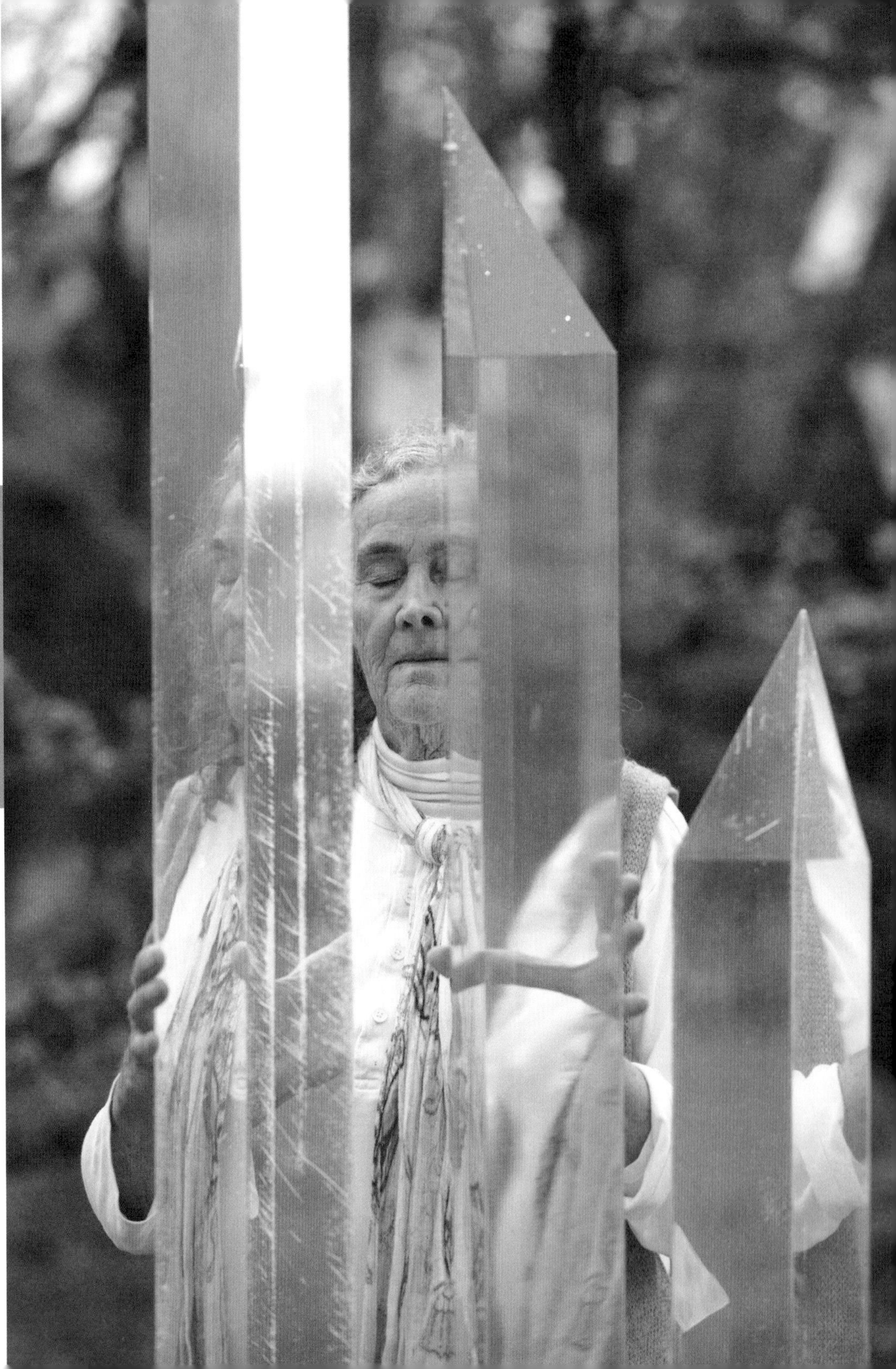

»Wenn ich als Kind durcheinander war, habe ich aufgeräumt«, erzählt Mary Bauermeister in dem 2021 erschienenen Dokumentarfilm *Eins und Eins ist Drei* von Carmen Belaschk. Sie hat Ordnung geschaffen, um ihr aufgewühltes Inneres zu beruhigen. Und genau das macht sie auch in ihrer Kunst. Sie ordnet und gibt den Dingen eine neue, besondere Ordnung, durch die neue Energiefelder entstehen. Doch vor dem Ordnen steht meist das Sammeln. Wenn sie Steine für ihre Steinbilder sammelt, dann ordnet sie diese schon während des Sammelns nach Größen, Farbtönen und Formen. In ihrem Haus und einer Hütte in ihrem Garten stehen unzählige Gläser mit sorgsam sortierten Steinen, die sie

Die Ordnung der Dinge

1955 verkaufte Mary Bauermeister ihr erstes Bild, da war sie einundzwanzig Jahre alt. Seitdem lebt sie mit und von ihrer Kunst. Als wir sie in ihrem Atelier- und Wohnhaus in Rösrath besuchen, darf ich für einen Moment in ihre Welt eintauchen.

dann in einer bestimmten Komposition auf eine Holzplatte klebt. Fundstücke aus der Natur wie Pflanzenfasern werden zu und in Kunstwerken geordnet.

Auf Sizilien kaufte sie Bäuerinnen an die hundert alte zerschlissene und geflickte Leintücher ab, aus denen »bald einige meiner wichtigsten Kunstwerke entstehen«: *Ready trouvées* – Vorgefundenes, was sie teils verändert, aber auch im gefundenen Zustand verarbeitet hat, darunter das Werk *Needless needles* aus dem Jahr 1963, ein Lichtkasten mit Leintuch, Holznadeln, Nähfaden und Vergrößerungsglas: »Das Bettlaken war durch Fäden, Nadeln und Zeichnungen zu einem Nähbild geworden, die Felder und Markierungen der Flicken wirkten wie eine Landschaft. Die Nadeln, die ich in das Werk hinein zeichnete, taugten nicht zum Nähen, es waren ›nutzlose‹ Nadeln. Jahrzehnte noch wurden diese Nähbilder von der Kritik als Handarbeit und Frauenbastelei abgetan und keineswegs als Kunst akzeptiert. Erst als männliche Künstler wie zum Beispiel Michael Buthe auch mit so fragilen Stoffen arbeiteten, nannte man es ›die neue Sensibilität‹«, schreibt Mary Bauermeister. Das Werk befindet sich seit 2004 im Besitz des *Museum Ludwig* in Köln. Auch ihre verschieden großen, leuchtenden *Ankh-Engel* hat sie aus den sizilianischen Leintüchern gefertigt.

Zeichnungen entstehen nach seriellen Kompositionsmethoden, unter anderem nach Vorgabe der Fibonacci-Folge, eine unendliche Folge natürlicher Zahlen, bei der jede Zahl die Summe der beiden ihr vorangehenden Zahlen ist. Zahlen, Buchstaben, Kreise, Striche werden in eine besondere Ordnung gebracht, Zitate aus Kinderbriefen und Tagebuchnotizen eingefügt. Das Ergebnis ist eine surreale Landschaft mit unterschiedlichen Orten.

Prismenobjekte wie eine drehbare Lichtorgel reflektieren die Spektralfarben, Linsenkästen schaffen neue Perspektiven, brechen das Licht und verändern ihren Inhalt je nach Blickwinkel: »Ich mag es, wenn ich Dinge relativieren kann. Wenn ich etwas schreibe oder zeichne und mehrere Linsen darüber setze, die alles vergrößern oder auf den Kopf drehen, dann vervielfältige ich es. Darum geht es mir«, sagt Mary Bauermeister.

Ihr Haus ist ein Füllhorn an Objekten, Installationen, kleinen und großen Werken, Büchern, Erinnerungen, Fotos, nie einfach nur hingestellt, sondern eingebunden in das Gesamtkunstwerk. Es würde sicher Wochen dauern, bis man alles entdeckt und wirklich gesehen hätte, doch auch dieser recht kurze Besuch gibt mir einen Einblick in das Schaffen und Erschaffene von Mary Bauermeister: »Die Kunst war immer das wichtigste in meinem Leben. Sie reicht über die Wirklichkeit hinaus und kommt in ihrer Vielschichtigkeit der Wahrheit näher.« Das Nichtstun sei für sie ein schwieriger Zustand und sie habe schon immer gern Dinge getan. In ihrem 2011 erschienenen Buch *Ich hänge im Triolengitter* schrieb sie: »Denn heute noch, mit über siebzig Jahren, packt mich oft ein derart starker Gestaltungsdrang, dass ich nicht anders kann, als ihm zu folgen. Es ist wie ein Sog, ich habe das Gefühl, krank zu werden, sollte ich mich ihm verweigern.«

Nachdem der von ihr für dasselbe Jahr erahnte Tod nicht eingetreten ist, scheint das auch mit achtundachtzig Jahren, als ich sie treffe, noch so zu sein. Auch wenn sie immer wieder auf ihre körperlichen Schwächen hinweist, habe ich das Gefühl, dass sie ihre Tatkraft zwar einschränkt, aber nicht völlig bremst.

Ein Enkelsohn, sie hat ingesamt sechs Enkelkinder, sorgt im Garten nach dem Sturm für Ordnung und erhält von ihr immer wieder Anweisungen. Das riesige Grundstück gleicht heute einem Waldstück mit kleinen Lichtungen, weil die Bäume inzwischen so hoch und stattlich sind: »Am Anfang war das Grundstück klein, meine Schwester und mein Schwager lebten hier und ich kam tagsüber mit den Kindern, um zu arbeiten. Abends fuhr ich wieder zu meinem Mann ins Bergische. Als ich das Haus gebaut habe, wusste ich, dass ich das mit meinem Mann nicht durchhalte, und wir haben das Haus so gebaut, dass, wenn ich zurückkomme, ich hier wohnen und arbeiten kann und meine Schwester mit ihrem Mann woanders bauen würde. Als ich dann endgültig hier einzog, habe ich immer einen Streifen Land nach dem anderen gekauft, wie ich Geld hatte. Wiebke von Bonin hat 1978 einen Film über den Garten für den WDR gedreht: *Der Wundergarten der Mary Bauermeister*. Früher habe ich Gemüse angebaut, doch inzwischen ist alles so schattig mit den hohen Bäumen. Für meine Kunst ist der Garten nicht wichtig. Ich brauche die Natur immer, aber ich habe sie früher nicht kultiviert. Ich war am Meer, in den Wäldern. Meine Kraftquelle ist die Natur, das sind nicht die Menschen«, so Mary Bauermeister.

Ihre Arbeit hat Mary Bauermeister nie Arbeit genannt, sie hat einfach ihr Leben lang das gemacht, was aus ihr heraus wollte, wonach es sie gedrängt hat, was ihr wichtig war, immer auf der Suche nach Erkenntnis und Weiterentwicklung, im Einklang mit der Natur und ihren Kräften, ihren Energien und Sphären.

Bevor wir Marys Kosmos wieder verlassen, legt sie mir Carmen Belaschks Film *Eins und Eins ist Drei*, Marys Formel für den Weg raus aus dieser Sphäre hinüber in eine andere, ans Herz. Darin sagt sie unter anderem, dass sie sich gerade in einer Erkenntnisekstase befinde, ein Zustand, den man nur am Ende eines Lebens erleben könne, nicht mitten im Leben. Welch ein Glück, diesen Zustand am Ende einer langen und erfüllten Lebensreise und Suche erleben zu dürfen.

Drei Fragen an Carmen Belaschk

Wie haben Sie Mary Bauermeister entdeckt?

Ich bin durch einen Zeitungsartikel mit einem Interview auf sie aufmerksam geworden und fand ihre Persönlichkeit, ihre direkte und unverblümte Art, sofort erfrischend. Tatsächlich habe ich mich erst dann mit ihrer Kunst befasst und mich geärgert, dass mir ihre Werke nicht schon viel früher begegnet sind. Ich rief sie an und durfte Mary bereits wenige Tage später in ihrem Atelier in Rösrath besuchen.

Wie hat Mary die Idee gefallen, dass Sie einen Film über sie drehen wollten?

Mary ist eine gesellige und lebhafte Person, der nur selten zu irgendeinem Thema die Worte und Ideen ausgehen. Entsprechend war sie auch hier von Anfang an mit vollem Engagement dabei und hat gleich beim ersten Treffen potenzielle Drehorte und Termine vorgeschlagen. Die Chemie zwischen uns hat gestimmt und wir haben auch den Austausch der Generationen – sie könnte immerhin meine Großmutter sein – genossen.

Sie konnten Mary Bauermeister in dieser Zeit recht gut kennenlernen. Was schätzen Sie an ihr besonders?

Wie sie ihren Weg gegangen ist, allen Schwierigkeiten zum Trotz. Das war als Frau in ihrer Generation sicher nicht immer leicht, aber sie hat ihre beruflichen und privaten Ziele nie aus den Augen verloren und dabei viele unkonventionelle Entscheidungen getroffen. Das Faszinierendste an ihr ist natürlich ihre Kunst. Aber die kann man nicht so einfach in Worte fassen ...

Carmen Belaschk, Jahrgang 1988, studierte Musikjournalismus für Rundfunk und Multimedia an der *Hochschule für Musik* in Karlsruhe. Nach ihrem Bachelor-Abschluss begann sie für die Leipziger Produktionsfirma *Accentus Music* zu arbeiten. Parallel dazu absolvierte sie ihr Master-Studium im Fach Visual and Media Anthropology an der Freien Universität Berlin. In Co-Regie mit Günter Atteln realisierte sie 2015 die TV-Dokumentation *Der Klavierspieler aus Jarmuk*. Beim Internationalen Fernsehfestival *Golden Prague 2016* gewann der Film den Grand Prix. Zusammen mit Atteln drehte sie auch die 2018 erschienene Dokumentation *Wenn der Abend den Morgen trifft – Eine Reise zur Musik im Baltikum*. 2018 begann Carmen Belaschk mit der Arbeit an dem Kino-Dokumentarfilm *Mary Bauermeister – Eins und Eins ist Drei*. Nach zahlreichen Festivalauswertungen, beim (pandemiebedingt digitalen) *Kasseler Dokfest, DOK.fest München 2021, 39th International Festival of Films on Art* und vielen weiteren, startete der Film im Herbst 2021 regulär in den Kinos. Demnächst wird er vom WDR, der ihn mitfinanzierte, ausgestrahlt.

Über
Mary Bauermeister

Mary Bauermeister, geboren 1934 als älteste von fünf Geschwistern, verbrachte die ersten vier Jahre ihres Lebens in Kiel. Diese frühen Jahre sind ihr als eine fröhliche und unbeschwerte Zeit in Erinnerung, die dann in der Düsternis des Zweiten Weltkriegs versank. Es folgten Hunger, Bombennächte, gefallene Verwandte und Kinderlandverschickung, bei der sie mit zehn Jahren zu einer alten Pflegemutter nach Kufstein geschickt und fast täglich verprügelt wurde.

Das Trauma des Zweiten Weltkriegs hat nicht nur Mary Bauermeister geprägt, die elf Jahre alt war, als er zu Ende ging, sondern ihre ganze Generation und auch die gesamte Kunstgeschichte. »Diese Schicksale, die die einzelnen Künstler, egal welcher Sparte, persönlich erlebten, prägten die Kunst in der Nachkriegszeit. Ich habe nach dem Zusammenbruch keinem Erwachsenen mehr irgendetwas geglaubt«, sagte sie in einem Interview, das sie dem *Städel Museum* über diese Zeit gegeben hat. Ihre Generation beschreibt sie als extrem skeptisch, die alle Werte hinterfragte und glaubte, es besser machen zu können.

Kurz vor Ausbruch des Zweiten Weltkriegs war die Familie von Kiel ins Rhein-land gezogen. Ihr Vater, ein Anthropologe, wurde an die *Universität zu Köln* berufen und die Familie wohnte fortan in Bensberg, einem Stadtteil von Bergisch-Gladbach: »Ich hatte kein religiös konservatives Elternhaus, mein Vater war Wissenschaftler, meine Mutter Sängerin, sie kam aus Innsbruck, er aus Norddeutschland. Das hat natürlich nicht so geklappt.«

Als sich die Eltern trennten, zog Marys Mutter, die sie sehr verehrte, mit den drei jüngsten Kindern nach München: »Mein Bruder und ich waren schon im Gymnasium, als wir von unseren kleineren Geschwistern getrennt wurden und beim Vater bleiben muss-ten. Das Schlimme war, dass wir dadurch als Geschwister getrennt waren. Die Eltern kann man hin und her besuchen, aber in den Ferien wurden wir Kinder ausgetauscht und so habe ich meine eigenen Geschwister nicht richtig erlebt, das fand ich schade«, erzählt Mary Bauermeister.

Mit dem Plan ihres Vaters, dass sie aufgrund ihrer mathematischen Begabung eine naturwissenschaftliche Karriere einschlagen sollte, konnte sie sich nicht identifizieren. Drei Monate vor

dem Abitur verließ sie 1954 das Gymnasium und bewarb sich an der *Hochschule für Gestaltung Ulm*, »um dem einen
vorzubeugen (der Akademikerlaufbahn)
und mich dem anderen hinzugeben, man
könnte auch sagen, auszuliefern«, wie
sie 2009 schrieb. Sie wollte ihr Leben
ganz der modernen Kunst widmen und
das tun, was sie am liebsten tat und
schon immer getan hat, nämlich malen:
»Ich hatte keine Chancen, abgebroche-

nes Gymnasium, keinen Abschluss oder
Lehre vorzuweisen. Damit wollte ich
mich nicht abfinden, saß also ›Streik‹ in
Max Bills Vorzimmer. Drei Tage lang.
Am dritten Tag fragte mich Bill: ›Kleines
großes Fräulein, wollen Sie hier so lange
Streik sitzen, bis ich nachgebe?‹ – ›Nein‹,
war meine Antwort, ›nur solange, bis Sie
meine Mappe angeschaut haben.‹ Das
tat er dann und nach der Hälfte Durch-
blättern: ›Sie können bleiben.‹ – so war

ich denn im 2. Grundkurs – selig – mein Ziel erreicht zu haben«, schrieb Mary Bauermeister 2009 in ihrer Rückschau auf ihre kurze Zeit in Ulm. Dort erlebte sie unter anderem, dass sich mathematisches Denken und das Malen oder Zeichnen nicht ausschließen müssen. Als ihre wichtigsten Lehrer an der HfG Ulm bezeichnet sie den österreichischen Mathematiker Hermann von Baravalle (1898–1973) und den elsässischen Philosophen Max Bense (1910–1990).

Doch sie stellte bald fest, dass die Enge einer Schule, auch wenn es eine Schule für Gestaltung war, ihr nicht entsprach. Und sie hatte den Mut, aufzubrechen und weg von Ulm zu gehen: »... es war eher die Einsicht, dass mir überhaupt keine Schule entsprechen könne. Viel zu stark war mein eigener innerer Gestaltungswille. Ich musste mich nur selber befreien, das heißt alle äußeren Regeln, Vorschriften, Rezepte ablegen, um zu mir zu kommen.«

Nach einer kurzen Station an der *Staatlichen Schule für Kunst und Handwerk* in Saarbrücken, ließ sich Mary Bauermeister in Köln als freie Künstlerin nieder, zuerst in einem in der Salzgasse, ab 1960 in der Lintgasse 28.

In dieser Zeit trat Karlheinz Stockhausen in ihr Leben und bestimmte es für die nächsten elf Jahre. Sie selbst beschreibt in ihrem Buch *Ich hänge im Triolengitter* diese Zeit als »sehr fruchtbar für unser beider künstlerisches Schaffen«, das auch oft in einer Zusammenarbeit mündete.

1962 hatte Mary ihre erste große Ausstellung in Amsterdam, zwar zusammen mit Karlheinz Stockhausen, aber als gleichberechtigte Künstler nebeneinander: eine Kombination von Malerei und Musik. Diese Ausstellung wurde bis 1963 noch in vier weiteren niederländischen Museen gezeigt und die dortige Presse war begeistert. In Deutschland hingegen wurde Mary als Künstlerin noch nicht wahrgenommen.

Im Souterrain des Museums wurde zur gleichen Zeit eine Ausstellung über amerikanische Kunst gezeigt. Mary sah zum ersten Mal Robert Rauschenbergs Angoraziege *Monogram* und Jasper Johns *Flagge* und war begeistert: »Wo das Kunst genannt wird, musste ich hin. In Deutschland war mein Zeug Weiberkram, Bastelei und wurde nicht anerkannt. Holland war anders. Dann bin ich zum Direktor des *Stedelijk Museums* und sagte ihm, dass ich unbedingt nach Amerika müsse. Er hat mir ein Strohhalmbild abgekauft und ich hatte das Geld, um rüber zu fliegen«, erzählt sie mir bei meinem Besuch.

Ab Oktober 1962 war sie in den USA und lebte mit kurzen Unterbrechungen für fast zehn Jahre in New York und

Umgebung. Dort, wo sich das Zentrum der modernen Kunst etablierte, wollte sie sein. Ihr erstes Atelier befand sich im *National Arts Club* am Gramercy Park. 1963 hatte sie ihre erste Ausstellung in der New Yorker *Bonino Gallery*, der viele weitere folgten. Die Zusammenarbeit mit dem Galeristen Alfredo Bonino und seiner Frau sicherte ihr bis 1973 ein stattliches monatliches Einkommen. Bereist bei der ersten Vernissage wurde ihre Steinarbeit *Stone-Progression* an das *Museum of Modern Art* verkauft. Die New York Times lobte ihre Kunst in den höchsten Tönen und prophezeite ihr großen Erfolg, den sie in Amerika auch hatte.

Ihre Zeit in den USA beschreibt Mary Bauermeister als grandios: »Es war noch nicht so kommerziell, alle Künstler hatte noch kein Geld, waren arm, der Markt war noch nicht so bestimmend. Das kam dann erst in den 1970er- und 1980er-Jahren. Ich fand das grandios. Die Landschaft, die Natur, ist unglaublich in Amerika. In New York gab es viele Immigranten. Ich habe Duchamp noch kennengelernt, das war schon alles sehr spannend.« Außer Marcel Duchamp (1887–1968) lernt Mary auch viele andere Künstlerinnen und Künstler kennen, darunter so bekannte wie Leonard Bernstein und Andy Warhol.

Auf der Höhe ihres künstlerischen Erfolgs in den USA, kamen 1966 und 1967 ihre ersten beiden Kinder Julika und Simon Stockhausen zur Welt: »Was mich auszeichnet ist, dass obwohl ich in der Kunst schon bekannt war, mich dann doch entschieden habe und den Mut hatte, Kinder zu kriegen. Es war mir wichtig, Kinder zu haben, aber alles drei geht nicht: Mann und Kinder geht, Kinder und Kunst geht, Mann und Kunst auch, aber nicht alles drei. Am ehesten konnte ich auf den Mann verzichten.« Da sie noch weitere Kinder haben wollte, er aber nicht, trennte sie sich von ihm. Mit der Geburt von zwei weiteren Kindern – von dem Komponisten David Johnson (1940–2021) die 1972 geborene Tochter Sophie und von dem Maler Josef Halevi (1923–2009) die 1974 geborene Tochter Esther – hatte sich ihr Traum von vier Kindern erfüllt. Seit 1978 lebte sie in keiner Beziehung mehr: »Ab da hatte ich meine vier Kinder und meine Kunst und musste die Kinder natürlich auch ernähren. Von den Vätern wollte ich kein Geld, da war ich zu stolz zu und habe mir eingebildet, dass ich alles alleine kann. Aber wenn die Kinder in die Pubertät kommen, dann merkst Du, dass Du es nicht alleine kannst, dann fehlt der Gegenpart. Ich musste immer Mutter und Vater gleichzeitig sein, das habe ich mir einfacher vorgestellt. Bis zur Pubertät habe ich es geschafft und dann habe ich als Mutter völlig versagt. Da habe ich mir zu viel zugemutet, aber das ist nicht zu ändern. Ich rede mich immer raus, indem ich sage, die Kinder haben sich die Eltern rausgesucht. Du wählst die Menschen in deinem Leben und musst über dein

Schicksal nicht jammern. Das Skript hat man selbst geschrieben ...«.

1968 beschloss Mary Bauermeister, ein eigenes Atelierhaus in Forsbach zu bauen, in dem sie anfangs nur arbeitete, ab 1971 mit ihren Kindern auch lebte.

An den künstlerischen Erfolg in den USA konnte sie in Deutschland zunächst nicht anknüpfen. Erst ab den 2000er Jahren begann man in Deutschland, sie als Künstlerin zu entdecken und ihre Werke in zahlreichen Einzel- und Gruppenausstellung auszustellen.

Nach einem Schlaganfall und einer Krebserkrankung bereitet sich Mary Bauermeister seit etwa zehn Jahren auf ihren Tod vor und bezeichnet sich selbst als »ein Wesen im Zerfall auf allen Ebenen«. Das mag für ihren Körper zutreffen, aber ihr Geist und ihre Schaffenskraft sind noch sehr lebendig. Das Nichtstun ist kein Zustand für Mary Bauermeister, auch wenn ihr Körper zu Langsamkeit zwingt und mehr Pausen einfordert: »Meine Kunst wird sich ändern, aber ich höre nicht auf, kreativ zu sein. Ich bin neugierig, wie ich das Ende schaffe«, erzählt sie in dem Film *Eins und Eins ist Drei* von Carmen Belaschk.

2019 schloss sich für Mary Bauermeister ein Kreis, als sie einen Exklusivvertrag mit der *Michael Rosenfeld Gallery* in New York unterschrieb und dort eine erste große Ausstellung hatte. Mit ihrem Sohn Simon reiste sie zur Eröffnung, traf alte Bekannte wieder, unter anderem die Frau ihres früheren Galeristen Bonino, und wandelte noch einmal auf den Spuren ihrer Vergangenheit.

Kurz nach ihrer Rückkehr aus New York wurde sie vom Brand ihres Bauernhofs im Oberbergischen, wohin sie sich ab 2011 zurückgezogen und gelebt hat, erschüttert, paralysiert, wie ihr Sohn Simon es nennt. Einige der Brandopfer – fertige und auch halbfertige Kunstwerke – sind im Garten ihres Forsbacher Hauses in einer Hütte geborgen, einige wurden restauriert oder auch mit Brandwunden ausgestellt und verkauft. Ein halb verbrannter Linsenkasten wird anlässlich der Ausstellung *Eins und Eins ist Drei. Die Kunstwelten der Mary Bauermeister* in der Kunsthalle Kiel vom 8. Oktober 2022 bis zum 5. März 2023 ausgestellt: »Auf diese Ausstellung freue ich mich. Es werden Arbeiten aus allen Jahren gezeigt und dazu Skizzen, Vorstudien und Geschriebenes, also auch das, was die Presse damals darüber gesagt hat, gute und schlechte Kritiken. Wir zeigen, was das Bild bewirkt hat. Und wir stellen die Brandopferhütte aus, die zerstörten Bilder und daneben die heilen Bilder. Die wollten was machen, was noch kein Museum

gemacht hat. Also sagte ich, stellt die Skizzen und Kritiken mit aus. Es gibt köstliche Kritiken. Einer schrieb mal, die legt nur Eier, weil ich immer mit runden Formen gearbeitet habe. Daraufhin habe ich die Bleistifte gemacht. Sehr viel ist bei mir aus Humor entstanden.«

In der Humorkirche in Wiesbaden-Erbenheim, initiiert von Michael und Ute Berger, mit denen Mary Bauermeister seit vielen Jahren befreundet ist, zeigte der *Nassauische Kunstverein Wiesbaden* von Juni bis August 2022 ihre Installation *Zuvielisation*, in der sich Mary Bauermeister kritisch mit unserer Konsumgesellschaft auseinandersetzte. Von allem gibt es ihrer Meinung nach ein Zuviel: zu viel Erreichbarkeit, zu viel Digitalisierung, zu viel Reichtum, zu viel Armut, zu viel, zu viel, zu viel...

Auch wenn Mary Bauermeister die Ebenen gewechselt haben wird, wie sie es nennt, so wird ihre Kunst, die zeitlebens Quelle ihrer Lebensenergie war, noch lange auf der Ebene verbleiben, auf der sie von ihr erschaffen wurde. Galaxien erlöschen, wenn sie die Fähigkeit verlieren, Sterne zu bilden. Mary Bauermeister hat so viele Sterne in diesem Leben erschaffen, dass ihre Galaxie vielleicht nicht ewig, aber sicher noch sehr, sehr lange leuchten wird.

MARY BAUERMEISTERS SPUREN IN KÖLN

Nur zwei Jahre existierte Mary Bauermeisters *Atelier in der Kölner Altstadt zwischen Alter Markt und Rheinufer. Doch die genügten, um es in die Kunstgeschichte einzuschreiben.*

Als Mary Bauermeister 1958 ein Konzert des US-amerikanischen Komponisten John Cage (1912–1992) im *Kleinen Sendesaal* des WDR besuchte, erlebte sie ein brüllendes Publikum und einen völlig verzweifelten Musiker. Köln war zwar Ende der 1950er und Anfang der 1960er Jahre das Zentrum für neue Musik, doch das Publikum akzeptierte sie noch nicht: »Wenn die Menschen etwas nicht verstanden haben, dachten sie,

weil sie eine Eintrittskarte bezahlt haben, dürften sie schreien«, stellte Mary an diesem Abend fest. »Da dachte ich, wir brauchen einen geschützten Raum und ich begann, ein Atelier zu suchen.« Das fand sie einige Zeit später. Das Haus in der Lintgasse 28 gehörte dem Architekten Peter Neufert, der schon einige Pastellbilder von ihr gekauft hatte und ihr das Atelier vermietete. Für eines ihrer Reliefbilder erließ er ihr die

Kaution und die ersten sechs Monats-
mieten.

1960 und 1961 war dieses Atelier ein
Experimentierfeld der damaligen künstlerischen Avantgarde und Mary Bauermeister »war die Energiequelle und
zugleich das Garn, das alles zusam-
menhielt. Sie war in der Lage, die Menschen mutig voranzutreiben, etwas, das
zu dieser Zeit unheimlich wichtig war«,
sagte der langjährige Leiter des *Kölnischen Kunstvereins* Wulf Herzogenrath
in seiner Eröffnungsrede anlässlich der
Mary-Bauermeister-Ausstellung im Jahr
2006 im *Frauenmuseum* Bonn.

Für ihn ist Mary Bauermeister die
»Urmutter der modernen Kölner Kunstszene«, das »gute Gewissen der Avantgarde«: »Im Atelier von Mary Bauermeister ist die Kunststadt Köln aus dem
Geist der Musik, der Aktionen, der Ex-

perimente, des Neuen und Offenen entstanden«, so Wulf Herzogenrath weiter.

Am 15. Januar 1960 zog Mary Bauermeister in ihr *Atelier für visuelle Kommunikation*, wie sie es nannte, ein. Sie
wollte vor allem zeitgenössische Kunst
und neueste Musik präsentieren, verband aber auch andere Künste wie
Literatur oder Architektur miteinander. Innerhalb kürzester Zeit traf sich
ein fester KünstlerInnenkreis aus allen Bereichen in der Lintgasse 28: »Das
Programm des Ateliers war also eine
Mischung aus Absurdem und Konstru-
iertem, aus Gedachtem und Gefunde-
nem, aus Entdecktem und Erfundenem.
Die Künste zu verbinden, darum ging
es mir. Wir kamen aus allen Sparten:
Musiker, Bildhauer, Maler, Schriftsteller.
Und alle waren wir bewegt von einer
ähnlichen Fühl- und Denkweise, drück-

ten unsere Impulse nur auf unterschiedliche Art, jeder in seiner Kunst, aus.
Die war sehr experimentell und huldig-
te nicht dem Bestehenden«, beschreibt
Mary Bauermeister ihre Vision.

Da nach dem Zweiten Weltkrieg alles vernichtet war, wollten diese Künstlerinnen und Künstler einen radikalen
Neubeginn schaffen, erhofften sich,
durch die Kunst die Gesellschaft verändern zu können. Das waren nicht
nur junge, sondern auch aus dem Krieg
heimgekehrte »gute Geister«, wie Mary
sie nannte, wie den Komponisten Alois
Zimmermann (1918–1970) oder den
Maler Georg Meistermann (1911–1990).

»Die Zusammenarbeit der Künstler
war damals wichtig, weil wir uns nur
gegenseitig verstanden. Alles, was noch
nicht akzeptiert wurde, haben wir im
Atelier aufgeführt. Aber nur vor geladenen Gästen und bei freiem Eintritt«,
so Mary Bauermeister. »Fast alle, die
da in meinem Atelier zusammenkamen,
waren von einem sprühenden Ideen-
reichtum. ... Mit unseren Aktionen grif-
fen wir der Fluxus-Bewegung voraus,
die erst 1962 durch den amerikanischen
Künstler George Maciunas ihren Namen
bekommen sollte.«

Veranstaltet wurden die Ausstellungen und Konzerte im großen Atelier-
raum im Spitzgiebel des Hauses, in dem
etwa hundert Menschen Platz fanden.

Fast so viele, nämlich achtundneunzig,
nahmen am 26. März 1960 an der ersten Veranstaltung mit dem Titel *Musik – Texte – Malerei – Architektur* teil.
Karlheinz Stockhausens damaliger As-
sistent, der britische Musiker Cornelius
Cardew (1936-1981), spielte zusammen
mit dem US-amerikanischen Musiker
David Behrman und dem österreichischen Hornisten Kurt Schwertsik eigene Stücke und welche von John Cage
und Morton Feldman (1926–1987), der
Schriftsteller und Komponist Hans G
Helms (1932–2012) trug Texte von sich
selbst, James Joyce, Arno Holz und Ed-
gar Allen Poe vor, zahlreiche bildende
Künstlerinnen und Künstler stellten ihre
Werke aus, darunter Mary Bauermeister
selbst, Partituren wurden ausgestellt,
Architekten und Designer zeigten Pläne
und Fotos von Modellen. Schon während
ihrer Schulzeit begann Mary Bauermeisters Begeisterung nicht nur für moderne
Kunst, sondern auch für zeitgenössische
Musik. Im Juni 1960 fand in Köln das
*Weltmusikfest der Internationalen Ge-
sellschaft für Neue Musik*, kurz IGNM,
statt: »Die Weltpresse war anwesend,
Musikinteressierte, Konzertveranstalter,
aber auch Kunstkritiker und Künstler aller Genres waren von weit her, zum Teil
auch aus dem Ausland, angereist, um
dieses Musikfest mitzuerleben. Wer hier
im Zentrum der musikalischen Avant-

garde bestand, hatte seine Eintrittskarte in den inneren Zirkel erworben, die über Jahrzehnte das Musikleben bestimmen würden. ... Der WDR hatte keine Mittel gescheut, hatte die besten Interpreten und Orchester engagiert. Die Zuhörer kamen voll auf ihre Kosten«, schrieb Mary Bauermeister in ihrem Buch *Ich hänge im Triolengitter*.

Sie nutzte die Gunst der Stunde und organisierte in ihrem Atelier zur selben Zeit das *Contre-Festival*, dessen Programm eine Erweiterung und Ergänzung zu den Konzerten im WDR bot: »Da haben wir in meinem Atelier zwei Konzerte am Tag veranstaltet, immer nach den Konzerten im WDR. Es war teilweise heftig. Wenn Paik das Klavier umschmiss, war das hart an der Grenze. Einmal hat er John Cage die Krawatte abgeschnitten, das ging dann als Vatermord in die Kunstgeschichte ein, aber das hatte er vom Karneval, da werden auch die Schlipse abgeschnitten. Cage hat ihm verziehen, obwohl das seine Lieblingskrawatte war.« Der Komponist und bildende Künstler Nam June Paik (1932–2006) führte in Marys Atelier seine frühen Werke auf: »Den habe ich in meinem Studio groß gemacht. Der wurde in meinem Studio von einem Musiker zu einem Happening-Künstler«, so Mary Bauermeister über ihr »Ziehkind« Paik. »Ich habe Paik alles ermöglicht.

Wenn er sagte, ich habe eine Idee, wurde die sofort ausgeführt. Die meisten Konzerte habe ich für und mit Paik gemacht.« Sie überzeugte sogar ihren damaligen New Yorker Galeristen Bonino, Paik auszustellen und finanzierte die Kataloge der insgesamt drei Ausstellungen: »Paik war für mich der Faszinierendste, weil für mich da etwas Neues dazukam, wovon ich selber profitiert habe: Das war die asiatische Denkweise. Ich habe mich damals sehr mit dem Zen-Buddhismus beschäftigt.«

Im Oktober 1962 reist Mary Bauermeister in die USA und entscheidet sich, dort zu bleiben. Damit endet ihre Kölner Zeit, wo sie seit 1956 gelebt hat, und auch die des *Ateliers für visuelle Kommunikation* in der Lintgasse: »Ich hatte das Gefühl, ich muss mich von diesem Organisieren befreien, sonst werde ich eines Tages Kultusministerin und vergesse dabei meine eigene Arbeit. 1962 habe ich die erste Gelegenheit wahrgenommen, nach Amerika zu gehen. Alle jammerten: ›Das schöne Atelier, wer macht das weiter?‹«

Seit 2020 gibt es wieder einen Ort in Köln, an dem Mary Bauermeister eine Spur hinterlassen hat. Dieses Mal im *Skulpturenpark Köln*, in Form der Skulptur *Rübezahl*. Die umfangreiche Skulptur besteht aus einhundertdreißig Stühlen in unterschiedlichen Größen, die aus

Baumstämmen herausgeschnitten und um ein Energiezentrum gruppiert wurden. Mary Bauermeister beschäftigt sich seit den 1970er Jahren mit Geomantie und nutzte dieses Wissen auch für ihre Kunst im öffentlichen Raum. Sie hat unter anderem den Garten der *Kölnischen Rückversicherungs-Gesellschaft* in der Sedanstraße, aber auch andernorts ihre besonderen Landschaften gestaltet. Das energetische Zentrum von *Rübezahl* ließ sie mit Hilfe eines Geomanten ermitteln. Um Rübezahl, den Berggeist des Riesengebirges, ranken sich zahlreiche Sagen und Märchen und er erscheint den Menschen in unterschiedlicher Gestalt: als Mönch, Bergmann, Junker, Handwerker, in Tiergestalt oder als Gegenstand, wie bei Mary Bauermeister, in Form von Baumstümpfen beziehungsweise Baumstühlen. Er ist der Herr über das Wetter des Riesengebirges und soll einen Garten mit Wunderkräutern sein eigen nennen, ein Zauberer, der sowohl Gutes als auch Schlechtes mit seinen Kräften bewirken kann. Er steht für all das, womit sich Mary Bauermeister ein Leben lang beschäftigt hat und immer wieder durch ihre Kunst zum Ausdruck brachte: Natur und Transzendenz. Rübezahl kann durch die Natur Einfluss auf das Schicksal der Menschen nehmen, er kann sie beherrschen, kann Unwetter hereinbrechen lassen oder mit Hilfe seiner Kräuter Heilung bewirken. Besucher des Parks dürfen die Stühle der Skulptur benutzen, aber mit Bedacht, denn es handelt sich hierbei um ein Kunstwerk. Und wer weiß, welch magische Kräfte von ihm ausgehen.

KATJA LAVASSAS

Puppenspielerin

NORDFRIEDHOF

»Ich bin aus Köln … man sieht es nur nicht direkt«, sagt Katja Lavassas über sich selbst. Sie war noch nie im Land ihrer Vorfahren, und zu ihrem Vater, einem Kameruner, hatte sie wenig Kontakt. Geboren und aufgewachsen ist sie in Köln, wo sie mit ihrem Mann und ihren Kindern im Haus ihrer verstorbenen Großmutter lebt.

Liebe Katja, Du hast Dir den Nordfriedhof als Ort für dieses Buch ausgesucht, weil hier unter anderem Deine Großmutter begraben ist.
Ja, meine Großmutter war und ist meine große Liebe. Ich war als Kind, Jugendliche und Erwachsene oft bei ihr und meinem Großvater, sie wohnten nur eine

»Ich ben us Kölle …
mer süht et nur nit tireck«

Katja Lavassas, *Puppenspielerin am* Hänneschen-Theater, *stammt aus einer Urkölner Familie und hatte ein besonderes Verhältnis zu ihrer Großmutter Anna, die auf dem* Nordfriedhof *begraben ist.*

Straße weiter, später sind wir zusammen in den Urlaub gefahren und sonntags bin ich immer zu ihr zum Essen gegangen. Ich habe sehr viel Zeit mit ihr verbracht.

Was war Deine Großmutter für ein Mensch?
Meine Oma hat gerne und viel gelacht. Sie konnte sehr gut über sich selbst lachen, natürlich auch über andere, aber vor allem über sich. Und sie hatte ein großes Herz und einen großen Gerechtigkeitssinn. Sie ist 1906 geboren und hatte sechs Kinder, das war nicht so einfach, die mit wenig Geld durch den Krieg zu bekommen. Die Familie wurde im Krieg evakuiert, da musste man schauen, wie man das in der Balance hält. Das hat sie gut geschafft.

Sie war eine starke Persönlichkeit, der keiner was konnte und wollte, sie wurde geliebt und verehrt. Sie war fröhlich, aber bestimmt, und duldete keinen Streit. Ich erinnere mich nur an einen Streit mit ihr, als ich mal aus der Schule Mäuse mitgebracht hatte, Wüstenrennmäuse. Die waren aber bei mir zu Hause, in meinem Zimmer, doch als meine Oma das erfuhr, musste ich sie wieder hergeben, denn sie hatte eine Mäusephobie. Sie wurde anonym begraben, irgendwo auf der Wiese der anonymen Gräber liegt sie, wir wissen nicht wo. Meine Mutter und ich haben beschlossen, dass sie in der Mitte der Wiese liegt, bei einem Baum, der da steht. Denn sie war der Mittelpunkt der Familie. Solange meine Oma gelebt hat, kam die Familie zusammen, es wurde zwar über gewisse Themen nicht gesprochen, weil sie das nicht duldete, aber man war da und zusammen. Seit sie nicht mehr da ist, ist es anders.

War sie ein Vorbild für Dich?

Auf jeden Fall. Ihr Humor und ihre Liebe waren immer Ansporn für mich. Wir haben viel zusammen gelacht. Und sie hat mir beigebracht, dass man immer weiterlernen und sich weiterentwickeln kann. Ich bin adoptiert worden, allerdings nicht so weit weg, denn meine Großmutter, über die wir hier sprechen, ist eigentlich meine Großtante. Meine leibliche Mutter ist die Cousine meiner Adoptivmutter. Meine eigentliche Großmutter, Oma Anneliese, ist verstorben, bevor es mich gab. Sie war die Lieblingsschwester meiner Großmutter und sie sagte oft, dass ich viel Ähnlichkeit mit ihrer Schwester Anneliese hätte, meinen Schalk im Nacken ... und dass ich gern Aufsätze geschrieben habe, das hätte Anneliese auch immer gern gemacht. Es war schon etwas Außergewöhnliches in den 1970er-Jahren ein schwarzes Kind zu adoptieren. Als meine Oma hörte, dass ihre Nichte, also ich, einen schwarzen Vater hat, war ihre erste Reaktion: »Sowas kommt mir nicht ins Haus.« Doch dann hat sie mich gesehen, ein Baby, ein Kind eben, und dann war es gut. Später ist diese Frau überall mit mir an der Hand durch die Gegend gelaufen. Die wäre mit mir durch die ganze Welt gelaufen, und wehe, mir hätte jemand was getan oder mich dumm angesprochen. Ich war ihre Enkeltochter. Punkt.

Wann ist Deine Großmutter gestorben?

2006, fünf Wochen vor ihrem hundertsten Geburtstag ist sie eingeschlafen. Sie war aber bis zum Schluss mehr oder weniger eigenständig und konnte sich selbst versorgen. Meine Tante wohnte seit dem Tod meines Großvaters – er ist zehn Jahre vor ihr gestorben – bei ihr im Haus und hat sie unterstützt. Dass ich das mache, wollte sie nicht, dafür sei ihre Tochter da, meinte sie. Drei Wochen vor ihrem Tod sagte sie, dass sie müde sei. Dann hat sie aufgehört zu essen und war in ihrer letzten Woche im Krankenhaus. Das wollte sie so. Am Schluss kamen alle und sie ist im Kreis ihrer Familie gestorben. Für mich war es sehr wichtig, dass ich dabei sein durfte, als sie ihren letzten Atemzug genommen hat. Es hat mir das Herz zerrissen, aber auch Frieden gegeben.

Gehst Du oft zu Deiner Großmutter auf den Friedhof?
Mindestens an den besonderen Tagen wie Geburtstag, Todestag oder Weihnachten. In den letzten drei Jahren, seit ich selbst Familie habe, ist viel passiert, und ich musste schauen, wie ich es schaffte, aber drei, vier Mal im Jahr bin ich auf jeden Fall da, oder wenn was Besonderes ist. Als ich schwanger war, bin ich zur Wiese gegangen und habe es meiner Oma erzählt. Ich nehme mir oft was zu essen mit und unterhalte mich mit ihr. Das ist einfach ein schöner Ort. Meine Oma ist anonym beerdigt, weil sie nicht wollte, dass jemand das Grab pflegen muss, und auch nicht, dass ihr Name und ihr Geburtsdatum auf einem Grabstein stehen. Ein Grab wäre für mich auch okay gewesen, aber die Wiese ist ein bisschen freier. Auf derselben Wiese liegen auch mein Opa und meine Uroma. Es ist schön, einen Ort zu haben, wo man hingehen kann, Zwiesprache halten und sich in Ruhe erinnern kann. Meine Oma und ich haben viel Musik miteinander gehört, nicht die Musik, die ich höre, sondern ihre Musik natürlich, zum Beispiel Helmut Lotti. Den haben wir ganz laut im Auto gehört und sind durch die Stadt gefahren. Meine Oma hat dann ausgeblendet, dass die anderen die laute Musik auch hören. Sie dachte, das hören nur wir. Ich erinnere mich gern an solche Erlebnisse. Das mache ich natürlich auch, wenn ich nicht auf dem Friedhof bin, aber dort habe ich mehr Ruhe, da bin ich ihr dann irgendwie näher. Außerdem ist der Nordfriedhof eine schöne riesengroße Anlage. Er hat viele alte Bäume und manchmal sieht es schon ein bisschen urwaldmäßig aus. Ich mag den Friedhof sehr gern. Ein guter Ort, um einfach mal kurz weg und ganz für sich zu sein.

Deine Großmutter war eine Urkölnerin. Magst Du die Kölner Mentalität?

Ich mag das kölsche Herz, Köln hat Herz, das ist das Besondere. Im kölsche Herz ist auch Humor mit drin, das finde ich schön. Früher, wenn ich durch die Straßen ging, riefen sie mir hinterher, da ist das *Schokolädsche*, oder weil ich ein Crossrad hatte, nannten sie mich *Schokocrossie*. Das ist natürlich einerseits hochrassistisch, aber es war mit Herz und nicht böse gemeint. Und einfach witzig! Wenn man Schnupfen hat und eine rote Nase, sagt man in Köln, *do kütt dr Nutausjang*, das wurde auch immer zu den Trunkenbolden gesagt. Humor, Herz und *Knies en dr Bud* das ist Köln. KölnerInnen lieben es zu feiern, vor allem sich selbst. Muss man erst mal können. Nirgendwo auf der Welt gibt es so viele Lieder über eine Stadt wie in Köln. Ich habe mal eine zeit lang in New York gewohnt, und die New YorkerInnen sind auch sehr von sich überzeugt. Das sind keine AmerikanerInnen, sonder New YorkerInnen, aber noch nicht mal die kommen halb an die KölnerInnen dran. KölnerInnen sind nicht sooo tolerant, wie oft behauptet wird. Sie sind eher gemütlich. Man nimmt halt lieber auf den Arm und in den Arm, anstatt sich anstrengend aufzuregen.

Dann ist Köln Deine Herzensstadt?

Definitiv. Ich bin hier geboren, war auch nie länger weg, und kann mich mit Köln mehr identifizieren als mit Deutschland. Wenn man mich fragt, ob ich Deutsche bin, sage ich: »Nein, ich bin Kölnerin.« Köln ist eine besondere Stadt und meine Heimat. Ich könnte mir zwar vorstellen, auch mal woanders zu leben, aber ich stelle mir genauso vor, wieder zurückzukehren. Vor einem halben Jahr bin ich mit meiner Familie in das Haus meiner Großmutter gezogen, was meine Großmutter, glaube ich, ganz toll finden würde. Für mich ist es ein schönes Gefühl, in ihrem Haus zu wohnen. Sieht also danach aus, dass ich bleibe.

Über Katja Lavassas
und das Hänneschen-Theater

Katja Lavassas, Jahrgang 1973, ist seit 2013 Puppenspielerin im Kölner Epizentrum, dem *Hänneschen-Theater*, offiziell das *Puppenspiel der Stadt Köln*. An seinem heutigen Standort am Eisenmarkt im südlichen Martinsviertel in der Kölner Altstadt wurde das Stockpuppentheater am 29. Juli 1938 eröffnet. Gegründet wurde es bereits 1802, von dem Schneidergesellen Johann Christian Winters und seiner Frau Elisabeth. Dieser verdiente sich mehr recht als schlecht seinen Lebensunterhalt als Anstreicher und hatte in den Wintermonaten keine Arbeit. So entstand die Idee, in der Adventszeit mit einem Stockpuppentheater Krippenspiele für Kinder aufzuführen. Die Stöcke, an denen die Puppen geführt werden, reichen bis zum Boden. Der kindlich-jugendliche Hauptprotagonist war und ist bis heute das *Hänneschen*, ein lustiger Hanswurst, eine Art Kasper mit Harlekinkragen und Zopfperücke, später erhielt er zur Zipfelmütze eine schwarze Kniebundhose und eine rote Weste über sein weißes Hemd und rot-weiß-geringelte Strümpfe. Er ist ein Kölscher Junge, den Katja Lavassas »so ähnlich wie Asterix« beschreiben würde, »ein gewitzter, ewiger Junggeselle«, der bei seinen Großeltern, der zänkischen und etwas derben *Bestemo Mariezebell* und dem behäbigen *Besteva Nikel Knoll*, der unter dem Pantoffel seiner Frau steht, aufgewachsen ist und immer noch lebt. Zusammen mit seiner Dauerfreundin *Bärbelchen*, das in den Kinderstücken seine Schwester ist, repräsentiert er das ländliche Umland von Köln, wo auch der Handlungsort der Geschichten angesiedelt ist, nämlich in dem fiktiven Dorf *Knollendorf* am Kölner Stadtrand. Winter selbst spielte den *Besteva* und seine Frau die *Bestemo*. Die Aufführungen und Geschichten um das

Hänneschen waren schnell sehr erfolgreich und in allen Bevölkerungsschichten gleichermaßen beliebt. Aus den saisonalen Krippenspielen wurde schon bald ein ganzjähriger Puppentheaterbetrieb. Beim ersten Karnevalszug in Köln 1823 war auch das *Hänneschen-Theater* mit dabei und ist es bis heute.

Als Winter 1862 starb, übernahmen seine Nachfahren das Theater. Nachdem das letzte Mitglied der Familie gestorben war, wurde es 1919 geschlossen. Zusammen mit dem damaligen Kölner Oberbürgermeister Konrad Adenauer belebte der Theaterwissenschaftler Carl Niessen die Kölner Puppenspiele wieder und sie wurden unter die Trägerschaft der Stadt gestellt. So konnte das Theater im Oktober 1926 als *Puppenspiele der Stadt Köln* wiedereröffnet werden. Die Spielstätte war zunächst im Rubenshaus in der Sternengasse 10, bevor es 1938 an seinen heutigen Platz gezogen ist.

Gesprochen und gespielt wird ausschließlich in Kölscher Mundart. Als die Schriftstellerin Johanna Schopenhauer, Mutter des Philosophen Arthur und der Schriftstellerein Adele, 1828 nach Köln reist, schreibt sie in ihrem Reisebericht *Ausflug nach Köln* zwar nichts über das *Hänneschen-Theater*, doch sie scheint aufgrund dessen, was sie über die Kölner Sprache schreibt, davon gehört zu haben: »Übrigens halten die Kölner ihre

eigentliche Volkssprache sehr in Ehren; sie im Theater zu hören, macht ihnen immer viel Freude, und manches Lied wird in ihr gedichtet, besonders zur lustigen Karnevalszeit, an dem Vornehme und Niedere sich höchlich ergötzen. ... Anfangs erscheint diese Sprache dem nicht daran Gewöhnten sehr rauh und unangenehm, besonders da das Volk in Köln, wie in allen großen Städten, einen sehr lauten Sprachton sich angeeignet hat; doch wird man einigermaßen mit ihr bekannt und lernt sie verstehen, so gewinnt sie etwas ungemein Ehrliches und Treuherziges ...«

Derart sind auch die Figuren des *Hänneschen*. Ganz im Stil der *Commedia dell' arte* zeichnen sich die immer gleichen Hauptfiguren des Stehgreifspiels durch eine feste Typisierung aus. Das *Hänneschen* ist schlagfertig,

einfallsreich und etwas überaktiv, sein *Bärbelchen* ist mal gut gelaunt, mal patzig und hat im Lauf der Jahre »immer mehr an weiblichem Selbstbewusstsein gewonnen«, wie Frauke Kemmerling und Monika Salchert in ihrem Buch *Mich Hätz wie Holz* schrieben. Frauke Kemmerling war nach langer männlicher Vorherrschaft von 2012 bis 2022 die erste weibliche Intendantin des *Hänneschen*. Der *Tünnes*, ein Kölner Urgestein mit Knollennase, trinkfest, gutmütig und bauernschlau, hat am liebsten seine Ruhe, auf Kölsch ein »Loss-Mich-Jon«. Als sein Gegenpart wurde Mitte des 19. Jahrhunderts *Schäl* eingeführt, das schielende Schlitzohr im Frack, der den Typ des gebildeten Städters vortäuscht, im Gegensatz zu *Tünnes* ein verschlagener Ehrgeizling. Die Dialoge der beiden, eigentlich eher Dispute, beleuchte-

ten die Konflikte der Bevölkerung im Zug des Strukturwandels, nachdem die Stadt sich immer weiter in den ländlichen Raum ausbreitete. Die Tochter von *Schäl*, das *Röschen*, ist mit dem *Köbeschen* befreundet, dem Sohn von *Tünnes*. Dann gibt es noch den stotternden *Speimanes*, der Hofnarr der Truppe, er hat einen Buckel und eine sehr feuchte Aussprache, und *Schnäuzerkowski*, der Polizist mit Schnauzbart, *Mählwurms Pitter*, ein geschäftstüchtiger Wirt, und *Zänkmanns Kätt*, der alles sieht und hört, aber trotzdem falsch versteht.

Es gibt darüber hinaus auch Puppen zu fast jeder prominenten Person in Köln, so von jeder Kölner Karnevalsgesellschaft und den Kopf der ehemaligen Dombaumeisterin Barbara Schock-Werner habe ich auch entdeckt, als uns Katja Lavassas den Schrank mit den vielen, vielen Puppenköpfen zeigte. Die Köpfe sind aus Lindenholz, weil es sich gut schnitzen und auch schminken oder anmalen lässt. Unzählige Kostüme für die Gliederpuppen werden im Fundus des Theaters aufbewahrt, zwischen zwei- und dreitausend Kostüme, die das Herz wirklich höher schlagen lassen: Pelzmäntel, Nachtwäsche, Abendgarderobe, Dirndl und alles, was man sich vorstellen kann, in liebevoller Handarbeit detailgenau genäht. Begeistert begleiten Bettina Flitner und ich Katja Lavassas durch die heiligen Räume hinter den Kulissen des Theaters.

»Ich habe mich hier beworben, weil ich schon immer gern auf der Bühne Kölsch sprechen wollte. Das habe ich von meiner Oma und den *Bläck Fööss* gelernt. Meine Oma hat nur Kölsch

gesprochen, obwohl sie auch sehr gutes Hochdeutsch sprechen konnte«, erzählt Katja Lavassas. »Ich habe vorher an freien Theatern gespielt, viel Kinder- und Jugendtheater gemacht, und ich war am *arttheater* in Köln. Die haben immer sehr dunkle Themen, das absolute Gegenteil von hier. Einen früheren Kollegen habe ich oft genervt, weil ich immer kölsche Lieder gesungen habe. Er machte mich dann auf die freie Stelle hier am *Hänneschen* aufmerksam. Vermutlich wollte er mich loswerden«, sagt Katja scherzend. »Als ich hier vorgesprochen habe, war ich zum allerersten Mal im *Hänneschen*. Ich kannte es zwar, aber wir sind nicht ins Theater gegangen. Früher habe ich mit meiner Großmutter Karnevalssonntag spätabends immer die Puppensitzung, also die Karnevalssitzung des *Hänneschen*, im Fernsehen angeschaut, die wurde vom WDR übertragen. Um 23.15 Uhr saß ich mit meiner Oma vor dem Fernseher. Danach haben wir darüber erzählt, was wir gut fanden und was nicht. Wir waren groooße Kritiker. Das war immer sehr schön.« Seit 2016 überträgt der WDR, der einen regionalen Kulturauftrag hat, die Puppensitzung nicht mehr. Nach vierunddreißig Jahren wurde sie aus Kostengründen aus dem Programm gestrichen mit der Begründung: Zu viel kölsche Mundart und natürlich aus

»Kostengründen«. Die Puppensitzung des *Hänneschen* ist eine Persiflage auf den traditionellen Sitzungskarneval, bei der jeder Vortragende als Dank eine Blutwurst überreicht bekommt. Da es aber nur eine »Woosch« gibt, muss *Speimanes* sie den Vortragenden hinter der Bühne wieder abnehmen, was meist mit Geschrei und Kampf einher geht. *Schäl* ist der Sitzungspräsident. »Ich liebe den Karneval und war auch immer sehr aktiv dabei an den Karnevalstagen von Donnerstag bis Dienstag. Seit vielen Jahren arbeite ich an Karneval, bin also trotzdem aktiv, nur anders«, so Katja Lavassas.

Das Puppenspielen erlernt man durch »learning by doing«, wie Katja erzählt: »Es gibt keine Ausbildung dafür, das lernt man hier am Theater. Zuerst habe ich nur gehalten, dann gab es zwischen den Vorstellungen Puppenführungsunterricht. Und ich lerne nach inzwischen sieben Jahren immer noch. Handpuppen liegen mir mehr, vermutlich weil sie näher am Körper sind. Für die Stabpuppen muss ich mehr üben, da beherrsche ich die Techniken noch nicht so, wie ich es möchte. Mit den Stabpuppen muss man sich zum Beispiel sehr, sehr langsam bewegen, sonst sieht es hektisch aus. Darum spiele ich auch gern den Hund *Fiffi*, der meistens beim *Speimanes* dabei ist. Er spricht nicht viel und mit ihm kann ich schnelle Bewegungen machen, ohne dass es hektisch aussieht. Ihn muss man sogar rumzappeln lassen, damit sich seine Beine bewegen«, was uns Katja dann auch gleich demonstriert. »Mein Beruf ist jetzt Puppenspielerin, nicht Schauspielerin, und ich möchte es so können, dass ich davon überzeugt bin. Und ich arbeite daran, immer besser zu werden. Der Unterschied zur Schauspielerei ist, dass ich hier nur meine Stimme benutzen kann. Das finde ich auf der einen Seite super, auch dass ich nicht gesehen werde und *hinger dr Britz*, also hinter der Balustrade spiele, aber andererseits empfinde ich meine Stimme als mein schwächstes Glied von den Dingen, die ich kreativ machen kann. Wenn ich sonst auf der Bühne bin, bin ich sehr körperlich, ich habe eine ausgeprägte Mimik, ausgeprägte Blicke, ich kann einfach was erzählen, ohne ein Wort zu sagen. Das ist sicher eine meiner Stärken als Schauspielerin. Am liebsten spiele ich Monologe, ohne zu sprechen, aber das kann ich hier kaum machen. Klar, das geht auch mit der Puppe, das ist hier sozusagen die Kür und bedarf viel Technik. Im Grunde lerne ich hier gerade ein neues Handwerk.«

Apropos Handwerk, jeder Puppenspieler und jede Puppenspielerin hat immer auch noch eine zweite Aufgabe am Theater, und Katja Lavassas arbeitet mit zwei Kollegen in der Requisite: »Das ist eine super Abteilung. Wir helfen auch beim Umbau der Bühne mit und ich bin die erste Frau, die das macht. Es war mir unverständlich, wieso eine Frau nicht beim Aufbau der Bühne helfen kann. Ich kann doch etwas tragen und arbeite gern körperlich! Ich frickle gern, hämmern und sägen und was bauen, das macht mir Spaß und ist für mich eine super Ergänzung zur Arbeit als Puppenspielerin. Zum Beispiel haben wir für den Almabtrieb eine Krone für eine Kuh gebaut. Die dann auf die Kuh drauf zu basteln, war nicht so einfach, aber so was mache ich gern.«

Und dann schreibt Katja auch noch Stücke für das Theater, und zwar am liebsten im Zuschauerraum. Da sitzt sie dann alleine auf einer der einfachen roten Holzbänke und lässt sich von der Atmosphäre und dem Blick auf die Bühne und die Kulisse inspirieren. Auch wir sitzen bei unserem Gespräch auf den roten Bänken mit Blick zur Bühne, und ich kann die besondere Atmosphäre nachempfinden, vor allem nachdem Katja Bettina Flitner und mir eine kleine Kostprobe ihres Könnens als Puppenspielerin vorgetragen hat, mit *Fiffi* und einem Punk. Und ich habe als Nichtkölnerin fast alles verstanden. Schöne Grüße an den WDR.

DER NORDFRIEDHOF IN NIPPES

Nicht nur der Kölner Nordfriedhof, auch viele andere Friedhöfe der Stadt sind naturnahe und ökologische Großstadtoasen und Rückzugsorte für Mensch und Tier.

Die napoleonische Bestattungsordnung von 1804 besagte, dass aus hygienischen und sanitärpolitischen Gründen keine Bestattungen mehr innerhalb bewohnter Gebiete stattfinden dürften. Aus diesem Grund wurde am 29. Juni 1810 außerhalb von Köln in Melaten als Ersatz für die innerstädtischen Kirchfriedhöfe ein neuer katholischer Zentralfriedhof eröffnet. Entworfen und angelegt hat ihn der Kölner Gelehrte und Kunstsammler Ferdinand Franz Wallraf (1748–1824), Professor für Botanik, Naturgeschichte und Ästhetik und von 1793 bis 1797 Rektor der alten Universität. Über vierzigtausend Kunstwerke vermachte er der Stadt Köln, mit denen 1826 das erste städtische Museum im *Kölner Hof*, heute *Deichmannhaus*, in der Trankgasse 7 eröffnet wurde. Inspiration und Vorbild für seine Pläne des *Friedhofs Melaten* war der Pariser Friedhof *Père Lachaise*, der als erster Parkfriedhof der Welt 1804 in Betrieb genommen wurde.

Fünf Mal wurde der *Friedhof Melaten* erweitert, bevor am 18. Mai 1896 in einer ehemaligen Kiesgrube ein Entlastungsfriedhof im Norden der Stadt eröffnet wurde, der *Nordfriedhof*. Der Kölner Gartendirektor Adolf Kowallek (1852–1902) gestaltete nach dem Vorbild des *Friedhofs Ohlsdorf* in Hamburg eine Parkanlage, die erst auf den zweiten Blick erkennen lässt, dass es sich um einen Friedhof handelt. Um eine Mittelachse, die am Haupteingang in der Merheimer Straße beginnt, wurden die zum Teil geschwungenen Wege angelegt. Zwischen den Gräbern befinden sich oft kleinere Hecken und es wurden unterschiedliche Themengärten, Alleen und Wiesen angelegt. Kowallek gestaltete auch den *Volks-* und den *Stadtgarten*, den *Kölner Stadtwald* und Teile der Kölner Ringe.

Heute hat man es sich zur Aufgabe gemacht, auf den Kölner Friedhöfen ökologische Projekte zu realisieren und Lebensräume für Wildtiere zu schaffen. Auf dem *Nordfriedhof* wurden vom NABU Stadtverband Köln Quartierkästen für Fledermäuse installiert und inzwischen haben sich dort sechs Fledermausarten angesiedelt. Seit vielen Jahren setzt sich der NABU dafür ein, dass die Kölner

Friedhöfe naturnah gestaltet werden, sind sie doch ein wichtiger Bestandteil der städtischen Natur, und dadurch nicht nur für den Menschen wertvoll, sondern auch einzigartiger Lebensraum für Vögel, Insekten und anderer Wildtiere.

Wie auch auf dem *Friedhof Melaten* gibt es auf dem *Nordfriedhof* ein Lavendelbeet, das Schmetterlinge und Bienen gern anfliegen, Nisthilfen für Wildbienen wurden angebracht, auf dem *Kalker Friedhof* wurde ein Wildobsthain mit fünfzehn verschiedenen Obstbäumen und eine Totholzhecke mit Vogelnährgehölzen wie Gemeiner Schneeball, Holunder, Sanddorn und Schlehe angelegt und auf dem *Westfriedhof* fühlt sich der Siebenschläfer besonders wohl. Wo viele Insekten sind, da finden sich auch viele Vögel, und so zwitschert und summt es im Frühling, Sommer oder auch frühen Herbst bei einem Spaziergang über den Friedhof. Im Gegensatz zum *Friedhof Melaten* fällt bei einem Rundgang auf dem *Nordfriedhof* auf, dass viel weniger Prominenz begraben ist, auch wenn einige wichtige KölnerInnen hier ihre letzte Ruhestätte haben. Die Schauspielerin Trude Herr (1927–1991) zum Beispiel liegt etwas versteckt an der Friedhofsmauer im alten Teil des Friedhofs. Nach dem Zweiten Weltkrieg wurde das Friedhofsgelände großflächig erweitert. Der neue Teil wird durch die

Schmiedgasse getrennt und ist heute doppelt so groß wie der alte. Der *Nordfriedhof* ist heute flächenmäßig der viertgrößte Friedhof von Köln und mit dem Ostfriedhof der einzige, an dem Urnen anonym beigesetzt werden können.

Auch wenn ein Friedhof ein Ort ist, der mit Traurigkeit und Schmerz verbunden ist, so findet man in diesen schönen und naturnahen Parkanlagen Trost, Ruhe und auch Erholung. Nach einem Spaziergang über den *Nordfriedhof* kann ich nachvollziehen, dass Katja Lavassas hier gern ihre Großmutter besucht. Und wer weiß, vielleicht hat in *ihrem* Baum in der Mitte der großen Wiese das eine oder andere Kleintier ein Zuhause gefunden. Ganz sicher hat Katjas Großmutter nach Einbruch der Dämmerung viel Gesellschaft von Fledermäusen, die lautlos und in rasantem Tempo auf der Suche nach Nahrung über ihre Wiese fliegen.

ANNE RIXMANN *und* GABI WEISS

Schauspielerinnen,
Garten- und Landschaftstherapeutinnen

————

ALEXIANER KLOSTERGÄRTNEREI

»Am Anfang waren wir nur Sommerfreundinnen, weil wir im Winter selten in unseren Schrebergärten waren. Inzwischen sind wir Vierjahreszeitenfreundinnen. Über unsere Leidenschaft zum Gärtnern und die Freude an opulenten Abendessen, serviert auf schön gedeckten Gartentischen und nächtelangen Gesprächen am offenen Feuer ist unsere Freundschaft gewachsen«, erzählen die beiden Schauspielerinnen Anne Rixmann und Gabi Weiss lachend, als ich sie an einem wolkenverhangenen Tag im Mai frühmorgens in der *Alexianer Klostergärtnerei* in Köln-Porz treffe. Es war der Klettenberger Schrebergarten von Anne Rixmann, der den Beginn ihrer Freundschaft besiegelte. Dieser befand

Der schönste Ort der Welt

Wer schon mal gegärtnert hat, wird festgestellt haben, wie beruhigend und entspannend das ist. Das wissen auch Gabi Weiss *und* Anne Rixmann, *die sich neben ihrer schauspielerischen Tätigkeit zur Garten- und Landschaftstherapeutin ausbilden ließen und den Blog* Gartengirls *betreiben.*

sich in der Straße, in der Gabi bis heute wohnt. Als sie eines Tages mit ihrem Hund daran vorbeilief, entdeckte sie zu ihrer großen Überraschung Anne, die den komplett verwahrlosten Schrebergarten entrümpelte. Die beiden kannten sich zwar, aber eher flüchtig. Doch das änderte sich dann schnell. Immer öfter kehrte Gabi nach einem Hundespaziergang regelmäßig in Annes Garten ein, half ihr bei der Gartenarbeit oder sie kochten zusammen. So entstand eine wundervolle Freundschaft. Inzwischen sind einige Jahre vergangen, Gabi übernahm einen Schrebergarten bei Anne ums Eck, Anne hat ihren inzwischen verkauft und ist ins niedersächsische Wendland gezogen. Dort legt sie in ihrem neuen Zuhause einen über tausend Quadratmeter großen Bauerngarten an. Auch Gabi plant in naher Zukunft einen Umzug ins Wendland. Ein Grundstück in Annes

Nachbarschaft hat sie bereits gekauft, auch die Pläne für das neue, energieeffiziente Haus sind schon fertig. Zum einen hat sie Gefallen am Wendland gefunden und zum anderen ist der Weg von ihrer Wohnung in Köln in Annes Garten im Wendland einfach zu weit.

Doch auch wenn die beiden jetzt hunderte Kilometer voneinander trennen, sie gärtnern weiter, jede für sich und beide zusammen, wenn sie sich gegenseitig besuchen. Vor einigen Jahren beschlossen sie, ihre Gartenleidenschaft mit anderen zu teilen und gründeten den Blog *Gartengirls*.

Wenn die beiden über ihre Gärten sprechen, sprühen sie förmlich vor Begeisterung. »Du pflanzt dir dein eigenes Paradies, es entsteht ein Kunstwerk, das ist wie Malen mit Blumen und Pflanzen«, schwärmt Gabi und ergänzt: »Einen

Garten zu haben ist für mich Luxus und auch Lebensqualität. Man ist von so viel Schönheit umgeben. Ich bleibe gern bis tief in die Nacht dort. Nachts ist ein Garten so sinnlich, es riecht intensiver, man hört alle möglichen Geräusche, nimmt alles stärker wahr. Ich habe schon viele schöne Orte gesehen, aber mein Garten ist für mich einer der schönsten Orte der Welt.«

»Wenn ich Pflanzen kaufe und sie in meinem Garten einpflanze, habe ich immer schon Bilder vor Augen, wie prachtvoll die Beete mal sein werden«, sagt Anne. »Leider klappt das nicht immer. Mir wurde mal in einer Nacht ein ganzes Beet mit frisch gepflanzten besonders schönen seltenen Astern von Schnecken komplett abgefressen. Das ist nur eine Geschichte. So ist das mit den blühenden Landschaften, die ich vor meinem geistigen Auge sehe. Gärtnern heißt eben auch Demut lernen.«

Aber zum Glück gibt es die *Alexianer Klostergärtnerei* in Köln-Porz, für die beiden die beste Gärtnerei im Kölner Raum. Dort kaufen sie einen Großteil ihrer Pflanzen ein. Kurz nachdem Anne ihren Schrebergarten 2005 gekauft hatte, gab ihr eine Freundin aus Porz den Tipp mit der Klostergärtnerei. »Jedes Mal, wenn wir hierhin fahren, kommen wir in einen Kaufrausch, unsere Einkaufswagen quellen über vor Pflanzen und unsere Hunde haben kaum noch Platz im Auto«, erzählt Gabi. »Ja«, ergänzt Anne, »ich nehme mir jedes Mal vor, maximal sechs Pflanzen zu kaufen, aber das klappt nicht. Ich habe immer doppelt so viel Pflanzen im Wagen. Das liegt an der tollen Auswahl.«

Während wir durch die Gärtnerei bummeln, zieht sich der Himmel immer weiter zu, erste Regentropfen beginnen zu fallen und so begnügen sich die beiden dieses Mal mit einem relativ kleinen Sortiment: Mit ein paar Salatsetzlingen und ein paar Stauden und Gemüsesetzlingen im Gepäck fahren wir zusammen zurück nach Köln-Klettenberg, in Gabis »Strebergarten«, wie sie ihn selbst nennt. Kurz nachdem wir dort angekommen sind, beginnt es zu regnen. Ein schöner Regen, wie GärtnerInnen ihn lieben: Es regnet Bindfäden, die Regentropfen sind dünn, die Tropfen fallen leicht, aber kontinuierlich und machen nichts kaputt. »Bei Regen leuchten die Farben der Blüten so intensiv«, sagt Gabi und als sie mich ansieht, können ihre Augen locker mit dem Leuchten der Pflanzen mithalten.

Gabi und Anne waren schon als Kinder oft im Garten, Anne in dem ihrer Mutter und Gabi in dem ihrer Oma. Gabi erinnert sich: »Ich habe meine Kind-

heit im Garten meiner Großeltern in Oberhausen verbracht. Sie hatten einen riesigen Gemüsegarten, tausend Quadratmeter groß, mit Obstbäumen, Beeren-sträuchern, Kartoffeln und anderem Gemüse und dazwischen Blumenbeete und Rosenbögen. Ich hatte eine glückliche Gartenkindheit und war immer draußen. Später bin ich dann so viel unterwegs gewesen und so oft umgezogen, dass ein Garten keinen Platz in meinem Leben hatte. Doch diese Sehnsucht, der Wunsch nach einem eigenen Garten, war immer da. Als mir dieser Schrebergarten über meinen Hundesitter vermittelt wurde, habe ich ihn ungesehen gepachtet.« Sie zeigt auf eine Eberesche und erzählt, dass sie es zwanzig Jahre in einem Topf ausgehalten habe, bis sie nun vor ihrem Gartenhaus einen schönen Platz be-kommen habe.

Auch Anne Rixmann begleitet das Gärtnern seit ihrer Kindheit: Sie wuchs auf einem Bauernhof auf. Ihre Mutter führte mit großer Freude einen Erdbeer- und Spargelhof in Niedersachsen und abends arbeitete sie zur Entspannung in ihrem dreitausend Quadratmeter großen Gemüsegarten. »Das nannte sie Me-ditation«, erzählt Anne.

Als Anne 2005 in einer Zeitungsannonce einen Schrebergarten in der Geis-bergstraße entdeckte, zögerte sie nicht lange. Wenn schon ein Garten, dann soll-te es ein größerer Garten sein, und so pachtete sie das vierhundertsiebzig Qua-dratmeter große Grundstück, auch wenn es ziemlich verwahrlost war. Einen ganzen Sommer lang entsorgte sie erst einmal sämtliche Altlasten wie Stein-

und Betonhaufen, die sich unter Grashügeln verbargen, ein zerfallenes Gartenhaus, Fundamente und sonstige »Fundstücke«. »Insgesamt waren es siebzehn Container Bauschutt.«

Was fasziniert die beiden am Gärtnern? »Man wächst mit seinem Garten, man entwickelt sich. Man arrangiert sich mit dem, was der Garten vorgibt. Der Garten hat jedes Jahr ein anderes Gesicht. Manche Pflanzen verabschieden sich, andere tauchen überraschend auf«, so Gabi. Sie zeigt auf eine große Esche, die außerhalb ihres Gartens direkt am Zaun steht. »Diese Esche hier zum Beispiel, kränkelte vor sich hin, als ich den Garten übernahm. Dann habe ich hier meinen Gemüsegarten angelegt und ihn mit viel Kompost versorgt. Das gefiel der Esche ausnehmend gut. Sie hat ihr Wurzelwerk so ausgebreitet, dass das Gemüse aufhörte zu wachsen. Jetzt versuche ich es mit Hochbeeten, darin wächst das Gemüse wunderbar und die Salatköpfe leben mit der Esche in friedlicher Koexistenz.«

Beiden ist es wichtig, im Einklang mit der Natur zu gärtnern und keinerlei Chemie oder Pestizide zu verwenden. »Gärten sind Lebensräume für Tiere und Pflanzen, in denen der Mensch zu Gast sein darf. In einem naturnahen Garten dürfen auch Wild- und Beikräuter wachsen. Viele Wildkräuter sind Lippenblüter und daher Nahrung für Insekten. Was nützen die schönsten Insektenhotels, wenn die Insekten nichts zu fressen finden. Es gibt viele Stauden, Sträucher und Heckenpflanzen, deren Blüten gerne von Insekten angeflogen wird. Kirschlorbeer und Thuja gehören nicht dazu«, sagt Anne. »Tipps zu insektenfreundlichen Pflanzen findet man zum Beispiel auf der Internetseite des BUND.«

»Auch der Einsatz von Mährobotern, die nachts laufen, hat schon vielen Igeln das Leben gekostet, denn die sind nachts auch unterwegs. Igel und NaturfreundInnen sind übrigens sehr dankbar für einen unaufgeräumten Totholzhaufen in einer Gartenecke«, sagt Gabi.

»In unseren Schrebergärten haben sich sogar Mauereidechsen angesiedelt und die mögen kein Schneckenkorn« sagt Anne, »aber sehr gerne Schneckengelege«, ergänzt Gabi. »Wäre der Einsatz von Insektiziden und Unkrautvernichtern in Haus- und Privatgärten verboten, hätten wir kein Problem mit dem Artensterben.«

Für Erdkröten, Molche und Libellen hat Anne sogar einen alten Goldfischteich wiederbelebt. »Als ich den Garten übernahm und anfing aufzuräumen hüpfte eine Erdkröte immer wieder im Zeitlupentempo vor mir weg, wenn sie mich sah, und stieß so einen ängstlichen Pfeifton aus. Als ich herausfand, dass die älteste in Gefangenschaft lebende Erdkröte sechsunddreißig Jahre alt wurde, war ich voller Respekt für die Kröte, die in meinem Garten vielleicht schon viele Jahre lebte, und selbstverständlich bekam die Erdkröte Wohnrecht auf Lebenszeit und Nießbrauchrecht im Goldfischteich.«

Über die Frau von Marco Büttgenbach, dem Leiter der *Alexianer Klostergärtnerei*, erfuhren die beiden von der Weiterbildung *Garten- und Landschaftstherapie* an der Europäischen Akademie EAG/FPI in Hückeswagen. Diese Weiterbildung haben sie in den letzten zwei Jahren absolviert und möchten in dem Bereich neben ihrer schauspielerischen Tätigkeit zukünftig arbeiten. »Die gartentherapeutische Arbeit ist vielfältig einsetzbar und umfasst den zielgerichteten Einsatz der Natur zur Steigerung des psychischen und physischen Wohlbefindens von Menschen. Eine Mischung aus Ergo- und Physiotherapie, bei der aber auch soziale, physische und psychische Faktoren beteiligt sind. Es werden

»DER GARTEN IST DER LETZTE LUXUS UNSERER
TAGE, DENN ER FORDERT DAS, WAS IN
UNSERER GESELLSCHAFT AM KOSTBARSTEN IST,
ZEIT, ZUWENDUNG UND RAUM.«

PROF. DR.-ING. DIETER KIENAST

dabei pflanzen- und gartenbezogene Aktivitäten und Erlebnisse eingesetzt, um die positiven Wirkungen der Natur therapeutisch zu nutzen, zum Beispiel in Kliniken, Reha-Einrichtungen oder Schulgärten«, erzählen die beiden. »Außerdem erarbeiten wir gerade eine Gartencomedyshow, denn die Alleinherrschaft der Stiefmütterchen und Geranien auf unseren Balkonen ist vorbei. Der ökologische Fußabdruck beginnt heute in naturnahen Blumenkästen und wird auch in Gärten groß geschrieben. Gärtnern ist das neue Kochen. Mit Humus und Humor erzählen wir von Fehlern beim Gießen, dem Geheimnis des Mulchens und dem bewaffneten Kampf gegen Schnecken. Von A wie Akelei bis Z wie Zaubernuss oder von G wie Gartengabel oder W wie *Weiße Rosen aus Athen*. Denn mit Humor transportieren sich die Dinge besser.«

Anne Rixmann

über Köln

1976 bin ich zum ersten Mal nach Köln gezogen. Dann habe ich ein Jahr in Berlin gelebt, dann wieder in Köln, dann zehn Jahre in Hamburg und dann bin ich wieder nach Köln gegangen. Und auch wenn ich mir im März 2020 ein einhundertfünfzig Jahre altes Haus mit großem Garten im Wendland gekauft habe, komme ich immer noch regelmäßig nach Köln. Ein Grund ist, dass ich seit 1996 als Schauspielerin und Sängerin Mitglied im Ensemble der *Stunksitzung* bin. Ein anderer: Ich finde Köln einfach ganz wunderbar! Die Stadt ist nicht schön verglichen mit anderen Städten, in denen ich gewohnt habe, aber das Hässliche ist Zeugnis davon, dass die Kölnerinnen und Kölner nach dem Krieg den Mut und die Zuversicht hatten, die komplett, zerbombte Stadt wiederaufzubauen. Ich habe einen großen Respekt für diese Generation, die das geschafft hat. Deswegen liebe ich Köln.

Mit dieser Liebe zur Stadt stehe ich nicht alleine da, sie wird in über zwanzigtausend Liedern besungen. Ich glaube, es gibt keine Stadt auf der Welt, die das von sich sagen kann. Gut, manchmal nervt es, dass in jedem Song über Köln »dat Jeföhl«, der Rhein und der Dom vorkommen. Aber es gibt auch wunderbare Lieder. *Tommi* von *AnnenMayKantereit* ist so ein Lied, das das berühmte Heimweh nach Köln beschreibt, wenn man dort nicht mehr wohnt. Und unübertroffen sind die Lieder der *Bläck Fööss*, die jedes Kölsche Kindergartenkind textsicher mitsingen kann.

Und dann gibt es noch das Kölsch, ich meine nicht das Bier, das ist so naja, sondern die kölsche Mundart, für die ich als plattdeutsche Bauerntochter ein volkstümliches Faible habe. Mein ehemaliger Vermieter sagte mal zu mir: »Die Kall is kapott.« Auf hochdeutsch: Die Dachrinne ist kaputt. Diese kehligen Laute, die Kölner Ureinwohner bei dem Wort »Kall« produzieren können, wobei die LLs nachklingen wie durch fünf Tiefgaragen in einem Tatort – das ist für mich Köln und ja, auch deswegen lieb ich's so. Setz dich morgens in eine Kölner Bäckerei mit Kaffee und »Brüdche« und höre den Menschen zu. Und achte auf diese kehligen LLs. Und auch du wirst diese Stadt einfach lieben.

ALTENAHER
KLOSTERGARTENFREI

Gabi Weiss

über Köln

Warum eigentlich Köln? Gute Frage. Köln ist keine schöne Stadt, was das Stadtbild angeht, aber hat so viel anderes zu bieten, vor allem freundliche und offenherzige Menschen. Egal, wie schlecht du dich fühlst, in Köln fühlst du dich damit noch am besten.

1989 bin ich durch mein erstes Engagement beim NN THEATER aus dem Ruhrgebiet nach Köln gekommen. In meiner Heimat Oberhausen habe ich erste Theatererfahrungen im *Zentrum Altenberg*, einer ehemaligen Zinkfabrik, gesammelt. Unfassbar großartig, sich in alten Fabrikhallen künstlerisch austoben zu können. Wir waren mit den Inszenierungen unserer Theatergruppe *Die Krönung* der Zeit voraus, und diese ungebändigte Kreativität und Improvisationsfreude prägt mich bis heute.

Am Anfang bin ich noch gependelt und habe in Köln bei meiner Kollegin Ute Kossmann, der Gründerin des NN THEATERs, im Arbeitszimmer unterm Schreibtisch gewohnt. Dort hatte ich einen sehr komfortablen Schlafplatz – inklusive Familienanschluss. Die Fallhöhe zwischen Komödie und Tragödie aufzuspüren war das große Anliegen des NN THEATERs, das damals gerade begann, unter der Regie von George Isherwood zu arbeiten. Schnell wurde mir klar: Ich will nach Köln!! Also Zelte in der Heimat Oberhausen abbrechen und auf nach Köln. Ich fand ein WG-Zimmer in der Lützow Straße, zog dann aber bald mit einer der Mitbewohnerinnen in eine sehr schöne Altbauwohnung in der Lütticher Straße, mitten ins Herz des Belgischen Viertels. Das waren die fetten Jahre. Nächtelang ausgehen und mit dickem Kopf wach werden. Meine Lieblingskneipen waren das *Sixpack*, eine Dosenbierkneipe, – jaaaa Dosenbier, damals noch nicht mit Todesstrafe belegt – und das *Königswasser*, eine Bar mit schöner, geschwungener Theke und einem einsamen riesigen Fisch in einem Aquarium. Dort konnte man wunderbar gepflegt allein an der Theke sitzen, Leute beobachten, vor sich hin schweigend Gin Tonic schlürfen und dem DJ lauschen, damals wurde noch »aufgelegt«. Das habe ich gern gemacht, nach einem Auftritt noch kurz um die Ecke einen Absacker nehmen. Hatte ich schlechte Laune oder war traurig, bevorzugte ich die klassische Kölsche Eckkneipe. Dort kommst du bis heute immer irgendwie ins Gespräch. Ich ver-

binde mit Köln meine besten Jahre – auf allen Ebenen: wunderbare Menschen, eine Sprache, die ich am Anfang null verstand, meine besten Freunde und Freundinnen leben hier. In guten und in schlechten Zeiten, Köln hat mich immer herzlich aufgenommen und mich meinen Platz zur rechten Zeit finden lassen – privat und auch beruflich. Als Schauspielerin habe ich in Köln fruchtbaren Boden betreten, auf dem ich künstlerisch wachsen und mich entwickeln kann. Hier gibt es Platz für meine Visionen und Menschen, die ich dafür begeistern kann. Ich liebe Shows, vor allem dann, wenn sie Gesamtkunstwerke sind. Es gibt Orte, die mich so inspiriert haben, dass mir spontan ein Showkonzept in den Sinn kam, das ich dort unbedingt umsetzen wollte: Die Eckkneipe in Zollstock wurde zum Beispiel zum Spielort für die Theken-Comedy *Quartalsabrechnung* genutzt, die Bühne im *Atelier Theater* in den nächtlichen *Rasthof Remscheid* verwandelt und ein alter runtergekommener Technoclub im Keller vom Hotel *Monte Christo* zur eleganten Nachtbar für die Dinner-Revue *Katers Kätzchen Klub* genutzt. Mein Alter Ego *Irmgard Knüppel*, ihres Zeichens Servicefachkraft und auf allen Brettern der Welt zuhause, konnte so nach und nach Fuß in Köln fassen und sich einen Namen machen. Unter

anderem an der Seite von Anne Rixmann im legendären *Singenden Biergarten*, einer Mitsingkonzertreihe im Rahmen des *Sommer Köln* Programms. Mit der Sopranistin Marion Wilmer bin ich als *Die Unterhaltungsdamen* seit vielen Jahren on Tour. Meine Arbeit hat mir ermöglicht, sehr viel von der Welt zu sehen, daher weiß ich mein Zuhause in Köln als Heimathafen umso mehr zu schätzen.

In diesem Hafen ist Sülz-Klettenberg das Veedel meines Vertrauens. Ich bin innerhalb der Stadt acht Mal umgezogen, davon drei Mal auf der Geisbergstraße in Klettenberg, wo ich nun schon seit zwanzig Jahren lebe. Mein Schrebergarten liegt direkt um die Ecke. Der Grüngürtel ist fußläufig zu erreichen, was den täglichen Hunderunden sehr entgegenkommt. Zweimal die Woche gehe ich zum Einkaufen auf den Markt am Klettenberggürtel, alles was ich sonst noch brauche, finde ich rund um die Sülzburgstraße in meinem Veedel. Früher habe ich das Nachtleben genossen, heute genieße ich die Natur und die ruhigeren Seiten der Stadt – alles hat seine Zeit ... und das nächste Projekt wartet schon in der Ferne.

ALEXIANER KLOSTERGÄRTNEREI

Marco Büttgenbach, Betriebsleiter der Alexianer Klostergärtnerei *in Köln-Porz,*
hat mit seinen MitarbeiterInnen eine besondere Oase für GartenliebhaberInnen
erschaffen. Es werden nicht nur alle Bereiche des Gartenbaus abgedeckt, auch
regelmäßige kulturelle Veranstaltungen gehören zum Angebot.

Als Marco Büttgenbach vor fast dreißig Jahren Betriebsleiter der *Alexianer Klostergärtnerei* im rechtsrheinischen Köln-Porz wurde, ging für ihn ein Traum in Erfüllung, denn der gelernte Gärtner »macht gern was mit Menschen.« Und damit ist er bei den *Alexianern* genau richtig: Seit 1994 fördern diese in ihren Werkstätten Menschen mit psychischen Erkrankungen. Die erste Werkstatt, die gegründet wurde, war die Klostergärtne-

rei. »Wir sind Arbeitspädagogen, keine Therapeuten. Wir versuchen, psychisch kranke Menschen wieder in den Arbeitsmarkt zu integrieren. Unsere Vermittlungsquote ist allerdings sehr gering, denn die meisten bleiben bei uns«, erzählt er mir. Marco Büttgenbach ist von Anfang an mit dabei. Er hatte gerade seine Meisterprüfung erfolgreich abgeschlossen, da erfuhr er, dass die *Alexianer* jemanden zum Aufbau ihrer

Klostergärtnerei suchten. Er bewarb sich umgehend – und bekam die Zusage. Gemeinsam mit einer Diplompädagogin durfte er die Gärtnerei so gestalten, wie er sich das vorstellte. Dass er noch eine sonderpädagogische Zusatzausbildung machen musste, war für ihn kein Problem. Im Gegenteil: »Die Kombi aus etwas mit Menschen machen und schönem Produkt ist für mich perfekt.« Als ich mit ihm über das Gelände zu seinem Büro gehe, kann ich deutlich spüren, wie sehr ihm seine MitarbeiterInnen am Herzen liegen. Auch wenn er mit mir spricht, hat er ein aufmerksames Auge auf sie. »Bei uns ist nicht der Kunde König, sondern an erster Stelle steht das Wohlergehen unserer Mitarbeiter. Sie sollen langsam und ohne Druck arbeiten«, erklärt Marco Büttgenbach und setzt mit einem kleinen

Augenzwinkern hinzu: »Natürlich begegnen wir aber allen, die uns besuchen, nett und höflich.« Dieser Ansatz hat sich bewährt: »Wir haben inzwischen zweihundert Mitarbeiter und sind im Lauf der Jahre ziemlich groß geworden, obwohl wir nie Werbung gemacht haben«, erzählt er stolz. Und stolz kann er sein, auf das, was er und sein Team alles geschafft haben. Die Klostergärtnerei bietet alle Bereiche des Gartenbaus an: Garten- und Landschaftsbau, Friedhofsgärtnerei, Obst- und Gemüsebau, Staudengärtnerei und auch Floristik.

Dabei wird auf naturnahes ökologisches Gärtnern höchsten Wert gelegt. »Wir kultivieren einen Großteil unserer Pflanzen selbst und das wenige, was wir dazu kaufen, stammt von regionalen Lieferanten. Wir haben hier mittlerweile über hunderttausend Stauden und Kräuter, aber auch Zier- und Obstgehölze und historische Tomaten.« Und dann erklärt mir Marco Büttgenbach, warum es so wichtig ist, beim Kauf von Pflanzen darauf zu achten, woher sie stammen: »Die wenigsten Gartencenter produzieren ihre Pflanzen selbst, deswegen sind sie auf Lieferung angewiesen. Der Transport ist aber teuer, darum müssen auf einen LKW so viele Pflanzen wie möglich gepackt werden, das heißt sie müssen möglichst kurz und kompakt sein, damit sie vor allem in der Höhe nicht so viel Platz brauchen. Dafür werden die Pflanzen hormonell und mit Chemie behandelt. Bei uns spielt der Transport keine Rolle, wir begleiten die Produkte von der Saat bis zur Ernte. Wir sind zwar nicht biozertifiziert, weil die Beantragung des Zertifikats sehr viel Aufwand bedeutet, aber wir arbeiten weitestgehend ökologisch und düngen nicht mit Pestiziden und Chemie.«

Aufklärerische Arbeit ohne Zeigefinger ist ein weiteres Anliegen der Gärtnerei. Darum macht sie unter anderem bei der Kampagne *Tausende Gärten – Tausende Arten. Grüne Oasen, einheimische Tiere und Pflanzen!* mit, eine Initiative der *Deutschen Gartenbau-Gesellschaft 1822 e.V.*, des *Wissenschaftsladens Bonn e.V.* und der *tippingpoints GmbH – agentur für nachhaltige*

kommunikation in enger Kooperation mit dem *Naturgarten e.V.*, der sich für mehr biologische Vielfalt und naturnahes Gärtnern einsetzt.

Engagement und Leidenschaft strahlt mir bei meinem Besuch aus jeder Ecke entgegen – und aus dem Gesicht von Marco Büttgenbach, der schon von einem nächsten Projekt berichtet: ein nutzbotanischer Garten, der den Menschen nahe bringen soll, wie man Gemüse anbaut. Dafür steht ein an die Gärtnerei grenzendes zehntausend Quadratmeter großes Grundstück zur Verfügung. Hier soll ein Naschgarten entstehen, Gartentherapie angeboten werden, auch Schulen sollen eingeladen werden.

Und dann gibt es noch einen kreativen Bereich, der Marco Büttgenbach besonders am Herzen liegt. Er selbst leitet die betriebseigene Theatergruppe, außerdem gibt es noch eine Band und einen Chor, es wird Kunst gemacht, Aufführungen und Ausstellungen finden statt.

Diese Gärtnerei ist weit mehr als ein gewöhnliches Gartencenter, sie ist Naturoase und zugleich auch Kulturstätte, und ich kann nach meinem Rundgang durch die Gärtnerei und meinem Gespräch mit Marco Büttgenbach gut verstehen, warum Anne Rixmann und Gabi Weiss diesen Ort mit seiner besonderen Atmosphäre so mögen.

ELLI ERL *und*
TINA VAN WICKEREN

Musikerinnen

———

SPEISEKAMMER

Köln »is e Jeföhl!«, wie die Kölner Band HÖHNER singt. Und dies ist für die beiden Musikerinnen Elli Erl und Tina van Wickeren, die gemeinsam als die GOODgirls auftreten, besonders in ihrem Veedel, der Kölner Südstadt, spürbar. Dort sind Bettina Flitner und ich mit den beiden an einem ihrer Lieblingsorte, in der *Speisekammer* von Sel Ökner in der Alteburger Straße, verabredet.

Die Alteburger Straße ist zwischen dem Severinswall und der Maternus- und der Kurfürstenstraße etwas breiter und wird durch eine Allee geteilt. In diesem Teil der Straße befindet sich das kleine Restaurant von Sel, fast an der Ecke zum Ubierring. Für sich entdeckt haben Elli und Tina die *Speisekammer* durch

»En unserem Veedel«

*Die Musikerinnen Elli Erl und Tina van Wickeren lieben
die Kölner Südstadt und sind gern unter Menschen.
Das kleine Restaurant Speisekammer von Sel Öker ist ihre
menschliche und kulinarische Wohlfühloase.*

die Vorbesitzerin Ruth, die wie Elli auch aus Bayern kommt. »Da war sofort so eine Verbindung«, sagt Elli und fügt lachend hinzu: »Die Bayern und die Kölner sind nicht so unterschiedlich«. Die beiden wohnen dazu noch gleich um die Ecke vom Restaurant. »Wir haben die schönste Wohnung in Köln. Sie ist zwar klein, aber wunderschön«, schwärmt Tina, und Elli gibt ihr Recht. Die beiden fasziniert an diesem Viertel, dass die Menschen hier zusammenkommen und es hier Dinge gibt, die es sonst nirgendwo in Köln und auch anderswo sowieso nicht gibt, wie zum Beispiel den kleinsten Weihnachtsmarkt der Stadt am Lutherplatz oder auch den kleinsten Karnevalsumzug in der Schulze-Delitsch-Straße. Auf die Frage, weshalb die beiden gern in der *Speisekammer* sind, kommen sie sofort wieder ins Schwärmen: »Weil Sel so freundlich, liebenswürdig

und aufmerksam ist und weil es so ein super Essen hier gibt. Also menschlich und kulinarisch ist das hier ein wundervoller Ort.« Und Sel mag Hunde, was sicher auch ein wichtiger Grund ist, weshalb sich Elli, Tina und Linus hier so wohlfühlen!

Elli hat ihre Gitarre und Tina ihre Ukulele zum Interview mitgebracht. Musik nimmt einen großen Teil ihres Lebens ein. Die beiden haben sich zwar über ihren Beruf als Lehrerinnen kennengelernt, doch durch die Musik erlebten die beiden ihren magischen Moment: »Unsere Kollegen wussten, dass wir auch Musik machen, und bei einem Studienseminar haben sie uns gefragt, ob wir was zusammen spielen. Das haben wir gemacht und es war magisch«, schwärmt Tina. »Ich war etwas versaut durch das Musikgeschäft und hatte den Spaß an der Musik verloren. Tina macht auch schon lange Musik und war, als wir uns kennenlernten, so wie ich vor *Deutschland sucht den Superstar* war. Durch sie habe ich wieder Freude an der Musik bekommen«, erzählt Elli. »Wir sind zwar beide Lehrerinnen, aber vom Herzen her Musikerinnen. Mit unserer Musik begeistern wir die Menschen gern, und wir versuchen, Gutes damit zu tun, indem wir zum Beispiel einen Großteil unserer Gagen spenden oder auch mal ohne Gage auftreten.«

Und so beschließen sie, dass sie für die Fotos natürlich Musik machen. »Wir singen auf deutsch, englisch, kölsch und bayrisch«, lacht Tina, und in diesen Genuss kommen wir auch. Als die beiden das Lied *En unserem Veedel* von den *Bläck Fööss* zum Besten geben, kommen aus einer Kneipe gegenüber zwei Jungs und fragen, was wir hier machen. Wir erklären es ihnen, und auf die Gegenfrage, was sie denn eigentlich machen würden, antworten sie, dass sie auch Musiker sind und gerade ein Video mit ihrer Band ALUIS im Lokal gegenüber aufnehmen. »Dann lasst uns doch mal was zusammen spielen«, ruft Tina begeistert. Daraufhin verschwinden die beiden Jungs von ALUIS wieder in der Kneipe. Es vergeht einige Zeit und wir rechnen schon nicht mehr mit ihnen, als wir sehen, wie sie ein Schlagzeug aus der Kneipe gegenüber tragen und in unsere Richtung schieben. »Was machen die denn da?«, ruft Tina. Und tatsächlich kommen sie mit dem Schlagzeug zu uns und spielen mit Elli und Tina nochmal das Veedellied. Eine kleine Schar an Publikum gesellt sich dazu, immer wieder klopft jemand Sel im Vorbeigehen auf die Schultern und wechselt zwei, drei Worte mit ihm. Und ich stehe da und begreife: Das ist dieses berühmte *Süd-*

stadt-Jeföhl. Es ist etwas, was man nicht erklären kann, sondern erleben muss, und das mich noch eine ganze Weile begleiten wird. Jetzt verstehe ich auch, was die beiden vorhin damit meinten, als sie sagten, dass hier Menschen zusammenkämen. Hier begegnen sich Menschen unterschiedlichster Art offenherzig und spontan und auch, wenn man sich nicht kennt, redet man miteinander, als hätte man sich gestern zuletzt gesehen. Diese Offenheit und Freundlichkeit mag oberflächlich erscheinen und nicht immer entstehen daraus Freundschaften fürs Leben, aber sie kommt von Herzen. Das spüre ich ganz deutlich. »Wir lieben Köln, sind aber in der ganzen Welt zu Hause«, sagen Elli und Tina. Und das ist es vermutlich auch, warum sie sich in der Südstadt so wohl fühlen: Denn auch hier ist die ganze Welt zu Hause und es spielt überhaupt keine Rolle, wer man ist und was man macht. Menschen unter Menschen. Was für ein *Jeföhl*! Wie schön, wie befreiend, wie Kölsch. Und so singe ich, die doch nur zu Besuch ist, aber auf einmal ganz vom *Kölsch Lebensjeföhl* ergriffen wird, von ganzem Herzen mit:

»Ejal, wat och passeet,
En uns'rem Veedel
Wat och passeht,
Dat eine is doch klar,
Et Schönste, wat m'r hann,

Schon all die lange Johr,
Es unser Veedel,
Denn he hällt m'r zesamme,
Ejal, wat och passeet,
En uns'rem Veedel.«

Über
Elli Erl und Tina van Wickeren

Elli und Tina sind beide 1979 geboren, die eine im bayrischen Straubing und die andere in Kleve an der holländischen Grenze. Beide haben Lehramt studiert: Elli Musik und Sport, Tina Biologie und Sport. Ellis Musikkarriere be-

gann in den Rockbands *Panta Rei* und *Last orders, please*, kurz *LOP*. Bekannt wurde sie, als sie 2004 die zweite Staffel von *Deutschland sucht den Superstar* gewann, bis 2013 war sie damit die erste und einzige Frau, der das gelang. In ihrem 2011 erschienenen Buch *Gecastet* erzählt sie von ihrem Leben vor und nach ihrer Zeit als Superstar.

Einige Zeit nach ihrer Teilnahme bei *Deutschland sucht den Superstar* entschied sich Elli dafür, ihr Studium zu beenden und arbeitet seit 2010 hauptberuflich als Lehrerin an einer Realschule in Düsseldorf. Ihre SchülerInnen wussten anfangs nicht, wer sie war, »es waren eher die Eltern, die mich erkannten, und ihren Kindern dann erzählten, woher sie mich kannten«, meint sie. »Es spielt aber in meinem Beruf keine Rolle. Ich musste nur klarstellen, dass ich für meine Schülerinnen und Schüler nicht die Elli, sondern die Frau Erl bin.«

Anfang 2015 lernten sich Elli und Tina kennen. Tina war 2003 die *Stimme Deutschlands* und singt schon immer: »Ich singe, seit ich sprechen kann«, sagt sie lachend. Elli nennt sie das »Glücksmädchen«. Neben ihrer Arbeit als Lehrerin und LehrerInnen-Ausbilderin ist sie seit einigen Jahren auch Glückscoach und bietet systemische Beratung an: »Mich fasziniert die Ganzheitlichkeit des Menschen und ich berate sie nach dem Glücklichseinprinzip. Ich hatte so viel Glück in meinem Leben und möchte anderen Menschen helfen, bevor sie krank werden.«

Ebenfalls 2015 gewannen die GOODgirls Elli und Tina bei einem Wettbewerb den *Loss mer singe*-Förderpreis der Kreissparkasse Köln. Kölsche Lieder und Cover gehören zu ihrem festen Repertoire, so wie die selbst geschriebenen Lieder *Himmel över Kölle* und *Südstadt nördlich von Kölle*.

Seit Juni 2019 sind die beiden glücklich verheiratet und im Juli 2021 begann ihr Sabbatjahr, das sie seit fünf Jahre geplant haben. Mit ihrem Van namens Cliffi und natürlich Hund Linus lassen sie sich durch Europa treiben und wollen neue Lieder schreiben. Und wer weiß, was danach kommen wird. Es wird GOOD sein, da bin ich mir ziemlich sicher.

SPEISEKAMMER

*Die Speisekammer gab es schon vor Sel Öker, aber wenn man das Lokal
zum ersten Mal betritt und Sel kennenlernt, kann man sich das nicht vorstellen.
Seit er das kleine Restaurant von seiner früheren Chefin Ruth 2018
übernommen hat, hat er kaum etwas verändert, trotzdem scheinen Restaurant
und er miteinander verwachsen.*

Sel kennenzulernen ist ein Erlebnis. Er bewegt sich, als würde er permanent über einen Laufsteg wandeln, ohne in irgendeiner Weise offensichtlich zu kokettieren. Er trägt Jeans, T-Shirt, ein Hemd darüber, das er immer mal wieder auf- und zuknöpft, und Cowboystiefeletten im Krokolook. Ein älteres Ehepaar kommt vorbei, der Mann läuft am Stock und tippt mit diesem auf Sels Schuhe: »Schicke Schuhe!«, sagt er mit Ernst in der Stimme. »Sie aber auch!«, antwortet Sel mit der gleichen Ernsthaftigkeit und verschmitzt liebenswürdig. Der Mann trägt offene Sandalen.

Mit seinen tiefblauen Augen schaut Sel die Menschen genau an, ohne in sie zu dringen. Er macht das alles eher unauffällig, scheinbar im Vorübergehen, und doch sehr aufmerksam. Während er für den Fototermin alles vorbereitet, einen Tisch nach draußen stellt, die

Stühle arrangiert und schon mal ein Glas Wein einschenkt, grüßen ihn im Vorbeigehen immer wieder Menschen, er scheint das ganze Viertel zu kennen. Und fast allen, die er kennt, gibt er einen besonderen Namen. »Hallo Discomädchen«, grüßt Sel eine junge Frau mit wasserstoffblonden Haaren und pinkfarbener Kleidung und sie grüßt fröhlich zurück. Es klingt in keiner Weise despektierlich, sondern liebevoll. Man kann sich tatsächlich vorstellen, dass diese Frau in ihrer Wohnung eine Discokugel hängen hat, ihr Äußeres passt perfekt in ein Discoambiente. Wenig später kommt sie auf Rollerblades aus der benachbarten Haustür, Rollschuhe hätten mich auch nicht gewundert.

Sel kommt aus Hamburg und ist türkischer Herkunft. Bevor er vor fast fünfundzwanzig Jahren endgültig nach Köln kam, pendelte er vier Jahre zwischen den beiden Städten. »Ich wollte damals kein Kölner Autokennzeichen«, erzählt er augenzwinkernd. Doch dann lernte er seinen heutigen Mann Frank kennen und das Hamburger Kennzeichen musste weichen. Er begann, in der *Speisekammer* zu arbeiten und als Ruth wieder zurück in ihre Heimat nach Bayern ging, war für ihn klar, dass er den Betrieb weiterführen wollte.

»Ich komme aus einer Gastrofamilie, wir sind sieben Kinder und die ganze Familie arbeitet in der Gastronomie«. Auch Sel ist der geborene Gastwirt: offen und freundlich, empathisch, herzlich und entwaffnend liebenswürdig. Als ich von ihm begrüßt werde, fühle ich mich sofort am richtigen Platz und gut aufgehoben. Ich treffe ihn zum ersten Mal und trotzdem scheint es mir, als hätten wir uns gestern erst »Tschö« gesagt. Ich empfinde seine Präsenz auf Anhieb als angenehm vertraut. Seine Freundlichkeit ist natürlich, echt und vor allem wirkt sie selbstverständlich und so empfinde ich sein Restaurant als einen besonderen kleinen Kosmos, in dem ich sofort alles loslassen und mich entspannen kann.

Und dann ist da noch das gute Essen. Die Speisekarte ist ein buntes Durcheinander – so kunterbunt wie die Einrichtung, lässig-rustikal mit schönem Krimskrams – von regionaler und saisonaler Küche mit Ausleihen aus der ganzen Welt: »Ich klau überall und pimpe es auf. Klauen und besser machen ist meine Devise«, schmunzelt Sel. Er kocht nicht immer selbst, sondern beschäftigt zwei Köche, doch ab und zu steht auch er hinterm Herd. Dann startet er einen Rundruf bei seinen Stammkunden, lädt sie ein vorbeizukommen, denn er kocht etwas Spezielles, etwas das nicht auf der Speisekarte steht, oft auch türkische Gerichte. »Ich freu mich immer, wenn ich außerhalb der Karte kochen darf«, so Sel. Auch solche Aktionen machen dieses Restaurant aus. Dann geht man nicht mehr einfach nur ins Restaurant, sondern eben zu Sel, man ist sein spezieller Gast, als wäre man bei ihm

zu Hause eingeladen. Vermutlich ist dieses Restaurant sein eigentliches Zuhause, zumindest vermittelt er das.

Nach unserem Gespräch fahre ich mit dem Zug wieder zurück in mein Zuhause nach Karlsruhe. Bevor ich ins Taxi zum Bahnhof steige, besteht Sel darauf, dass ich eine Flasche Rotwein mitnehme, für die Fahrt, wie er meinte. Erst will ich ablehnen, schließlich habe ich ja keinen Flaschenöffner dabei und auch kein Glas! Doch ehe ich mich versehe, ist die Flasche entkorkt und ich habe einen Plastikbecher im Gepäck. Als ich dann im Zug sitze, kommt die Durchsage, dass wir wegen einer Störung auf der üblichen Schnellstrecke umgeleitet werden und auf die Rheintalstrecke ausweichen müssen. Die Fahrt verzögerte sich um eine Stunde. Wie gut, dass ich die Weinflasche von Sel im Gepäck habe. Im Restaurant hatten wir während unseres Gesprächs einen sehr guten Weißwein getrunken. Ganz beiläufig hatte mich Sel gefragt, welchen Wein ich lieber trinken würde, rot oder weiß, als er er die Weißweinflasche entkorkte. Rotwein lautete meine Antwort.

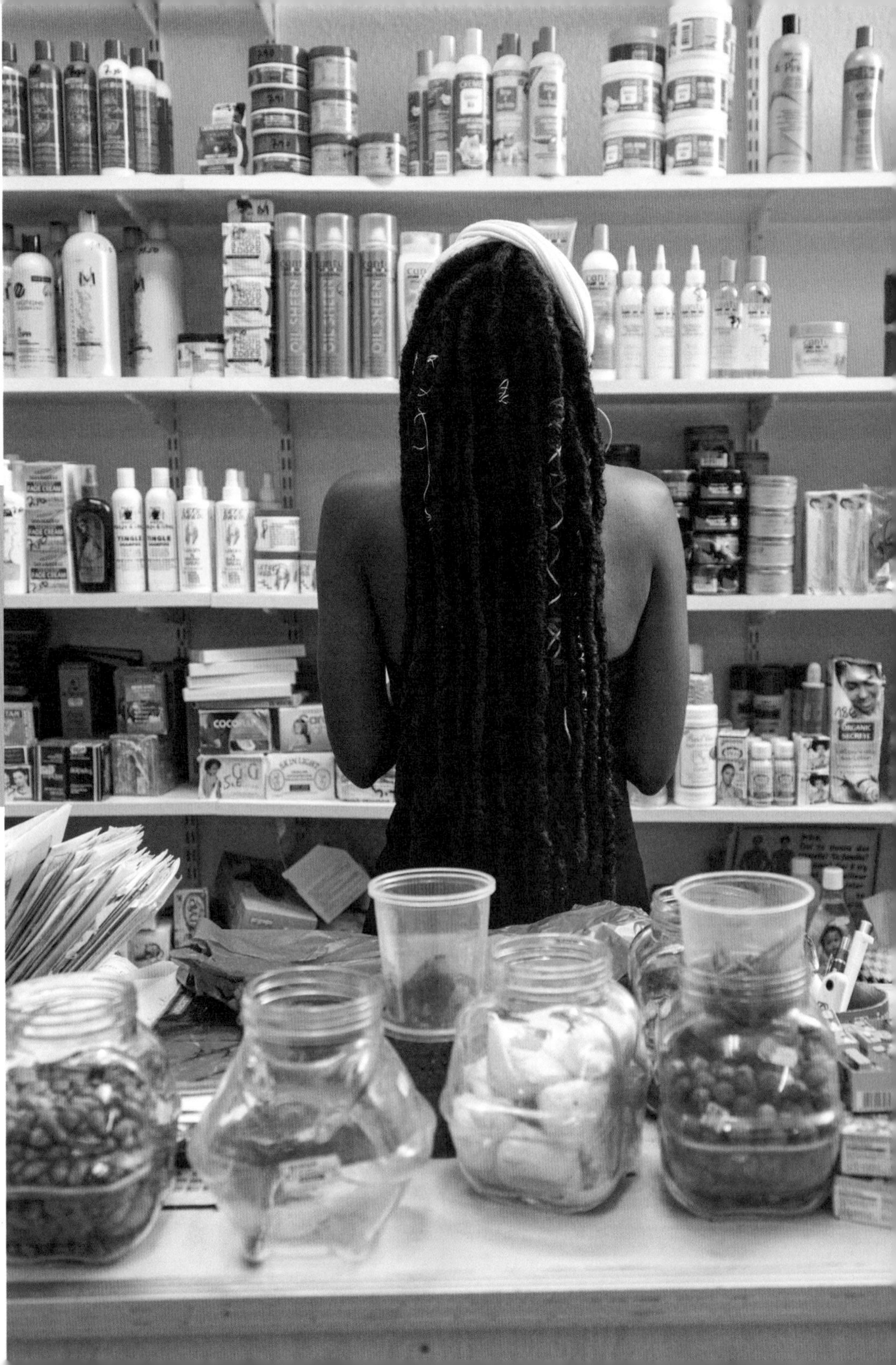
OIL SHEEN

MELANE NKOUNKOLO

Sängerin

———

AFRO SHOP MEGITTA
LUVIVILA DOMINGOS

Was ist das Besondere an einem Afro Shop?

Ein Afro Shop ist ein Ort, der viele Menschen zusammenhält, er ist ein Ort der Kommunikation. Für afrikanische Communitys sind Afro Shops sehr wichtige Orte. Vor allem für die Generation meiner Mutter waren es die einzigen Orte, an denen sich Schwarze Frauen aus den unterschiedlichen afrikanischen Ländern treffen und austauschen konnten und auch immer noch austauschen. Freundschaften werden dort geknüpft und man kann über seine Probleme sprechen, Rezepte austauschen und über die alltäglichen Sorgen sprechen. Man kann dort viele verschiedene Dinge kaufen, wie zum Beispiel Lebensmittel, afrikanische

Beautiful Colours

Ein Afro Shop *ist für viele afrikanische Communitys ein sehr wichtiger Ort, erzählt die Sängerin* Melane Nkounkolo. *Im Shop von* Megitta Luvivila Domingos *am Ehrenfeldgürtel 104 war auch sie viele Jahre Kundin.*

Kleidung oder Kunsthaar. Aber am wichtigsten sind Kosmetik- und Haarpflegeprodukte. Die Produkte, mit denen weiße Menschen zum Beispiel ihre Haare pflegen, sind nicht für Menschen mit meiner Haarstruktur konzipiert worden. Afro-Haar ist sehr trocken und wir brauchen Produkte, die viel Feuchtigkeit spenden. Darum verwenden wir Öl, wie Kokos- oder Avocadoöl, für unsere Haare, am wichtigsten aber ist Wasser! Und natürlich kann man sich dort auch frisieren lassen. Als Megitta ihren Shop vor etwa dreißig Jahren eröffnete, hat sie sich auf das europäische Haar konzentriert und vor allem Weaves und Extensions gemacht, das war damals modern. Als Frau an sich ist es schon sehr schwierig, so ein Geschäft ins Leben zu rufen und selbstständig zu sein. Megitta hat mir auch von den anderen Afro Shops aus der Ecke dort erzählt. Das ist so

ein kleiner Komplex mit vier oder fünf Afro Shops. Sie war eine der Ersten. Dann kam Elody, die mehr afrikanische Frisuren gemacht hat, um Megitta keine Konkurrenz zu machen. Dann gab es noch einen Afro Shop, deren Inhaberin aus Ghana kam. Den gab es auch lange, der gehörte einfach dazu, und dann war er auf einmal nicht mehr da. Die afrikanischen Frisuren ändern sich immer wieder. Früher hat man die Haare oft mit chemischem Zeug geglättet, Schwarze Frauen wollten gern glatte Haare haben, weil sie einer gewissen »weißen« Schönheitsnorm entsprechen wollten, das ändert sich immer mehr.

Das heißt, dass durch das Tragen der natürlichen Haare Veränderung stattfindet?

Wenn man als Schwarzer Mensch zu seinen Haaren steht, bekommt man ein anderes Selbstbild und man fängt an, zu sich zu stehen. Das Haar Schwarzer Menschen wurde vor allem weggepackt, man hat versucht, sie zu bändigen, entweder chemisch oder mit Zöpfen wie Cornrows oder Braids und Hochsteck- oder Wickelfrisuren. Aber man weiß auch, dass man selbst mit Rastas oder Locs kritischen Blicken ausgesetzt ist, manche werden nicht mal zu Bewerbungsgesprächen eingeladen – Haare sind ein wichtiges Thema. Ich wäre als Kind nie mit meinen natürlichen Haaren, also mit einem Afro, in die Schule gegangen. Ich habe immer was in den Haaren drin gehabt. Es waren ja nur weiße Kinder in der Schule, da hat man keine Lust, »anders« auszusehen als

die anderen, man will nicht auffallen. Ich wollte so aussehen wie die anderen Kinder, ich wollte auch glatte Haare haben. Du strebst nach einem Bild, das Du nicht bist, und akzeptierst Dich nicht so, wie Du bist. Und da spielt das eigene Haar eine sehr wichtige Rolle. Seit längerem beobachte ich, dass viele Schwarze Menschen nochmal lernen mussten, wie mit dem krausen Haar umzugehen ist. Das ist total anstrengend – das ist eine Wissenschaft für sich! Man muss erst einmal lernen, natürlich und nicht chemisch mit afrikanischem Haar umzugehen. Es ist wirklich krass, so aufzuwachsen. Nicht nur die Hautfarbe nicht zu akzeptieren, sondern auch das eigene Haar. Es gibt immer noch genug junge Menschen, die noch so denken, wie ich das damals getan habe. Ich finde es wichtig, mit meiner Kraft als Schwarzer Mensch diese Jugendlichen zu erreichen. Sie erkennen zu lassen, dass sie eine Geschichte haben, für die sie sich nicht schämen müssen. Das musste ich selber auch lernen, ich musste meine eigene Geschichte nochmal lernen. Das war wie noch einmal die Schulbank drücken. Es gibt übrigens ein sehr interessantes Multimedia-Projekt, *Hair Like This* von Francis Oghuma, da geht es speziell um Haare. Wundervolle Menschen sprechen über ihre Haare, die Teil unserer afrikanischen Identität sind. Darüber hinaus gibt es ein Kinderbuch, das die Geschichte eines Jungen, Roti, erzählt, der sich mit seinen Haaren unsicher fühlt, was sich auf seine Liebe zum Fußball auswirkt. Er sieht anders aus als die anderen Jungen in seinem Team und ist sich nicht sicher, ob er in die neue Umgebung passt. Das

Buch möchte Kindern Mut machen und sie darin bestärken, dass sie das tun, was sie am meisten lieben, egal, was für eine Hautfarbe oder was für Haare sie haben. Es ist eine Befreiung, dass das Tragen des eigenen Afros gerade im Kommen ist und sich immer mehr Schwarze Menschen trauen, ihn zu tragen.

Hat es mit Deiner eigenen Identität zu tun, dass Du Dir einen Afro Shop für dieses Buch ausgesucht hast?
Ja, auch. Ich war selber da und habe mir früher die Haare von Megitta machen lassen. Jetzt macht das meine Mutter. Ich kenne ihre Tochter, sie ist genau so alt wie ich und war an derselben Fachhochschule. Aber ich habe ihn auch ausgesucht im Hinblick auf Black Business. Ich möchte einfach auch mal Geschäfte und Menschen hervorheben, die was erreicht haben und die man nicht unbedingt hervorheben würde. In der Regel werden keine Artikel über Afro Shops geschrieben oder die Geschichte der Afro Shops hier in Deutschland. Das ist eher ein Nischending. Das wird keinen Mainstream erreichen. Wenn ich das Dir für dieses Buch erzähle, oder wenn ich das über meine Musik oder die Plattform *Beautiful Colours* mitteile, dann habe ich das Gefühl, etwas mehr für Schwarze Menschen zu tun. Ich möchte in dem, was ich mache, immer einen Mehrwert erzielen und im besten Fall noch irgendjemanden mitziehen. Das ist mein Ziel.

Du hast die Community *Beautiful Colours* für mehr Sichtbarkeit und Unterstützung für Menschen mit Migrationsvordergrund, wie Du sagst, nicht Hinter- sondern eben selbstverständlich und auch selbstbewusst Vordergrund, ins Leben gerufen.
Ja, ich möchte, dass man mich sieht. Zu sagen »Ich bin farbenblind«, um auszudrücken, dass man keine Farben sieht, weil einem die Hautfarbe egal ist, finde ich überhaupt nicht gut. Wer sagt, er sehe keine Hautfarbe, der verschließt seine Augen vor den Lebensrealitäten vieler Schwarzer Menschen. Denn wenn man die nicht sieht, dann sieht man das Problem nicht. Man ignoriert Rassismus. Im Juli 2020 gab es in Köln eine riesige Demonstration gegen Rassismus. Das war echt einmal eine Erleichterung. Zu wissen, man kämpft nicht die ganze Zeit alleine. Man kann diesen Kampf auch nicht alleine machen. Als weißer Mensch hat man Privilegien. Die sind an sich nicht schlecht, aber man muss sie auch für bestimmte Menschen einsetzen. Ich glaube, die nächsten Jahre werden interes-

sant sein. Das Thema Diversität ist jetzt gerade *in*. Auch die Frage des Deutsch-
seins ist spannend. Ich bin in Deutschland geboren, habe aber kongolesische
Eltern und Wurzeln. Ich fühle mich trotz der Sozialisierung in Deutschland,
wenn mich jemand fragen würde, als kongolesische Deutsche. Übrigens geht es
bei Diversität und Inklusion nicht nur ums »Schwarzsein«, ich meine, dass auch
alle anderen Minderheiten mehr Sichtbarkeit brauchen.

**Lebt es sich in Köln gut mit Migrationsvordergrund? Fühlst Du Dich wohl
hier?**

Also, ich glaube, mich hat es nicht ohne Grund nach Köln gezogen. Hier gibt
es sehr viele unterschiedliche Menschen. Köln ist eine relativ offene Stadt. Ich
komme aus Heiligenhaus im Kreis Mettmann und für mich war Köln immer
die Großstadt gewesen. Als Kind habe ich aus Wut zu meiner Mutter gesagt:
»Mama, wenn ich mal groß bin, werde ich ausziehen und voll weit weg gehen,
nach Köln.« Köln war für mich extrem weit weg. Ich finde es witzig, dass ich das
auch irgendwann gemacht habe. Jetzt bin ich also in Köln und habe hier alle
Freiheiten. Mittlerweile habe ich natürlich auch ein tolles Netzwerk an Musiker-
kollegInnen und AktivistInnen.

   Ich fühle mich hier auf jeden Fall sehr, sehr wohl. Und in Ehrenfeld fühle
ich mich besonders wohl. Es war ein Arbeiterviertel und verändert sich leider
derzeitig sehr stark. Hier spürt man die Gentrifizierung sehr deutlich. Es war
sehr gemischt, aber jetzt steigen natürlich auch die Mieten und es ziehen andere
Menschen hierher. Es ist schön, dass Ehrenfeld aufgewertet wird, aber wenn
dann andere Menschen weggedrängt werden – und das erlebt man hier –, ist
das ein Aspekt, den ich kritisiere. Ehrenfeld ist ein schönes Viertel, hier gibt
es viele Straßen- und Nachbarschaftsfeste, in den Seitenstraßen gibt es tolle
kleine Läden, es gibt viele Cafés, die Mischung ist sehr schön, hier leben alle
möglichen Nationen miteinander. Ich finde, auch die Moschee ist ein sehr schöner Ort. Da darf jeder reingehen, man muss nur die Schuhe ausziehen und die
Haare zusammen binden. Ich finde, Köln ist eine schöne Stadt, auch weil ich
sehr schnell im Grünen bin.

Melane Nkounkolo

Der Weg zur Musikerin war für Melane Nkounkolo ein relativ langer Prozess, obwohl sie eigentlich schon immer eine war: »Ich habe es für mich selbst nur nicht so formuliert. Hauptberuflich konnte ich mir das lange nicht vorstellen, weil es immer mit Unsicherheiten verbunden ist, und das als Frau ... Aber Musik gemacht und gesungen habe ich schon immer, ob im Kirchenchor oder auch in einer Rockband«, erzählt sie. »Meine Mutter hat mich auf die *Folkwang Musikschule* in Essen geschickt, das waren so die ersten professionellen Schritte. Das hieß aber noch nicht, dass ich deswegen Musikerin werden wollte. Der Weg dorthin schien mir unüberwindbar.«

Doch in einem klassischen Beruf kann sie sich auch nicht sehen. Weil es ihrer Mutter jedoch sehr wichtig war, dass sie eine Ausbildung macht, meldete sich Melane nach dem Realschulabschluss am offenen Berufskolleg an und begann mit einer schulischen Ausbildung: erst Fachabitur und danach eine Ausbildung zur Erzieherin. So war der Plan: »Ich weiß gar nicht, warum ich das gemacht habe. Ich hatte eigentlich kein Interesse an dieser Schule und auch nicht an der Ausbildung. Ich fand immer

toll, was andere machen, fühlte mich selbst aber immer etwas verloren, weil ich nicht artikulieren konnte, was ich machen möchte«, so Melane Nkounkolo. »Ich bin dann von der Schule geflogen und hatte so große Angst, das meiner Mutter zu erzählen, dass ich erst nach einiger Zeit mit einem Freund zu ihrer Arbeit gefahren bin und es ihr dort gebeichtet habe. Inzwischen hatte ich für mich nämlich viele Erklärungen gefunden. Als ich in ihren Augen diese so große Enttäuschung gesehen habe, traute ich mich nicht mehr nach Hause und bin nach Köln abgehauen.« Das war 2007 und seitdem lebt sie in der Stadt, traut sich inzwischen aber auch wieder, zu ihrer Mutter zu gehen. Der Kontakt ist mittlerweile stärker als zuvor.

Geboren und aufgewachsen ist Melane im Kreis Mettmann in der Kleinstadt Heiligenhaus zwischen Düsseldorf und Essen. Ihre Eltern stammen aus dem Kongo und kamen Anfang der 1980er-Jahre nach Deutschland, Melane kam 1986 zur Welt. Damals war ihre Familie die einzige Schwarze Familie in Heiligenhaus: »Es gab noch eine Schwarze Familie in Ratingen. Meine Mutter hatte zwei, drei Freundinnen, die auch aus dem Kongo kamen. Viele Menschen und Freunde lernte sie auch über Afro Shops kennen. Sie haben sich in dem Shop getroffen, manchmal auch zu Hause und sich auch gegenseitig ihre Frisuren geflochten. Afro Shops gab es damals nur in größeren Städten, in Düsseldorf oder Essen.«

Nachdem Melane nun in Köln gelandet war, stand sie immer noch vor derselben Frage, was sie beruflich machen sollte. Sie erinnerte sich daran, dass sie einmal Dolmetscherin werden wollte. Darum entschied sie sich für eine Ausbildung zur kaufmännischen Fremdsprachenassistentin: »Als ich in der siebten oder achten Klasse war, mussten wir einen Aufsatz schreiben, in dem es darum ging, was wir einmal werden wollen. Ich schrieb, dass ich Dolmetscherin werden und kaufmännische Fremdsprachen lernen wollte. Und dann habe ich irgendwann tatsächlich eine Ausbildung zur kaufmännischen Fremdsprachenassistentin gemacht. Ich habe das Gefühl, ich rede mir ein, was ich will, aber auf dem Weg dahin vergesse ich das wieder, so dass es dann einfach passiert. Ich finde das witzig«, erzählt Melane Nkounkolo mit einem herzhaften Lachen. In der Zeit, als sie ihren Bachelor im Fach *Mehrsprachige Kommunikation* an der *Fachhochschule Köln* gemacht hat, starb ihr Vater, was ihr den Boden unter

den Füßen wegzog: »Ich weiß noch, wie ich völlig aufgelöst in der Fachhochschule stand und meine Dozentin fragte, ob ich weiter studieren oder erst mal eine Pause machen sollte? Ich fühlte mich total verloren. Ich habe dann weiter studiert und es durchgezogen. Hätte ich nicht weiter studiert, was hätte ich dann gemacht? Ich wäre vermutlich zu Hause gesessen und hätte die Wand angeschaut«, erzählt sie. Nach ihrem Bachelor machte sie noch ihren Master und studierte »Kultur- und Sprachtransfer in Afrika« an der *Universität zu Köln*, weil sie sich dachte, dass es für eine Schwarze Frau in Deutschland sicher nicht schlecht wäre, den in der Tasche zu haben. Als sie auch ihren Master in der Tasche hatte, arbeitete sie zunächst vor allem auf freiberuflicher Ebene, gab Workshops und versuchte immer wieder das Musikalische mit dem Akademischen zusammenzubringen: »Ich werde nie in einem klassischen Unternehmen arbeiten können. Da würde ich kaputt gehen. Ich möchte den freiberuflichen und vor allem selbstständigen Weg gehen – und das musikalisch und vor allem mit meiner eigenen Musik. Ich habe mich erst in der Coronazeit dazu entschlossen, meine Solo-Karriere zu beginnen Davor habe ich mich immer hinter größeren Projekten versteckt. Ich habe zwar internationale Touren gemacht, aber das war nie so ein Melane-Ding. Es war immer *Three Fall & Melane* oder *The Local Ambassadors & Melane*.«

Bei *Three Fall* handelt es sich um ein außergewöhnliches Jazz-Trio um den Schlagzeuger Sebastian Winne, den Posaunisten Til Schneider und den Saxophonisten und Klarinettisten Lutz Streun, bei dem Melane seit 2016 gesungen und

lichte Musik. Ich war sogar kurz davor mein erstes Album zu veröffentlichen, das hat dann aber mit dem Produzenten nicht geklappt und ich habe alles verworfen. Ich fand das mit *Three Fall* total interessant und wollte wissen, wie die Jungs das umsetzen nur mit Schlagzeug, Bassklarinette und Posaune. Wie klingt das? Und ich habe natürlich auch

»ALS KIND HABE ICH AUS WUT ZU MEINER MUTTER GESAGT: ›MAMA, WENN ICH MAL GROSS BIN, WERDE ICH AUSZIEHEN UND VOLL WEIT WEG GEHEN, NACH KÖLN.‹ KÖLN WAR FÜR MICH EXTREM WEIT WEG.«

MELANE NKOUNKOLO

sie auch auf Tourneen begleitet hat, nach Korea, Japan, Polen. Bis die Pandemie ausbrach: »Das interessante und schöne an *Three Fall* ist, dass sie kein klassisches Harmonie-Instrument haben. Sie haben sehr viel mit Effektgeräten gearbeitet. Das waren tolle Sachen. Deshalb habe ich auch gesagt, komm lass uns das machen. Die haben mich angesprochen und ich hatte zu dem Zeitpunkt, das war 2015, schon eigene unveröffent-

den politischen Aspekt mit reingebracht. Ich bin nun mal auch eine Schwarze Frau und habe mit drei weißen Jungs Musik gemacht. Unser erstes Album kam 2017 raus. Das mit dem Politischen ist dann so eine Sache, wenn man in einer Band ist. Ich konnte nicht nur für mich sprechen und musste schauen, wie man das abgrenzt, dass es wirklich nur von mir kommt. Man muss immer für die anderen mitdenken. Was kannst

du machen und sagen und was nicht«, erzählt sie.

The Local Ambassadors ist eine Band um den Perkussionisten Roland Peil, der als bester deutscher Perkussionist gilt und unter anderem mit den Fantastischen Vier und dem Jazz-Trompeter Till Brönner zusammengearbeitet hat. Auch bei dieser Formation ist Melane regelmäßig als Sängerin aufgetreten. Auch mit anderen KünstlerInnen

arbeitet sie immer wieder zusammen, 2021 zum Beispiel mit dem Hiphopper Junior Carl feat. Melane für die Single Brennende Reifen. Seit Mai 2022 unterstützt sie den deutschen Reggae-Künstler Gentleman als Backgroundsängerin.

Im November 2020 erschien ihre erste eigene Single: Ubuntu. Das aus den Bantusprachen stammende Wort »Ubuntu« bezeichnet eine Grundhaltung gegenüber seinen Mitmenschen, die auf

Respekt und Achtung beruht und die danach strebt, in einer friedlichen und harmonischen Gesellschaft zu leben, in der Nächstenliebe und Menschlichkeit herrschen. Die Ubuntu-Philosophie ist ein Kulturwert, den es in vielen afrikanischen Ländern gibt und der auf der Verantwortung des Einzelnen innerhalb seiner Gemeinschaft beruht.

Ihr Musikstil ist sehr geprägt von der Musik der berühmten kongolesischen Musiker Pepe Kalle (1951–1998) und Papa Wemba (1949–2016). Würde Melane ihren Stil in wenigen Worten beschreiben, wäre es kongolized Afro-Soul und Afro-Pop.

Im April 2022 ist ihre vierte Single *Pona Libela* erschienen Die Texte für ihre Songs schreibt Melane selbst und mittlerweile produziert sie ihre Musik auch selbst. Sie arbeitet außerdem an ihrem ersten Soloalbum, *Mirrors and Windows*.

Als Solokünstlerin kann Melane nun für sich allein sprechen und sich für die Dinge politisch engagieren, die ihr am Herzen liegen. »Ich kann jetzt ich sein. Ich möchte mich einfach so formulieren und zeigen können, wie ich bin. Ich kann natürlich nicht alles zeigen, aber einen großen Teil von mir, den ich vorher nicht kommuniziert habe. Und das finde ich sehr, sehr schön. Auch die Musik, die ich jetzt mache, spricht natürlich

sehr viele Themen an, die mit Identität oder Herkunft und all dem, was man so ist, zu tun haben. Und ich hoffe, dass ich damit Themen anspreche, zu denen jeder eine Verbindung hat, unabhängig vom Geschlecht oder vom Alter oder auch der Hautfarbe. Denn das finde ich sehr, sehr wichtig, dass man irgendwann an den Punkt gelangt, an dem die äußeren Merkmale nicht so wichtig sind und ich nicht immer wieder darüber sprechen muss, dass ich eine Frau bin, dass ich Schwarz bin oder man queer ist oder was auch immer.« Auch zu diesem Thema gibt es einen Song, der im Mai 2021 erschienen ist: *I am I.*

2020 entstand ihr Projekt *Zitiere Deine Mutter*, mit dem sie eine weitere Facette ihrer Persönlichkeit offenbart und sich als Rapperin namens *Queen MNK & Mama Juju* präsentiert, die in gebrochenem Deutsch spricht und mit der Melane immigrierten Menschen eine Stimme geben möchte: »Ich habe versucht, politische Dinge so umzusetzen und zu komponieren, als hätte sie meine Mutter gesagt. Ich habe Rapsongs über Dinge gemacht, die mich schon immer genervt haben. Das hat aber jetzt nichts mit den klassischen Melane-Sachen zu tun. Ich habe so viele unterschiedlichen Musikrichtungen gemacht: Rockmusik, Jazz, Soul, deutschen Rap. Und ich habe viele Persönlichkeiten in mir. Es gibt einfach alles, ganz viele Facetten. Es ist die Frage, was man rausholt. Ich habe keine Lust, das zu verbergen. Wozu auch? Ich finde die zwei veröffentlichten Rapsongs bis jetzt immer noch gut. Vor allem inhaltlich ist es genau das, was ich sagen wollte. Das ist eine Message an die Gesellschaft, in der ich lebe.«

Politisches Engagement zeigt sie auch auf ihrer Plattform *Beautiful Colours*, »deren Fokus seit 2015 auf Empowerment als Handlungsstrategie gegen Rassismus und Diskriminierung und die Sichtbarmachung von gesellschaftlicher Benachteiligung auf Grund der Herkunft oder dem vermeintlichen *Migrationsvordergrund* liegt. Ziel ist die Förderung und mutmachende Bestärkung eines jeden Individuums und ihre Selbstbestimmung. Die Unterstützung von politischem und sozialem Engagement und die intersektionale Auseinandersetzung mit Rassismus und Diskriminierung ist für ein friedvolleres und besseres Zusammenleben unvermeidlich«, schreibt Melane über dieses Projekt auf ihrer Internetseite. Sie hat auf Instagram inzwischen über sechzehntausend Follower und macht darüber hinaus Veranstaltungen, unter anderem mit Schwarzen Juristinnen, Gynäkoginnen oder auch Hautärztinnen: »Wenn man als Schwarzer Mensch in einem Land wie Deutschland lebt, wird man

immer wieder mit banalen Dingen konfrontiert, wo man sich denkt: verdammt nochmal ... Beim Zahnarzt komm' ich mir oft vor wie ein Alien. Wenn ich mit einer Schwarzen Hautärztin spreche, die sich wirklich auskennt mit den spezifischen Sachen, wie zum Beispiel Krankheiten auf Schwarzer Haut aussehen, dann muss ich ihr nicht so viele Dinge erklären. So gibt es ganz viele banale, alltägliche Sachen, wo es gut tut in einem Raum zu sein, ein Safe Space, wo man dann auch sich selbst sein kann, ohne sich zu erklären oder das Gefühl zu haben, mein Gegenüber weiß nicht, was sie oder er tut.«

Melane Nkounkolo leiht ihre wunderschöne Stimme also nicht nur der Kunst, sondern auch den Menschen, die sich (noch) nicht trauen, ihre Stimme zu erheben. Sowohl in ihrer Musik als auch in ihrem vielfältigen sozialen und politischen Engagement setzt sie sich für Menschen mit *Migrationsvordergrund* ein. Wichtig hierbei ist, dass der Begriff *Migrationsvordergrund* ein von Schwarzen Menschen/BIPoc selbstbestimmter Begriff ist.

Melane Nkounkolo hat Kraft, Mut, eine enorme Ausstrahlung und ist voller positiver Energie, die sie ganz im Sinn der Ubuntu-Philosophie für ein »friedvolleres und besseres Zusammenleben« in den Dienst der Gemeinschaft stellt.

BUNTE VIELFALT

Ehrenfeld ist ein vielfältiger und multikultureller Stadtteil im Nordwesten von Köln, der sich seit seiner Entstehung Ende des 19. Jahrhunderts im steten Wandel befindet.

Ehrenfeld war einst das Land der *Kappesboore*, der kölschen Kohlbauern, deren Höfe sich zumeist im Besitz Kölner Klöster befanden, bevor dort ab Mitte des 19. Jahrhunderts Fabriken aus dem Boden schossen und preiswerte Wohnungen für die Arbeiterinnen und Arbeiter gebaut wurden. Eine Besonderheit aus dieser Zeit sind die sogenannten *Dreifensterhäuser*, eine vor allem im Rheinland anzutreffende Bauweise,

wie man sie zumeist in den ruhigeren Seitenstraßen der Venloer Straße, der wirbeligen Shoppingmeile des Viertels, noch findet. Die älteste erhaltene Fassade eines solchen Hauses steht allerdings direkt in der Venloer Straße. Das Haus mit der Nummer 260 wurde 1853 erbaut und beherbergte lange eine Metzgerei. Die *Dreifensterhäuser* sind maximal zwanzig Fuß breit, das sind etwa sechseinhalb Meter, weil nach der preußi-

schen Bauordnung Gebäude bis zu dieser
Breite von Steuerabgaben befreit waren.
Im Parterre der Häuser befanden sich oft
Läden oder Werkstätten, heute sind es
Büro- oder Praxisräume, manchmal auch
Garagen. Doch nicht nur die ArbeiterIn-
nen ließen sich in Ehrenfeld nieder, auch
die Fabrikbesitzer haben zwischen den
schmalen Häusern ihre Villen oder Bür-
gerhäuser gebaut, wie zum Beispiel der
Inhaber der Gießerei *Liek und Plümacher*,
Xavier Liek, dessen Villa in der Körner-
straße 9 steht.

Bildete im Mittelalter das *Ehrentor*
die Grenze zwischen der Stadt Köln und
dem heutigen Gebiet von Ehrenfeld, so
markieren in unserer Zeit das *Herkuleshochhaus* am nördlichen Rand, der
Colonius etwas weiter südlich und noch
weiter im Süden die *DITIB Zentralmo-
schee-Köln* die Grenze zur Innenstadt.

Alle drei befinden sich im oder direkt
am *Inneren Grüngürtel*.

Die erste Ehrenpforte Kölns, die *porta
honoris*, befand sich in der westlichen
Römermauer auf Höhe der Sankt-Apern-
Straße Ecke Breitestraße. Die Breite Straße ist römischen Ursprungs und gehört
neben der heutigen Hohe Straße und
Schildergasse zu den ältesten Straßen
Kölns. Sie war die breiteste Straße innerhalb der Kölner Stadtmauer und diente
als römische Heerstraße. Vom Rhein
führte sie durch das *Ehrentor* nach Gal-
lien. Im Zug der dritten Stadterweiterung, die im Jahr 1180 begann, wurde
in der Mitte des 13. Jahrhunderts an der
heutigen Ehrenstraße – Ecke Friesen-
wall – das neue *Ehrentor* in Form eines
Doppelturmtores erbaut. So erklärt sich
auch der Name des Ortes Ehrenfeld, der
ab 1845 gebaut wurde. Durch das *Ehren-*

tor und die Ehrenstraße gelangte man auf die Felder, die westlich der Stadt lagen. Die alte römische Ehrenpforte wurde Anfang des 16. Jahrhunderts abgerissen.

Das *Herkuleshochhaus* an der gleichnamigen Straße wird im Volksmund auch als »Villa Kunterbunt« oder »Papageienhochhaus« bezeichnet, denn seine Fassade ist mit blauen, orangen, roten und fliederfarbenen emaillierten Metallblechen verkleidet. Es wurde 1972 fertiggestellt und hat einunddreißig Etagen.

Der *Colonius* ist ein Fernmeldeturm, den die damalige Deutsche Bundespost Ende der 1970er-Jahre an der Inneren Kanalstraße zwischen Venloer und Stubbelrather Straße erbauen ließ. Er ist einer von vier UKW-Senderstandorten in Köln. Seit Ende der 1990er-Jahr ist der Turm für die Öffentlichkeit nicht mehr zugänglich.

Es gibt noch einen Turm in Ehrenfeld. Vierundvierzig Meter ist er hoch und man fragt sich vielleicht, weshalb so ein Turm mitten in Ehrenfeld direkt an der Bahnlinie unweit des Bahnhofs steht. Das Meer ist ein ganzes Stück weit weg, fast dreihundert Kilometer lang ist der kürzeste Weg zur Nordsee. Warum also ist ein Leuchtturm weithin sichtbares Wahrzeichen von Ehrenfeld? Im Jahr 1882 wurde in Ehrenfeld, das damals noch eigenständig war, eine Firma für Elektrotechnik gegründet – die *Helios AG*. Nomen est omen – wie der griechische Sonnengott brachte auch diese Firma das Licht, unter anderem in Form von Glühbirnen und Leuchtfeuern. Viele Leuchttürme entlang der Nordseeküste wurden mit Leuchtfeuern der Firma *Helios* ausgestattet. Um sie adäquat testen zu können, baute man diesen Turm auf

das Firmengelände, der zum Glück noch erhalten ist und in den 1990er-Jahren auch renoviert wurde. Schiffbruch hat die Firma trotzdem erlitten und musste bereits 1905 Konkurs anmelden. Doch ihr Turm, der auch Werbezwecken diente, hat für die EhrenfelderInnen an Strahlkraft nichts verloren und leistet tatsächlich auch noch einen praktischen Dienst: er ist Sendestation für AmateurfunkerInnen. Leider ist er für die Öffentlichkeit ebenfalls nicht zugänglich.

Die *DITIB-Zentralmoschee Köln* steht am Anfang der Hauptgeschäftsstraße von Ehrenfeld, der Venloer Straße, Ecke Innere Kanalstraße. Sie ist vermutlich das bekannteste Bauwerk von Ehrenfeld. Geplant und gebaut wurde sie vom Kölner Architekturbüro Paul Böhm, das 2006 den Wettbewerb für den Moscheeneubau gewonnen hatte. Paul Böhm ist der jüngste Sohn des Kölner Architektenehepaares Gottfried (1920–2021) und Elisabeth (1921–2012) Böhm. Offiziell eingeweiht wurde das fünfgeschossige Bauwerk mit einer fünfunddreißig Meter hohen Kuppel und zwei fünfundfünfzig Meter hohen Minaretten am 29. September 2018.

Nach dem Zweiten Weltkrieg war Ehrenfeld, das 1888 nach Köln eingemeindet worden war, zwar in weiten Teilen zerstört, doch lange nicht so stark wie die Innenstadt oder das von der Schwerindustrie geprägte Mülheim auf der anderen Rheinseite. Die Industriebetriebe, die sich aus den Bereichen der Metallverarbeitung, darunter die Waggonfabrik *Herbrand* und der Automobilbauer *Horch*, der Chemie und Elektrotechnik, wie *Herbol Farben* und die Firma *Helios*, der Glas- und Papier-

herstellung und mit der Firma *4711* auch der Kosmetik hier angesiedelt hatten, waren wieder schnell aufgebaut. Neue mittelständische Unternehmen aus dem Werkzeug- und Maschinenbau, sowie aus der Lebensmittelindustrie kamen dazu. In den ehemaligen *Helios*-Produktionshallen eröffnete der aus Bochum stammende Unternehmer Herbert Eklöh (1905–1978) nach amerikanischem Vorbild 1957 Deutschlands ersten Supermarkt mit zweitausend Quadratmetern Fläche und zweihundert Parkplätzen direkt vor der Tür. Hatten in den 1930er-Jahren noch Radrennfahrer ihre Runden in der Rheinlandhalle gedreht, schoben nun die KundInnen ihre Einkaufswagen durch die Halle.

Ende der 1960er-Jahre kamen außerdem viele GastarbeiterInnen aus der Türkei und anderen südeuropäischen Ländern nach Ehrenfeld und siedelten sich dort an. Sie gründeten eigene Geschäfte und prägten das Viertel mit ihrer Kultur und Lebensart.

Ab den 1970er-Jahren schlossen immer mehr Fabriken oder verlagerten ihren Standort. Als eine der letzten schloss die 4711-Fabrik der Firma Mühlens an der Venloer Straße im Jahr 1991. Viele alteingesessene Handwerksbetriebe gaben auf. Das hatte zur Folge, dass die Arbeitslosenquote in Ehrenfeld immer weiter stieg und schwere Zeiten für den Stadtteil anbrachen. In den 1990er-Jahren kamen aufgrund der noch günstigen Mieten nicht nur die StudentInnen und MigrantInnen, auch KünstlerInnen und Kreative entdeckten die brachliegenden Industriebauten und begannen, dort ihre Ateliers und Werkstätten einzurichten. So

durchmischte sich die Bevölkerungs-
struktur von Ehrenfeld immer mehr.

Da man in Köln gern einmal den
Vergleich mit New York anstellt, wird
der Stadtteil auch als *Brooklyn von
Köln* bezeichnet. Das industriell geprägte Original litt ab den 1970er-Jahren
ebenso unter Arbeitslosigkeit und Kri-
minalität und wurde in den 1990er-Jah-
ren ebenfalls von KünstlerInnen und
Kreativen entdeckt. Inzwischen werden die jedoch aufgrund immer höher
steigender Mietpreise wieder vertrieben.
Der Prozess der Gentrifizierung zeigt
sich in Ehrenfeld auch, aber etwas
anders als im New Yorker Stadtteil
Brooklyn. Zwar sind auch hier die Mieten gestiegen, weil Investoren viel auf-
kauften und sanierten, aber es wurde
und wird vor allem viel gebaut und die
EhrenfelderInnen entscheiden mit.

Wo wenig Platz für neuen Wohnraum
ist, muss Altes weichen. So wurden
die Papierfabrik, Teile des ehemaligen
Helios-Fabrikgeländes, in dem sich der
Club *Underground* befand, und auch
Gebäude auf dem Gelände des alten
Güterbahnhofs abgerissen und durch
Neubauwohnungen ersetzt. Dies war
nicht nur ein tiefer Eingriff in Ehrenfelds
Kreativszene, sondern auch ein Verlust
für die Vogelwelt. Auf den Dächern der
Industriebauten des Helios-Geländes
befand sich nämlich ein *Ornithoport*,

ein »Flughafen« für Zugvögel. Dabei
handelt es sich um Biotope und Frei-
gehege für einheimische Vogelarten
und durchreisende Zugvögel. Unter-
halb des Leuchtturms haben sich unter
anderem Weißstörche, Kraniche und
Wildgänse für eine Rast auf ihrem Weg
in den Norden oder Süden versammelt
und ihre Flugrouten entsprechend
danach gerichtet. Ein paar gefiederte
Dauergäste gab es auch. Sie müssen
nun einen neuen »Flughafen« ansteuern
und könnten auf das Dach der Bonner
Bundeskunsthalle oder den Vogelflug-
hafen in Hamm ausweichen, wenn
diese nicht schon besetzt sind.

Doch auch wenn vieles weichen
musste und viel kreativer Raum in
den ehemaligen Industrieanlagen verschwunden ist, findet sich an anderer
Stelle immer noch viel Kreatives. So
zieren zum Beispiel Murals und Graffiti viele Hausfassaden, vor allem in
der Heliosstraße und am Ehrenfelder
Bahndamm entlang der Stammstraße,
aber auch in der Vogelsanger Straße
oder am Ehrenfeldgürtel neben dem
Afro Shop von Megitta. Im September
2011 wurde die Ehrenfelder Street-Art
sogar international, weil im Rahmen
des Urban-Art-Festivals *City Leaks*
einige internationale KünstlerInnen
Fassaden bemalten, wie zum Beispiel
Claudia Ethos aus Brasilien, die in der

Vogelsanger Straße 28-32 das Bild eines Kindes ohne Unterkiefer anbrachte, oder der chilenische Künstler Inti, der etwas weiter an der Nummer vierzehn Elemente der südamerikanischen Ureinwohner mit seinen Graffitis kombinierte.

Die Körnerstraße ist eine besonders kreative Straße mit vielen kleinen, individuellen Geschäften und Cafés. Es lohnt sich aber, auch durch die anderen kleinen Seitenstraßen der Venloer Straße zu bummeln, in ihnen verbirgt sich so manche Besonderheit, die man nicht erwarten würde. In der Wahlenstraße zum Beispiel ein *Buchsalon* oder in der Neptunstraße die erste neuzeitliche Badeanstalt eines Kölner Stadtteils. 1912 als *Städtische Badeanstalt Ehrenfeld* eröffnet, wurde das Jugendstilbad 1914 in *Neptunbad* umbenannt. Seit 1993 steht ein Brunnen vor dem Bad mit einer Skulp-

tur des Bildhauers Fritz Fein-Jankowski, die einen *Kappesboor*, einen Kohlbauern, darstellt, der auf einer mit Kohl gefüllten Kiste sitzt. Die *Kappesboore* wurden auch in einem Volkslied von Claus Wirts aus dem Jahr 1885 besungen, der sogenannten *Kongo-Polka De kölsche Kappesboore*, von der es auch eine Version der kölschen Band *Bläck Fööss* gibt: »De kölsche Kappesboore, die han kein Arbeit mih, zick durch die neu Stadtmoore ehr Gähde sin futtüh. Der Chress, et Nies un and're, die trecke fott vun Huus: Noh Afrika se wand're met ihrem Brassel us. Dat Port'monee voll Füß su rofe se: Adjüss! Heut sehn wir uns zum allerletztenmal, jetzt geht's nach Afrika ...«, lautet die erste Strophe des Lieds. Nachdem viele Kohlbauern aufgrund des Baus von Ehrenfeld ihre Arbeit verloren haben, wanderten einige von ihnen nach Afrika aus, um ihr Glück in den deutschen Kolonien, unter anderem in Teilen der heutigen Republik Kongo, zu finden.

Der ehemalige Ehrenfelder Hausarzt Peter Rosenthal hat in dem von ihm herausgegebenen Buch *Venedig ist auch nicht viel größer als Ehrenfeld* über seine Beziehung zum Neptunbad geschrieben, das er während seiner Zeit als Assistenzarzt in einem Krankenhaus in Lindenthal in den 1980er-Jahren öfter besuchte. Damals gab es dort noch ein Dampfbad, eine Sauna und einen Ruheraum mit kratzigen Militärdecken, man konnte »Flönz«, eine schwach geräucherte Blutwurst, oder »Halver Hahn«, ein Roggenbrötchen mit Gouda und Gewürzzutaten, essen und sich von einem »Zyklopen« massieren lassen: »Sein Gesicht erinnerte an einen Zyklopen, denn er war auf einem Auge blind, während das gesunde Auge etwas verrutscht schien«, so Peter Rosenthals Beschreibung des damaligen Masseurs. Doch die Zeiten haben sich geändert und nachdem das Bad 1994 geschlossen wurde, weil die notwendigen Sanierungsarbeiten nicht finanziert werden konnten, wurde es 1998 zwar denkmalgeschützt, aber 2002 schließlich an einen Investor verkauft. Heute ist es ein »Wellnesstempel«: »Nun ist das ehemalige Schwimmbecken ein Kraftraum, die Umkleide

ein Restaurant und das Dampfbad eine Glaszelle. Die Ruheräume sind zu duftholzgetränkten Separees umfunktioniert worden und der erbarmungslose Masseur, alias Zyklop ist von ansehnlichen Masseurinnen ersetzt worden«, schreibt Peter Rosenthal weiter. Und »Flönz« oder »Halver Hahn« kann man dort auch nicht mehr essen. Nur der Name des neuen Restaurants, *Baden-Baden*, erinnert noch an seine Vergangenheit als Irisch-Römisches Bad.

Auch wenn sich Ehrenfeld immer wieder verändert, viel Neues entsteht und immer mehr architektonische Zeugnisse der industriellen und handwerklichen Vergangenheit verschwinden, aus einem Arbeiterviertel ein angesagtes Viertel geworden ist, spürt man den alten Geist des Veedels noch immer. Ob man nun über die geschäftige Hauptader, die Venloer Straße, oder durch die kleinen, fast schon dörflichen Seitenstraßen läuft. Nicht nur die Südstadt *is eh Jeföhl*, es gibt auch das Ehrenfeldgefühl.

JUDITH GERWING

*Unternehmensberaterin und Funkenmariechen
des* Kölsche Funke rut-wieß vun 1823 e.V.

———

ULREPFORTE

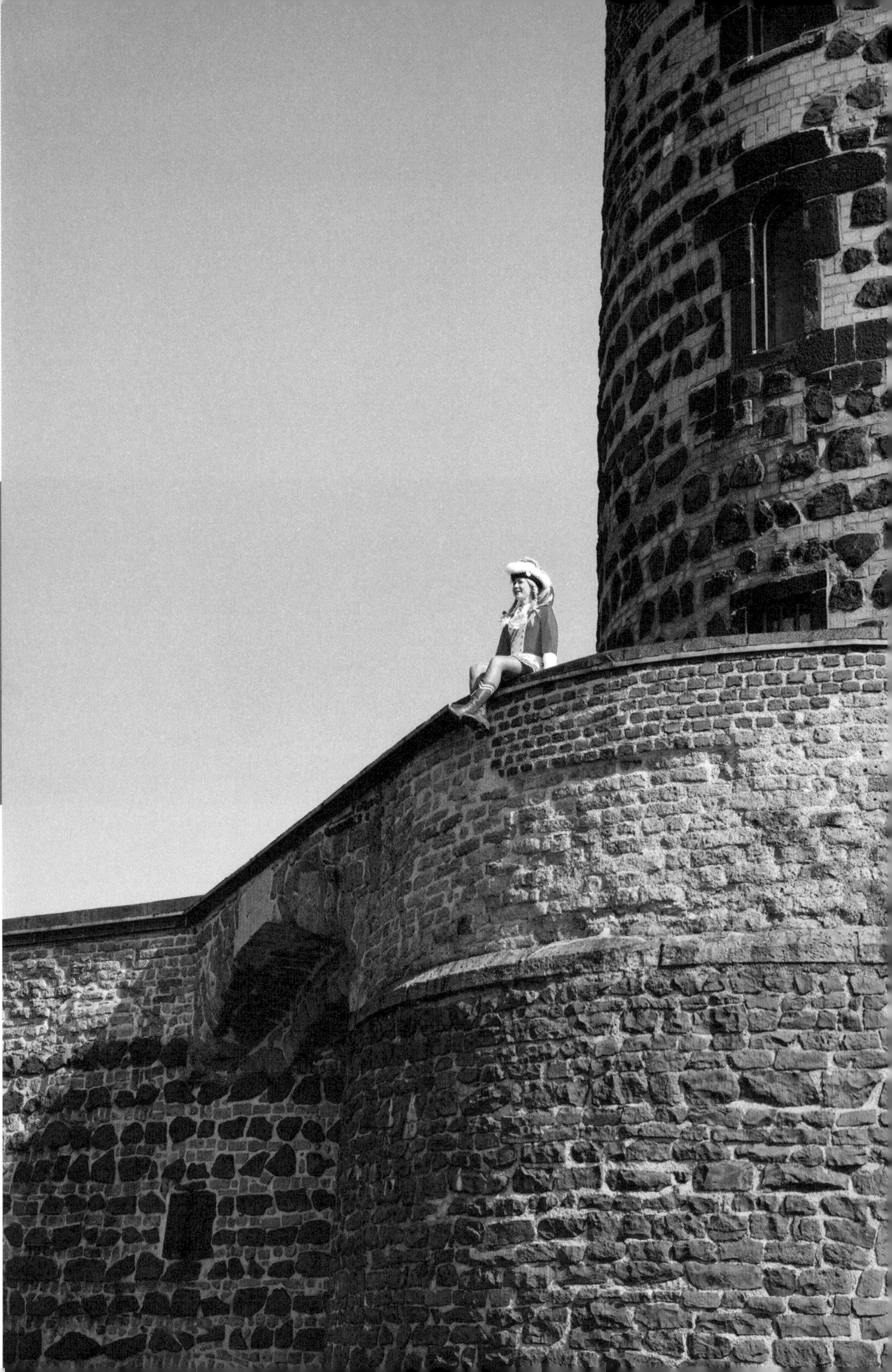

Die *Ulrepforte*, auf Kölsch auch *Ühlepooz* genannt, ist ein Teil der mittelalterlichen Stadtmauer von Köln. Mit knapp vier Metern war sie das kleinste der siebzehn Stadttore. Das kleinste ist für mich das größte Tor, das Eingangstor ins Herz von Köln, denn die *Ulrepforte* hat heute natürlich nicht mehr die Funktion eines Eingangstors in die Stadt Köln, sondern sie dient den *Kölsche Funke rut-wieß vun 1823 e.V.* als Unterkunft und Bleibe. Sie beherbergt die etwa siebenhundertfünfzig männlichen Mitglieder und eine Frau, das Funkenmariechen. Seit dem Jahr 2016 darf ich das Funkenmariechen der *Kölsche Funke* verkörpern. Das Funkenmariechen ist zusammen mit dem Tanzoffizier das

Das Herz von Köln

von Judith Gerwing

Für mich als Funkenmariechen des ältesten Traditionscorps von Köln, des Kölsche Funke rut-wieß vun 1823 e.V., *ist die* Ulrepforte *das Tor ins Herz der Stadt, dem Kölner Karneval.*

Aushängeschild für die *Roten Funken* und auch für den Kölner Karneval. Zusammen mit den Kameraden zieht das Tanzpaar durch die Säle von Köln und bietet dem Publikum Freude und Spaß durch akrobatische Tanzeinlagen. Eine Session dauert vom 11.11. bis zum Aschermittwoch. In dieser Zeit wird aus einem Hobby ein Vollzeitjob, denn knapp achtzig Auftritte stehen in dieser Zeit auf dem Plan. Das bedeutet, dass wir fast jeden Abend zusammen auf Tour sind.

Ich erinnere mich noch an den Tag, an dem ich das erste Mal die »Heiligen Mauern« der *Kölsche Funke rut-wieß vun 1823 e.V.* betreten durfte. Für mich war dies ein ganz besonderer Moment, fast schon magisch. Ich muss dazu erwähnen, dass ich aus Bonn stamme und der Kölner Karneval für mich so weit entfernt war, wie die Champions League für einen Fußballer der Kreisliga. Zu dem Zeitpunkt meiner Bewerbung war ich fünfundzwanzig Jahre alt und tanzte schon einige Jahre im Bonner Karneval. Ich wollte meinen Ehrgeiz befriedigen und mich unbedingt bei den *Roten Funken* bewerben. Ich war mir zwar fast sicher, dass eine Tänzerin aus Bonn keine Chance bei den *Roten Funken* hat. Aber die Liebe zum Karneval und Tanzen war bei mir immer schon extrem stark ausgeprägt. Die Leidenschaft, die Hingabe und das Verständnis des Karnevals sind für mich sehr wichtig und haben wahrscheinlich auch dazu geführt, dass sich die Funken damals für mich entschieden haben, auch wenn ich keine gebürtige Kölnerin bin.

Nachdem ich also einen Casting-Marathon hinter mich gebracht hatte, stand ich eines Abends nun hier am Eingang der *Ulrepforte* als das neue Funkenmariechen der *Roten Funken*. Die Funken treffen sich in der Regel abends, um einen schönen und geselligen Abend miteinander zu verbringen. Bei Nacht wird die *Ulrepforte* besonders schön angeleuchtet und zeigt sich von ihrer besten Seite. Das alte Gemäuer bildet einen wunderschönen Kontrast zu dem sonst eher neubebauten Gebiet in der Kölner Südstadt und liegt direkt an einer stark befahrenen Straße, dem Sachsenring. Beim Betreten bemerkte ich sofort die Ruhe, die durch die dicken Wände und Mauern ausgestrahlt wird, trotz des Trubels, der um sie herum herrscht. Es ist eine Mischung aus Frohsinn und Ehrwürdigkeit die mich jedes Mal am Eingang der *Ulrepforte* überkommt. Ehrwürdig deshalb, weil die Pforte als Teil der alten Stadtmauer so viele Jahrhunderte überdauert hat, und natürlich auch, weil die *Roten Funken* dort als ältestes Traditionskorps im Kölner Karneval ihre Heimat gefunden haben. Diese Mischung aus unterschiedlichen geschichtlichen Zeiten macht dieses Wahrzeichen von Köln zu einem ganz besonderen. Ich würde fast schon behaupten zu einem einmaligen und außergewöhnlichen Wahrzeichen. Was ich mit Frohsinn meine, wird jeder wissen, der einmal einen Abend mit den Funken in der *Ulrepforte* verbringen durfte. Ich würde es als »echt Kölsch« bezeichnen und für alle Außenstehenden nur ganz schwer nachzuvollziehen.

Die *Ulrepforte* verfügt über zwei kleine Säle, die von den Mitgliedern für die unterschiedlichsten Veranstaltungen genutzt werden. Sie bieten bei weitem keinen Platz für alle Mitglieder, aber für die einzelnen *Knubbel* (1.-, 2.-, 3.-, und 4.- Knubbel – quasi Abteilungen der Funken). Besonders geschichtsträchtig ist

der Turm. Er verfügt über mehrere Etagen und ist etwa vierundzwanzig Meter hoch. Die schmalen Treppen des Turms führen zu mehreren Etagen. Für jede Etage haben die Funken eine besondere Verwendung gefunden und beherbergen hunderte von Kunstwerken und einzelne besondere Stücke aus der Funken-Geschichte. Den krönenden Abschluss bildet die letzte Etage des Turms. Der Ausblick über die Stadt ist einzigartig.

Ich darf nun bereits seit fünf Jahren die *Ulrepforte* als mein karnevalistisches Zuhause bezeichnen. Es gibt keine bestimmte Zeitspanne oder Altersbeschränkung, wie lange man Mariechen bleibt. Ich sage immer: Solange meine Zeit es zulässt und »ming Hätz« immer noch im Karnevalstakt schlägt, bleibe ich das Mariechen der *Roten Funken*. Zu Beginn meiner Zeit strahlten die

alten Gemäuer für mich eine erhabene und fast schon geheimnisvolle Atmosphäre aus. Nach mehreren Jahren muss ich gestehen, dass sich dies verändert hat. Das Geheimnisvolle ist dem Familiären gewichen. Für mich ist nicht nur die *Ulrepforte* mein karnevalistisches Zuhause geworden, sondern auch die Funken sind für mich wie eine Familie. Mit jedem einzelnen verbinde ich eine ganz besondere Geschichte. Die Funken sind ein Querschlag durch die ganze Gesellschaft und dass macht diesen Verein im Kölner Karneval einzigartig.

Wenn man davon spricht, dass es gefunkt hat, dann meint man damit, dass man sich verguckt beziehungsweise verliebt hat. Nichts passt mehr als diese Worte. Ich würde sagen, es hat gefunkt! Einmol ne Funk, immer ne Funk!

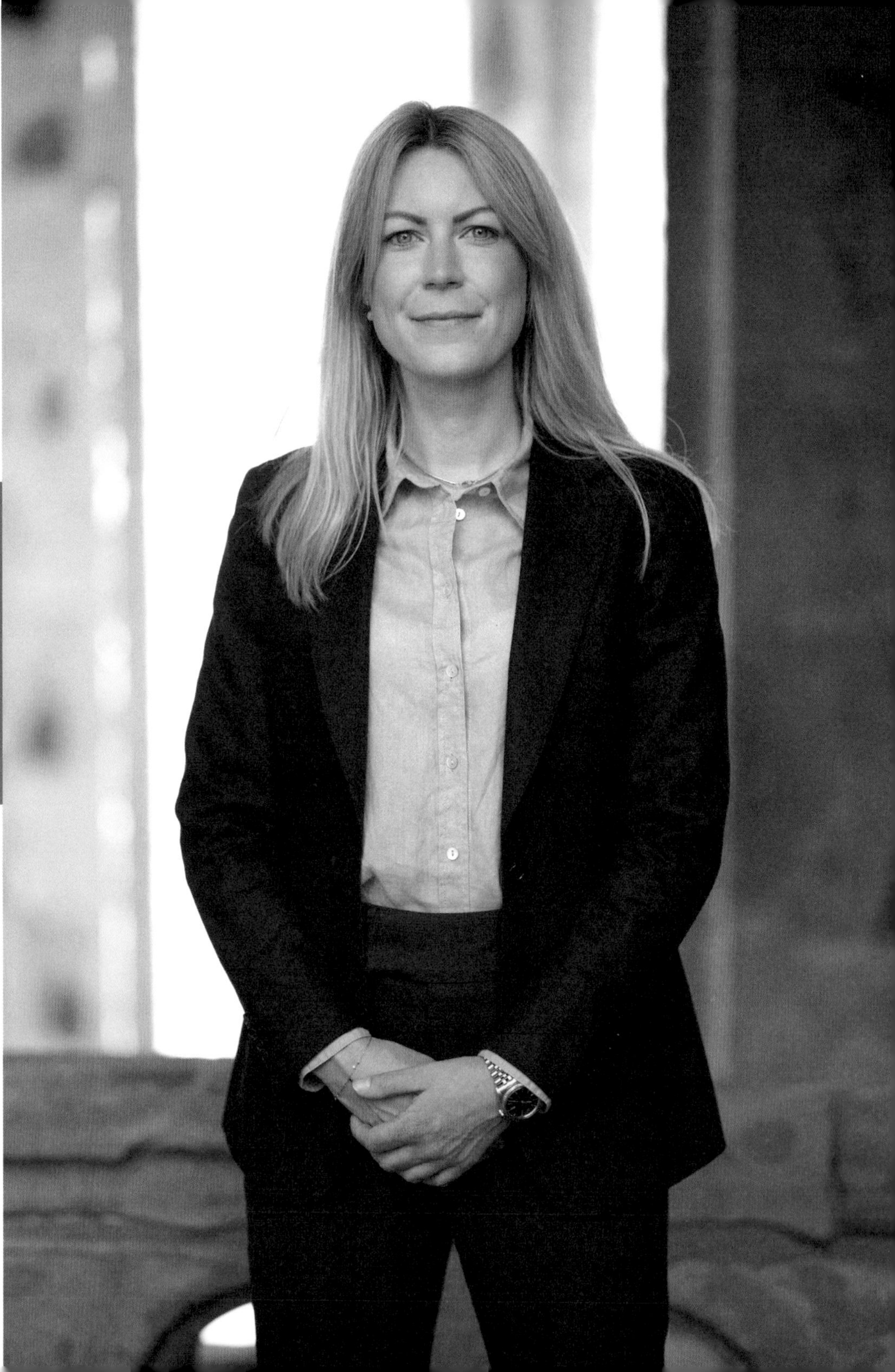

Judith Gerwing

Mit acht Jahren fing Judith Gerwing, Jahrgang 1991, beim Beueler Stadtsoldaten-Corps *Rot-Blau 1936 e. V.* an zu tanzen. Bonn-Beuel ist ihr Heimatort, hier ist sie geboren und aufgewachsen. Damit wurde ihr das Karnevalsgen quasi in die Wiege gelegt, denn neben Köln, Düsseldorf und Mainz zählt dieses rechtsrheinische Stadtviertel von Bonn zu den historischen Wiegen des rheinischen Karnevals. 1824 entstand dort die Weiberfastnacht. Seit fast zweihundert Jahren stürmen die Beueler Wäscherinnen am Donnerstag vor Rosenmontag das Rathaus und nehmen es für die Fastnachtszeit in ihren Besitz. »Meine Familie hat mir dieses Gen natürlich in die Wiege gelegt. Meine wunderbare Mama spielt dabei auch eine große Rolle, denn sie hat mich immer frei entscheiden lassen, wie ich meine Freizeit gestalte. Ich wollte unbedingt im Karneval tanzen, also hat sie mich dort angemeldet.« Bei den Beueler Stadtsoldaten tanzte Judith Gerwing, bis sie Mariechen der Kölner *Roten Funken* geworden ist, also bis zum Ende der Session 2015/2016.

In ihrem anderen Leben arbeitet Judith Gerwing als Unternehmensberaterin im Finanzdienstleistungssektor. Sie ist gelernte Bankkauffrau und hat lange in einer Bank gearbeitet. Daneben hat sie noch ihren Bachelor (BA) gemacht und ist nach einer Zwischenstation bei einem IT-Dienstleister für Banken in der Unternehmensberatung tätig. Dort beschäftigt sie sich hauptsächlich mit dem Thema Risikocontrolling in Banken. »Seit August 2021 studiere ich nebenberuflich an der Universität in Münster. Mein baldiger Abschluss ist dann der Master (*MBA – Accounting & Controlling*). Ich habe wirklich lange überlegt, ob ich diesen Schritt noch gehen soll. Natürlich habe ich auch darüber nachgedacht, ob ich mal eine Familie gründen möchte. Und gerade dieser Punkt ist für mich enorm wichtig, denn Frauen müssen nicht zurückstecken, weil irgendwann mal eine Familie geplant ist oder vielleicht auch nicht! Wer weiß das schon mit Mitte zwanzig oder Anfang dreißig. Ich weiß es definitiv nicht. Ich kann alles planen und durchdenken, aber jeder weiß, dass es immer anders kommt, als man denkt. Also habe ich die Chance genutzt und das gemacht, was ich schon immer machen wollte: meinen Master! Und es ist mir dabei völlig egal, ob ich irgendwann mal Familie haben werde, der Master nebenberuflich sehr teuer ist oder ob sich das ganze Vorhaben Master überhaupt auszahlt. Hauptsache ist, dass ich meine Träume leben kann und ich alles schaffen kann, was ich möchte und mir vornehme! Ich finde, so sollten alle Frauen denken.«

In Ihrem Beruf ist sie oft in ganz Deutschland unterwegs. Job, Studium und Karneval unter einen Hut zu bringen, gleicht oft einem Drahtseilakt: »Das Studium in Münster vereinfacht die Situation nicht wirklich. Ich habe einen ganz tollen Tanzpartner, Florian Gorny, und eine super Trainerin, Andrea Schug, die beide sehr flexibel sind und wir dadurch das Training auch mal aufs Wochenende legen können. Zusätzlich habe ich Rückhalt durch meinen Arbeitgeber, da er mich für die Zeit ab dem 1.1. eines Jahres bis zum Aschermittwoch in Köln hält und nicht innerhalb Deutschlands rumschickt. Also zusammengefasst kann ich sagen, dass dies alles nur klappt, wenn man alles perfekt organisiert und viel miteinander kommuniziert. Das ist bei uns zum Glück der Fall. Außerdem ist das Tanzen für mich nicht nur eine Leidenschaft, sondern auch ein Ausgleich zu meinem anstrengenden und herausfordernden Berufsleben. Ich mache generell gern Sport und gleiche damit enorm viel aus. Mittlerweile treibe ich fünf Mal in der Woche

Sport: Ich tanze, laufe, spiele Tennis, mache Wintersport und Yoga.«

Köln und Bonn liegen zwar nah beieinander, doch da ihr Leben mit Beruf, Studium und Tanz schon prall gefüllt ist, wollte sich Judith Gerwing die tägliche Fahrt sparen und ist im März 2018 nach Köln gezogen: »Die tägliche Pendelei zwischen Köln und Bonn hat mich wirklich enorm viel Zeit gekostet. Zu Beginn meiner Kölner Tanzkarriere war ich mir sicher, dass ich niemals nach Köln ziehen werde. Mir war es am Anfang viel zu groß und zu unpersönlich. In Bonn lebt meine gesamte Familie, und da ich ein großer Familienmensch bin, wollte ich dort niemals weg. Tja, wie bereits erwähnt, kommt es immer anders als man denkt. Nach einer Trennung entschloss ich mich (etwas unüberlegt), nach Köln zu ziehen, einfach nur, um sagen zu können, dass ich alles einmal ausprobiert habe. Zu diesem Zeitpunkt war ich siebenundzwanzig Jahre alt. Und was soll ich sagen, es hat gefunkt! Und für den Moment kann ich mir nicht mehr vorstellen, hier wieder wegzuziehen. Köln ist für mich meine Heimat geworden. Aber auch hier würde ich mich niemals festlegen. Vielleicht ziehe ich irgendwann auch nochmal in eine andere Stadt. Einen gewissen Reiz haben neue Dinge auf mich jedenfalls immer.«

EIN JECKER TURM

Die Mauern der Ulrepforte *am Sachsenring 42
erzählen knapp achthundert Jahre Stadtgeschichte und
sind dank der* Roten Funken *immer noch erhalten.*

Die *Ulrepforte* ist ein ehemaliges Stadttor aus dem 13. Jahrhundert. Sie entstand um 1230 und gehört zu den
ältesten Profanbauten der Stadt. 1271
wurde das Doppelturmtor mit mehrge-
schossigem Mittelbau und Durchfahrt
zum ersten Mal als *Ulrepforte* bezeichnet. Der erste Teil des Namens, *Ulre*,
leitet sich von dem mittelhochdeutschen
Wort *Ulner* oder *Euler* ab, was den
Berufsstand der Töpfer bezeichnete.

Diese mussten wegen der Brandgefahr,
die beim Töpfern entsteht, ihr Handwerk
in unbewohnten Gegenden ausüben,
meist jenseits der Stadtmauer, vermutlich auch jenseits der *Ulrepforte*. Ab
1566 gab es somit aus Sicherheitsgründen innerhalb der Kölner Stadtmauern
überhaupt keine Steinzeugtöpfer mehr.
Sie waren bei den BürgerInnen der Stadt
nicht besonders beliebt, nicht nur, weil
aufgrund ihrer Brennöfen die stete

Gefahr eines Brandes drohte, sondern auch, weil ihr enormer Bedarf an Brennholz die Holzpreise in die Höhe trieb.

Die Pforte lag an keiner der bedeutenden Eingangsstraßen in die Stadt. Die von ihr ausgehende Eulergasse, heute Ulrichstraße, führte hinaus auf landwirtschaftlich genutzte Flächen. Aufgrund dessen glaubte man, dass sie für den Schutz der Stadt weniger bedeutend war und baute sie kleiner als die meisten anderen Stadttore der mittelalterlichen Stadtmauer. Für die Kölner Stadtgeschichte hat sie durchaus eine große Bedeutung: 1268 kam es an der *Ulrepforte* zu einer Schlacht zwischen den rivalisierenden Kölner Patriziergeschlechtern der Overstolzen und der Weisen. Die zuvor aus der Stadt vertriebenen Weisen versuchten am Abend des 14. Oktober 1268 an der

Ulrepforte mit fünftausend Mann in die Stadt einzudringen, was bemerkt und den Overstolzen verraten wurde. Obwohl diese in der Eile mit nur vierzig Mann personell weit unterlegen waren, konnten sie unter der Führung von Matthias Overstolz die Angreifer in einer blutigen Schlacht, der allerdings Overstolz selbst zum Opfer fiel, besiegen. Es ging in der Schlacht nicht nur darum, dass die Overstolzen nicht untergehen, sondern auch darum, dass Köln unabhängig blieb. Ein Reliefdenkmal an einem erhaltenen Stück der Stadtmauer neben der *Ulrepforte* zeugt von diesem Ereignis, das Köln die Unabhängigkeit bewahrte.

Mitte des 15. Jahrhunderts wurde das Tor der Pforte zugemauert und auf dem kleineren der Türme eine Windmühle gebaut. Bis Ende des 19. Jahrhunderts wechselte das Gebäudeensemble immer

wieder die EigentümerInnen, wurde umgebaut und erweitert. Von der Fabrikantenfamilie Guilleaume, Besitzer der *Carlswerke* in Mülheim, wurde es für einige Jahre als Lagerraum genutzt. 1885/86 baute die Familie es in eine Gaststätte um. Die Kartäuser-Mühle wurde abgerissen, auf der sogenannten *Caponnière* ein Restaurant errichtet, der Turm erhielt eine neue, neogotische Haube und einen Aussichtsraum mit umlaufender hölzerner Galerie, von der aus die SonntagsausflüglerInnen und SpaziergängerInnen einen weiten Blick sowohl über die Stadt als auch ins Umland genießen konnten.

Als man 1881 zur Erweiterung der Stadt damit begann, die historische Stadtmauer abzureißen, wurde die *Ulrepforte* zum historischen Denkmal erklärt und blieb erhalten. Den An-

schluss der Pforte an die ehemalige Stadtmauer erkennt man noch heute.

Die Witwe des Kommerzienrats Franz Carl Guilleaume und Tante des Schauspielers Gustaf Gründgens, Antoinette Guilleaume, schenkte die *Ulrepforte* 1907 der Stadt Köln, die sie zunächst weiterhin als Gaststätte verpachtete.

Im Zweiten Weltkrieg bot die *Ulrepforte* vielen KölnerInnen Zuflucht vor den Bombenangriffen und wurde als Luftschutzraum genutzt. Allerdings erlitt sie selbst schwere Schäden und wurde fast vollständig zerstört. Nur der östliche Turm hielt dem Bombenhagel wie durch ein Wunder stand und blieb unversehrt. Zehn Jahre blieb die *Ulrepforte* ungenutzt, bis 1955 wieder Uniformierte einzogen, nämlich die älteste Korpsgesellschaft des Kölner Karnevals, die *Kölsche Funke rot-wieß vun 1823 e. V.*

Der Name der Funken ist eine Anspielung auf die Stadtsoldaten der Freien Reichsstadt Köln. Diese wurden aufgrund der Flammensymbole auf den umgeschlagenen Rockschößen ihrer roten Uniformen scherzhaft Funken genannt. Im 17. und 18. Jahrhundert besaßen die Stadtsoldaten keinen guten Ruf, denn sie waren schlecht ausgebildet und schlecht besoldet. Das Wiederaufleben der Funken im Kölner Karneval ist eine Persiflage an die ehemaligen Stadtsoldaten, ironisiert aber auch das ungeliebte preußische Militär, ehemals Ordnungsmacht in Köln und dem Rheinland. Besonders der *Stippeföttche*, ein bei den Karnevalsgarden im Rheinland gebräuchlicher Tanz, persifliert das Soldatentum und den Militarismus: Jeweils zwei Gardisten stehen Rücken an Rücken, gehen leicht in die Knie und strecken sich mit vorgehaltenen Gewehren (*Knabüs*) oder Säbeln (*Zabel*) ihre Hinterteile entgegen, die sie dann im Rhythmus der Marschmusik beim sogenannten *Wibbeln* aneinanderreiben. *Föttche* heißt Popöchen und stippen oder hervorstippen kommt von hervorstehen. Der Marsch der *Roten Funken* lautet »Ritsch, ratsch – de Botz kapott« (»Ritsch, ratsch – die Hose kaputt«).

Wie heute Karneval in Köln und dem Rheinland gefeiert wird, mit Komitees, Saal- und Straßenveranstaltungen, mit Garden und Traditionskorps, Umzügen

und dem Dreigestirn, geht zurück auf die Karnevalsreform aus dem Jahr 1823. Närrisches Treiben zur Wintersonnenwende ist seit der Antike in Köln belegt. Im Laufe des Mittelalters wurde Karneval (vom Lateinischen »carnem levare«, was übersetzt »Fleisch wegnehmen« bedeutet) zu einem ausgelassenen Fest mit Völlerei am Vorabend der christlichen Fastenzeit. Dieser Fastabend wurde unter dem Begriff *vastavent* 1341 zum ersten Mal in Köln protokolliert. Nachdem die Handwerkerzünfte während der französischen Besatzung aufgelöst wurden, fehlte dem Fest vor allem auf der Straße eine ordnende Hand und wurde immer vulgärer. Das junge Bildungsbürgertum wurde Anfang des 19. Jahrhunderts die gestaltende Gesellschaftskraft und gründete 1823 das *Festordnende Comité* des Karnevals, das heutige *Festkomitee Kölner Karneval*, wodurch die närrischen Tage eine neue, auch heute immer noch gültige Struktur bekamen. Die großen Karnevalsgesellschaften sind das ganze Jahr über als Mäzene und Förderer der Stadt und ihrer Kultur aktiv.

Wie man an dem Engagement der *Roten Funken* für die *Ulrepforte* sehen kann: Als die *Roten Funken* 1955 die *Ulrepforte* oder Ühlepooz, wie sie auf Kölsch heißt, in Erbpacht übernahmen, war sie ein halber Trümmerhaufen. Es musste sehr viel Schutt abgetragen werden, bevor am 30. September 1956 das Erdgeschoß und der Turm als neues karnevalistisches Hauptquartier eingeweiht werden konnte. Seitdem nutzen die *Funken* das alte Stadttor nicht nur für ihre Vereinszwecke, sondern restaurierten und rekonstruierten es mit hohem finanziellen Aufwand, seit 1966 mit Hilfe eines Fördervereins, des Vereins der *Freunde und Förderer der Ühlepooz*, die *Fritz Everhan-Stiftung e.V.* Sie erhalten es damit als Baudenkmal für die KölnerInnen und die Stadt und leisten so einen wichtigen Beitrag zur Stadtgeschichte und zum Denkmalschutz.

Auch wenn die ganz großen Arbeiten seit dem Jahr 2000 abgeschlossen sind, wird die Sanierung, Reparatur und Restaurierung eines solch alten und historischen Gebäudes eine endlose Angelegenheit sein, die aber, wie die Funken auf ihrer Website schreiben, »allen Beteiligten Freude bereitet.«

Doch nicht nur für die Erhaltung der *Ulrepforte* setzen sie sich ein, sondern auch, getreu ihrem Leitbild, das sie auf ihrer Website ausführlich beschreiben, für Menschen, »die nicht auf der Sonnenseite des Lebens ihren Platz gefunden haben.« So sammeln sie an den Karnevalstagen mit ihren »Kötterbüchsen« (Kölsch *kötter* bedeutet die Hand aufhalten) hohe Summen für soziale Zwecke. Auch innerhalb des Ver-

eins respektiere man einander und »findet Freunde fürs Leben«. So heißt es auf der Website weiter: »Wenn man die Uniform des *Roten Funken* überzieht, spielen Berufsstand, sozialer Status, Herkunft oder Kontostand keine Rolle mehr. Alle sind gleich – eben *Rote Funken*. Das erleichtert das Zusammenleben und stellt die sozialen Kompetenzen in den Vordergrund. Und wenn man von der Uniform in die Alltagskleidung wechselt, bleiben Beziehungen, die mehr sind als ein Netzwerk von nützlichen Kontakten.«

Dank der *Roten Funken* wurde aus einem einstmals unwichtigen kleinen Stadttor ein Leuchtturm des Karnevals, ein jecker Turm, der sein Licht über die ganze Stadt ausstrahlt und der hoffentlich ewig leuchten wird. Denn schließlich »sind die *Roten Funken* nicht nur zu einem Synonym für den Karneval in Köln, sondern auch für das Lebensgefühl der Kölner geworden.«

In diesem Sinne: Kölle Alaaf – nichts geht über Köln!

KERSTIN STUTTERHEIM

*Filmemacherin, Film- und
Kulturwissenschaftlerin, Dramaturgin*

KUNSTHOCHSCHULE FÜR
MEDIEN KÖLN

Ganz abstrakt war Köln zunächst auch für mich, wie für viele Menschen auf der Welt, die Stadt, in der dieser faszinierende Kölner Dom steht, die Hohe Domkirche St. Petrus, ein Meisterwerk der Gotik. Wie fast alle meine Anknüpfungspunkte zu Köln ist auch die Annäherung an den Dom vom Film geprägt. Denn seit meiner Kindheit bin ich durch einen Spielfilm über einen jugendlichen Assistenten des Bildhauers und -schnitzers Veit Stoß von der Marienbasilika in Krakau, auf polnisch *Kościół archiprezbiterialny Wniebowzięcia Najwiętszej Marii Panny w Krakowie*, fasziniert. Sie wurde ungefähr zur gleichen Zeit wie die Hohe Domkirche gebaut und ist ebenso wie diese geprägt von der

Stadt des Films

von Kerstin Stutterheim

Von 2020 bis 2021 war ich Rektorin der Kunsthochschule für Medien Köln (KHM) *und schätze Köln vor allem für seine wundervollen Orte der Kunst.*

in den Himmel strebenden gotischen Architektur – auch ein Meisterwerk der Baukunst.

Köln ist eine Stadt, der ich mich über verschiedene Anlässe angenähert und von ihr wieder entfernt habe. Meine filmische Arbeit und wissenschaftlichen Veröffentlichungen über Film brachten mich immer wieder in diese Stadt, zunächst für kürzere Besuche. Köln war und ist für mich vor allem eine Stadt des Films, des Dokumentarfilms, daneben auch der Modernen Kunst und der Gegenwartskunst. Pole sind für mich dementsprechend die *Filmpalette*, das *Museum Ludwig* mit dem *Filmforum* und der WDR.

Mit dem WDR konnten Niels Bolbrinker und ich unseren Film über die Thuranos, eine Varieté-Artisten-Familie, realisieren: Konrad Thur ist in Düsseldorf aufgewachsen, seine Frau Henriette eine Althoff aus der berühmten Kölner Zirkusdynastie. Gelegentlich findet man in Köln noch den einen oder anderen Hinweis auf die Althoffs. Ebenfalls und mehrfach mit Köln verknüpft ist ein weiterer Film, *Fliegen und Engel*, den wir über Ilya und Emilia Kabakov und die Kunst der »totalen Installation« realisiert haben. Der WDR/*3sat*-Redakteur Reinhard Wulf hat das Projekt sehr unterstützt und betreut. Im *Museum Ludwig* wurden schon sehr früh Arbeiten von Ilya Kabakov präsentiert und eine der Kölner Galerien vertritt ihn bis heute. Der Film bleibt mit Köln verknüpft, da Joachim Kühn diesen über den Kölner Filmverleih *RealFiction* verleiht. So gab es dann auch eine Deutschland-Premiere in der *Filmpalette*, mit angeregter Diskussion im Anschluss. Die *Filmpalette*, ein Filmkunstkino in der Lübecker Straße, ist der Ort in Köln, an dem regelmäßig Kino-Dokumentarfilme gezeigt werden. Sie ist mit der *Kunsthochschule für Medien* eng verbunden, an der neben den Medienkünsten auch Dokumentarfilm gelehrt wird.

Das *Museum Ludwig* in Köln ist einer meiner Lieblingsorte, ein beglückender Ort. In der großzügigen Architektur erhalten faszinierende Werke der Gegenwartskunst einen Raum, aber auch BesucherInnen wird Raum zur Betrachtung, Kontemplation und Reflexion geboten. Durchblicke sind Teil der Erfahrung und Perspektiven werden eröffnet. Das *Museum Ludwig* beherbergt auch das *Filmforum*, einen weiteren Ort, an dem Dokumentarfilme, Arthousefilme, experimentelles, junges Kino, Filme des *Expanded Cinema* und Filme aus aller Welt gezeigt werden, die sonst kaum gesehen werden können. Im *Filmforum* hat die ebenfalls in Köln ansässige *Dokumentarfilminitiative (dfi)* das eine oder andere ihrer Foren ausrichten können, als Tagung, an denen über zwei Tage Filme oder Ausschnitte geschaut und Themen diskutiert wurden, die für DokumentarfilmerInnen, VerleiherInnen und ProduzentInnen relevant sind. Zu einer dieser Veranstaltungen war auch ich eingeladen. Es wird erzählt, dass sich im angeschlossenen Restaurant Menschen von Bedeutung begegnen.

Nach Köln gezogen bin ich Anfang 2020, kurz bevor mir die Leitung der *Kunsthochschule für Medien (KHM)* anvertraut wurde. Da durfte noch das Dokumentarfilmfestival *Stranger than Fiction* im *Filmforum* und der *Filmpalette* stattfinden. Auf mich wirkt Köln wie eine prächtige, stolze, verwundete und weitgehend abweisende Stadt. Dereinst prächtig, dann im Krieg weitestgehend zerstört und wiederaufgebaut, mit verdichteten Straßenzügen, Schnellstraßen, die die Stadt zerschneiden, und Einkaufsmeilen, durch die sich ständig Massen von Menschen schieben. An manchen Tagen ist es eine noch größere Herausforderung, auf einer dieser Einkaufsmeilen die Straßenseite zu wechseln, als eine der Schnellstraßen zu Fuß zu überqueren. Umzingelt ist die Stadt von Industrie und vielen Chemieanlagen, die abends wirken wie eine Science-Fiction-Film-Kulisse. Köln habe ich als eine auto- und konsumgerechte Stadt wahrgenommen, schon während gelegentlicher Besuche, vor allem aber in der Zeit, in der ich hier gewohnt habe. Ich jedoch bin seit meiner frühesten Kindheit Radfahrerin, kann auf ein Auto weitestgehend verzichten, aber Köln ist nicht fahrradfreundlich, trotz einiger Radwege. Man muss stets damit rechnen, dass einem Autofahrer aggressiv die Vorfahrt abschneiden, auf Radwegen parken oder beim Überqueren großer Kreuzungen RadfahrerInnen ignorieren. An schönen Tagen sind die Grünanlagen und Wege am Rhein ebenso dicht belagert wie die Einkaufsmeilen. Weniger dicht gedrängt geht es an den wunderbaren Kunstorten, die Köln zu bieten hat, zu. Sie können einerseits auf reiche Sammlungen zurückgreifen, andererseits aber auch stets mutige Ausstellungen anbieten, wie das *Rautenstrauch-Joest-Museum*, das ich als eines der vielfältigsten Museen der Stadt wahrgenommen habe. Es ist darüber hinaus auch ein schöner Ort zum Verweilen. Kunst interessiert mich persönlich mehr als Konsum.

Kurz vor meinem Amtsantritt änderte die Pandemie alles und ich habe vor allem den Ausnahmezustand gestalten müssen. Alles war anders als gedacht, die Welt und so auch die Hochschule sahen sich ungeahnten und neuen Herausforderung gegenüber. Es galt den Hochschulbetrieb weiter aufrechtzuerhalten. Ein nahezu unmögliches Unterfangen, da die Ausbildung an der *KHM* auf Teamarbeit ausgerichtet ist, in Studios stattfindet und auf Technologie angewiesen ist, die nicht einfach auf studentische Laptops verlagert werden kann.

Die *Kunsthochschule für Medien* wurde 1990 gegründet, sie ist somit eine der jüngeren staatlichen Kunsthochschulen. Sehr schnell wurde die Schule als bedeutend und attraktiv angesehen, weil sie, getragen von der Idee, ein Bauhaus der Medienkunst zu werden, so anders angelegt war. Die Schule wuchs und erstreckt sich nun über mehrere Standorte um den Filzengraben herum. Sie zog und zieht Studierende aus aller Welt an. Das Lehrangebot wurde um Film erweitert, zunächst um den Experimentalfilm, *Expanded Cinema*. Diese Filme zählen zur Medienkunst und werden vor allem in Galerien oder Kunstausstellungen gezeigt, wie die Arbeiten von Valie Export, die viele Jahre an der *KHM* lehrte. Seit einigen Jahren hat sich die Filmausbildung in Annäherung an den WDR in Richtung Fernsehspiel und Kinoauswertung verlagert. Und so konkurriert die im Vergleich eher kleine *KHM* mit den alteingesessenen Film-hochschulen und wird entsprechend mehr und mehr als Filmschule wahrge-nommen. Filme sind konsumerabler als Expanded-Cinema-Werke, erschließen sich leichter als die Medienkunst.

Wenige Wochen nach meinem Amtsantritt wurde bei mir Krebs diagnosti-ziert. Daraufhin habe ich ein ganz anderes Köln kennengelernt – Ärztinnen, Krankenschwestern, Pflegerinnen und Menschen mit Berufen, von denen ich vorher kaum etwas wusste, haben sich mit unermüdlichem Einsatz um mich bemüht, um mir ein Weiterleben zu ermöglichen. Begleitet von meiner aufmerk-samen Schwester, deren Praxis in Köln-Kalk liegt. Besuche und ergänzende Behandlungen bei ihr haben mir ein wenig Einblick in das Leben in Kalk gebo-ten, das sich von dem der Innenstadt einigermaßen unterscheidet. Die unter-schiedlichen Behandlungen haben sich über Einrichtungen in weiteren Teilen der Stadt erstreckt. Diese therapiebedingten Erkundungen haben mir eine neue Sicht auf Köln gegeben. So konnte ich während der vielen Stunden der Chemo-therapie die Kreuzung am Rudolfplatz beobachten, Holweide im Schnee erleben und in Merheim den vor der Klinik blühenden Magnolienbaum bewundern.

Die Therapien haben Kraft gekostet und werden noch Monate nachwirken, so fand ich es nur konsequent, das Amt der Rektorin der *KHM* vorzeitig abzuge-ben, da ich den Eindruck gewonnen habe, dass sich dieses mit einer Krebser-krankung und dem anschließenden Heilungsprozess kaum vereinbaren lässt. So habe ich Köln wieder verlassen.

Kerstin Stutterheim

Kunst und Geschichten haben mich schon immer fasziniert – Märchen, Legenden, Familiengeschichten, das Kino. Mindestens genauso Bildende Kunst. Erlebt habe ich aber auch, dass Interesse und künstlerisches Talent manchmal mit den Umständen kollidieren. Mein Lebenslauf ist alles andere als geradlinig verlaufen, so kann ich hier auch nur eine Grundlinie nachzeichnen. Begonnen habe ich als Industriekauffrau und Sachbearbeiterin. Über diesen Umweg habe ich mich an die Kunstinstitutionen heran- beziehungsweise in diese hineingearbeitet. So kam ich dann auch – nach einigen Zwischenstationen – ans *Deutsche Theater Berlin*, wo ich von der damals dienstältesten Dramaturgin des Hauses, Ilse Galfert, Regisseuren wie Alexander Stillmark und vielen anderen mehr unterstützt wurde. Studiert habe ich dann Theaterwissenschaft, Musiktheater und kulturelle Kommunikation, die deutsche Variante von »Cultural Studies«. Zunächst in Leipzig, dann an der *Humboldt-Universität* in Berlin. Eigentlich wollte und sollte ich nach dem Studium ans *Deutsche Theater* zurückkehren, aber dann wurde mein

Vertrag für ungültig erklärt, mit der Begründung, dass DDR-Regelungen nach dem Beitritt (auch unter »Wende« oder »Wiedervereinigung« bekannt) keine Bedeutung mehr haben, und ich musste mich komplett neu orientieren. Für mich stellte der Dokumentarfilm in dieser Umbruchzeit eine Entsprechung zu dem dar, was mich in der DDR am Theater interessiert hatte – es war das Medium, mit dem man über den Zustand der Gesellschaft und die individuellen Schicksale, die sich daraus ergeben, erzählen kann. Mit meinem ersten Film *Die Wäscherei* (D 1991, 63 Min) für *Das kleine Fernsehspiel* des ZDF konnte ich dies tun. Und der Film war für einen Debütfilm recht erfolgreich. Er war für den *Grimme-Preis* nominiert, auf verschiedene wichtige Dokumentarfilmfestivals eingeladen und das französische Kulturministerium hat ihn für die öffentlichen Bibliotheken angekauft. Anschließend habe ich einige Jahre freischaffend als Filmemacherin und Dramaturgin gearbeitet, mit kleineren künstlerischen Projekten und einigen Texten parallel. Meine Promotion über »Okkulte Hintergründe in dokumentarischen Filmen des ›Dritten

Reiches« an der *Humboldt-Universität* und dem *Zentrum für Antisemitismus* der *TU Berlin* konnte ich 1999 abschließen, als eine Kombination aus Film und Text. Heute würde man dies als künstlerische Promotion bezeichnen. Das Ineinanderwirken von künstlerischer Praxis und theoretischer Reflexion hat mich seit meinem Studium interessiert und

war damals vierzig Jahre alt –, denn relativ junge Frauen als Professorin waren (und sind) leider eher eine Seltenheit. Auch für meine Kinder bedeutete der Wechsel an Schulen in Bayern eine heftige Umstellung.

Als dann an der Filmhochschule in Potsdam eine Professur in Dramaturgie ausgeschrieben war und ich tatsächlich

»KÖLN WAR UND IST FÜR MICH VOR ALLEM
EINE STADT DES FILMS, DES DOKUMENTARFILMS,
DANEBEN AUCH DER MODERNEN KUNST
UND DER GEGENWARTSKUNST.«

KERSTIN STUTTERHEIM

so wurde die künstlerische Forschung zu einem meiner Schwerpunkte. Einige Filme und Veröffentlichungen später wurde ich 2001 auf meine erste, befristete Professur berufen, an die *Hochschule für angewandte Wissenschaften Würzburg-Schweinfurt*. Das Kollegium und die Studierenden waren großartig, Franken jedoch schon sehr anders als Berlin. Manchmal hielten mich Leute für die Sekretärin des Professors – ich

auf diese berufen wurde, bot dies die Chance für uns alle, wieder nach Berlin zurückzuziehen, und für mich, zu meinem Schwerpunkt, der Dramaturgie, zurückzukehren. An der *HFF*, die heute *Filmuniversität Babelsberg Konrad Wolf* heißt, wurde ich dann auch kurz darauf mit der Entwicklung und dem Aufbau des *Instituts für künstlerische Forschung* betraut. Auch an der Filmuniversität gibt es, wie an vielen anderen deutschen

Hochschulen und Universitäten, nach wie vor eine strikte Trennung von Theorie und Praxis. Fächer wie auch Lehrende zählen entweder zur Theorie oder zur Praxis und identifizieren sich auch entsprechend. Und künstlerisch-wissenschaftliche Forschung, in der künstlerische Arbeit und theoretische Reflexion ineinanderfließen, ist in Deutschland insgesamt ebenfalls eher die Ausnahme und wird kritisch beäugt, hinterfragt und oft ohne genauere Über-legungen als nicht-wissenschaftlich abgestempelt. Anders ist dies in Skan-dinavien und dem angloamerikanischen Raum. So habe ich mich dann an die *Bournemouth University* in Großbritan-nien abwerben lassen, wo ich knapp fünf Jahre eine Professur innehatte, in der Theorie, Forschung und Praxis un-trennbar verbunden waren. Der Brexit stellte dann einiges auf den Kopf. An der *Kunsthochschule für Medien Köln (KHM)* war kurz nach dem Brexit-Votum die Stelle des Rektors/der Rektorin aus-geschrieben, auf die ich mich bewarb.

Die *KHM* stellte für mich wegen ih-res Schwerpunkts in der Medienkunst und der Analogie zur Bauhaus-Pädago-gik im ursprünglichen Grundkonzept der Lehre eine der interessantesten deutschen Kunsthochschulen dar. An-getreten habe ich mein Amt kurz nach Ausbruch der Coronapandemie im ers-

ten Lockdown und an einer Hochschule im Ausnahmezustand. Nachdem mir kurz darauf Krebs diagnostiziert wurde und ich mit einer ansteigenden Reihe von Chemotherapien beginnen musste, stand ich vor der Herausforderung, das Amt und die Behandlung einigermaßen in der Balance zu halten, was mir je nach Intensität der Behandlung mehr oder weniger gut gelang. Die verschie-denen, über mehr als ein Jahr laufenden Behandlungen und ihre Folgewirkungen lassen sich mit diesem anspruchsvollen Amt in der gegenwärtigen Situation wenig vereinen, so stellte es sich mir dar, und daher habe ich diese Position vorzeitig freigegeben.

Nun lebe ich in Schottland, wo ich als Professorin in *Creative Practice* und *Head of Research* der *School of Arts and Creative Industries* an einer *Modern University* wirke. Menschen aus allen Regionen dieser Welt studieren, arbeiten und leben hier. Die Arbeit ist abwechslungsreich und eine Work-Life-Balance als Teil der Universitätspolitik gegeben. Darüber hinaus bietet Edin-burgh eine hohe Lebensqualität – hier finden sich viele Kunst- und Kultur-einrichtungen, aber auch viele Parkan-lagen, es liegt an einer Meeresbucht und ist auch ansonsten von viel Natur umgeben. Außerdem ist Edinburgh eine sehr fahrradfreundliche Stadt!

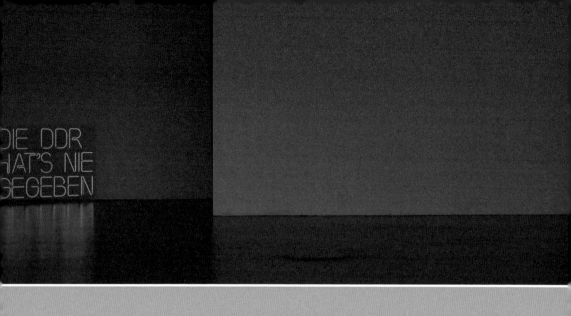

DIE DDR
HAT'S NIE
GEGEBEN

FILMSTADT KÖLN

*Am 20. April 1896 wurde zum ersten Mal in Deutschland öffentlich
ein Programm nur mit Filmen vorgeführt – in Köln und für ein zahlendes
Publikum Mit der* Kunsthochschule für Medien, *kurz* KHM, *besitzt Köln
seit 1990 eine wichtige Ausbildungsinstitution im Bereich Film.*

Vier Monate nach der ersten öffentlichen Vorführung eines Filmstreifens am 28.12.1895 in Paris fand auch in Köln eine Filmvorführung statt. Ludwig Stollwerck (1857–1922), zweitjüngster Sohn des Kölner Schokoladenfabrikanten Franz Stollwerck und im Unternehmen zuständig für Werbung und Vertrieb, hatte die exklusive Lizenz an dem *Cinématographe Lumière* der Brüder Auguste und Louis Lumière aus Lyon, der Kino

erst möglich machte, erworben und ihn nach Deutschland gebracht. Stollwerck gilt als einer der wichtigsten deutschen Filmpioniere und neben seiner Begeisterung für Automaten und technische Innovationen, versprach er sich von dem neuen Apparat auch hohe Gewinne.

Damals gab es noch kein Kino in der Stadt und so mietete die *Deutsche Automaten Gesellschaft*, ein Tochterunternehmen der Gebrüder Stollwerck,

am damaligen Augustinerplatz 12, heute Hohe Pforte genannt, einen Saal und zeigte zwölf kurze Filme aus Frankreich. Bereits einen Monat später, am 23. Mai 1896, wurden dem Kölner Publikum Kurzfilme aus der eigenen Stadt vorgeführt: *Am Kölner Dom nach dem Hauptgottesdienst* zeigte, wie Menschen nach dem Gottesdienst den Dom verlassen und über den Vorplatz laufen, in *Feierabend in einer Kölner Fabrik* wurden Szenen aus der *Stollwerck*-Fabrik in der Südstadt präsentiert und in der *Ankunft des Eisenbahnzuges* konnte das Publikum Reisenden zusehen, wie sie am Gleis, ein- und aussteigen, nachdem der Zug über die damalige Eisenbahnbrücke in den Bahnhof eingefahren ist, quasi direkt auf die Kamera zu.

Die erste Kamerafahrt der deutschen Filmgeschichte fand ebenfalls in Köln

statt: Im September 1896 filmte ein Angestellter der Gebrüder Lumière von einem fahrenden Schiff aus das Panorama der Stadt. Der Effekt: Die Bewegung findet nicht vor der Kamera statt, sondern durch sie selbst, das Panorama zieht an der Leinwand vorbei. Auch dieser Film trug wie die anderen einen eher nüchternen Titel: *Panorama vom Schiff aufgenommen.*

Die Vorführungen waren ein voller Erfolg. Da es noch keine festen Filmvorführstätten gab, zogen die Vorführer in Köln von Ort zu Ort, mieteten sich in Varietés und Theater ein oder in zentral gelegene Säle, um Laufpublikum für die Kurzfilme zu gewinnen.

Mit Weiterentwicklung der Technik konnten auch längere Filme abgespielt werden, so dass die *Deutsche Automaten Gesellschaft* 1906 das erste Kölner

Kino in der Hohen Pforte 10 eröffnete. 1907 gab es bereits fünfzehn Kinos in Köln, drei Jahre später waren es schon neunzehn. Varietés und Theater wurden zu Lichtspieltheatern umgebaut, so auch das *Apollo Varieté*. Im Lauf der Jahre wurden die Häuser immer prächtiger.

In den 1920er-Jahren entwickelte sich Berlin zur Filmmetropole und viele Filmproduktionsfirmen verließen Köln und siedelten sich dort an. Kölns Filmemacher produzierten in diesen Jahren entweder wenig anspruchsvolle Unterhaltungsfilme, die der Zerstreuung in wirtschaftlich schwierigen Zeiten dienten, oder Dokumentationen und Reportagen, die Einblick in den Alltag der Kölner Bevölkerung boten.

Während des Zweiten Weltkriegs wurden kaum Filme produziert und wenn, dann nur zu Propagandazwecken. Die Filmarbeit setzte erst mit der Befreiung durch die USA wieder ein, die von Kölner Kameramännern gefilmt wurde. Köln war die erste deutsche Großstadt, die befreit wurde, nachdem sie vorher in großen Teilen zerstört worden war.

Das erste Kino, das nach dem Zweiten Weltkrieg in der Kölner Innenstadt wiedereröffnet wurde, waren die *Lichtspiele im Millowitsch-Theater* in der Aachener Straße. In den 1950er-Jahren boomte das Kino in Deutschland, so auch in Köln. Ende 1956 existierten in Köln und seinen Vororten wie Mülheim und Sülz vierundachtzig Lichtspielhäuser. Die neugebauten Nachkriegskinos waren groß, elegant und glamourös, ein Kinobesuch galt als gesellschaftliches Ereignis, an dem man in entsprechender Garderobe teilnahm. Da musste auch die Ausstattung der Kinos außergewöhnlich und elegant sein.

Es gab aber auch ein kleines Kino, das sich in die Liste der Neueröffnungen einreihte, das Kölner Lieblingskino von Kerstin Stutterheim. Am 27. November 1958 wurde die *Filmpalette* in der Lübecker Straße 15 im Eigelstein-Viertel mit einer geschlossenen Veranstaltung eröffnet. Am nächsten Tag lief als erster Film für die Öffentlichkeit der von der *Deutschen Film AG (DEFA)* und dem DDR-Fernsehen produzierte Film *Paris zwischen Nacht und Morgen* von Carl Ballhaus, Onkel des berühmten Kameramanns Michael Ballhaus. Achtundsechzig Plätze hat der Kinosaal des charmanten Kinos, der auch heute noch im Stil der 1950er-Jahre erhalten ist. Zunächst war es ein Schmalfilmtheater, dann ein Nachspielkino, in den 1970er-Jahren kurzfristig ein Pornofilmkino. 1988 erwarb die Künstlerin, Theater- und Filmwissenschaftlerin und Kulturmanagerin Claudia R. Picht, die das *Café Schmitz* nebenan betrieb, die *Filmpalette*, renovierte es und installierte einen Sternenhimmel an der Decke des Kinosaals. Sie machte aus dem Kino das, was es heute noch immer ist: ein Kino mit ambitioniertem Filmkunstprogramm. Noch zwei Mal wechselte es die BesitzerIn, aber die Filmkunst blieb. Das Kino wurde zur Anlaufstelle für Debüts, ausgezeichnete Dokumentarfilme, aktuelle Themenreihen und seltene Filmkunstschätze und bietet heute »ein sehr individuelles Kinoprogramm mit einem starken Schwerpunkt bei Dokumentarfilmen«, wie Dirk Steinkühler 2012 in einem Gespräch der Journalistin und Filmhistorikerin Irene Schnoor erzählt. 2004 wurde es erneut komplett renoviert, seit Mai 2007 gibt es einen zweiten Kinosaal mit vierzig Plätzen und ein Foyer mit einem Kino-Café. Die heutigen Besitzer Joachim Kühn und Dirk Steinkühler gründeten 1996 den *Real Fiction Filmverleih* und engagieren sich auch über ihr Kino hinaus für die Filmkunst. Das meist ältere Stammpublikum dankt es mit regem Besuch.

Seit 1990 gibt es in Köln eine Talentschmiede für den Film, die *Kunsthochschule für Medien*, kurz *KHM*. Nachdem die *Kölner Werkschulen*, eine von 1926 bis 1971 bestehende Hochschule für Bildende Kunst, Architektur und Formgebung, zerlegt worden waren – die Architekturabteilung wurde nach Deutz ausgelagert und mit der BauingenieurInnenausbildung zusammengefasst, die freie Kunst als Studienfach aufgegeben und der Bereich Grafikdesign in ein heute international renommiertes reines Design-Institut, der *Köln International School of Design*, umgewandelt – ging daraus die *KHM* als erste Hochschule Deutschlands für alle audiovisuellen Medien hervor. Die damalige Ministerin für Wissenschaft und Forschung von Nordrhein-Westfalen, Anke Brunn, erklärte im Magazin Lab 1 der *KHM* 1991 die Neugründung wie folgt: »Die klassischen Künste haben ihr Monopol verloren. Der Kunstbegriff ist erweitert. Künstler gestalten nicht mehr nur mit Farbe, auf Papier oder Leinwand, in Holz, Bronze oder Stein. Neue künstlerische Werkzeuge sind hinzugekommen, zum Beispiel Video, Film, Laser, Fotografie, Ton, Computer. Moderne Technologien und Kommunikationsmittel, die Errungenschaften dieses Jahrhunderts, sind auch seine Darstellungsmittel geworden.«

Mit dem Wintersemester 1990/1991 nahm die *KHM* am 15. Oktober 1990 ihren Betrieb mit fünfundzwanzig Studierenden im *Overstolzenhaus* in der Rheingasse 8 und am Peter-Welter-Platz 2 im Georgsviertel unweit des Rheins auf. Das *Overstolzenhaus* ist eines der ältesten Gebäude Kölns, neben dem Trierer *Dreikönigshaus* sogar das älteste erhaltene Patrizierhaus Deutschlands, und wurde um 1230 von Blithildis Overstolzen (1175–1255) erbaut. Über Jahrhunderte blieb es im Besitz der Kölner Patrizierfamilien und wurde als Wohnhaus genutzt. Im Mai 1838 erwarb die Stadt Köln das Gebäude und stellte es der Industrie- und Handelskammer zur Verfügung. 1893 bezog das ehemalige *Kunstgewerbemuseum*, heute *Museum für Angewandte Kunst*, einige Räume, bevor es 1900 in das Gebäude am Hansaplatz zog. Nachdem das *Overstolzenhaus* im Zweiten Weltkrieg nach Bombenangriffen weitestgehend zerstört wurde, beschloss der Rat der Stadt Köln 1955 den Wiederaufbau. Dabei wurden bedeutende romanische Wandmalereien entdeckt, die hinter einer späteren Vermauerung verborgen waren und deshalb nicht zerstört wurden. Heute befinden sich dort die Bibliothek und Mediathek sowie ein Studio der Hochschule. Insgesamt verteilt sich die Hochschule auf sieben Gebäudekomplexe rund um den Filzengraben: 1994 kamen die Gebäude am Filzengraben 18–24 und das Atelier in der Großen Witschgasse 11 hinzu. 1997 folgte die Anmietung vom Filzengraben 8–10 und 2005 wurde der Neubaukomplex am Filzengraben 2 in direkter Nachbarschaft zur Evangelischen Trinitatiskirche bezogen. 2008 kamen der *GLASMOOG – Raum für Kunst und Diskurs* mit knapp achtzig Quadratmetern Ausstellungsfläche sowie Ateliers am Filzengraben 2a hinzu. Für Kerstin Stutterheim ist das *Overstolzenhaus* das liebste der vielen Gebäude der *KHM*: »Es beherbergt die Bibliothek mit all ihren Schätzen und es hat einen Garten, in dem man gute Gespräche führen kann.«

Heute in Zeiten von Streaming-Diensten und Flachbildfernsehern, die wie große Leinwände an den Wänden vieler Wohnungen hängen, hat sich der Kinoboom deutlich abgeschwächt. In Köln gibt es momentan achtzehn Kinos. Doch dank der *Kunsthochschule für Medien*, die nach eigenen Angaben auf ihrer Homepage »individualistische ›Cross-over-Talente‹ zwischen Kunst, Medien, Film und Wissenschaft« hervorbringt und damit einzigartig in Deutschland ist, ist Köln als Filmstadt aber immer noch interessant und strahlt weit in die deutsche und internationale Filmlandschaft hinaus.

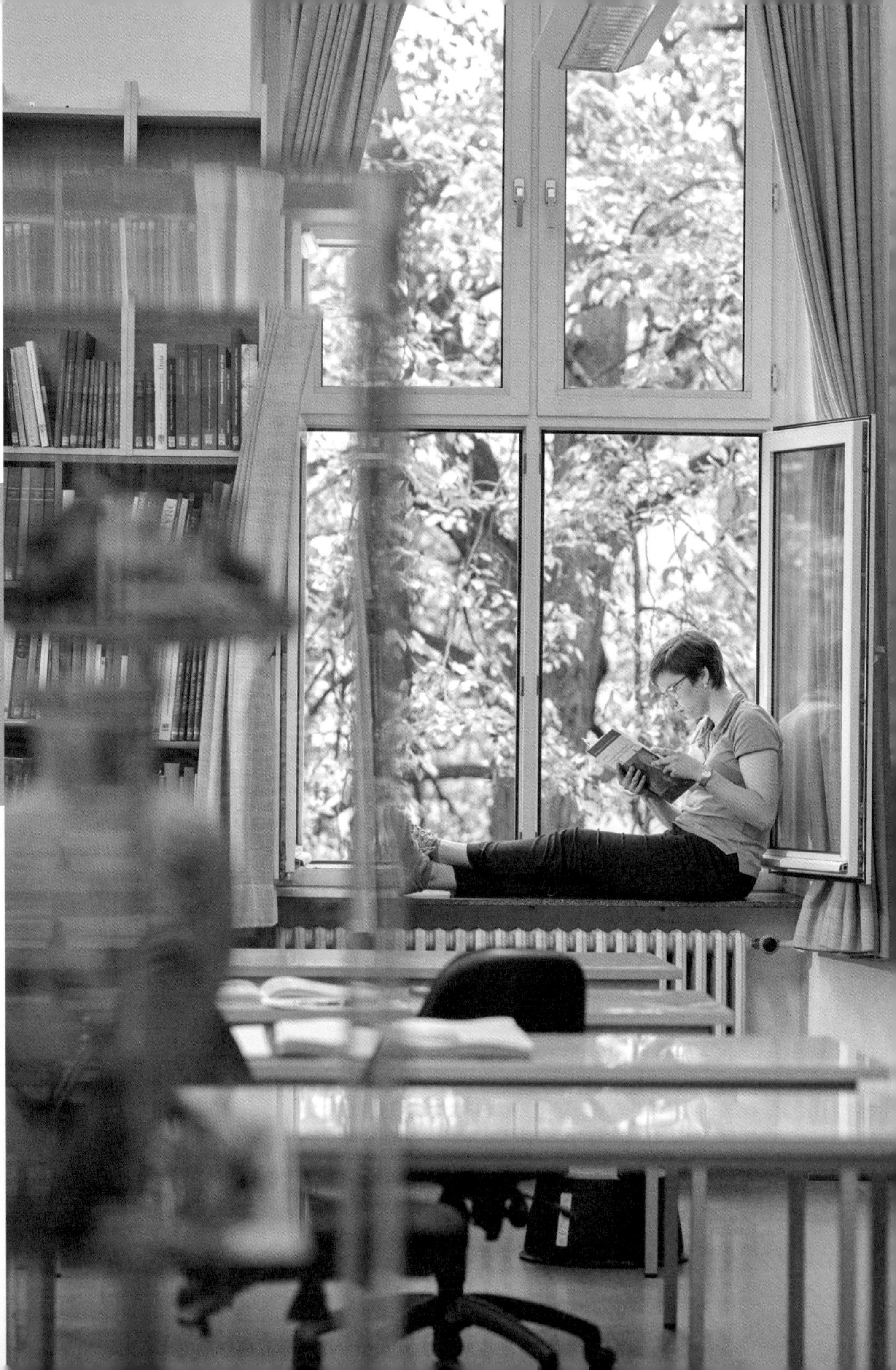

ALEKSANDRA
KRUGLOVA

Archäologiestudentin

————

INSTITUT FÜR ARCHÄOLOGIE

Es ist so eigenartig still hier seit Corona. Die Flure und die Teeküche sind verwaist, der Sicherheitsdienst und die Bibliothekshilfskraft sind die einzigen, denen ich auf meinem Weg begegne. Ich stehe in der Bibliothek des Archäologischen Instituts und betrachte nachdenklich das Bild, das sich mir bietet. Das warme, herbstliche Licht fällt durch die hohen Fenster in die Räume voller Bücherregale. Ich steige vorsichtig auf eine Leiter, um nach einem Buch zu greifen und bin allein in der Stille.

Normalerweise sind diese Gänge so belebt, auf ihnen huschen WissenschaftlerInnen und Studierende hin und her, auf der Suche nach dem passenden

Eigenartige Stille

von Aleksandra Kruglova

Für mich ist das Institut für Archäologie *mehr als
nur ein Ort der wissenschaftlichen Lehre. Es ist auch ein Ort
der Begegnung, der Identifikation und auch der Stille.*

Aufsatz oder die große Monografie bereits unter den Arm geklemmt. Es ist nie ganz ruhig, Dozierende blicken gelegentlich aus ihren Büros hinaus und zufällige Begegnungen im Flur entwickeln sich zu längeren Gesprächen. In den letzten Semestern habe ich mich hier selten einsam gefühlt.

Es ist ein kleines Institut, das ist mir direkt positiv aufgefallen, als ich vor drei Jahren mein Studium der Archäologie in Köln begann. Ich war gerade erst bei meinen Eltern in Wesel ausgezogen und hatte einen Platz zwischen zwölf anderen jungen Frauen in einer Wohngemeinschaft gefunden. Sehr zentral gelegen, sehr günstig, sehr heruntergekommen und sehr laut. Ich entfloh dieser Enge in die Wohnungen von Bekannten und späteren FreundInnen. Oder eben in die Universität.

Das *Archäologische Institut* erinnert mich dabei viel stärker als andere Gebäude an den bunten Wirbel von neuen Erfahrungen und Begegnungen, der zu Beginn eines solchen Lebensabschnitts steht und den ich später gewiss verklären werde. Ich denke an die Freiheit, sich selbst zusammen mit einer neuen Stadt zu entdecken, und daran, wie berauschend dieses Gefühl war. All diese Möglichkeiten und die durchwachten Nächte. Was für ein Glück, das tun zu dürfen, was man will.

Dazu gehört für mich das Studium dieser faszinierenden Wissenschaft, die so unterschiedliche Menschen im Zusammenpuzzeln der Vergangenheit miteinander verbindet. In den nahezu gemütlichen Seminarräumen sprach ich mit einer Ex-Krankenschwester, mit einem ehemaligen Lehrer und einer früheren Juristin, mit Erstsemestern und ewig Studierenden. Einige von ihnen hatten ihre Passion für das Fach erst mit den Jahren entdeckt, während andere wie ich noch frische Erinnerungen an ihren Abiball hatten. Aus unseren Unterredungen darüber, ob die RömerInnen bereits Hufeisen hatten oder nicht, über den Einfluss sozialer Medien auf die Gesellschaft und über das nächste Mensaessen wurden unterhaltsame Nachmittage und manchmal sogar Freundschaften.

An diese Gespräche erinnere ich mich, als ich heute in der Stille durch das Institut gehe und mir wieder einmal bewusst wird, was mich so sehr an meinem Fach fasziniert. So mag unser Institut einen abgeschiedenen Eindruck vermitteln, dass die in Vitrinen ausgestellten antiken griechischen Gefäße und die Schwarz-Weiß-Bilder der alten Forscherherrschaften an den Wänden wenig mit unserer Gesellschaft, unserer dynamischen, grellen und von Schnelllebigkeit geprägten Welt zu tun zu haben. Doch das täuscht und hat wenig mit der Realität des Fachs gemein. Für mich liegt die Stärke der Archäologie in der Vielfalt, die weit über die Arbeit hinter Bücherbergen in einem Elfenbeinturm hinausreicht. Sie ist auch das Graben bei Wind und Wetter und die Kleinstarbeit bei der Auswertung von Funden. Sie kann die Führung durch das Museum sein oder der Beitrag bei *Terra X* – auch wenn wir nicht annähernd so oft mit Pinseln arbeiten, wie es bei dieser Fernsehserie den Anschein hat. Archäologie ist mehr als das lästige Hindernis beim Bauen. Für mich bedeutet sie eine wunderbare Huldigung an die Neugier – einer der schönsten menschlichen Eigenschaften.

Deshalb verweile ich noch kurz bei den Bücherregalen und lasse meinen Blick durch den Raum schweifen. Ein weiteres Semester steht bevor, ein Ver-

such, wieder mehr Normalität in das Studium zu bringen und dieses Institut wieder mit Leben zu füllen. Wie viele meiner KommilitonInnen vermisse auch ich unseren früheren Alltag, die Gespräche, die Diskussionen und die Feiern. Ich vermisse es, mich in diesen Räumen und zwischen diesen Menschen mit einer besonderen Leidenschaft am richtigen Platz zu fühlen. Ich vermisse die Leichtigkeit, die nun zögerlich zurückkehrt. Von der ich hoffe, dass sie die Stille vertreibt und wieder ihren Platz zwischen den Bücherregalen findet.

Aleksandra Kruglova

Schon immer wollte Aleksandra Kruglova etwas mit Geschichte machen. Darum empfahl ihr ein Geschichtslehrer am Gymnasium in Wesel ein Schulpraktikum in der Museumspädagogik im benachbarten *Archäologischen Park Xanten*. Diesem Rat folgte sie und am vorletzten Tag ihres Praktikums wurde sie zum Vorzeichnen in die Fundbearbeitung eingeladen: »Ich saß in der Bibliothek und habe für mich gezeichnet, als jemand zum Drucker kam und meine Zeichnungen gesehen hat. Daraufhin bekam ich einen Job als Fundzeichnerin, den ich neben der Schule gut meistern konnte. Ein Jahr später habe ich ein freiwilliges Praktikum in der Fundbearbeitung gemacht, das für die Wahl meines Studiums entscheidend war.«

Seit ihrer Schulzeit also ist sie begeistert von dieser Wissenschaft, so sehr, dass sie 2018 nach Köln gezogen ist, um dort Archäologie zu studieren: »Mich interessieren besonders die Römer, das rührt eben von den Praktika im *Archäologischen Park Xanten*. Dort bin ich auch schon als Kind oft gewesen. Wesel, wo ich zur Schule gegangen bin und wo meine Eltern immer noch leben, ist ja nur zwanzig Minuten entfernt vom Park. Die Römer faszinieren mich also schon lange. Mich interessiert insbesondere die Arbeit mit den Funden – das extreme Puzzle sozusagen. Oft haben wir nur Teile von etwas und selbst diese Teile sind dann stark fragmentiert. Seit meinem Praktikum bin ich fasziniert davon, wie viel wir über die damalige Zeit aus ihnen ziehen können – Geschichte wird damit etwas fassbarer. Mich interessiert aber auch die Vermittlung sehr – wofür forschen, wenn man es nicht an die Frau oder den Mann bringen kann? Da verliert sich doch der Sinn unserer mühsamen, oft kleinteiligen Forschungen. Ich finde es spannend, Informationen auf kreative Weise in neue Formen zu bringen und die eine oder andere neue Perspektive zu eröffnen«, erzählt Aleksandra Kruglova begeistert. »Ansonsten schätze ich, dass die Archäologie so ein kleines Forschungsfeld ist, man kennt sich, wobei das manchmal auch schon unheimlich ist. Und natürlich ist allein das Studium schon so vielseitig! Man ist auf Grabungen, für mich eine spannende Kombination aus körperlicher und geistiger Arbeit, vielleicht sogar im Ausland, im

Museum, in der Lehre, in der Fundbearbeitung.«

All diese Felder hat sie aufgrund von unterschiedlichen Jobs bereits entdecken können. Auch an diversen Grabungen hat Aleksandra Kruglova schon teilgenommen: in besagtem *Archäologiepark in Xanten* im Rahmen der Internationalen Archäologischen Sommerakademie Xanten, außerdem hat sie 2020 für einige Monate bei einer Grabungsfirma gearbeitet und war an Ausgrabungsstätten in Heinsberg, Zülpich und Bonn tätig. »Aktuell bin ich an Grabungen in Köln beteiligt und im März diesen Jahres an einer Grabung in Israel«, so Aleksandra Kruglova.

Doch nicht nur die Altertumskunde hat es ihr angetan, auch die deutsche Sprache und Literatur, denn neben Archäologie studiert Aleksandra Krug-

lova auch Literaturwissenschaft an der *Universität zu Köln*. Seit sie lesen kann, verschlingt sie Bücher geradezu: »Meine Eltern haben mir nie die Bitte nach einem Buch verweigert. Auf dem Gymnasium habe ich gemerkt, dass ich ein Händchen für das Erlernen von Sprachen habe und mir hat der Deutschunterricht auch immer viel Spaß gemacht – das Interpretieren unterschiedlicher Werke, das Eintauchen in früheren Zeitgeist, das Beschäftigen mit Gesellschaft und ihren Konstrukten und so weiter. Da erschien es mir irgendwie nur logisch, es auch zu studieren«, erzählt sie. »Literatur und der Umgang mit Sprache, besonders mit der deutschen Sprache, hat mir schon immer Freude bereitet. Ich denke, das viele Lesen hat mir auch sehr im Hinblick auf meine sprachlichen

Fertigkeiten geholfen und vielleicht auch im Hinblick auf die vielen Umzüge in meiner Kindheit und Jugend.«

Aleksandra Kruglova wurde 2000 in Novosibirsk in Sibirien im Süden Russlands geboren. Kurz nach ihrer Geburt wanderten ihre Eltern nach Deutschland aus und Aleksandra verbrachte ihre ersten vier Lebensjahre in Düsseldorf. Die nächste Station war das bayrische Oberammergau, wo sie im Kindergarten Deutsch lernte. Auf das Alpendorf folgte ein Dorf in der Großstadt, die Familie zog weiter nach München ins Olympische Dorf. Ein weiterer Umzug, dieses Mal an den Niederrhein nach Wesel, sollte die Weichen für ihre nahe Zukunft stellen. Auch wenn sie die Schönheit der bayrischen Metropole und die Nähe zu den Bergen zu Beginn sehr vermisst hat, entdeckte sie in dieser so anderen

Landschaft Deutschlands die Liebe zur römischen Antike und zur Archäologie.

Mit ihrer Familie spricht sie nur Russisch. Die Großeltern väterlicherseits sind mit ihrem Sohn und seiner Familie ausgewandert und leben in Düsseldorf, die mütterlicherseits lebt am anderen Ende der Welt, in der Kleinstadt Swobodny im Fernen Osten Russlands, ab Moskau Streckenkilometer Siebentausendachthundertzwölf der Transsibirischen Eisenbahnlinie: »In Novosibirsk bin ich tatsächlich nur geboren und seit unserer Auswanderung war ich nur einmal in Russland. Mit elf Jahren habe ich Sankt Petersburg und Nowgorod besucht. Ich habe wenig Verbindung zu Russland und die, die besteht, rührt vor allem von meiner Familie, die zu den besten Dinge in meinem Leben zählt und dementsprechend einen Großteil meiner Identität ausmacht. Schon seit langer Zeit denke ich auf Deutsch und übersetze dann manchmal meine Sätze ins Russische, ich träume aber noch in meiner Muttersprache. Ich erhalte sie mit meiner Familie am Leben. Auf Russisch fühle ich mich ihnen näher, wir singen auch gerne in dieser Sprache zusammen. Das rührt mich immer wieder zutiefst, auch wenn ich inzwischen nicht immer alles verstehe. Der alltägliche Bezug zu Russland schlägt sich eher darin nieder, dass meine Familie dankbar dafür ist, hier in Deutschland zu leben. Sehr dankbar. Daran denke auch ich oft, denn natürlich habe ich auch durch ihre Erzählungen über das Leben in der Sowjetunion manchmal eine andere Perspektive auf die Dinge. Was ist an mir russisch, was deutsch? Gar nicht so einfach zu sagen. Aber ich habe seit 2017 die deutsche Staatsbürgerschaft und war schon lange vorher eine Deutsche. Aber ich trage noch einen russischen Namen und möchte mir diese wunderschöne Sprache erhalten. Ich bin stolz darauf, dass meine Familie aus einem anderen Land gekommen ist und sich hier einen Platz errungen hat.«

Einen Platz in ihrem eigenen Leben erarbeitet sich Aleksandra Kruglova in Köln auch gerade, das sie als eine »bunte Universitätsstadt und archäolo-gisch-historische Schatzgrube« erlebt. Zwischen den gemütlichen Studierendencafés und der uneitlen, herzlichen Art der KölnerInnen hat sie sich schnell zuhause gefühlt, wie sie erzählt. Was die Zukunft bringen wird, weiß man nie, doch eines ihrer Ziele ist es, im Lauf ihres Lebens mindestens ein Buch zu schreiben, »aber gerade in Bezug auf meine Passion für Archäologie und auf meinen Wunsch, in dem Fach zu bleiben, halte ich es für wahrscheinlich, Fachliteratur zu schreiben oder vielleicht im Rahmen von Museumsarbeit eine Publikation auf die Beine zu stellen. Hoffentlich.«

UNIVERSITÄT ZU KÖLN

Mit einhundertzwanzig Jahren Unterbrechung wird an der Universität
zu Köln *seit über sechshundert Jahren gelehrt. Das* Institut für
Archäologie *wurde 1928 gegründet und ist heute eines der größten
archäologischen Institute Deutschlands.*

Im Frühjahr 1379 erkannte die Stadt
Köln den in Rom amtierenden Urban VI.
als rechtmäßigen Papst an – und nicht
Clemens VII., der seit 1378 in Avignon
als Gegenpapst amtierte. Urban dankte
es den KölnerInnen und unterzeichnete
zehn Jahre später die Gründungsurkun-
de der vom Rat der Freien Reichsstadt
Köln initiierten Kölner Universität. Die
Initiative ging also nicht wie sonst üb-
lich vom Kaiser oder einem Fürsten aus,

sondern von der Stadt, die sich davon
viele Vorteile erhoffte, und auch die
Kosten übernahm. Die *Universität zu
Köln*, damals noch *Universitas Studii
Coloniensis*, ist eine der ältesten Uni-
versitäten Europas und war bei ihrer
Gründung im Mai 1388 nach den Uni-
versitäten in Prag (1348), Wien (1365)
und Heidelberg (1386) die vierte im
Heiligen Römischen Reich. Als sie im
Januar 1389 ihren Betrieb aufnahm,

waren sechshundert Studierende imma-
trikuliert. Es gab vier Fakultäten: die
theologische, die juristische und die
medizinische Fakultät sowie die sogenannte *Artistenfakultät*. Letztere umfasste die Fächer Grammatik, Dialektik,
Rhetorik und Arithmetik sowie Musik,
Geometrie und Astronomie und vermit-
telte wichtige Grundkenntnisse zur
Vorbereitung auf das Studium in einer
der drei anderen Fakultäten. Bis zum
18. Jahrhundert ging aus ihr die Philosophische Fakultät hervor, aus der dann
schließlich die geisteswissenschaft-
lichen, mathematischen und naturwis-
senschaftlichen Fakultäten entstanden.
Es gab damals noch kein zentrales Gebäude, Dominikaner und Franziskaner
stellten Unterrichtsräume zur Verfügung.

Diese sogenannte *Alte Universität zu
Köln* wurde 1798 von den französischen
Besatzern geschlossen, so wie auch alle
Universitäten in Frankreich zu dieser
Zeit. Erst 1919, ein Jahr nach dem Ende
des Ersten Weltkriegs, gelang es – wieder auf Initiative der Stadt Köln –, eine
neue Universität zu gründen, die *Neue
Universität zu Köln*. Sie ging aus der
1901 gegründeten *Handelsschule Köln*
und der 1904 gegründeten *Akademie
für praktische Medizin* hervor und zog
in das Gebäude der ehemaligen Handelsschule am Römerpark in der Kölner
Südstadt ein. Am 12. Juni 1919 fand

die feierliche Eröffnungsveranstaltung
im Kölner Gürzenich statt. Nach dem
verlorenen Ersten Weltkrieg war die
neue Universität ein Symbol der Hoffnung. Der damalige Oberbürgermeister
Konrad Adenauer sagte in seiner Rede
im Gürzenich, dass die Einwohner von
Köln nur mit der Hoffnung in die Zukunft
blicken könnten, »wenn auf geistigem
Gebiete Fortschritt gemacht werde.«

Die Zahl der Studierenden stieg ra-
sant an, sodass das Gebäude am Römerpark bald aus allen Nähten platzte.
Der Architekt und damalige Kölner
Stadtbaudirektor Adolf Abel (1882–1968)
entwarf einen modernen, schlichten
Neubau, der am 5. April 1935 eingeweiht wurde und das erste und heutige
Hauptgebäude des neuen Universitätscampus war. Eingebettet in den Inneren Grüngürtel zwischen *Hiroshima-
Nagasaki-Park* mit dem *Aachener Weiher*
im Stadtteil Lindenthal und dem *Kwartier Latäng* im Stadtteil Neustadt-Süd.
Ähnlich seinem Namenspaten in Paris,
dem *Quartier Latin*, ist das kölsche
Kwartier Latäng um die Zülpicher Straße
und den Rathenauplatz das Studenten-
viertel von Köln, geprägt von vielen
modernen Bars und Clubs, aber auch
kölschen Kult-Kneipen, in denen das
Stadt- und Nachtleben pulsiert. Aufgrund seiner weitestgehend original
erhaltenen Bausubstanz aus dem späten

19. Jahrhundert hat dieses Viertel ein besonderes Flair.

Obwohl das neue Universitätsgebäude im Zweiten Weltkrieg stark beschädigt wurde, nahm man die Vorlesungen bereits zum Wintersemester 1945 wieder auf. Nachdem es dann Anfang der 1950er-Jahre komplett wiederaufgebaut worden war, musste man der schnell wachsenden Studierendenzahl gerecht werden und begann mit dem Ausbau des Universitätscampus, der sich gegenüber vom Hauptgebäude bis zum Universitätsklinikum erstreckt. Bis Mitte der 1970er-Jahre entstanden zahlreiche neue Gebäude, die von verschiedenen Architekten entworfen wurden: Der Architekt Wilhelm Riphahn (1889–1963), der auch das *Kölner Opernhaus* und das *Schauspielhaus* baute, entwarf ein achtgeschossiges Seminar- und Bürohochhaus für die Wirtschaftliche- und Sozialwissenschaftliche Fakultät sowie neue Hörsaal- und Seminarbauten. Die Kölner Abteilungen der *Pädagogischen Akademie Rheinland* zogen in ein neues Gebäude an der Dürener Straße im nördlichen Teil des Campus das der Architekt Hans Schumacher (1891–1982) entworfen hatte und das inzwischen unter Denkmalschutz steht. Der Architekt Rolf Gutbrod (1910–1999) war für den Bau der neuen Universitätsbibliothek und den eines Hörsaalgebäudes

verantwortlich, die er zusammen mit dem Kölner Bildhauer und Maler Jürgen Hans Grümmer (1935-2008) realisierte. Grümmer war für die Innen- und Außengestaltung der Gebäude zuständig und gestaltete auch den Albert-Magnus-Platz zwischen dem Hauptgebäude und dem Hörsaalgebäude. Auf seinen Vorschlag geht die Absenkung der Universitätsstraße, die direkt am Hauptgebäude vorbeiführt, zurück, sodass ein autofreier Platz vor dem Hauptgebäude entstehen konnte. Der Albertus-Magnus-Platz war im Zusammenspiel mit den umliegenden Gebäuden als Gesamtkunstwerk konzipiert, mit besonderer grafischer Pflasterung und integrierten Stein- und Wasserterrassen. Sein Namensgeber Albertus Magnus war Universalgelehrter und ein bedeutender Naturwissenschaftler des Mittelalters. Sein Gehirn galt als größter Wissensspeicher seiner Zeit. Er liebte vor allem die Natur und die Tiere, schrieb 1258 das *Liber de animalibus*, das *Buch der Tiere*, in dem er das Verhalten vieler heimischer Arten aus eigener Anschauung beschrieb. Seine theologische Ausbildung erhielt er in Köln.

In heutigen Zeiten, in denen Steinvorgärten aus Arten- und Naturschutzgründen verboten werden, mutet der Albertus-Magnus-Platz abgesehen von ein paar Bauminseln und Wasserbecken wie eine leb- und lieblose Steinwüste an. Erst recht, wenn man bedenkt, welch großer Naturliebhaber sein Namensgeber war. Doch hatte diese Art der Gestaltung durchaus einen von Architekt Gutbrod und Künstler Grümmer beabsichtigten Nutzen: Tiere, wie zum Beispiel Mäuse, sollten keinen Lebensraum finden, um von den sich in der Bibliothek befindenden Schätzen ferngehalten zu werden und das Wasser diente dazu, diese vor Feuer zu schützen.

Bis 1974 wurden die Gebäude des Universitätsklinikums modernisiert und erweitert und die neue Zentralmensa, die immer noch eine der modernsten und größten in Europa ist, fertiggestellt. 1975 bezogen die Physikalischen und Chemischen Institute ihr neues Gebäude an der Zülpicher Straße, sowie das Philosophikum seinen Neubau am Albert-Magnus-Platz, womit der Campus im Wesentlichen fertig gestellt war.

Seit einigen Jahren werden nun nach und nach alle Gebäude saniert. 2010 wurde vom Kölner Architekturbüro Paul Böhm ein neues Seminargebäude gebaut, das hinter dem Hörsaalgebäude von Rolf Gutbrod liegt und dieses quasi optisch spiegelt. In der Ostfassade des neuen Gebäudes befindet sich ein Knick. Zusammen mit dem entsprechenden Rücksprung des älteren Hörsaalgebäudes ergibt sich ein rhombenförmiger Platz, wodurch die Beziehung zwischen den beiden dargestellt werden soll. In seiner klar gegliederten Form passt sich das neue Seminargebäude den bereits bestehenden optisch an und fügt sich harmonisch in den vorhandenen Gebäudekomplex rund um den Albertus-Magnus-Platz, bestehend aus Hörsaalgebäude, Universitätsbibliothek und Philosophikum, ein.

Das *Archäologische Institut* der *Universität zu Köln* ist eines der wenigen, das nicht in einem neueren Bau untergebracht ist. Es ist ein sehr junges archäologisches Institut, das erst zum Wintersemester 1928/1929 eingerichtet wurde, und sich damals in der Alteburger Straße 151 befand. Wegen Platzmangels zog es 1933 in das ehemalige Hauptgebäude der Universität am Römerpark um. Schon zwei Jahre später folgte wieder ein Umzug, dieses Mal in das neue Hauptgebäude der Universität. 1973 bezog es dann seinen heutigen Standort im Küpperstift, einem ehemaligen evangelischen Waisenhaus der *Karl Immanuel Küpper-Stiftung*, in der Kerpener Straße 30 an der Ecke Weyertal. Das Gebäude steht auf der Liste der Kölner Baudenkmäler und stammt aus dem Jahr 1902. Es ist im Wesentlichen im Originalzustand erhalten, zumindest von außen, mit Backsteinfassade, zwei Seitenrisaliten und

Werksteinportal. Auch der Garten beziehungsweise das Grundstück ist noch original eingefriedet.

Mit der Gründung des Archäologischen Instituts wurde eine Sammlung aus antiken Originalen und Abgüssen aufgebaut. Die ersten Objekte wurden 1929 erworben, auch wenn die finanziellen Mittel sehr begrenzt waren. Dank einer Spende von Luise Horadam, der Schwester des damaligen Konsuls in Odessa, Gustav Windscheid, konnte die Sammlung vergrößert werden. Sie schenkte dem Institut die Terrakotta- und Keramiksammlung ihres Bruders mit zweihundertachtzig Stücken aus Südrussland. Drei Jahre später übergab das *Wallraff-Richartz-Museum* auf Bitte des Instituts diesem eine »wohlausgewählte Anzahl an Originalantiken« als Dauerleihgabe, diverse weitere Schenkungen vergrößerten die Sammlung, die allerdings im Zweiten Weltkrieg zu großen Teilen zerstört wurde. Mittel zum Wiederaufbau waren nach dem Krieg erst einmal nicht vorhanden. Erst ab 1953 konnten wieder neue Stücke angekauft werden. Aktuell umfasst die Sammlung des *Archäologischen Instituts* etwa sechshundert Stücke, die in der Institutsbibliothek in Glasvitrinen ausgestellt sind und nach Absprache auch besichtigt werden können, darunter Keramik, Gläser, Terrakotten, Gemmen, Bronzen, Münzen, Marmorskulpturen, Architekturfragmente und Schmuckstücke.

Obwohl das *Archäologische Institut* im Vergleich zu anderen Instituten der *Universität zu Köln* ein kleines Institut ist, ist es mit etwa fünfhundert Studierenden eines der größten archäologischen Institute Deutschlands. Insgesamt hat die *Universität zu Köln* über einundfünfzigtausend Studierende und rund einhundert Studienprogramme im aktuellen Angebot.

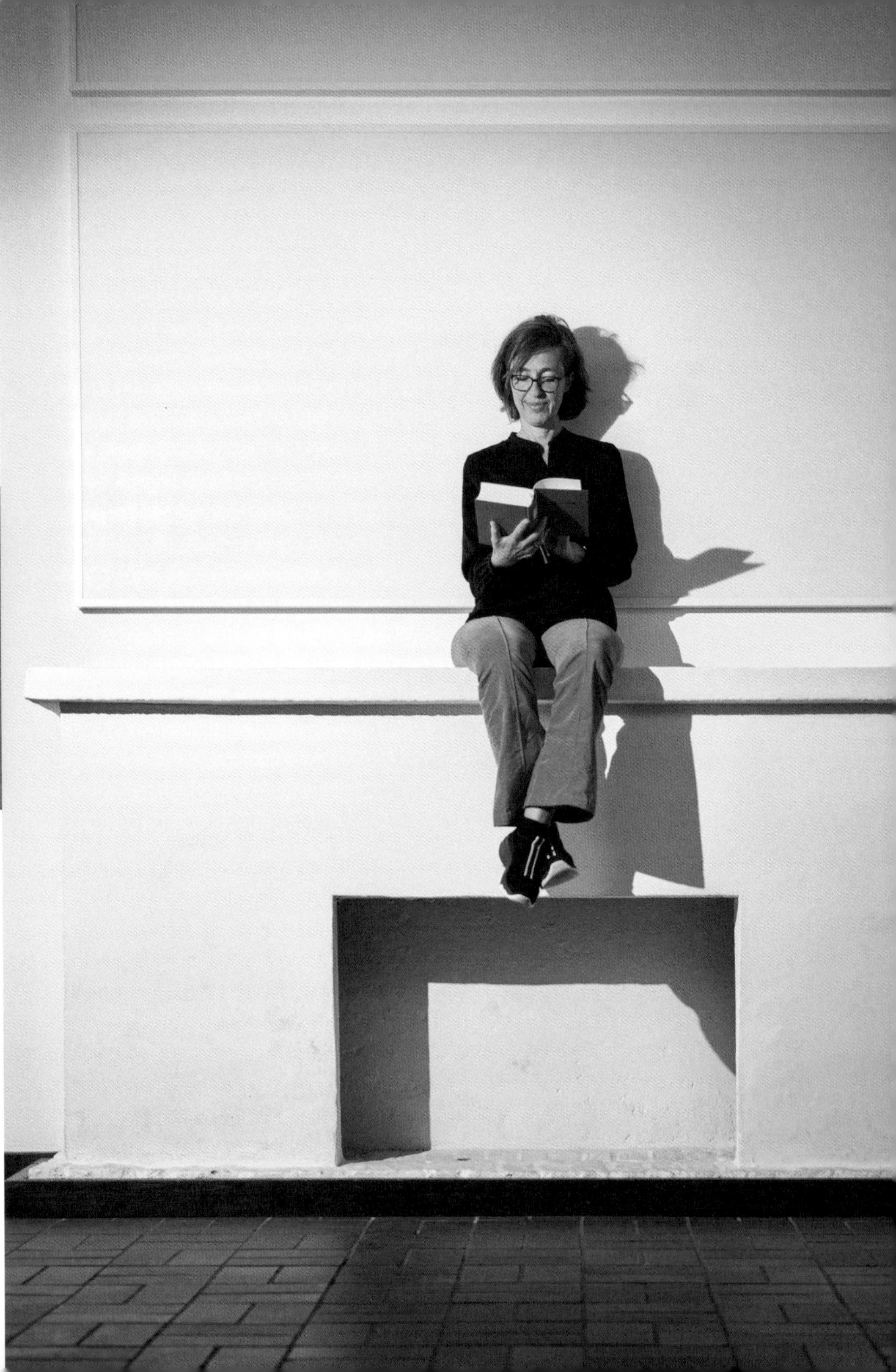

BETTINA FISCHER

Leiterin des Literaturhauses Köln

———

HAUS BACHEM

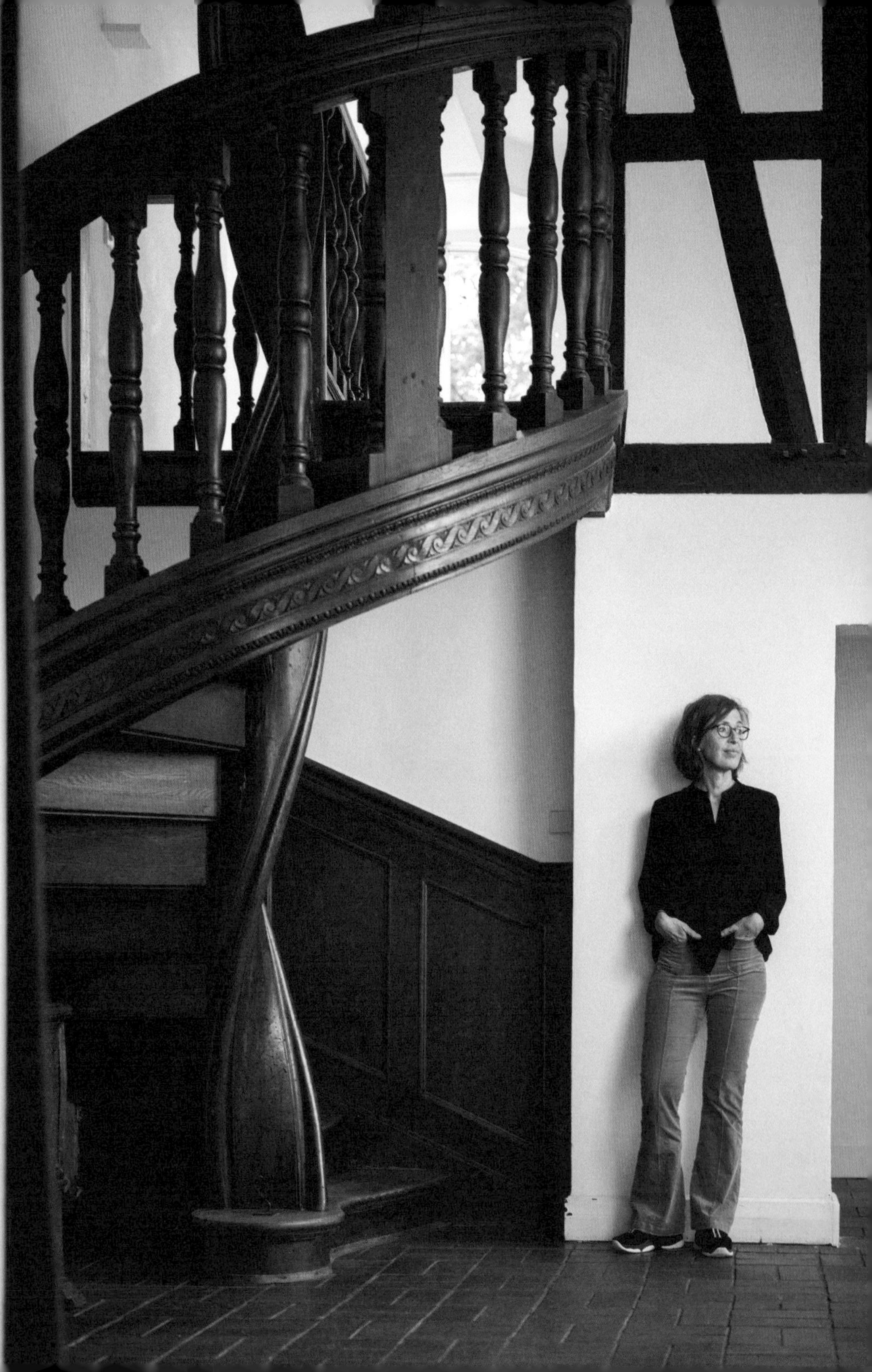

»Wenn man sich für die Literatur einsetzt und Lesungen organisiert, wird das Leben selbst reich an wunderbaren Geschichten«, schrieb Bettina Fischer 2021 anlässlich des 25. Jubiläums des *Literaturhauses Köln*. Als wir uns kurze Zeit später im *Literaturhaus* treffen, lässt sie mich an einigen dieser Geschichten teilhaben und bereichert damit nicht nur dieses Buch, sondern auch mich persönlich sehr.

Seit 2014 residiert das *Literaturhaus* im *Haus Bachem*. Wie kam es dazu?
Wir waren vorher im Gebäude des *Forums für Fotografie* in der Schönhauserstraße in Bayenthal. So schön der Ort für sich genommen war, wurde immer wieder

Ein Ort mit Geschichte(n)

Bettina Fischer *mag Häuser mit Geschichte.*
Deshalb ist das Haus Bachem, *in dem das* Literaturhaus
zuhause ist, mehr als ein Arbeitsort für sie.

an uns herangetragen, mehr ins Zentrum der Stadt zu kommen. Über Jochen Heufelder, der die Kunstbiennale *New Talents* gemacht hat, erfuhren wir, dass an einem interessanten Haus beim *Agrippabad* ein Schild hängen würde, auf dem »zu vermieten« stand. Ich bin damals im *Agrippabad* schwimmen gegangen, das *Haus Bachem* ist genau gegenüber, aber ich habe es seltsamerweise überhaupt nicht wahrgenommen. Ich bin dann nach der Arbeit hier vorbei geradelt und dachte: »Oh, das sieht aber schön aus«. Ein Haus aus dem Jahr 1590, sehr viele gibt es davon in Köln nicht mehr. Auf dem Zu-Vermieten-Schild stand die Telefonnummer der Hausverwaltung und ich vereinbarte einen Termin. Das Haus ist noch im Privatbesitz. Ich war von der Atmosphäre dieses Ortes sofort gefangen. Manche Orte haben einfach eine Ausstrahlung, der man sich nicht entziehen kann. Vor allen Dingen diese alte Wendeltreppe hoch und wieder runter zu gehen – das hat mir eine ganz unmittelbare, große Freude bereitet. Im sehr ähnlich klingenden *Haus Balchem* in der Südstadt findet sich übrigens eine ähnliche Treppe in Kölner Machart.

Nach dem Besichtigungstermin habe ich nachts von diesem Haus geträumt. Meist erinnere ich mich nicht an meine Träume. Am Morgen habe ich gedacht: »Heute Nacht war ich wieder in diesem Haus!« Das hat mich nicht losgelassen. Nach einer weiteren Besichtigung waren auch die Mitglieder unseres Vorstandes überzeugt. Es musste zwar einiges gerichtet werden, aber zu diesem Ort hatte ich von der ersten Minute an eine große Affinität.

Das ist ja eine schöne Geschichte, dann sollte es wohl so sein …
Ja, ich hatte den Eindruck, das sollte so sein, und es geht mir noch immer so. In so einem alten Haus ist viel Geschichte eingespeichert, mehr als vierhundert Jahre. Und da die Arbeit des *Literaturhauses* sowohl mit sehr vielen Geschichten als auch mit Geschichte zu tun hat, tritt dieser Ort in Korrespondenz. Und ich habe den Eindruck, dass sowohl das Publikum diesen Ort sehr schätzt als auch die Autorinnen und Autoren. Früher befand sich über längere Zeit im Haus eine Gaststätte, hier haben schon immer Menschen gerne beieinandergesessen und geredet. Das ist auch eine der Aufgaben eines Literaturhauses, Menschen miteinander ins Gespräch zu bringen. Gastfreundschaft ist uns wichtig. Diese Stichworte sind in diesem Haus eingelagert. Menschen, Orte und Geschichten treten miteinander in Beziehung.

Ja, Orte oder Gebäude speichern sicher Energien und Informationen ab. Es macht ja auch einen Unterschied, ob ich in einem neuen oder alten Gebäude bin. Und das liegt sicherlich nicht nur an der Art der Architektur.
Ich selber bin ebenfalls in einem alten Haus aufgewachsen, nicht so alt wie das *Haus Bachem*, vom Ende des 18. Jahrhundert. Ein altes Kapitänshaus mit Reetdach in der Nähe der Elbe. Das ist natürlich was ganz anderes, aber ich mag einfach Häuser, die ein eigenes Gesicht haben. So ein Haus war das meiner Kindheit und auch das *Haus Bachem* ist so. Jedes Fenster hat eine andere Abmessung, alles ist handgemacht und individuell. Es gibt nichts Normiertes, weil die Leute damals gar nicht normiert vorgehen konnten. Dieser Ort ist mehr als ein Arbeitsplatz.

Ich finde diesen Ort auch wegen seiner Lage sehr speziell. Man vermutet hier in diesem Viertel kein solches Haus. Es liegt versteckt zwischen gesichtslosen Nachkriegsbauten etwas fernab des Innenstadttrubels und ist trotzdem sehr zentral.

Auf einem Foto von 1953 kann man sehen, dass um das *Haus Bachem* herum alles platt war. Es war zwar nicht unversehrt, aber es ist stehen geblieben. Die Besitzerfamilie hat es wieder ganz in Stand gesetzt. Der Wasserturm, in dem heute ein Hotel ist, der stand auch noch. Aber sonst war hier gar nichts mehr. Das heißt alles, was hier um dieses Haus gebaut wurde, stammt aus den 1950er-, 60er- und 70er-Jahren. Als es gebaut wurde, es gab einen Vorgängerbau von 1370, stand das Haus übrigens inmitten von Obstbäumen. Heute befinden sich in großer Nähe jede Menge weitere Kultureinrichtungen.

Das *Literaturhaus Köln* ist mit fast siebenhundert Mitgliedern eines der größten Literaturhäuser Deutschlands. Ist das Interesse an Literatur in Köln besonders groß? Ist Köln eine Literaturstadt?

Was das Publikum anlangt, ist Köln bestimmt eine Literaturstadt. Und ansonsten entwickelt sich die Stadt immer mehr zur einer. Innerhalb von Nordrhein-Westfalen ist Köln die Stadt mit den meisten Schriftstellerinnen und Schriftstellern. Da spielten zunächst wohl weniger die Verlage eine Rolle als vielmehr der Umstand, dass sowohl der WDR als auch der *Deutschlandfunk* hier ihren Stammsitz haben. Die *Deutsche Welle* gab es früher auch, bevor sie nach Bonn gezogen ist. Dadurch ergaben sich gute Arbeits- also Einkommensmöglichkeiten für Menschen des Wortes.

Und Köln hat mit Heinrich Böll einen Literatur-Nobelpreisträger! Aber erst seit den 2010er-Jahren ist die Stadt wieder literarisch im Aufwind. In den 1990er-Jahren gab es eine starke Literaturszene. In den Nullerjahren lag diese etwas brach und hat unter der Attraktivität von Berlin gelitten. Nun erholt Köln sich wieder, wozu die *lit*.COLOGNE, die seit 2001 stattfindet, sicher auch beiträgt. Und natürlich die *Kunsthochschule für Medien* und der Studiengang Theorien und Praktiken des professionellen Schreibens an der Uni Köln – die interessante junge Stimmen nach Köln holen.

Für den Charakter einer Literaturstadt sind aber vor allen Dingen die Schreibenden von zentraler Bedeutung und es muss eine Infrastruktur geben.

Da sind die Verlage wichtig, die Buchhandlungen und das *Literaturhaus*. Auch andere Vermittlungsformate: die *Poetica* oder die Aktion *Literatur in den Häusern der Stadt* oder auch jüngere Formate. In den letzten sieben, acht Jahren ist tatsächlich eine Menge passiert. Da ist das *Literaturhaus Köln* involviert. Und auch ich persönlich engagiere mich. Wir haben einen Verein gegründet, eine sogenannte Interessenvertretung der Literatur, *Literaturszene Köln*. Unser Ziel ist es, Kölner Literaturschaffende sichtbarer zu machen. Seit November 2021 bin ich dessen Vorstandsvorsitzende. 2017 haben wir einen Schreibraum in der Steinstraße, einen *Coworking Space* für Schreibende ins Leben gerufen. Das gab es bisher tatsächlich nur in Hamburg. Wir haben die *Kölner Literaturnacht* initiiert, die im September 2021 zum zweiten Mal stattgefunden hat, bald wird es einen Kinder- und Jugendbuchtag geben. Das *Literaturhaus Köln* hat mithilfe des Kulturamtes und der *Imhoff Stiftung* Stipendien ausgeschrieben, die *Dieter-Wellershoff-Stipendien*, dotiert mit jeweils zwölftausend Euro, und dann gibt es noch die *Kölner Stipendien für Kinder- und Jugendliteratur*. In Köln haben wir eine sehr starke Kinder- und Jugendbuchszene. Hier ist wirklich viel in Gang gekommen. Und ich hoffe, dass sich das noch weiter ausbauen lässt.

Jetzt muss es darum gehen, den Schreibenden auch Orte und Möglichkeiten zu schaffen. Mit den jungen Schreibenden entstehen interessante neue Projekte. Wir sind mit dem *Haus Bachem* gerne Teil der Entwicklung, aber es ist natürlich wichtig, dass es viele Engagierte, Orte und Initiativen gibt.

Nun habe ich etwas ausgeholt. Was ich damit sagen möchte ist, dass Köln für mich eine Stadt ist, die im Literaturaufwind ist. Und wir zählen darauf, dass Kulturverwaltung und Kulturpolitik die positiven Zeichen sehen und uns helfen, mehr daraus zu machen.

Was ist Ihrer Meinung nach die Aufgabe von Literatur?
Literatur hat meiner Meinung nach nicht EINE Aufgabe. Literatur hat und bietet viele Möglichkeiten. Idealerweise kann sie Türen zu neuen Gedankenwelten aufstoßen, sie kann von inneren und äußeren Welten erzählen. Sie darf auch politisch sein, Position beziehen. Dabei wird ein guter Text immer auch formbewusst sein. Ein Text kann noch so eine tolle Message haben, ist er schlecht geschrieben, ist es ein Murks.

Das Faszinierende an Literatur ist, dass sie für uns Gedanken formuliert, die wir bislang nicht hatten oder die der Leser, die Leserin selber noch nicht in Sprache gefasst hat. An Orten wie Literaturhäusern kann man das in besonderem Maße erleben. Und nicht nur in unseren Lesekreisen, die das Gespräch über Bücher stiften.

Ich finde es faszinierend, dass ich über Literatur Welten entdecke, die mir völlig verschlossen waren. Ich bin ganz sicher, dass Menschen, die sich einer Literatur öffnen, die nicht nur aus ihrem eigenen Kulturkreis stammt, weltoffener sind. Sie realisieren, dass die Welt weit über das hinausreicht, was sie kennen. Wie viel habe ich kennengelernt, ohne je da gewesen zu sein.

Wenn wir ein positives Miteinander wollen, dann müssen wir mehr voneinander begreifen. Unsere Welt ist viel durchlässiger geworden und zugleich sind viele Mauern noch sehr hoch. Literatur hilft, auch indem sie Menschen Perspektivwechsel zumutet. Literatur kann also auch im besten Sinne eine Zumutung sein und eine Ermutigung.

Was macht Ihnen an Ihrer Arbeit besonders Freude, ist Ihnen besonders wichtig?

Was meine Arbeit für mich besonders schön und auch bedeutsam macht, ist, Austausch stiften zu können und Anregungen zu geben. Erfreulicherweise geht damit einher, dass ich selber unglaublich viele Anregungen erhalte. Mein Antrieb für diese Arbeit beruhte zunächst darauf, relativ nah an kreative Prozesse der Autorinnen und Autoren zu gelangen, zu begreifen, was eigentlich die Idee eines Buches, der innere Motor von Schreibenden ist.

Für mich haben sich daraus sehr viele schöne Kontakte ergeben. Ein zentrales Motiv meiner Arbeit ist es, Gastgeberin zu sein. Jeder nimmt etwas von unseren Veranstaltungen mit. Niemand bleibt unberührt von dem, was man hier erlebt. In dieser Form wird es nie und nirgendwo wieder geschehen. Das ist doch faszinierend.

Bettina Fischer

Hamburg ist ihre Heimatstadt, dort ist Bettina Fischer 1967 geboren und aufgewachsen und hat begonnen, Germanistik, Kunstgeschichte und Geschichte zu studieren. Nach dem dritten Semester ging sie nach Berlin. Das war im Oktober 1989 kurz vor dem Fall der Mauer. Berlin empfand sie damals als einen faszinierenden Ort. Aber ein Praktikum beim DuMont Buchverlag führte sie nach ihrem Studium 1997 nach Köln. Sie wollte Lektorin werden. Nachdem der DuMont

Buchverlag in den Anfangsjahren ab 1956 ausschließlich Kunstbücher verlegte und ab den 1970er-Jahren Reiseliteratur und Reiseführer Hauptbestandteil des Programms waren, präsentierte er 1998 sein erstes literarisches Programm. Bettina Fischer blieb nach ihrem Praktikum bei DuMont und baute dort die Veranstaltungsabteilung auf. Die hatte es vorher nicht gegeben, da bei Kunst- und Reiseliteratur kein Bedarf an Veranstaltungen bestand. Während dieser Zeit lernte sie das 1996 gegründete *Literaturhaus Köln* und dessen damalige Geschäftsführerin Anke Windel kennen. Diese rief sie eines Tages an und erzählte, dass sie gekündigt habe: »Das wäre doch was für Dich!« Bettina Fischer bewarb sich. Seither ist sie Geschäftsführerin des *Literaturhaus Köln e.V.*: »Im März 2000 habe ich hier angefangen. Anfangs waren wir in einer Doppelspitze. Zehn Jahre mit Thomas Böhm und danach zwei Jahre mit Insa Wilke, die jeweils das Programm verantwortet haben. Als Insa Wilke lieber als freie Journalistin arbeiten wollte und nach Frankfurt zog, entschied der Vorstand, dass ich das Programm mit übernehmen könnte. Das verantworte ich nun seit 2012. Seitdem ist das Team auch etwas anders strukturiert.« Und Bettina Fischer kümmert sich um Förderer und Kooperationspartner für Projekte des *Literaturhauses*. Ines Dettmann leitet das *Junge Literaturhaus* und ist Ansprechpartnerin für Schulen und Kindergärten. Nach einigen Wechseln und Elternzeiten bilden außerdem Ulrike Schulte-Richtering (Programmarbeit, soziale Medien und die Aktion #zusammenlesen), Sonja Herrmann (Veranstaltungsorganisation und Pressearbeit) und Clementine Krell (Buchhaltung, Verwaltung und Mitgliederbetreuung) das Team.

Lesen ist für Bettina Fischer eine Leidenschaft. Es gibt viele Schriftstellerinnen und Schriftsteller, die sie gern liest, aber es gibt einen, der eine besondere Rolle in ihrem Leben spielt: der ostdeutsche Schriftsteller Uwe Johnson (1934–1984). Das hat auch einen biografischen Hintergrund: »Seinen Roman *Jahrestage* habe ich immer so gelesen, als würde mir eine Art eigene Familiengeschichte erzählt, eine Geschichte, die mir nie erzählt werden konnte: Mein Vater kam aus Mecklenburg wie Uwe Johnson auch. Er ist aus der DDR in den Westen gekommen, nur wenige Jahre vor Johnson. Mein Vater ist sehr früh gestorben, da war ich zwölf Jahre alt. Ich weiß leider zu wenig über ihn. Hat oder hätte mein Vater Uwe Johnson gelesen? Für mich hat Johnson in den *Jahrestagen* eine Geschichte erzählt, durch die ich mir meinen Vater vorstellen konnte. Ich habe über Johnson auch meine Magisterarbeit geschrieben.« Bei der ging es dann aber um das Verhältnis von Räumen und Erinnerungen.

In Köln lebt Bettina Fischer inzwischen sehr gern. »Von Berlin nach Köln zu kommen, war erst mal nicht so einfach. Mir hat einiges gefehlt, vor allem die 90er-Jahre-Aura von Berlin. Ich fragte mich anfangs schon, warum ich hier gelandet bin. Vieles ist ganz anders als in Berlin, viel gesetzter. Am Sonntag gingen die Kölnerinnen und Kölner zum Beispiel schön angezogen am Rhein spazieren, so was kannte ich von Berlin nicht. Und dann ist in Köln alles kleiner als in Berlin, die Straßen, die Entfernungen, die kleinen Wohnungen. In Berlin bekam man damals Riesenwohnungen für wenig Geld. Und wo man hinkam, entstand was Neues. Die 90er-Jahre waren in Berlin eine auf- und anregende Zeit. Und was war in Köln? Da feierte man Karneval. Aber was ich in Köln gleich sehr angenehm fand, war die Freundlichkeit. Von Hamburg kannte ich distanzierte Höflichkeit. In Berlin war der Tonfall häufig doch sehr spröde. Klischees vielleicht, aber die sich durchaus erfüllten. In Köln erlebte ich auch die Offenheit der Menschen. Das macht den Alltag angenehm. Meine Mutter war als Elsässerin

in Italien aufgewachsen. Sie ist Ende der 1950er-Jahre nach Hamburg gekommen und hat lange gebraucht, um in Hamburg heimisch zu werden. In Köln fühlte sie sich sofort wohl. Wenn sie in der Stadt unterwegs war, hat sie immer jemanden kennengelernt und war mit allen möglichen Menschen im Gespräch.« In Köln und mit ihrer Arbeit verbindet sie auch den Gedanken der Gastfreundschaft, die auch für das *Literaturhaus* gilt.

Den Karneval mag sie vor allem als Beobachterin: »Anfangs dachte ich, ich muss in den Tagen wegfahren, weil ich beim Straßenkarneval nicht mitmache, da ich sonst scheel angeschaut werde. Aber das ist gar nicht der Fall. Jeder und jede kann das hier so machen, wie er oder sie will. Und wenn ich eben nicht verkleidet bin, ist das völlig in Ordnung. Meine Tochter ist in Köln geboren. Für sie gehört der Karneval dazu. Wird man in Kindergarten und Schule entsprechend sozialisiert ist diese Ausnahmezeit ein Muss. Als ich einmal vorgeschlagen habe, an Karneval nach Berlin zu fahren, wurde ich von ihr ganz entsetzt angeschaut. Was für eine absurde Idee!«

EIN HAUS FÜR DIE LITERATUR

Das Haus Bachem *hat eine wechselvolle Geschichte und überlebte
wie durch ein Wunder den Zweiten Weltkrieg.
Seit 2014 ist das* Literaturhaus Köln *in dem denkmalgeschützten
Gebäude am Großen Griechenmarkt 39 zu Hause.*

Das Griechenmarktviertel liegt im Kölner Stadtteil Altstadt-Süd im südwest-
lichen Teil des Cäcilienviertels, benannt
nach dem ehemaligen Damenstift
Sankt Cäcilien. Die Kirche des Stifts ist
eine der zwölf großen romanischen Kirchen Kölns und beherbergt seit 1956
das städtische *Museum Schnütgen* für
mittelalterliche Kunst. In diesem ehemaligen Wollweberviertel, in dem über
viele Jahrhunderte hochwertige Stoffe

gewebt, bedruckt und gefärbt wurden,
findet man viele Zeugnisse aus unterschiedlichen Jahrhunderten der Kölner
Stadtgeschichte: Einige Straßennamen
wie Blaubach oder Rothgerberbach erinnern daran, dass hier ein Bach fließt,
der heute unterirdisch in den Rhein
mündet und dessen Wasser früher von
den in der Färbergasse ansässigen
Stofffärbern genutzt wurde; ein Stück
der erhaltenen römischen Stadtmauer

erinnert an die Anfänge der Stadt Köln; und die teilweise noch erhaltenen kleinen Häuser in der Schartgasse erinnern daran, dass hier über Jahrhunderte die einfacheren und ärmeren BürgerInnen Kölns gelebt haben. Auch Reste von historischem Kopfsteinpflaster lassen sich in dem Viertel immer wieder entdecken und vor allem, wie fast überall in Köln, Spuren der Nachkriegszeit in Form von gesichtslosen Wohn- oder Bürohäusern. Eine vierspurige Straße, die Neuköllner Straße, schneidet das Viertel vom Richtung Rhein gelegenen Kapitolviertel ab. Und zwischen all dem steht ein altes Haus, ein Juwel: das *Haus Bachem*.

Dieses Haus scheint unter einem besonderen Schutz zu stehen, denn im Zweiten Weltkrieg widerstand es – wenn auch mit Verletzungen – wie durch ein Wunder dem Bombenhagel und auch schon einige Jahre vorher wurde es vor dem Abriss gerettet.

Im 13. Jahrhundert standen auf dem Grundstück des *Hauses Bachem* noch Obstbäume und wuchsen Weinreben. 1320 ließ der erzbischöfliche Kämmerer Nickolaus von Bachem darauf zwei Wohnhäuser errichten, das *Große Bachem* und das *Kleine Bachem*. 1590 wurden beide Häuser von einem gewissen Peter von Krastein abgerissen. Auf die alten Kellergebäude ließ er zwei neue Häuser bauen und behielt

deren Namen bei. Das Baudatum steht bis heute auf der Fassade des *Großen Bachem*. Das *Große Bachem* wechselte ab 1611 mehrmals die BesitzerInnen. Ab 1795 wurde darin eine Weinstube betrieben, von 1828 bis 1880 Bier gebraut und ausgeschenkt. Danach betrieb ein gewisser Gottfried Mechernich dort eine Gastwirtschaft.

1938 schließlich gelangte das *Große Bachem*, das inzwischen in einem sehr heruntergekommen Zustand war, in den Besitz von Ada Limbourg. Sie rettete es vor dem endgültigen Zerfall und ließ es von Grund auf restaurieren. Der Zeitpunkt dafür war allerdings schicksalhaft, denn nur wenige Jahre später, 1943, wurde das Viertel am Großen Griechenmarkt bei Bombenangriffen fast vollständig zerstört. Das *Kleine Bachem* existiert seitdem nicht mehr, das *Große Bachem* wurde in Mitleidenschaft gezogen. Der Dachstuhl brannte komplett aus. Die tragenden Wände und vor allem das Erdgeschoß mit der barocken Wendeltreppe und den Hängestuben blieben aber zum Glück erhalten. Im Griechenmarktviertel überlebten nur der Wasserturm, in dem sich heute ein Hotel befindet, und das verletzte *Große Bachem*, das fortan nur noch als *Haus Bachem* bezeichnet wurde, den Zweiten Weltkrieg. Alles andere in diesem Viertel lag in Schutt und Asche. Ada Limbourg

muss dieses Haus sehr am Herzen gelegen haben, denn sie entschied sich dazu, es erneut restaurieren zu lassen. Ihr Sohn Hans Klaus Limbourg baute im wiederaufgebauten *Haus Bachem* ein Großhandelsunternehmen für Bäckerei- und Speiseeismaschinen auf. Als er das Unternehmen 1974 verkaufte, blieb das Haus in Familienbesitz und ist es bis heute. 2014 vermietete es Ada Limbourgs Enkelsohn Kurt Limbourg an das *Literaturhaus Köln*.

Achtzehn Jahre hatte es gedauert, bis das *Literaturhaus Köln* ein eigenes Haus für sich allein beziehen konnte. 1996 wurde es gegründet und wanderte zunächst von einer Unterkunft zur nächsten. Den Anstoß zur Gründung gab die damalige Kulturdezernentin der Stadt Köln Kathinka Dittrich van Weringh, die in einem Gespräch mit dem damaligen kulturpolitischen

Sprecher der FDP, Ulrich Wackerhagen, die Frage stellte, weshalb es in Köln kein Literaturhaus gebe. Damals gab es schon welche in Berlin, Frankfurt, Darmstadt und Hamburg und auch München hatte bereits 1993 mit der Gründung der Stiftung *Buch-, Medien- und Literaturhaus* die Grundlage für die 1997 erfolgte Eröffnung seines Literaturhauses gelegt.

Daraufhin initiierte Wackerhagen gemeinsam mit dem Buchhändler Klaus Bittner und dem Verleger Reinhold Neven Du Mont nach zwei öffentlichen Diskussionen mit vielen VerlegerInnen, SchriftstellerInnen und Kulturinteressierten die Gründung des *Literaturhauses Köln*. Schon ein knappes Jahr später, am 5. Februar 1996, wurde im Belgischen Haus der Trägerverein *Literaturhaus Köln e.V.* gegründet. Über einhundert Literaturbegeisterte traten an diesem Tag dem Verein bei. Den Vorsitz übernahm damals Reinhold Neven Du Mont, sein Stellvertreter wurde Ulrich Wackerhagen. Der Verein hatte erst einmal keinen festen Ort. Die Veranstaltungen fanden bis 1999 in verschiedenen Räumlichkeiten statt, mal im GLORIA-Theater oder in den Hörsälen der *Universität zu Köln*, in der Aula einer Schule oder in ausländischen Kulturinstituten. Ein Büro für die damalige Leiterin des *Literaturhauses*,

Anke Windel, stellte das Kulturamt Köln zur Verfügung. 1999 konnten eigene Räume im MediaPark 6 bezogen werden, 2006 zog das *Literaturhaus* ins *Forum für Fotografie.* 2014 fand es dann seinen Platz im Herzen der Stadt und zog ins *Haus Bachem* in der Innenstadt. Seinen Platz im Herzen der KölnerInnen hatte es sich da schon längst erobert.

Seit seiner Gründung ist das *Literaturhaus* eine feste Größe im kulturellen Leben der Stadt. Es sollte »ein zentraler Kommunikationsort werden für Lesungen, literarische Ausstellungen und kulturelle Veranstaltungen aller Art in attraktiven Räumen.« So stand es in der Einladung zur Gründungsversammlung des Trägervereins. Das ist ihm längst gelungen und vieles darüber hinaus.

2007 hat das *Literaturhaus* sein Spektrum um das *Junge Literaturhaus* erweitert, dem ersten in Deutschland.

2003 initiierte die Tageszeitung *Kölner Stadt-Anzeiger* die Aktion *Ein Buch für die Stadt* zur Förderung der Literatur und des Literaturverständnisses in Köln und der Region, bei der das Literaturhaus von Anfang an fester Partner ist. Das jährlich von einer Jury ausgewählte Buch wird bei zahlreichen Veranstaltungen innerhalb einer Woche im Herbst auf unterschiedliche Art und Weise in den Vordergrund gerückt. Es

werden Lesungen an unterschiedlichsten Orten, Vorträge und Diskussionen angeboten, aber auch rund um das Thema des jeweiligen Buchs werden spartenübergreifend vielfältige Veranstaltungen angeboten. Das ausgewählte Buch wird als Sonderausgabe aufgelegt und in Köln und Umgebung zu einem besonders günstigen Preis verkauft. Die Resonanz war von Anfang riesengroß und bis heute ist diese Aktion ein wichtiger Termin im kulturellen Kalender der Stadt. Das erste *Buch für die Stadt* war Irmgard Keuns Roman *Das kunstseidene Mädchen*, über das in über einhundert Veranstaltungen diskutiert wurde. Mitmachen kann, wer mag. Seit 2017 gibt es zusätzlich das Junge Buch für die Stadt.

Die erste Lesung des *Literaturhauses* im *Haus Bachem* fand noch auf der Baustelle statt: Das Haus wurde nämlich zunächst nach den Bedürfnissen des neuen Mieters umgebaut und mit der ersten Lesung wurde eine Art Richtfest gefeiert. Der Schriftsteller Martin Kordi las aus seinem Debütroman *Wie ich mir das Glück vorstelle*, in dem er aus kindlicher Perspektive auf den Bosnienkrieg 1992–1995 blickt. Eine Geschichte von Krieg und Zerstörung, aber auch von Hoffnung und Glück – ähnlich wie die Geschichte des *Hauses Bachem*.

BRIGITTE GLASER

Schriftstellerin

———

ALHAMBRA

Den Park entworfen hat der Kölner Generalplaner Fritz Schumacher, der sich dabei von den Gärten der andalusischen Alhambra inspirieren ließ, realisiert wurde er 1922 vom Kölner Gartenbaumeister Fritz Encke, der in der Stadt eine ganze Reihe von Parks gestaltet hat, so auch den Blücherpark. Für die Menschen aus Nippes und dem Agnesviertel schuf er so vor fast hundert Jahren eine Oase mit Teich, Springbrunnen und Bronzebären. Davon heute noch erhalten sind die treppenförmige Mauer, die den Park zum Spielpatz begrenzt, der große mittige Brunnen mit seinem Carré gestutzter Winterlinden sowie Mauer und Halbrund zur Escher Straße hin. Daneben erstreckt sich auf der einen Längsseite

Die Nippeser Alhambra

von Brigitte Glaser

Wenn man aus der Vogelperspektive auf Köln hinunterschaut, dann ist die Nippeser Alhambra *ein winziger Teil des sich bis zum Rhein erstreckenden Inneren Grüngürtels. Ein kleines, grünes Rechteck, eingeklemmt zwischen der Schrebergartenanlage Flora e.V. und drei lauten Straßen.*

eine Hundewiese und ein Sportplatz, auf der anderen lärmt die viel befahrene Innere Kanalstraße. Ruhig ist dieser kleine Park also nicht, auch nicht lauschig oder sonderlich gepflegt, an maurische Paläste erinnert überhaupt nichts und ein Brunnen plätschert hier schon ewig nicht mehr. Dennoch ist die *Nippeser Alhambra* ein heißgeliebter und viel genutzter Ort, dessen Loblied ich gerne singe. Mütter und Väter mit Kinderwägen, kleine und große FußballerInnen aus vielen Nationen, Schulklassen und Krabbelgruppen, JoggerInnen und HundebesitzerInnen, BoulespielerInnen und FeierabendbiertrinkerInnen, FlaneurInnen und DauertelefoniererInnen teilen sich das Areal, ohne sich groß in die Quere zu kommen. Spuren der Verwüstung gibt es nach sonnenreichen Wochenenden, wenn die Mülltonnen überquellen und dreckige Grillschalen über den Rasen wehen. Der kleine Park wird von morgens bis abends und zu jeder Jahreszeit genutzt, er ist im wahrsten Sinn des Wortes ein Volksgarten.

Zur Merheimer Straße hin begrenzt ein karger Kinderspielplatz die *Nippeser Alhambra*, der lange der einsamste Kinderspielplatz war, den ich kenne. Sehr selten verirrte sich ein Kind an diesen trostlosen Ort, was sicher an der blöden Lage Ecke Merheimer/Innere Kanalstraße und an der spartanischen Ausstattung lag. Inzwischen gibt es ein neues Klettergerüst, das von den Kleinen besser angenommen wird. Schon immer und immer noch turnen Kinder gerne über die treppenförmige Mauer, die den Spielplatz vom Park trennt. Davor, auf den zwei Steinbänken links und rechts des in die Mauer eingelassenen Brunnens, sitzen oft Frauen mit einem Buch auf dem Schoß; lesend oder mit geschlossenen Augen Gedanken nachhängend.

Der kleine Halbkreis, der den Park auf der gegenüberliegenden Seite zur Escher Straße hin begrenzt, wartet mit ein paar Bänken unter Kastanien auf und ist meist verschattet. Dort sitzen oft Männer allein herum, mit denen es das Leben nicht allzu gut zu meinen scheint. Manche schlafen da, für manche besteht das Frühstück aus einer Flasche Kölsch, manche malen sich mit einem Joint die nächsten Stunden schön.

Zwischen Spielplatz und Kastanienbänken dehnen sich zwei rechteckige Wiesen aus, in deren Mitte der runde Brunnen steht. Entlang der Wiesen gibt es Bänke, fest im Boden verankert, aus Stahl oder schwerem Holz und somit vor Vandalismus geschützt. Vor einiger Zeit hat sich zudem ganz frech eine wandernde Holzbank in den Park gemogelt. Hierher geschleppt von irgendwem, im Areal des ausgetrockneten mittigen Brunnens abgestellt, wird sie mal auf die eine und mal auf die andere Seite getragen oder geschoben, je nachdem wie die Sonne steht oder wer sich mit wem trifft. Mir kommt sie wie ein schwerfälliges germanisches Pendant zu den leichten lindgrünen Stahlstühlen vor, die in einigen Pariser Parks herumstehen und dort nach Belieben hin und her geschoben werden können. Wahrscheinlich verschwindet die Bank so sang- und klanglos, wie sie aufgetaucht ist, so wie in der *Nippeser Alhambra* immer mal wieder Dinge auftauchen und verschwinden. So die Emailletafel, auf der die BoulespielerInnen ihre Ergebnisse festhielten, die Kunstinstallation, die kurzzeitig auf dem Rasenstück stand, das früher mal ein Teich war, der goldene Pappmaschee-Bär, der an die alten Alhambra-Bären erinnerte, oder der Gaben-

zaun, wo während der Pandemie Kleidung und Lebensmittel für Bedürftige aufgehängt wurden.

In der ersten Corona-Zeit erwies sich die *Nippeser Alhambra* überhaupt als Segen für den Kölner Norden. Viele, die normalerweise nie spazieren gehen, entdeckten in Zeiten, als man nur spazieren gehen konnte, den Park für sich, und die anderen drehten noch mehr Runden um den Sportplatz als sonst. Zu bestimmten Zeiten gab es hier regelrechte Völkerwanderungen, aber jetzt, wo endlich auch andere Zerstreuungen möglich sind, herrscht wieder »Normalbetrieb.«

Sie merken, auch ich zähle zu den regelmäßigen BesucherInnen des Parks. Deshalb kann ich Ihnen auch genau sagen, wo sich hier im Frühling die ersten Schneeglöckchen und bald darauf die kleinen Veilchen zeigen, ich weiß, wann der Jasmin und die Kastanien blühen, und jedes Jahr warte ich sehnsüchtig darauf, dass die Lindenbäume, die den Sportplatz säumen, blühen und duften. Eine Zeit lang wuchsen in der Nähe der Forsythien auch wilde Erdbeeren, aber die sind leider verschwunden. Als meine Kinder klein waren, sind wir im November wie viele Familien beim Martinszug des Kindergartens Sankt Josef mitgelaufen, der auch heute noch durch die dunklen Schrebergärten führt und dort die Laternen besonders hell leuchten lässt. Der Zug endet mit einem großen Martinsfeuer auf dem Sportplatz. Wenn es im Winter mal kalt war und tatsächlich Schnee lag, pappten auch wir auf dem Sportplatz Schneemänner zusammen, wie es viele Familien noch heute tun.

Ich nutze den kleinen Park übrigens auch zum Arbeiten. Wenn mir der Kopf raucht, ich beim Schreiben hänge, ich über Figuren oder Entwicklungen meiner Geschichte nachdenken muss, dann stapfe ich zur *Nippeser Alhambra* und drehe meine Runden. Dabei schicke ich meine Gedanken auf Reisen, lasse sie ihr Tempo und ihren Weg finden und komme oft klüger nach Hause. Leider gelingt das nicht immer! Manche Probleme brauchen mehr als einen Spaziergang. Ich bin dann übrigens nicht ansprechbar, eigentlich auch gar nicht oder doch nur physisch anwesend, denn ich bewege mich völlig in meiner Kopfwelt und wundere mich manchmal, dass meine Füße mich zielsicher zurück nach Hause tragen.

Natürlich kennen wir regelmäßige BesucherInnen des Parks uns. Wir grüßen uns, wenn wir uns begegnen. Meist mit einem Kopfnicken, manchmal wechseln wir auch ein paar Worte. Ich zum Beispiel mit dem einzahnigen Alten im Blaumann, der immer mit einem Fahrradanhänger zu seinem Schrebergarten fährt, auf dem er seine Gartengeräte mitschleppt. Die braucht er für die zwei Gärten in Weidenpesch und Longerich, die er auch noch pflegt. Oder mit dem jungen Mann, der sommers wie winters auf einer Bank sitzt und über die Innere Kanalstraße hinweg zum Bauwagenplatz starrt, der sich dort seit mehr als zwanzig Jahren behauptet. In einem der Bauwagen, so hat er mir mal erzählt, wohne die Frau, die er liebe, und er warte auf ein Zeichen von ihr. »Rauchzeichen?«, fragte ich zweifelnd, wie sollte sie ihm sonst über die Straße hinweg ein Zeichen geben? Er lächelte nur traurig und zuckte unbestimmt mit den Schultern. Er wartet jetzt schon Jahre, ungelogen. Immer wenn ich ihn sehe, frage ich mich, ob das wahre Liebe ist oder eher triste Besessenheit, und manchmal überlege ich, ob er vielleicht eine Figur in meinem nächsten Roman werden könnte, aber das ist ein anderes Thema …

Dass die *Nippeser Alhambra* überhaupt noch steht, dass es die schmale grüne Lunge des Inneren Grüngürtels im Norden noch gibt, ist der Bürgerinitiative Nippeser Baggerwehr zu verdanken. Bis in die 1970er-Jahr träumte man in Köln nämlich von einer autogerechten Stadt – ein Traum, dem manche Stadträte leider bis heute nachhängen – und wollte deshalb die Innere Kanalstraße zur Stadtautobahn ausbauen. Der Verbreiterung der Straße und den Zubringern wäre das meiste Grün des Inneren Grüngürtels und viele Schrebergärten zum Opfer gefallen. Die Bagger standen schon bereit. Mit kreativem, lautstarkem und hartnäckigem Protest vereitelte die Nippeser Baggerwehr diese Pläne. Hoch sollen sie leben, die alten KämpferInnen für eine menschengerechte Stadt, Großdank gebührt ihnen für den Erhalt der *Nippeser Alhambra*!

Brigitte Glaser

Für Brigitte Glaser bedeutet »jedes Buch eine Reise ins Unbekannte mit vielen Tücken und Fallstricken, schlaflose Nächte inklusive ...«, trotzdem gäbe es für sie (fast) nichts Schöneres auf der Welt als das Schreiben, schreibt die Schriftstellerin über sich selbst auf ihrer Internetseite.

2003 hält Brigitte Glaser ihren ersten Roman über ihre kochende Hobbykriminalistin Katharina Schweitzer in den Händen. Ihr literarisches Debüt hatte sie bereits 1996 als Co-Autorin von Rainer Daub mit dem Krimi *Kölsch für eine Leiche*. Auf die Idee, eine Köchin zur Hauptfigur einer Krimireihe zu machen, kam sie, weil es schon so viele Krimis gibt, in denen die KriminalistInnen gern kochen und essen, aber keine, in denen eine Köchin ermittelt. Um die Figur möglichst authentisch darstellen zu können, hat Brigitte Glaser mit vielen KöchInnen gesprochen, sich in ihren Küchen umgeschaut, Biografien gelesen und sogar in einer Restaurantküche gearbeitet.

Vielleicht kam ihr die Idee zu ihrer Krimiprotagonistin auch deshalb, weil sie selbst aus einer kulinarisch reichen und vielfältigen Gegend stammt: dem Badischen. Baden hat bekanntlich die höchste Dichte an Sterne-Restaurants und ist eine gesegnete Gegend, was Klima, Landwirtschaft und Kulinarik im Allgemeinen anbelangt. Dort wurde Brigitte Glaser 1955 in Offenburg geboren, aufgewachsen ist sie in einem Ortsteil von Achern. Als Schülerin verbrachte sie vier Wochen in Paris und wurde von ihrer Gastmutter fürstlich bekocht: »Französische Küche rauf und runter«, wie sie selbst sagt und »Artischocken, Hummer, normannischer Käse, all das habe ich bei ihr zum ersten Mal gegessen.« 2017 erschien der achte Teil ihrer Katharina-Schweitzer-Krimi-Reihe: *Saus und Braus*. Fast alle Bücher der Reihe wurden ins Italienische übersetzt und sind in Italien erschienen.

Der Liebe wegen kam Brigitte Glaser vor über dreißig Jahren nach Köln. Die Liebe von damals war nicht von Dauer, sie verliebte sich neu, gründete eine Familie. Sie blieb in Köln, freundete sich mit dem Großstadtleben an und lernte durch ihre Serie *Tatort Veedel*, die sie für den Kölner Stadtanzeiger schrieb, viele der fünfundachtzig Stadtteile Kölns kennen, in die manche Einheimische noch nie einen Fuß gesetzt haben. Auch wenn sie ihrer badischen Heimat verbunden bleibe, ein Leben ohne Köln könne sie sich nicht vorstellen. Sie liebe den rauen Charme und die Schlagfertigkeit der KölnerInnen und fände die Stadt sehr lebenswert, auch wenn das Leben in einer Großstadt manchmal anstrengend sein könne, erzählt sie mir bei unserem Treffen.

2016 erschien ihr in den 1950er-Jahren angesiedelter Roman *Bühlerhöhe*, in dem sie eine fiktive Geschichte mit historischen und politischen Hintergründen verbindet. Das Buch landete sofort auf der Spiegel-Bestsellerliste, und bedeutet für Brigitte Glaser den literarischen Durchbruch. Auch der Nachfolgeband *Rheinblick*, der 2019 erschien, wurde ein Bestseller. Als eine ihrer Sternstunden bezeichnet Brigitte Glaser unter anderem den Moment, in dem sie bei der Recherche zu diesem Roman in der Friedrich-Ebert-Stiftung einen Originalbrief von Willy Brandt in ihren Händen hielt. Im Februar 2022 erscheint ihr dritter Roman, mit dem sie die Geschichte der jungen Bundesrepublik erkundet: *Kaiserstuhl*.

SPAZIERGANG VON
DER ALHAMBRA ZUM FORT X

*Zwei grüne Oasen im verkehrsreichen Treiben der Großstadt,
die neben dem Aachener Weiher zu den einzigen ursprünglich
erhaltenen Anlagen des Inneren Grüngürtels gehören.*

Dass die KölnerInnen ihre Stadt lieben, steht außer Frage. Dass sie aus Liebe zu ihrer Stadt gern übertreiben und oft den Superlativ anwenden, den manche NichtkölnerInnen womöglich nicht unbedingt nachvollziehen können, hat südländischen Charme. Denn auch die SüdeuropäerInnen, vor allem die SüditalienerInnen – so habe ich es oft erlebt – verwenden den Superlativ hemmungslos. Ein Beispiel für einen solchen Kölner Superlativ ist der Ort, an dem ich mich mit Brigitte Glaser treffe: ein Teilstück des Inneren Grüngürtels im Kölner Stadtteil Nippes, der den Namen *Alhambra* trägt. Mit diesem Namen sind wir im Bereich der Superlative angekommen, denn die namensgebende Palaststadt *Alhambra* auf dem Sabikah-Hügel in Granada, der Provinzhauptstadt Andalusiens, ist die meistbesuchte Sehenswürdigkeit Spaniens. Steht man

dort im Patio de los Leones, dem Löwenhof, der eingefasst von einhundertvierundzwanzig Säulen das Herzstück dieser Palaststadt bildet, und schaut man auf den von zwölf Steinlöwen getragenen Brunnen in der Mitte, kann man spüren, was das Anliegen der Architekten der damaligen Zeit war: eine Oase inmitten des trubeligen Treibens der damaligen Zeit zu schaffen.

Es war auch dieser Gedanke einer Oase, der leitgebend war, als die Kölner *Alhambra*, ab und zu auch als *Kleine Alhambra* bezeichnet, zwischen 1922 und 1924 als Schmuckanlage des Inneren Grüngürtels nach dem Vorbild des spanischen Löwenhofs angelegt wurde. Bereits im Dezember 1912 hatte Karl Liebknecht in einer Rede im preußischen Abgeordnetenhaus für mehr Grün in den Städten geworben. Mit voran-

schreitender Industrialisierung zogen immer mehr Menschen in die Städte, Arbeiter lebten zum großen Teil in miserablen Unterkünften und Verhältnissen, wurden oft krank, sodass der Ruf laut wurde, den Menschen die Natur durch mehr naturnahe Erholungsmöglichkeiten in den Städten wieder näherzubringen. Der damalige Kölner Oberbürgermeister Konrad Adenauer ergriff nach dem Ersten Weltkrieg mit der Idee, einen »sozialen Park« zu schaffen, die Initiative zur Begrünung der Stadt. Kein Schlosspark sollte entstehen, sondern ein Volkspark. Schon seit Jahrhunderten wurde das linksrheinische Stadtgebiet Kölns von Ringen durchzogen. Als nun der zuletzt erbaute Ring, der von den Preußen angelegte Festungsring, nicht mehr militärisch genutzt wurde, bot er sich als solcher an. 1924 war es dann

soweit: Der Innere Grüngürtel war vollständig angelegt und bot AnwohnerInnen und BesucherInnen der Domstadt nicht nur die Möglichkeit zur Naherholung, sondern sorgte nebenbei für die notwendige Durchlüftung der Stadt.

Und auch wenn in der *Nippeser Alhambra* alles etwas kleiner und unspektakulärer ist als in Andalusien, finden sich hier einige Elemente des spanischen Vorbilds wieder: So wurde in der Mitte eines Senkgartens ein Brunnen gebaut und die um die Brunnenanlage herum angelegten Baumreihen erinnern an die einhundertvierundzwanzig Steinsäulen des granadischen Patio. Westlich davon bietet zusätzlich eine große Wiese Raum für sportliche Aktivitäten und dahinter befindet sich eine Kleingartenanlage. Eine gute Grundlage für eine Oase, zumindest in den 1920er-

und 1930er-Jahren, als das Wasser des inzwischen stillgelegten Brunnens für Ruhe und Erholung Suchende noch plätscherte und der Innere Grüngürtel von einer schmalen, ruhigen Straße eingefasst war.

Heute rauscht der Verkehr auf der Inneren Kanalstraße in vier Spuren an der *Alhambra* und an der Innenstadt zugewandten Seite des Inneren Grüngürtels vorbei. Auch wenn die *Alhambra* in ihrer ursprünglichen Form erhalten geblieben ist und unter Denkmalschutz steht, ist sie leider schon lange keine Schmuckanlage mehr. Aber: Sie hat einen gewissen Charme und all das tut der Liebe und Treue vieler KölnerInnen keinen Abbruch, wie Brigitte Glaser mir auf dem Weg durch ihren Lieblingsort, ihrer Oase im Veedel – Verkehr hin oder her –, überzeugend vermittelt.

Unweit der *Alhambra* in Richtung Zoobrücke zwischen Neusser Wall und Innerer Kanalstraße befindet sich eine weitere ursprünglich erhaltene Anlage des Inneren Grüngürtels, das *Fort X*, wohin es Brigitte Glaser auch immer wieder zieht. Sie möchte es mir unbedingt zeigen und da der Regen eine Pause macht und sich sogar die Sonne etwas zeigt, machen wir einen kleinen Spaziergang dorthin. Das *Fort X*, ursprünglich von keinem Geringeren als König Friedrich Wilhelm III. auf den Namen Prinz Wilhelm von Preußen getauft, entstand zwischen 1819 und 1825 und bildet das Gegenstück des *Fort I* im Friedenspark in der Südstadt. Wurde dort auf den Festungsterrassen ein Blumengarten angelegt, wurde auf den Terrassen des *Fort X* ein Rosengarten gepflanzt. Siebzig verschiedene Rosensorten kann man heute darin bewundern und genießen.

Für Brigitte Glaser ist dieser Rosengarten ein Frauengarten, wie sie mir erzählt, weil er meist von Frauen genutzt werde. Oft würden sie ein Buch lesen oder sich mit anderen Frauen treffen und ein wenig plaudern. So ihre Beobachtung. Auch als wir dort waren, trafen wir nur Frauen im Garten an.

Es ist ein besonderer Ort, dieser Rosengarten auf der Dachterrasse der Festung. Steht man am massiven so-

genannten Enveloppen Thor des Forts am Fuß des Gartens, ahnt man nicht, was einen am Ende des Wegs nach oben erwartet. Er liegt ganz nah an der verkehrsreichen Inneren Kanalstraße, aber trotzdem nimmt man den stetigen Verkehrsstrom kaum wahr, weil die Straße viel tiefer liegt, in einer Schlucht am Fort vorbeiführt. Auf dieser kleinen erhabenen Roseninsel ist man dem Himmel sehr nah, vor allem, wenn die Rosen in voller Blüte stehen und man von ihrem Duft umhüllt wird. Einzig vom Turm der Agneskirche wird dieser friedvolle Ort überragt.

Dass es diesen Ort heute so gibt, ist maßgeblich Konrad Adenauer zu verdanken: Dieser verhinderte den im Friedensvertrag von Versailles vorgesehenen Abriss des Forts, auch mit dem Hinweis, dass dieses seit 1912 als Wohnraum genutzt wurde. 1921 wurde die ehemalige Festungsanlage dann vom damaligen Kölner Gartenbaudirektor Fritz Encke, der auch die *Nippeser Alhambra* anlegte, in ein grünes Fort verwandelt, und auf Wunsch des Rosenliebhabers Konrad Adenauer entstand der Rosengarten.

Das *Fort X* ist eingebettet in eine Parklandschaft, die ausgiebig genutzt wird. Etwa sieben Kilometer reicht der auf dem ehemaligen Festungsring der Preußen angelegte Grünstreifen vom

Rheinufer um die Kölner Innenstadt bis zur Luxemburger Straße. Dort wird er von der nach Bonn abbiegenden Bahnstrecke durchquert und setzt sich im Volksgarten fort. Der Volksgarten entstand als erster Teil des Inneren Grüngürtels zwischen 1887 bis 1889 auf dem Gelände des sogenannten *Forts Paul* oder auch *Fort IV.* Und als solcher war der Gürtel auch gedacht, als Volkspark mit verschiedenen Sport- und Freizeitflächen und einzelnen Schmuckanlagen zur Erholung der Kölner Stadtbevölkerung.

Im ehemaligen Festungsring des *Forts X* wurde ein Spielplatz angelegt, dahinter finden in einem etwas abgeschiedeneren Teil im Sommer Open-Air-Kino-Veranstaltungen statt. 2008 wurde der Park auf den Namen der Schriftstellerin Hilde Domin (1909–2006) umbenannt. Sie wurde unweit der Anlage in der Riehler Straße 23 geboren und lebte bis 1932 in ihrem Geburtshaus.

Auch Heinrich Böll (1917–1985), lebte mit seiner Familie in den 1970er-Jahren ganz in der Nähe des Forts, in der Hülchrather Straße 7. In seinem Roman *Gruppenbild mit Dame* lässt sich die Hauptfigur Leni Pfeiffer, wie es dort heißt, »in einen Park verwandelten Festungsgraben entführen.«

Auch wenn die Rosen noch nicht blühten, als mich Brigitte Glaser an diesen Ort begleitete, so lud er auch mich zum längeren Verweilen ein und ich werde bei einem meiner nächsten Besuche in Köln sicher wieder kommen.

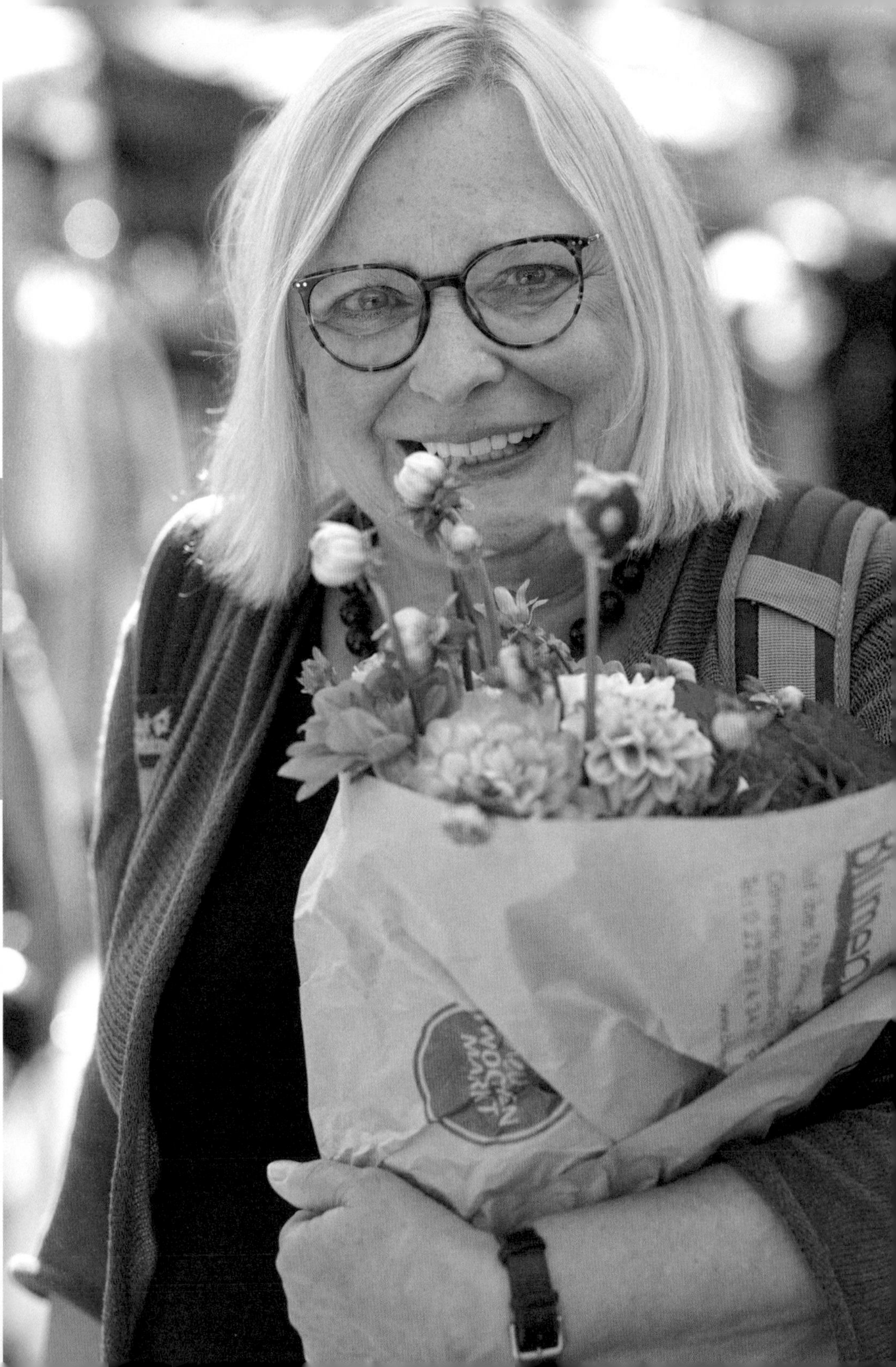

HANNE(LORE) HIPPE

Schriftstellerin

———

WOCHENMARKT
KLETTENBERG

STARTER - SET

3 Tücher

Was habe ich ein Glück! Einen ausgedehnten Spaziergang im Halbgrünen absolvieren, großes und kleines Kino genießen mit wechselnden DarstellerInnen, ohne ein Billet zu lösen, Nachschub für Herz und Magen besorgen, kleine Schwätzchen halten, in denen es um Hunde, Enkel, knuspriges Backwerk oder geschredderten Grünkohl gehen mag – schnuppern, viel schnuppern – Menüinspirationen frischbunt geschenkt bekommen, naschen, aber sicher, die Qual der Wahl aushalten und darin schwelgen, Fitnessübung beim Nachhauseschleppen der Beute ... von was ich rede? Das bekomme ich alles zusammen, gleichzeitig und auf einen Schlag jeden Samstag auf meinem Wochenmarkt in Köln-Kletten-

Käse, Rosen, Hallimasch.
Auf meinem Markt ist Köln

von Hanne(lore) Hippe

berg, im Südwesten der Stadt am Rhein. Ein schmaler Mittelstreifen, wo sonst Autos parken mit ein paar Büscheln Grün dazwischen und leicht verbogenen Bäumen, die es hier tapfer aushalten und uns Menschen zuzuraunen scheinen: »Et hätt noch emmer joot jejange.«

Zweihundert Meter lang, zehn Meter breit und auch das ist nur sehr fluffig geschätzt, vereint mein Markt die Eifel mit Italien, das Vorgebirge, wie hier das nahe Umland gern genannt wird, trifft sich mit Fronkreich und lässt den Schwarzwald, ohne zu zögern, neben der Türkei stehen.

Ob ich sie noch alle habe?

Kommen Sie einfach mit, dann werden Sie schon sehen. Hier gibt es Köln als buntes »Strüssje«, in klein, in frisch, zum Mitnehmen.

Ich werfe mir meinen lila Rucksack aufs Kreuz und laufe meine Straße entlang, die in etwa fünf bis zehn Minuten Länge, je nachdem wie vielen Nachbarinnen und Hunden ich auf dem Weg begegne, zweimal die Woche aufs Ende oder den Anfang meines Markts stößt, je nachdem, von wo man anfängt. Am Mittwoch und am Samstag.

Das ist ein kleiner Luxus meiner Stadt. Ich komme viel im Land herum und schätze daher, dass es in jedem Kölner Stadtteil, auch gern hier als »Veedel« bezeichnet, einen Wochenmarkt gibt, zu dem es meist nicht weit ist. Über zwanzig sind es insgesamt, verrät die Stadt, und manche Veedel weisen eine extreme Dichte an höchst lebendigen Märkten auf, wie mein Viertel zum Beispiel, Sülz-Klettenberg. Da gibt es gleich drei Wochenmärkte.

Beim ersten Stand geht es schon los. Das gefällt mir, man geht hin und es geht sofort los.

Da unterscheidet sich mein Markt gewaltig von den öffentlichen Verkehrsmitteln in dieser Stadt, aber gut, man kann wahrscheinlich nicht Äpfel mit Birnen ... genau, nur auf dem Markt.

Die Qualität des ersten Stands – Gemüse und Obst aus dem Vorgebirge, das, wie schon erwähnt, bereits von hier in Wurfweite beginnt, erkennt man auch als Nicht-Indigene ohne Probleme an der Länge der Schlange, die sich zu jeder Marktzeit dort einträchtig versammelt. Ein anheimelndes, ein gemütliches Bild, wie ich finde, das immer eine beruhigende Wirkung auf mich ausübt. Eine Schlange, gleich zu Beginn, darauf ist eben Verlass.

Andere Gemüsestände, deren Produkte durchaus erfreut bis gleichmütig von der Kundschaft angenommen werden, können von so einer hartnäckigen Schlange nur träumen.

Hier findest du statt Artischocken deftige Steckrüben, statt Avocados auch krumme Gurken, die noch richtig nach Gurke schmecken. Deren ProduzentInnen aus dem Vorgebirge (im rheinischen Volksmund auch »Füürjebersh«) sich der Optimierung der Optik ihres Gemüses bisher erfolgreich verschlossen haben, um sich stattdessen weiterhin lieber um einen richtigen Geschmack zu kümmern.

Ich winke in Gedanken aufmunternd der Schlange zu und beginne zu flanieren. In diesem Teil des Marktes funktioniert das wunderbar, später muss ich die Gangart wechseln, doch davon wirklich erst später.

Hier öffnet sich der schmale Mittelstreifen fast zum Boulevard: Links vorbei reihen sich ostmediterrane, kulinarische Kleinode an süditalienische Barristawunder, die Schlange davor und drumherum ist selbstverständlich Programm und im Preis inbegriffen.

Der Kölner, genau wie die Kölnerin, liebt es, sich zusammenzudrängen, auch wenn es dafür keinen zwingenden Grund gibt. Wenn die Dänen dem »Hygge« huldigen, ist das bei uns KölnerInnen der Pulk, auch schon mal »Knubbel« genannt (nicht zu verwechseln mit dem »Nubbel«, der symbolisiert den Kölner Karneval und wird jedes Jahr einmal verbrannt). Auch Karneval ist im Prinzip ein Vorwand, sich zusammenzuknubbeln. Es knubbelt sich immer und überall in Köln, besonders eifrig auf unseren Wochenmärkten. Manchmal denke ich, dass

ab elf Uhr am Samstagmorgen das Knubbeln und nicht der Kauf im Vordergrund steht. Aber nicht weitersagen, sonst knubbelt es sich noch mehr. Welche Kölnerin kommt schon gern um neun Uhr auf den Markt? Da ist es noch viel zu unknubbelig. Allein ist schlecht knubbeln. Da muss man das Augenmerk noch unverstellt auf die Ware richten statt auf Nebenfrau oder -mann. Es gibt schlichtweg kaum Ablenkung. Ich gehe selten vor halb zwölf auf meinen Markt. Kommt gar nicht in die Papiertüte. Plastiktüte hat sich endlich auch hier ausgetütet.

Wo war ich?

Ja, ich flaniere. An der rechten Flanke schwimmt der Fisch, wenn er noch könnte. Daneben fügt sich der Fleischstand fast übergangslos ein. Würstchen winken im Wind und kurz dahinter das Büdchen mit veganen Leckereien.

So ist Köln: jeder Jeck und jede Jeckin ist anders und für jeden und jede ist etwas dabei.

Die nächste substanzielle und voller vorfreudiger Erwartung fast bebende Schlange kündet Achim an. Das heißt, natürlich seinen Stand, bescheiden in seinem Ausmaß, fundamental in seinem Angebot: Käse. Und nochmal Käse. Ach, was sage ich, Sättigungsbeilage für die Seele. Da duftet Marschland auf Jütland neben der Vulkaneifel, ein einsames Tal im Engadin findet seinen Platz Seite an Seite mit einer verträumten Wildblumenwiese im Zentralmassiv und wir in Köln-Klettenberg dürfen dabei sein und davon kosten. Wir haben teil an Europa. Das heißt: bei Achim. Wir stehen an für feine, prickelnd-säuerliche Meiereiwaren von unverwechselbarem Geschmack, hergestellt von engagierten Winzigproduzenten, die sich in der Vergangenheit erfolgreich gegen Bestimmungen aus Europa gewehrt haben. Auch deshalb liebe ich meinen Markt: Kein Käse ist wie der andere, und das kann man getrost auf die meisten Lebensmittel hier anwenden.

Doch müssen wir wachsam bleiben. Es schlüpfen immer häufiger Vertrauenserschleicher auf die Märkte, die die dubiose Herkunft ihres Angebots aus Lebensmittelverfälschungsanlagen durch das bunte Mäntelchen eines Wochenmarkts zu verhüllen hoffen.

Bestrebungen unserer rührigen Stadt, die Wochenmärkte Kölns zu privatisieren, schlugen durch das Engagement der Standbesitzer fehl, erfahre ich beim Plausch mit ihnen. Bisher. Und die k k K K, die kritisch-knubbelige Kölner Kundschaft, ist ja auch noch da.

Ich wechsle die Gangart. Mir bleibt nichts anderes übrig. Das Flanieren wird ungefähr ab Äädäppel Wolf zum Bummeln. Dabei hat mich der Stand schon abgebremst. Hier gibt's Kartoffeln, Zwiebeln, Eier. Kein Schnickschnack. Ohne Glitzer, ohne Schleifchen. Alles in satten Brauntönen. Glamour heißt hier Sieglinde. Warum tragen Kartoffeln Frauennamen? Weil sie geerdet sind?

Frau Wolf kennt sich selbstredend aus in ihrem Sortiment und rät, berät. Rät auch schon mal ab. Bamberger Hörnchen? Sicher dat!

Und Zwiebel ist nicht gleich Zwiebel. Italienische Kleinzwiebel, französische Süßzwiebel. Nicht zu vergessen, das »Vürjebirch Öllig«. Scharf. Wir ahnten es.

Der Rucksack füllt sich allmählich. Es wird jetzt eng. Jeder und jede gibt hier wirklich das Beste. Zu dritt zusammenstehen, mitten auf dem Weg entspannt klönen, ein selbstloser, echt kölscher Beitrag für das Massenknubbeln in diesem Abschnitt.

Kinderwagen und Hund, auch nicht von schlechten Eltern.

Vier Damen mit Sektglas im Windschatten des Kiosks, ich möchte mich am liebsten dazugesellen und mitzuprosten. Es werden keine Mühen gescheut.

Auf der gegenüberliegenden nahen Seite glühen derweil die Oliven und leuchtet der Honig.

Daneben wieder eine Schlange, in der fast alle lächeln. Oder träumen. Schlangen auf meinem Markt sind selten missmutig, das fällt auf. Weil alle aus dem selben Grund wie ich kommen? Während der Maskenzeit sieht man die Menschen nicht lächeln. Das bedaure ich. Aber ich will daran glauben, dass sie es hinter der Maske tun und nicht verlernen.

Ein Akkordeon. Nicht allein. Einer spielt und lässt die Finger über die Tasten tänzeln. Münzen fallen in den Hut. Ja, es ist wirklich ein Hut, kein Coffee-to-go-Becher! Zwei kleine Mädchen stehen davor, halten sich an den Händen und lauschen. Sie hören nicht zu, sie lauschen. Das kann man genau erkennen.

An dieser Stelle des Marktes ist das Kino nicht mehr zu übersehen. So viel Leben in einer Einstellung!

Ich muss zum Blumenstand! Ich versuche zu hasten, gebe es aber sofort wieder auf. Seit neuestem gibt es gegenüber von Lilien, Rosen, Alpenveilchen einen langen Tisch nur mit Pilzen. So viele Pilzsorten habe ich auf Märkten bisher nur in Bayern gesehen. Krause Glucke und Hallimasch! Die Kölner waren so begeistert, dass sie sich auf der Stelle in einer knubbeligen Schlange formierten,

um fortan auch Pilze zu erstehen. Ich erreiche den Pilzstand selten vor halb eins. Keine Schlange. Keine Schlange? Keine Pilze. Zu spät. Auch das ist Markt: Wat fott es, es fott.

Blumen. Jede Woche kaufe ich Blumen. Sie sind ganz frisch. Woher? Füürjebersh. Sie wissen jetzt Bescheid. Einen Blumenstraußwurf entfernt. Hier sagen wir dazu »Strüssje«. Und am Rosenmontag kriegen alle eins zugeworfen. Daher der Name ... Jetzt sind Dahlienwochen. Ich schwelge in Rot- und Lilatönen. Herr Außem, der Obergärtner, trägt manchmal eine Blüte, nicht im Haar, sondern am Hut. Am Haar würde sie nicht halten. Als Gruß an uns alle.

Das Ende des Markts ist schon zu sehen. Räumlich wie zeitlich. Noch ein paar Meter bis zur Ampel. Um ein Uhr mittags ist alles vorbei. Die ersten Stände räumen schon ab. Seufzend hiefe ich meinen Rucksack auf den Rücken, bin aber hochzufrieden mit der Samstagsernte.

Vor wenigen Jahren konnte ich ein paar Wochen nicht richtig laufen. Als ich mich wieder ohne Hilfe und Schmerz bewegen konnte, musste ich nicht überlegen, wohin mich mein erster Weg führen würde: Zu meinem Markt, den ich mit so vielen teile. Er ist für mich ein kleines Stück Heimat, ein Scherbchen von Köln. Mal kalt, nass und windig, mal schwül, heiß und staubig.

Immer bunt, lecker, knubbelig. Gut, dass es ihn gibt.

Über
Hanne(lore) Hippe

»Ich bin eine gesellige Eremitin«, so beschreibt sich Hanne Hippe in einem Interview mit dem SWR. Sie ist gern unter Menschen, aber wenn sie schreibt, muss sie allein sein, denn »das Schreiben ist eine einsame Sache.« Auch in der Wahl ihrer Wohnorte liebt sie die Gegensätze: Köln, die Mosel, Norwegen und Sizilien sind ihre aktuellen Lebensmittelpunkte, aber da gab es auch viele Jahre Irland und Großbritannien. Doch der Reihe nach.

Geboren wurde sie 1951 in Frankfurt am Main, mit ihrer Mutter und ihrem Bruder zog sie acht Jahre später nach Köln. Für ihr Studium der Literaturwissenschaft, Philosophie und der Politischen Wissenschaften ging sie nach Marburg und Heidelberg. Kaum hatte sie ihren Magister Artium in der Tasche, folgte sie ihrer Sehnsucht nach der grünen Insel und lebte einige Jahre in Irland, später in Großbritannien, wo sie an den Universitäten von Sheffield und Bradford Literatur und Landeskunde lehrte. Im Zug, auf dem Weg zurück nach England, lernte sie kurz hinter Aachen auch ihren ersten Mann kennen, ein Brite. Mitte der 1980er-Jahre zogen sie nach Deutschland, nach Köln, wo sie beide immer noch leben, wenn auch glücklich geschieden. 1985 kam dort auch ihre Tochter zur Welt.

Zurück in der alten Heimat arbeitete Hanne Hippe als Journalistin. Über dreißig Jahre hat sie für die gesamte ARD, primär im Bereich Hörfunk, Features geschrieben und als Regisseurin Beiträge produziert. Ihre Themen waren in den Bereichen Kultur, Umwelt und Gesellschaft angesiedelt, Landesschwerpunkte bildeten Irland, Großbritannien, Norwegen, Island und einmal auch Italien.

Ganz nebenbei machte sie eine Ausbildung zur Theaterschauspielerin.

Bereits während ihrer Zeit in England hatte sie ein alternatives Theater gegründet, die freie Truppe *Free Range Theatre*, und begann mit ersten Regiearbeiten und Schreibversuchen, unter anderem für den Reiseführer *Anders Reisen Großbritannien*, der 1983 im Rowohlt Verlag erschienen ist. Erlebt man Hanne Hippe heute bei einer ihrer zahlreichen Lesungen, wird man Zeuge ihres schauspielerischen Könnens. Sie liest nicht nur einfach Passagen aus ihren Büchern, sondern gibt sie sehr überzeugend und unglaublich unterhaltsam zum Besten und man lebt für kurze Zeit mit ihr in ihren Geschichten.

Im Lauf der Zeit kamen Hörspiele und Kurzgeschichten dazu, für viele Zeitschriften und Zeitungen hat sie Artikel geschrieben: für das *Handelsblatt*, die FAZ, für *Psychologie heute*, die EMMA und viele mehr. Beim WDR Hörfunk moderierte sie Live-Sendungen, für RTL eine Kultursendung – *Kanal 4-Huckepack*. Für den Fernsehsender ARTE hat sie gearbeitet und war als Journalistin in vielen Ländern unterwegs. Ab 1995 bildete sie JournalistInnen in Deutschland und der ganzen Welt aus: »Ich fand es toll, nicht als Touristin in den Ländern zu sein, sondern mit den Menschen, die dort lebten, zu arbeiten«, erzählt Hanne Hippe in einem Beitrag für den SWR. Ihre Lehrtätigkeit führte sie oft in die Ukraine, aber auch nach Kirgisistan, Tadschikistan, Malaysia, Pakistan, Georgien, Armenien und nach Ägypten.

Als sie mit ihrem ersten Mann und ihrer Tochter Anfang der 1990er-Jahre Urlaub in Italien machte, hatte sie als Lektüre zahlreiche Krimis im Gepäck. Doch keiner wollte ihr so richtig gefallen. »Dann schreib doch selbst einen, wenn Dir keiner gefällt«, kommentierte ihr Mann ihr Genörgel. Ein Jahr später dann der zündende Gedanke: »Warum nicht!«

Seitdem hat sie zwölf Romane, ein Sachbuch über Irland – *Irische Gespräche. Ein Tagebuch über Land und Leute* – und zwei kulinarische Bücher veröffentlicht. Ihr erstes Buch, der Kriminalroman *Niedere Frequenzen*, erschien 1994. 1999 traf sie bei einem Besuch in Norwegen auf die »Isdal Frau«, die sie zu dem Roman *Die verlorenen Töchter* inspirierte. Dieser Roman wurde zwar 2001 fertig, erschien aber erst 2018. Dazwischen machte er eine kleine Metamorphose durch und wurde die Grundlage zu dem internationalen Kinofilm *Zwei Leben* mit Liv Ullmann, der 2013 eine Oscar-Nominierung bekam.

Die meisten Bücher veröffentlicht sie unter ihrem richtigen Namen Hanne Hippe. Ihre irische Krimireihe veröffentlicht sie unter dem Pseudonym Hannah O'Brien: »Hannah nennen mich meine irischen Freunde und O'Brien ist der Nachname meines irischen Lieblingsschriftstellers Flann O'Brien«, so Hanne Hippe.

Sie hat aber noch ein anderes Pseudonym, nämlich Hanne H. Kvandal. Für diesen Namen hat sie eine Anleihe bei ihrem norwegischen Lebensgefährten gemacht hat, mit dem sie seit über fünfundzwanzig Jahren in einer Partnerschaft in zwei Ländern lebt. Kvandal ist sein Nachname und das H steht natürlich für ihren eigenen. Unter diesem Namen veröffentlicht sie eine Krimireihe, die auf der Inselgruppe Spitzbergen spielt. Schon vier Mal war Hanne Hippe auf Svalbard, wie die Inselgruppe im norwegischen Sprachgebrauch heißt, und hat dort alle Jahreszeiten und Lichtverhältnisse erlebt. Tiefe Dunkelheit und tagelange Helligkeit, sowie die magischen blauen Stunden, wenn das Licht im Frühling zurückkehrt und die ganze Schneelandschaft blau färbt. Diese Stunden gehören sicher zu den reizvollsten und kostbarsten Tagen auf Spitzbergen, nicht nur wegen ihrer unglaublichen Schönheit, sie sind auch sehr schnell vorbei.

Immer wieder sind es Landschaften, die sie zum Schreiben inspirieren, so war es in Irland und auch auf Svalbard, nachdem sie Ausflüge zu den Gletschern und der Geisterstadt mit dem Namen *Pyramiden* gemacht hat, mit dem Hundeschlitten und einem bewaffneten Musher die Schneelandschaft erkundet hat, Gespräche mit KlimawissenschaftlerInnen geführt und die Bewohner von Longyearbyens, einer kleinen Bergbaustadt, kennengelernt hat. Inzwischen ist bereits der zweite Spitzbergen-Krimi – nach *78° Nördliche Breite* – erschienen. *13° tödlicher Sommer* heißt er und erzählt nicht nur eine packende Geschichte, sondern beschreibt auch die extreme und ungewöhnliche Lebenswelt Spitzbergens, die aufgrund des Klimawandels sehr bedroht ist.

2021 ist außerdem ein sehr besonderes Buch von Hanne Hippe erschienen, das von ihrer eigenen Familiengeschichte inspiriert ist und das ihrer Mutter, die seit fast zwanzig Jahren tot ist und die sie jeden Tag vermisst, ein kleines Denkmal setzt: *Die Geschichte einer unerhörten Frau*. Erzählt wird die Geschichte einer Frau, die sich in den 1950er-Jahren von ihrem Mann scheiden lässt und mit ihren beiden Kindern von Frankfurt nach Köln zieht, so wie es auch Hanne Hippes Mutter getan hat. Hanne Hippe erzählt in ihrem sehr persönlichen Buch, wie ihre Protagonistin sich – argwöhnisch von der Gesellschaft beobachtet – durch die Widrigkeiten ihres neuen Lebens kämpft und sich zu einer selbstbewussten und selbstbestimmten Frau entwickelt. Sie zeichnet ein einfühlsames und eindrückliches Bild der 1950er-und 60er-Jahre, und auch von Köln.

Wer weiß, ob Hanne Hippe ohne ihre Mutter in Köln gelandet wäre. Die Stadt ist für sie ein Anker hier in Deutschland, dem Land, in dem sie sich lange Zeit nicht sehr heimisch fühlte. Auch heute noch zieht sie sich gern nach Irland oder Norwegen zurück, bereist Länder, die sie sehr mag, wie Süditalien und andere, die sie neugierig machen, wie unlängst Estland. Vor fünfzehn Jahren wählte sie sich zudem die Mittelmosel als Ausweichdomizil. Doch wo auch immer sie war, es sei ihr fast ein bisschen peinlich und »das will etwas heißen«, meint Hippe, muss sie schlucken, wenn sie den »ollen Dom« wieder sieht. Es gibt in Deutschland keine andere Stadt, in der sie lieber leben möchte. »Gehen tut vieles«, sagt sie, »aber will man das wirklich? Köln ist ziemlich hässlich, hat aber etwas pittoresk Skurriles, es ist groß und trotzdem hinreißend übersichtlich. Kurz – es ist knubbelig.« Sie fühlt sich hier geborgen und gut unterhalten. Dazu tragen alle in Köln etwas bei. Nicht nur zu Karneval.

AUS EINEM GUSS

*Der Kölner Stadtteil Klettenberg ist ein relativ junges Viertel,
das erst Anfang des 20. Jahrhunderts angelegt wurde.
Sein kleiner Wochenmarkt auf dem Mittelstreifen des Klettenberggürtels
ist einer von sechsundsechzig Wochenmärkten in Köln.*

Der Kölner Stadtteil Klettenberg liegt zwischen Gottesweg, Luxemburger Straße, der Autobahn A4 und der Eisenbahntrasse im Südwesten der Stadt.

Bereits im Mittelalter existierte auf heutiger Klettenberger Gemarkung das *Hofgut Klettenberg*, das 1225 zum ersten Mal erwähnt wurde und zur Benediktinerabtei Sankt Pantaleon gehörte. Es lag an der heutigen Breibergstraße. Zusammen mit dem *Sülzer Neuenhof*

(an der Berrenrather Straße gelegen), dem *Weißhaus* (an der Luxemburger Straße in Sülz gelegen) und *Gut Kolmar* (am Ende der Geisbergstraße gelegen), waren das bis ins 19. Jahrhundert die einzigen Ansiedlungen im heutigen Stadtgebiet Sülz und Klettenberg. Die Siedlung Klettenberg hatte damals achtundfünfzig EinwohnerInnen und bestand aus neun Häusern. In der Franzosenzeit gehörte die Klettenberger

Flur zur Bürgermeisterei Rondorf im Kanton Brühl. Als Köln 1815 zum Königreich Preußen kam, wurde die Siedlung dem Kölner Landkreis zugeordnet und schließlich 1888 eingemeindet. Da Köln eine preußische Festung ersten Ranges wurde, benötigte man Unmengen an Material für den Bau der einzelnen Forts und Lünetten (kleine Forts), die vor der Stadt errichtet wurden. Ziegeleien, Kies- und Sandgruben bestimmten fortan die Landschaft außerhalb der Stadtmauern.

Der Stadtteil Klettenberg wurde dann erst zu Beginn des 20. Jahrhunderts als Erweiterung des Stadtteils Sülz, sozusagen »aus einem Guss«, als reines Wohngebiet angelegt, er ist also nicht natürlich gewachsen. Das imposante *Hofgut Klettenberg* musste dem Siedlungsbau weichen. Mehrfamilienhäuser aus den 1920er-und 1930er-Jahren bestimmen die Baustruktur, aber auch Gründerzeit- und Jugendstilarchitektur mischen sich dazwischen.

Wie ein großer Bogen umspannt die Siebengebirgsallee von der Luxemburger Straße/Ecke Gottesweg das Viertel bis zum Klettenbergpark, der in einer ehemaligen Kiesgrube von 1905 bis 1907 vom städtischen Gartendirektor Fritz Encke angelegt wurde und als Ersatz für das abgerissene *Hofgut Klettenberg* dienen sollte, das ein beliebtes Ausflugsziel der KölnerInnen war. Im Gegensatz zur fast vollständig zerstörten Innenstadt ist in Klettenberg noch recht viel der älteren Bausubstanz erhalten geblieben. Läuft man durch die Straßen des Stadtteils, bekommt man einen Eindruck davon, wie Köln vielerorts vor dem Zweiten Weltkrieg ausgesehen hat. Der Klettenberggürtel teilt das Viertel. Auch diese Straße ist auf beiden Seiten mit Bäumen bepflanzt. Der Wochenmarkt auf seinem Mittelstreifen an der Ecke zur Siebengebirgsallee ist einer von sechsundsechzig Wochenmärkten an neununddreißig Kölner Standorten und bietet auf wirklich kleinem Raum fast alles, was man zum Leben braucht: neben Obst, Gemüse, Backwaren, Käse, Blumen, Wurst, Fleisch und Fisch auch Kleidung, Schmuck, Kurzwaren und vieles mehr. Das war schon in den 1950er-Jahren so. Auf einem alten Foto, das in dem Buch *Fotogeschichten Sülz und Klettenberg 1855–1985*, herausgegeben von Eusebius Wirdeier und im

Emons Verlag erschienen, abgebildet ist, sieht man, wie Stoffe und diverse Kurzwaren in ausgedienten Waschmittelkartons angeboten werden. In Deutschland sind solche gemischten Märkte selten geworden. Man findet sie noch in Italien und vermutlich auch in anderen südlichen Ländern.

Seit die Menschen Handel treiben, gibt es Märkte. Sie dienen seit jeher nicht nur dem Verkauf von Waren, sondern waren vor allem in der Zeit vor der Erfindung des Telefons ein bedeutender Umschlagplatz für Informationen. Auch heute sind Märkte immer noch beliebter Treffpunkt für viele AnwohnerInnen, an dem man Neuigkeiten erfahren, sich austauschen und gesellig zusammen sein kann.

Einer der ältesten Märkte weltweit ist der Basar *Kapalı Çarşı* in Istanbul. Eine Jahrtausende alte Tradition haben auch die Märkte in Marokko. So ist der Souk in der Medina von Marrakesch der größte Basar Afrikas. Mit der Warenvielfalt und der Farbenpracht vieler Märkte, Basare, Mercados und Souks auf der ganzen Welt können die Kölner Märkte sicherlich nicht mithalten, aber auch sie haben ihren Reiz, vor allem im Vergleich zum Einkaufen in Supermärkten und Geschäften. Ist es nicht viel schöner, sich unter freiem Himmel von den verschiedensten Düften und

Produkten verführen zu lassen, die ErzeugerInnen zum Teil persönlich kennenzulernen und zu erfahren, wo und wie das, was ich esse, angebaut wird, anstatt in einem unpersönlichen Supermarkt geruchloses und industriell genormtes Obst und Gemüse oder Kleidung von der Stange zu kaufen?

Lassen Sie sich von Hanne Hippe einladen zu einem Ausflug auf den Klettenberger Markt und flanieren Sie an den vielen schönen Marktständen entlang. Und wenn Sie dann noch Lust haben, bummeln Sie ein wenig weiter die Siebengebirgsallee hinunter, lassen sich vom Charme der schönen alten Häuser und ihren hübschen Vorgärten ein wenig zurückversetzen in alte Zeiten, weiter zum Naturgarten *Klettenbergpark*, in dem Ihnen rheinische Landschaftsbilder in unterschiedlichen Wald-, Wiesen- und Uferpartien präsentiert werden: eine Heidelandschaft, ein See mit Ufervegetation, kleine Wäldchen, eine von einem Bach durchzogene Blumenwiese und ein Felsbach mit künstlichem Wasserfall, ein rheinischer Basalt- und ein Schiefersteinbruch und ein Rosengarten, in dem Sie je nach Jahreszeit ein duftendes Finale Ihres Ausflugs nach Klettenberg erleben können.

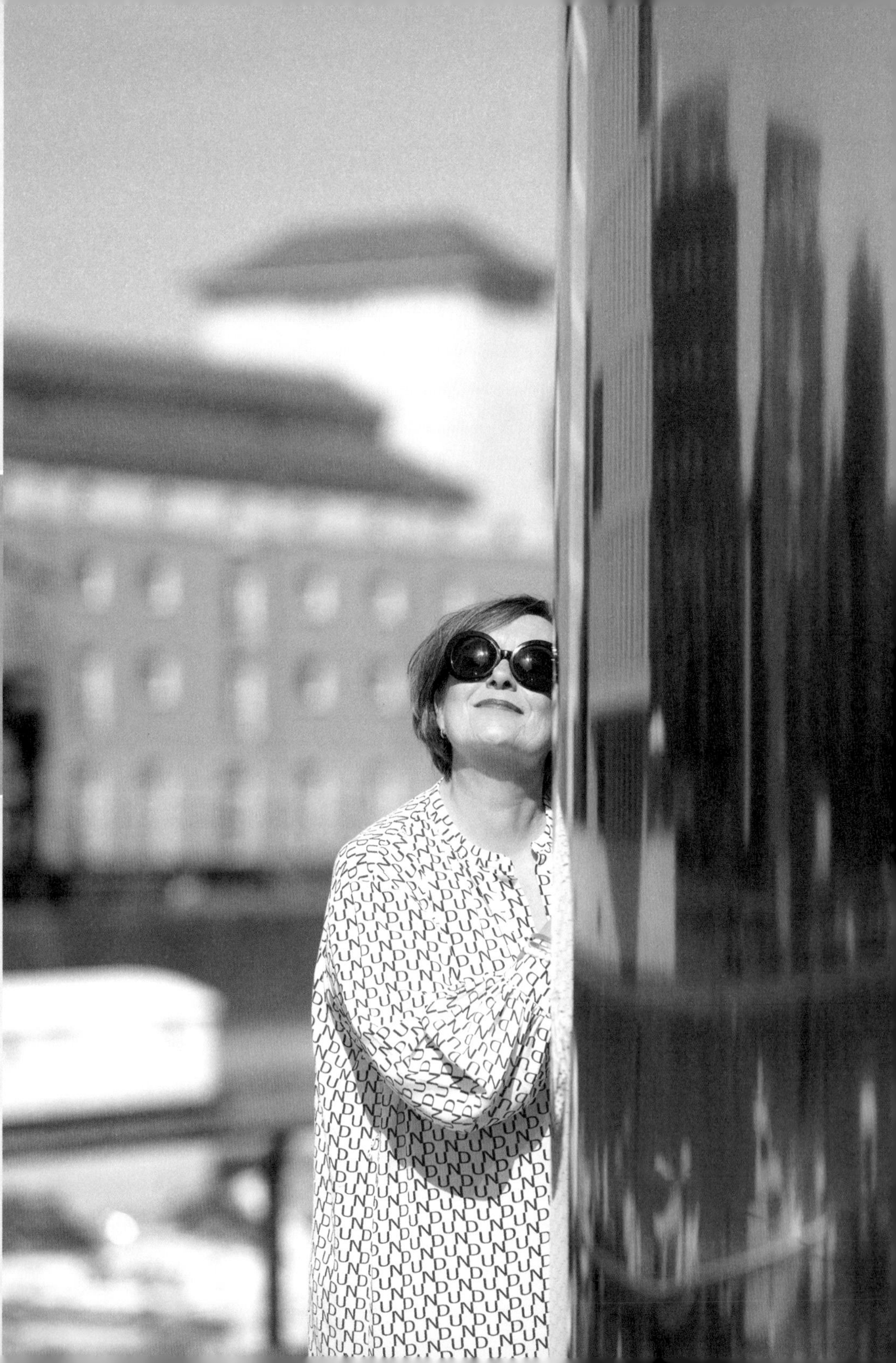

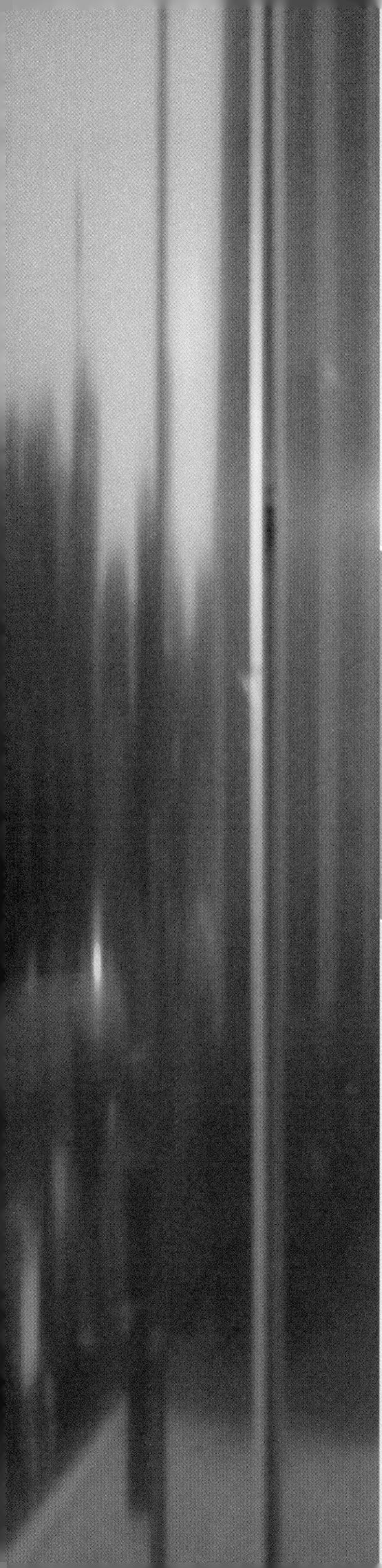

CLAUDIA BOUSSET

*Gründerin und Geschäftsführerin
des* Salonfestival

———

RHEINAUHAFEN

Liebe Claudia, weshalb hast Du Dir diesen Ort für dieses Buch ausgesucht?
Weil ich dort sehr oft bin. Für mich ist das ein faszinierender Ort, weil er die Natur und urbane Architektur miteinander verbindet. Die Architektur im *Rheinauhafen* finde ich spannend. Köln hat ja sonst kein Viertel mit so moderner Architektur. Wie immer in neu entwickelten Quartieren fehlt im *Rheinauhafen* noch etwas Leben. Aber die KölnerInnen werden ihr Hafenviertel schon noch entdecken, es braucht einfach Zeit, bis ein neues Viertel wächst. Je nach Stimmung kann ich mich entscheiden, ob ich Richtung Norden in die Stadt laufe oder ob ich Richtung Süden in die Natur gehe und weg bin aus der Stadt. Da ist

Eine gute Mischung

Claudia Bousset, *Gründerin und Geschäftsführerin des* Salonfestival, *wohnt in der Kölner Südstadt zwischen Rhein und Eierplätzchen. Einer ihrer liebsten Orte ist der* Rheinauhafen, *den sie in fünf Minuten von ihrer Wohnung aus erreicht.*

dann nur noch Wiese und Wasser. Spannend finde ich auch, dass der *Rheinauhafen* an so ein gewachsenes Veedel wie die Südstadt grenzt.

Wir sitzen hier im *Römerpark Caféhaus* auf dem Eierplätzchen in der Südstadt. Lebst Du schon lange in der Südstadt?
Mit einer Unterbrechung lebe ich seit meinem Studium in Köln und immer in der Südstadt. Ich bin einmal für ein paar Jahre aus Köln weggegangen, aber schon bald wieder gekommen. Ich habe mich damals nicht bewusst für die Südstadt entschieden, das hat sich einfach so ergeben. Und dieses Café war das erste, in dem ich gewesen bin, als ich nach Köln kam.

Was ist das Besondere für Dich an der Südstadt?

Sie hat etwas Dörfliches und ist für mich ein echtes Veedel. Ein Dorf mitten in der Großstadt, das meine ich positiv. Ich bin ja sehr viel unterwegs und da ist dieses »Dorf« sehr angenehm. Alles ist einem vertraut und trotzdem ist viel in Bewegung, herrscht Trubel, oft auch Hektik. Es gibt viele Cafés, kleine Restaurants und vor allem: noch so etwas wie Nachbarschaft. Und mir gefällt, dass die Südstadt so nah am Rhein ist, das ist das Schöne, man hat auch das Leben am Fluss. Für mich ist der Rhein das Symbol dafür, dass ich mit der Welt verbunden bin. Ich laufe gern am Rhein entlang oder sitze am Wasser und lasse die Schiffe an mir vorbeiziehen, stelle mir vor, wohin sie fahren. Ich habe am Rhein ganz viel Natur, aber auch diese wunderbare Mischung aus historischer Industrie- und moderner Wohn- und Büroarchitektur. Diese Gegensätze mag ich sehr. Eine gute Mischung ist immer wichtig für mich.

Auch beim *Salonfestival*?

Ja, natürlich. Da darf zum Beispiel jeder mitmachen, jeder kann Salon machen, mit jeder Wohnung, groß oder klein, mit einem Büro oder was auch immer, Atelier, Werkstatt, Laden, Garten, Küche, auch eine Studenten-WG ist möglich. Salon geht überall. Am besten dort, wo man viel Zeit verbringt, denn das ist dann ja auch eine Art Wohnzimmer. Es muss und soll gar nicht perfekt sein. Diese Offenheit ist einfach das Wichtigste, denn nur so erreichen wir auf Dauer eine Mischung. Und die macht es ja erst interessant.

Was ist das Besondere am *Salonfestival* im Vergleich zu anderen kulturellen Veranstaltungen?

Es macht einen Unterschied, ob ich mit hunderten von Leuten in einem Raum bin oder mich in kleiner Runde bewege. Man geht mit einer anderen Motivation hin, man wird anders empfangen, persönlich eben. Und im besten Fall ist der ganze Salon wie eine private Einladung. Als wir zum Beispiel mit »Klugen Köpfen« angefangen haben, hatten wir von Anfang an großen Zuspruch von prominenten Referenten. Sie waren es, die uns ermuntert haben, das Format weiter zu führen. Denn in den Wohnzimmern unseres Landes passiert Veränderung. Vierzig Menschen im Wohnzimmer, so war ihre einhellige Meinung, seien wichtiger als vierhundert im Saal. Man geht manchmal irgendwo hin,

hört einen Vortrag, hat eine Kaffeepause, hört den zweiten Teil und geht. Und oftmals berichtet man niemandem davon. Und denkt vielleicht selbst auch nicht mehr oft darüber nach. Beim *Salonfestival* kann man ganz sicher sein, dass die Gäste sich damit beschäftigen. Das Erlebnis eines *Salons* ist einfach intensiver, inspirierender und bringt so viel in das eigene Leben ein. Wir haben die Erfahrung gemacht, dass Salongäste zwei bis drei Tage danach noch mit den Inhalten durch ihr Leben gehen, ja, häufig danach Fragen aufkommen und man sich denkt: »Ach, hätte ich das doch noch gefragt!« Dem wollen wir auch nachkommen, indem wir eine Plattform entwickeln, wo das möglich wird, wo man zwei bis drei Tage später nochmal nachfragen kann und auch Antworten erhält.

Das *Salonfestival* also nicht nur für einen Abend als Kommunikations- und Diskussionsplattform, sondern auch darüber hinaus ...
Das *Salonfestival* ist etwas zum Mitmachen! Wir geben einen Rahmen, wir geben die Möglichkeiten, wir schaffen ein Dach. Aber machen muss es dann jeder für sich. Als GastgeberIn oder BesucherIn, es ist immer Eigeninitiative dabei. Man muss etwas mitbringen, man kann etwas einbringen. Die Salons entstehen zusammen mit den GastgeberInnen, das ist sehr entscheidend, sie laden zusammen mit uns ein und stehen auch für den Inhalt.

Du hast eben von den »Klugen Köpfen« gesprochen. Was ist das genau?
Als wir das *Salonfestival* gegründet haben, da wollte ich nicht nur kulturelle Veranstaltungen in den Bereichen Musik und Literatur anbieten, ich wollte auch ein Format, in dem Themen der Zeit diskutiert werden, wo es um etwas geht. So ist »Kluge Köpfe zu Gast« entstanden, wo wir eine breit gefächerte Themenvielfalt haben, von Politik über Philosophie, Wissenschaft und Forschung und so weiter. Das Besondere im Salon ist, dass man direkt mit den jeweiligen Experten sprechen kann. Man hört sich nicht im großen Kreis einen Vortrag an, sondern es entwickelt sich ein Gespräch, eine Diskussion, es entsteht etwas, es werden Meinungen gebildet oder überprüft, es entstehen Zukunftsvisionen. Im besten Fall entsteht etwas, was etwas auslöst. Ich glaube daran, dass wir einen Anstoß für gesellschaftliche Veränderung geben können. Und ich mache die Erfahrung, dass die Menschen sich danach sehnen, sich in kleineren Kreisen zu treffen. Die Zeit der großen Events klingt aus.

**Die Salonkultur ab dem 17. bis Anfang des 20. Jahrhunderts war ein über-
wiegend weiblich geprägtes, kulturhistorisches Phänomen in Europa.
Frauen wie Rahel Varnhagen und Caroline Schelling waren freigeistige
Gastgeberinnen. Es wurde nicht nur diskutiert, sondern es wurden auch
künstlerische Talente gefördert. Was ist an den heutigen Salons anders?**
Eigentlich wenig. Unsere Salons sind natürlich eine Wiederbelebung der Salonkultur. Und es schließt an diese Vorbilder an. Für die Frauen damals war der
Salon überhaupt eine Möglichkeit, an gesellschaftlichen Themen teilzuhaben
und sich selbst mit ihren eigenen Gedanken in die Diskussionen einzubringen.

»FÜR MICH IST DAS EIN FASZINIERENDER ORT,
WEIL ER DIE NATUR UND URBANE
ARCHITEKTUR MITEINANDER VERBINDET.«
CLAUDIA BOUSSET

Das hat sich selbstverständlich geändert. Aber nach wie vor ist der Salon ein ge-
schützter Raum, wo man seine Ideen äußern und ausprobieren kann, wo man
Rückkopplung finden kann, und zwar unabhängig von Position und/oder Lebenswelt. Ja, und wie damals ist die Salonkultur immer noch weiblich geprägt.
Das hat natürlich auch damit zu tun, dass neben einer professionellen Arbeit
immer auch sehr viel Engagement mit in die Arbeit einfließt. Oft weit mehr, als
sich in Honoraren darstellen lässt.

Ihr habt nur weibliche Mitarbeiterinnen?
Nur! Dabei sind wir durchaus offen für Männer, die auch im Team mitmachen
wollen. Aber es gibt ja bereits viele Männer, die Gastgeber werden. Da stimmt die

Verteilung schon eher. Ich wollte zur vorherigen Frage noch ergänzend sagen, dass das *Salonfestival* heute insofern anders ist, weil es öffentlich zugänglich ist. Salons gibt es wieder ganz viele, aber das sind meist geschlossene Kreise. Doch die Meinung seiner Freunde kennt man sehr schnell, da wird eigentlich nichts mehr durchbrochen. Das ist das Besondere am *Salonfestival* mit seinen offenen Salons. Ich treffe auf Menschen, denen ich sonst nicht begegnen würde und deren Meinung ich wahrscheinlich nicht kennenlernen würde. Und ich werde in meinen eigenen Gedankenwelten ermuntert, einfach noch weiter zu denken. Das *Salonfestival* ist ein unglaublich guter Boden, Demokratie und Miteinander auszuprobieren und zu üben. Zu erleben, wie es sich anfühlt, auf gesellschaftlicher Ebene einen neuen Umgang zu finden.

Was meinst Du mit »einen neuen Umgang«?
Ein anderes Zuhören, ein gemeinsames Überlegen darüber, wie wir als Gesellschaft zukünftig zusammenleben wollen, wie es mit uns weiter geht. Und selbstverständlich die Erkenntnis, dass jeder als Teil auch etwas zur Veränderung beitragen kann. Alles in Richtung Bürgergesellschaft also.

Das zeigt sich natürlich ganz besonders bei den *Klugen Köpfen*. Aber letzten Endes ist es ja auch dieses Zusammentreffen von Kultur und Unternehmertum oder Menschen, die sonst keine Künstler und/oder Kulturschaffenden treffen. Auch die Salons, bei denen der Kunstgenuss im Vordergrund steht, bringen uns mit den Menschen zusammen, die wir anderswo vielleicht nicht treffen würden und mit denen wir auch nicht ins Gespräch kommen würden. Und deswegen unterscheidet sich der Salon auch von einem Konzertbesuch in der Philharmonie, dem Besuch im Schauspielhaus oder dem einer Lesung: man spricht miteinander. Nimmt man an einem Salon von uns teil oder lädt als Gastgeber dazu ein, dann mit der Motivation oder dem Bedürfnis, miteinander in den Dialog zu treten. Beim Salon ist das Gespräch ein wesentlicher Bestandteil. Und da es allerorts auch immer etwas zu essen und zu trinken gibt, wird es meist auch sehr gesellig!

Über
Claudia Bousset

Rückblickend erscheinen Biographien oft wie eine geplante Aneinanderreihung von Ereignissen. So ist das auch bei Claudia Bousset. Es scheint, als hätte sie konsequent den Weg verfolgt, der sie zu dem Ziel führte, Salonière zu werden, doch so war es überhaupt nicht, wie sie mir erzählt: »Das hat sich einfach immer weiter entwickelt in meinen Leben.«

Die Vorzeichen standen jedoch gut für ihren Weg zur Gründerin des *Salon-*

festivals. Bereits in ihrem Elternhaus wurde die Kultur des miteinander Nachdenkens gepflegt. Die Eltern hatte einen großen Freundeskreis und oft gab es Treffen im heimischen Wohnzimmer, bei denen über alle möglichen Themen diskutiert wurde. Außerdem hatte sie das Glück, eine Schule zu besuchen, an der die offene Kultur des Diskutierens gefördert wurde.

Literatur war schon immer eine Leidenschaft von Claudia Bousset und ist es heute immer noch. Also machte sie zunächst eine Lehre zur Buchhändlerin. Anschließend studierte sie einige Semester Kunstgeschichte und absolvierte dann ein Marketingstudium, um danach wieder in den Buchhandel zu gehen. Zu groß war die Liebe zu dieser inhalts- und abwechslungsreichen Branche. Einige Jahre organisierte sie Autorenle-

sungen, machte die Kommunikationsarbeit dazu und leitete die Personalabteilung für ein großes Buchhaus. Im Jahr 2000 machte sich die Kulturmanagerin dann selbständig. Es kam das Angebot für die Entwicklung eines Literatursalons und sie arbeitete einige Jahre für *Literatur in den Häusern der Stadt*, einem Projekt der privaten Initiative *KunstSalon* in Köln. Claudia Bousset entdeckte die Idee des Salons als besonderen Ort für Austausch und Miteinander in einem geschützten Raum: »*Literatur in den Häusern* war das erste Projekt und von da an ging es immer weiter. Ich habe dann für den *KunstSalon* das Festivalformat übernommen und schon bald auch Salons in anderen Städten erprobt«, erzählt sie. »Wir merkten, es funktioniert auch in anderen Städten! Und mir war schnell

klar, welch Potential diese Idee in Hinblick auf unser gesellschaftliches Zusammenleben hat. Also war klar: das brauchen wir in ganz Deutschland. Wir möchten Häuser und Herzen öffnen und eben genau diesen Salongedanken überall hinführen. 2014 haben wir das Dach dafür gegründet, das *Salonfestival*, um uns bundesweit entwickeln zu können. Und seit 2018 sind wir auch international unterwegs. Es ist wirklich eine weltumspannende Idee. Die ersten Salons in Kapstadt haben gezeigt, dass Salonkultur die Menschen hier wie da gleichermaßen begeistert, fasziniert, ja, mitreißt«, so Claudia Bousset.

Das Jahr 2020 brachte wieder eine Erweiterung, die Salons gab es nun auch digital. Aus der Situation heraus entstanden, ist der digitale Salon inzwischen gleichberechtigt mit den anderen Salons und hat sich als feste Größe im Programm etabliert: »Das Digitale hat sich eigentlich erst durch Corona ergeben. Wir wären nirgends in der Digitalisierung so weit wie jetzt, hätte es Corona nicht gegeben. Wir machen rein digitale Salons, bei denen der Gast zu Hause auf seinem Sofa sitzt, aber wir machen auch digitale Salons mit einem kleinen Zuschauerkreis, die an besonderen Orten stattfinden, wie zum Beispiel im September 2021 auf Burg Ranfels im Bayerischen

Wald. Besonders die Veranstaltungen, die unter dem Motto *Kluge Köpfe* zu Gast stattfinden, sind digital gut umzusetzen. Man kann Begegnungen herstellen, die im wirklichen Leben nahezu ausgeschlossen sind. Hier steckt eine Kraft, die uns als Weltgemeinschaft in den Austausch gehen lässt«, so Claudia Bousset. »Digital können wir uns weltweit ohne Barrieren vernetzen.« Zum Beispiel für einen Abend mit drei Referentinnen, die an verschiedenen Orten über den afrikanischen Kontinent verteilt leben, und der dank der Kooperation des *Salonfestivals* mit dem Netzwerk der *Weltreporter* stattfinden konnte. Aktuelle gesellschaftliche Themen werden bei dieser Zusammenarbeit in den Vordergrund gerückt. Jeden ersten Dienstag eines Monats berichten die *Weltreporter*, KorrespondentInnen aus aller Welt, die in den Ländern und Regionen, von denen sie schreiben, auch tatsächlich leben: »Da diese Journalistinnen und Journalisten vor Ort leben, finden sie auch die Geschichten vor Ort und die Geschichte hinter den Geschichten und erzählen sie. Ein Artikel über die coronabedingte neue Solidarität in Südafrika, den ich in der *ZEIT* gelesen hatte, hat mir den Impuls zu dieser Kooperation gegeben. Leonie March, neue Vorsitzende der *Weltreporter* mit Heimat in Durban, hat ihn geschrieben.

Ich bin mit ihr in Kontakt getreten und wir haben einen Salon über Südafrika gemacht. Leonie brachte noch ihre KollegInnen aus Kenia und Tunesien mit ein. Das war total spannend. Man hat erfahren, wie die Situation vor Ort wirklich ist. Es gibt nämlich auch viele gute Geschichten aus der Welt zu hören. Die sollen wir hier auch mal hören.«, erzählt Claudia Bousset. »Bei unseren digitalen Begegnungen hat man als Gast die Möglichkeit, direkt mit jemandem zu sprechen, der sich an irgendeinem Winkel dieser Erde befindet. Es ist eben kein Streaming, sondern der Austausch auf Augenhöhe.«

Inzwischen hat Claudia Bousset mit ihrem Team in sieben Jahren über eintausendzweihundert Salons initiiert, kuratiert, organisiert. Davon in den letzten zwei Jahren schon über hundert digitale Salons. Dabei entwickelt sich das *Salonfestival* stetig weiter, an neuen Ideen mangelt es dem Team nicht. Und erfreulicherweise gibt es auch mehr und mehr Gastgeber, die die Salons ausrichten.

Im *Salon international* trifft man einmal im Monat AutorInnen aus aller Welt. Neu ist der *salon@work*, ein digitaler Salon für MitarbeiterInnen eines Unternehmens. Hier kommen die MitarbeiterInnen ins Gespräch, hier passiert Teambuilding und Persönlichkeitsentwicklung in Zeiten von Homeoffice.

Die Unternehmen buchen es als Abo. Einmal pro Quartal gibt es die *Denkschule*, in der Studierende aus ganz Deutschland und Interessierte über Zukunftsthemen diskutieren (können). Grundsätzlich werden hier nur positive Beispiele mit Vorbildcharakter besprochen.

Im Aufbau ist eine Art »Online Community«, in der man sich auf der Webseite des *Salonfestivals* zu verschiedenen Themen austauschen kann und vor allem die Fragen stellen kann, die im Salon unbeantwortet blieben. So hat das Salonfestival inzwischen eine Eigendynamik entwickelt, die man nicht von Beginn an planen kann. Es geschieht einfach, indem man etwas macht, es entwickelt sich weiter und man entwickelt sich mit. So war das auch im Leben von Claudia Bousset. Aus der Liebe zur Literatur und dem Interesse am Austausch und Diskurs erwuchs ein bundesweites Netzwerk, in dem Zukunft besprochen und unser zukünftiges Zusammenleben mit gestaltet werden kann.

DER RHEINAUHAFEN – GESTERN UND HEUTE

Wie der Name sagt, wurde der Rheinauhafen in den früheren südlich gelegenen Rheinauen von Köln angelegt. Damals wie heute war und ist er ein Symbol des Fortschritts. War er bei seiner Eröffnung modernster Industriehafen, ist er heute ein modernes urbanes Büro- und Wohnviertel.

Der Rhein bestimmt die Stadtgeschichte Kölns von Anfang an, denn die Stadt entstand an einem schwach nach Westen gekrümmten Bogen des Rheins auf einem Plateau, das etwa fünfzehn Meter höher als der Fluss lag. Daher erhielt übrigens die bekannte Kölner Hohe Straße, die es schon in vorrömischer Zeit gab, ihren Namen. Damals führte sie – ganz im Kontrast zu der Einkaufsmeile, die sie heute ist – als Naturweg an der hohen Uferkante entlang.

Und auch für die weitere Entwicklung der Stadt hat der Rhein seit jeher eine besondere Bedeutung. Da er ins Meer mündet, ist er ein Strom und war somit schon immer ein wichtiger Transportweg. Heute ist er die größte Binnenwasserstraße Europas und wird gern auch als »Vater aller Flüsse« bezeichnet. Wo Güter transportiert

werden, müssen sie auch be- und ent-
laden werden, sind also Häfen wichtige
Orte. In römischer Zeit hatte Köln einen
Naturhafen, der in einem Seitenarm des
Rheins lag. Eine Insel, die etwa einen
Kilometer lang und einhundertachtzig
Meter breit war, schützte diesen Hafen
vor dem Strom. Im zweiten und dritten
Jahrhundert verlandete der Seitenarm
immer mehr, so dass er schließlich
verfüllt wurde und sich die Stadtfläche
damit um fünfundzwanzig Hektar vergrößerte. Auf dieser einstigen Insel
wurden später die Kirche *Groß Sankt
Martin* und der *Heumarkt* gebaut.

Im Mittelalter erstreckte sich der
Kölner Hafen entlang der Rheinmauer,
auch auf der Rheininsel *Werthchen* auf
Höhe des *Holzmarkts* lagen Schiffe vor
Anker. Ab dem 12. Jahrhundert erlebte
Köln als Warenumschlagszentrum einen
steilen Aufstieg und entwickelte sich zu
einer wohlhabenden und bedeutenden
Stadt. Am 7. Mai 1258 verlieh Erzbischof
Konrad von Hochstaden der Stadt das
Stapelrecht und sicherte damit den
Händlern und Bürgern der Stadt das
Vorkaufsrecht der ankommenden Waren:
Sie mussten fortan drei Tage den Kölner
Bürgern zum Kauf angeboten werden.
Dieses Stapelprivileg galt fast sechs-
hundert Jahre lang. Auf dem Wiener
Kongress 1814/1815 wurde nicht nur die
Handelsfreiheit auf dem Rhein beschlos-

sen, sondern es wurde auch eine Zen-
tralkommission für die Rheinschifffahrt
eingerichtet, die erstmals 1816 in Mainz
tagte. Am 1. März 1831 vereinbarte
diese Kommission die *Mainzer Akte*, in
der das Stapelrecht abgeschafft wurde.

Ebenfalls 1816 legte das erste
Dampfschiff vor Köln an, die *Defiance*,
ein Schaufelraddampfer, der zuvor auf
der Themse als Paketschiff eingesetzt
worden war. Ein Jahr später legte der
zweite Schaufelraddampfer in Köln an,
die *Caledonia*. Sie gelangte sogar bis
Koblenz. Damit begann eine neue Ära
der Schifffahrt und binnen weniger
Jahre verdoppelte sich der Schiffsver-
kehr auf dem Rhein und auch der
Warenumschlag nahm entsprechend
zu. Die Industrialisierung hielt ihren
Einzug. 1817 begann der großherzog-
lich-badische Oberbaudirektor Johann
Gottfried Tulla (1770–1828) mit der
Begradigung des Oberrheins, wodurch
der Rheinlauf zwischen Basel und
Bingen um einundachtzig Kilometer
verkürzt wurde. Der Oberrhein war damit nicht mehr ein wilder, mäandernder
Fluss, der immer wieder seinen Lauf
veränderte, sondern eine funktionale,
berechenbare Wasserstraße.

Auch in Köln wurde der Rhein Mitte
des 19. Jahrhunderts reguliert. 1879
wurde eine Ausbaubreite von dreihundert Metern festgelegt, die Fahrrinne

sollte einhundertfünfzig Meter breit
sein. Doch nicht nur aufgrund der Anforderungen der modernen Schifffahrt
wurde der Rhein modelliert, auch der
Hafenbau veränderte den Strom. Mitte
des 19. Jahrhunderts war an der Rhein-
aue ein neuer Schutzhafen entstanden.
Der musste bald erweitert werden, damit er für die Dampfschifffahrt genutzt
werden konnte und damit den Erforder-
nissen des Industriezeitalters genügte.

Köln war zu einem großen Handelszent-
rum herangewachsen, unter anderem
für Getreide, und es wurde mehr Platz
benötigt. Also griff man wieder in den
natürlichen Flusslauf ein: Die kleine
Halbinsel *Werthchen*, mit einer Holz-
brücke mit dem linksrheinischen Ufer
verbunden und von den KölnerInnen
als Erholungsgebiet genutzt, wurde
weiter in die Strommitte verlagert, nach
Süden verlängert und dort mit dem Ufer

verbunden. So entstand zwischen städtischem Ufer und *Werthchen* ein breites Hafenbecken, das rundum mit Werftmauern eingefasst wurde. Die Hafeneinfahrt, nur von Norden aus möglich, markierte der *Malakoffturm*. In seiner Gestaltung dem mittelalterlichen *Bayenturm* weiter südlich nachgebildet, diente er zur Überwachung der Hafeneinfahrt und wurde 1855 fertiggestellt. Schnell wurde auch dieser erste *Rheinauhafen* zu klein und Richtung Süden verlängert und verbreitert. Am 14. Mai 1898 wurde der neue *Rheinauhafen* als größter und modernster Industriehafen am Rhein und in Deutschland feierlich eröffnet – mit einundvierzig hydraulischen und elektrischen, drehbaren Kränen an den Kais, an die heute die Kranhäuser erinnern sollen. Sechs der alten Kräne sind noch erhalten, darunter der *Dicke Herkules* am südlichen Hafenende, der 1897 erbaut wurde und unter anderem den *Dicken Pitter* – die *Petersglocke* des Kölner Domgeläuts, die 1923 im Glockenstuhl des Südturmes aufgehängt wurde – von einem speziellen Waggon auf einen Tieflader gehoben hat. Speicher- und Lagerhäuser wurden auf dem *Werthchen* gebaut, darunter das *Danziger Lagerhaus*, im Volksmund *Siebengebirge* genannt, ein einhundertsiebzig Meter langes, markantes Lagergebäude mit neun unterschiedlich hohen

Spitzdächern, weshalb es die KölnerInnen an das nahe gelegene Siebengebirge erinnerte, das aus mehr als vierzig Bergen und Kuppen besteht. Bis in die 1990er-Jahre diente das *Siebengebirge* als Kornspeicher für die Bundesrepublik Deutschland, für den Fall, dass es einen neuen Weltkrieg geben oder sich eine andere Katastrophe ereignen sollte.

Zwölf- bis dreizehntausend Schiffe legten jährlich im Rheinauhafen an, es gab einen Gleisanschluss und eigenen Bahnhof, schwere Lokomotiven fuhren durch den Hafen. Wo heute die Kranhäuser stehen, hatte die Firma Ford ein riesiges Ersatzteillager. Es gab eine Schiffswerft, die bis nach dem Zweiten Weltkrieg noch Schiffe gebaut hat.

Am südlichen Ende des Hafens, am Harry-Blum-Platz, wurde ein repräsentatives Backsteingebäude mit markantem Uhrenturm errichtet, in dem das Hafenamt residierte, daneben ein Krafthaus zum Betrieb der hydraulischen Anlagen, ein Lokschuppen sowie der Hafenbahnhof.

Wirtschaftlicher Erfolg bedeutet auch Wachstum und da der *Rheinauhafen* nicht erweitert werden konnte, entstanden am Rand der Stadt neue Hafenbecken, wie in Niehl und Godorf. Bis Anfang der 1950er-Jahre war der *Rheinauhafen* noch der wichtigste Kölner Hafen, verlor dann aber immer mehr an Bedeutung. Da die modernen Großschiffe nicht mehr durch die schmale Hafeneinfahrt passten, plante die Stadt mit dem weiteren Ausbau des Hafens *Niehl,* den *Rheinauhafen* aufzugeben. 1970 war es soweit: aus dem Industriehafen wurde ein Yachthafen. Die inzwischen veralteten Hafenanlagen und Gebäude lagen zum großen Teil brach, lange war nicht klar, was mit dem Gelände passieren sollte. Als erstes neues Gebäude eröffnete das *Schokoladenmuseum* von Hans Imhoff 1993 seine Tore an der Hafeneinfahrt. Einige der alten Lagerhäuser und Hallen wurden saniert, darunter das *Siebengebirge* und das ehemalige Hafenamt. Außerdem die denkmalgeschützte *Zollhalle 10,* in der sich seit 1999 das *Deutsche Sport & Olympia Museum* befindet. 2002 erfolgte schließlich ein rechtskräftiger Bebauungsplan für den *Rheinauhafen* und das Gelände wurde neu entwickelt, damals das größte Stadtentwicklungsvorhaben der Stadt Köln. Ein modernes Vorzeigeviertel sollte entstehen, mit Uferpromenade, Yachthafen, Gastronomie, noblen Büros und Wohnungen. 2003 wurde die längste Tiefgarage Europas eröffnet, eintausendsechshundert Meter lang taucht sie wie ein U-Boot im Rhein. Der erste Neubau war das *KAP* am Südkai. Das Bürohaus mit zehn Obergeschossen

wurde 2004 eröffnet. Aufgrund der Anlage *KAP 686,* einem offiziellen Skatepark, der 2011 eröffnet wurde, sind die SkaterInnen von der Domplatte mehr oder weniger verschwunden. Ebenfalls seit 2011 sind die drei Kranhäuser bezugsfertig. In zwei der Häuser sind Büros eingezogen, im dritten befinden sich Wohnungen. Mit ihrer spektakulären Gebäudeform, die einem Hafenkran nachempfunden wurde, prägen sie die Skyline des neuen *Rheinauhafens* und symbolisieren das moderne Köln.

Ich bin schon oft durch das neue Rheinauhafenviertel gelaufen und gebe Claudia Bousset recht, dass es interessante architektonische Perspektiven eröffnet, aber noch etwas lebendiger werden könnte. Ein Ort zum längeren und müßigen Verweilen ist es noch nicht geworden. An der Uferpromenade schieben sich bei schönem Wetter zwar Massen an SpaziergängerInnen, InlineskaterInnen und JoggerInnen aneinander vorbei, aber es gibt noch wenig Geschäfte oder auch Cafés, die anlocken würden. Ein neues Viertel muss eben erst seine Wurzeln in der Stadt ausbreiten und mit ihr zusammenwachsen. Wie Claudia Bousset bin ich mir sicher, dass der neue *Rheinauhafen,* Köln und die KölnerInnen dies irgendwann sein werden.

NANETTE SNOEP

Kulturanthropologin und Direktorin des
Rautenstrauch-Joest-Museums

———

RAUTENSTRAUCH-JOEST-MUSEUM

Sie haben sich, liebe Frau Snoep, das *Rautenstrauch-Joest-Museum* als Ort für dieses Buch ausgesucht. Was ist Ihrer Meinung nach die Aufgabe eines ethnologischen Museums?

Die Sammlungen und die Objekte, die wir haben, wurden oft in einem kolonialen Kontext gesammelt. Was bedeutet Kolonialismus? Kolonialismus bedeutet Unterdrückung. Und in diesem Kontext der Unterdrückung wurden die Objekte gesammelt. Auch wenn sie gegeben oder gekauft wurden, sie wurden im Kontext ungleicher Machtverhältnisse erworben. Die Europäer hatten die Macht und sie haben die Objekte in diesem Kontext der Unterdrückung gesammelt. Und damit

Perspektivenwechsel

*»Wir sehen und erkennen doch eigentlich nur das, was wir wissen«,
sagt die Anthropologin* Nanette Snoep. *Umso wichtiger ist es
ihrer Meinung nach, zu erfahren, wie Wissen entsteht, wer dabei wie
involviert war und wie Wissen weiterverbreitet wird.*

muss man sehr kritisch umgehen. Das ist unser Erbe, das schwierige Erbe der ethnologischen Museen. Ich habe immer versucht, die Geschichte der Objekte zu erzählen. Die Objekte, die in unserer Sammlung sind, haben alle eine persönliche Geschichte, waren vorher im Besitz von einer Person, sind Fragmente eines menschlichen Schicksals. Die persönlichen Geschichten von Menschen und Objekten zu erzählen, das finde ich sehr, sehr wichtig. Die Objekte sind aber nicht nur Fragmente der Kolonialgeschichte, sondern auch von antikolonialem Widerstand. Mit unserer großen Sonderausstellung *RESIST! Die Kunst des Widerstands* (April 2021–Januar 2022) wollten wir beispielsweise sagen, dass die Kolonialgeschichte nicht nur aus europäischer Perspektive erzählt werden kann, sondern auch aus der Perspektive der Menschen, die in den Kolonien lebten und leben. Denn normalerweise reden wir immer nur aus der europäischen Perspektive über Kolonialismus. Wir wollten mit dieser Ausstellung bewusst die Perspektive wechseln und die kolonialisierten Menschen zu Wort kommen lassen. Ein ethnologisches Museum sollte einen Perspektivenwechsel vornehmen und zeigen. Es muss neue Sichtweisen und Perspektiven auf die Kolonialgeschichte ermöglichen. Apropos Perspektiven: In der Ausstellung *RESIST! Die Kunst des Widerstands* gab es viele Frauenperspektiven. Wir ließen viele Aktivistinnen zu Wort kommen, denn wir haben bei der Recherche zur Ausstellung die vielen Widerstandskämpferinnen entdeckt, die es neben den Nelson Mandelas immer ge-

»WENN WIR ÜBER KOLONIALISMUS REDEN, MUSS MAN AUCH AN SEXISMUS UND EMANZIPATION DENKEN. ICH HABE VIELLEICHT EINE BESTIMMTE SENSIBILITÄT FÜR DIESE THEMEN, WAS SICHER MIT MEINER EIGENEN BIOGRAPHIE ALS FRAU ZU TUN HAT, MEINER ›WELTBIOGRAPHIE‹, IN DER ICH ALS FRAU DOCH OFT IN EINER MINDERHEIT GEWESEN BIN, AUCH IN DEN NIEDERLANDEN.«

NANETTE SNOEP

geben hat, die aber nie so bekannt geworden sind und vergessen wurden. Wenn wir über Kolonialismus reden, muss man auch an Sexismus und Emanzipation denken. Ich habe vielleicht eine bestimmte Sensibilität für diese Themen, was sicher mit meiner eigenen Biographie als Frau zu tun hat, meiner »Weltbiographie«, in der ich als Frau doch oft in einer Minderheit gewesen bin, auch in den Niederlanden. Als wir die Ausstellung konzipierten, war mir nicht bewusst, dass ich so viele Frauen dazu eingeladen hatte. Das habe ich nicht so geplant, es hat sich ergeben. Doch dann habe ich auch festgestellt, dass die Widerstandsgeschichte immer geprägt war von Männern. Durch diese Ausstellung habe ich gelernt, wie viele Frauen wichtige Widerstandsarbeit geleistet haben. Subversiven, leisen Widerstand, aber auch Aufstände, Rebellionen. In unseren Sammlungen sehen wir, dass die männlichen Kulturen viel besser abgebildet sind, weil die Sammler Männer waren. Wir können viel weniger darüber erzählen, wo Frauen eine wichtige Rolle gespielt haben. Das ethnologische Wissen ist in einem Kontext entstanden, der von Männern geprägt ist. Das muss man wissen. Es ist ein Spiegel der Gesellschaft. Und diese Sammlungen, die insbesondere Ende des 19. Jahrhunderts bis zum Ersten Weltkrieg gesammelt wurden, sind ein Spiegel der Gesellschaft in diesem historischen Kontext. Und sie bilden keine ganze Kultur ab, sondern sind nur ein Ausschnitt, zudem ein männlicher Ausschnitt.

Darüber hinaus thematisieren Sie aber auch immer wieder gesellschaftliche und weltpolitische Ereignisse.

Ja, 2022 machen wir nicht nur eine Ausstellung über antikolonialen Widerstand, sondern auch über Syrien. Der syrische Archäologie und Schriftsteller Jabbar Abdullah möchte sein Land zeigen, wie es vor dem Bürgerkrieg war. Er möchte von Syrien erzählen, ohne über den Krieg zu sprechen. Die Ausstellung heißt *Syrien – Gegen das Vergessen*. Die jüngere Generation, die aus Syrien geflüchtet ist, kennt das Land oft nicht, wie es vorher war, weiß nicht, was die Heimat ihrer Eltern war, weil sie schon in Deutschland geboren ist oder zu jung war.

Ethnologische Museen müssen die globale Geschichte erzählen. Das ist ihre Rolle: Die Weltgeschichte aus unterschiedlichen Perspektiven zu erzählen.

Die Objekte, die wir in der Sammlung haben, können das erzählen. Dazu gehört auch Kolonialismus, aber noch viele andere Themen. Wir müssen über das koloniale Trauma, das über Generationen hinweg wirkt, sprechen, es ernst nehmen und thematisieren. Wir müssen uns mit gesellschaftlichen Fragen, wie zum Beispiel *black lives matter*, auseinandersetzen. Das gehört auch zu unserer Rolle als ethnologisches Museum. Wir sind ein Weltkulturenmuseum, hier können wir darüber debattieren und reden. Hier kann man Antworten finden und verstehen. Zum Beispiel den heutigen Rassismus. Man muss verstehen, wie er entstanden ist und woher der rassistische Gedanke kommt. In den Niederlanden schminken sich die weißen Menschen am 5. Dezember schwarz, weil sie aussehen wollen wie der *Zwarte Piet*, der Helfer vom Nikolaus. Viele Menschen der schwarzen Communities fühlen sich davon verletzt, dass sich die weißen Niederländer schminken. Ich fand das als Kind auch ganz toll. Und das, obwohl ich viele Freunde habe, die People of Color sind. Aber darüber wurde nicht gesprochen. Eine Freundin hat mir erst vor einem Jahr erzählt, dass sie davon extrem verletzt war, dass weiße Menschen sich schwarz schminken und darüber lachen.

Wenn jemand sich verletzt fühlt, dann muss ich das ernst nehmen. Es geht auch darum, Solidarität zu zeigen, auch bei Themen, die nicht so angenehm sind. Wir müssen versuchen, zu verstehen, und dabei soll das Museum helfen. Gesellschaftliche Themen wie Nachhaltigkeit, Globalisierung, Naturkatastrophen und viele mehr sollen hier anhand von Kunst, von Objekten und Aktionen besprochen werden können, die haben hier alle einen Platz. Ein ethnologisches Museum hat somit eine große gesellschaftliche Verantwortung. Deshalb arbeite ich in so einem Museum, weil es sehr relevant ist. Und es ist auch toll, das hier in Köln zu tun. Köln ist eine sehr diverse Stadt mit vielen Communities, Initiativen und Vereinen. Das möchte ich unterstützen. Das Museum soll eine Plattform für die Menschen sein, ein Ort der Konversation, ein Ort der Brücken baut.

Das lässt sich durch Sonderausstellungen und Veranstaltungen sicher einfacher umsetzen. Was haben Sie mit der Dauerausstellung geplant?
Ja, unsere Dauerausstellung, die stammt von 2010. Aber das Konzept ist bereits von Ende der Neunziger Jahre. Die Dauerausstellung müssen wir lebendiger machen, müssen wir reaktivieren. Heutzutage haben Menschen viel mehr Lust mitzumachen und mitzudenken. Man ist viel aktiver in einem Museum als früher. Es ist nicht nur da, um sich schöne Sachen anzuschauen, man darf ruhig manchmal ein bisschen überfordert sein, man soll teilhaben, angeregt werden. Es geht schließlich um unsere heutige Gesellschaft, um die Auswirkungen des Kolonialismus in unserer heutigen Gesellschaft und auf der ganzen Welt.

Haben Sie das Gefühl, dass Köln ein guter Nährboden dafür ist und die KölnerInnen dafür offener sind als zum Beispiel die Menschen in Ostdeutschland oder Frankreich, wo Sie ja auch gelebt und gearbeitet haben?
Ich denke, in Ostdeutschland gibt es andere Probleme. Das Ost-West-Trauma ist für die Menschen noch sehr präsent, da ist noch so viel zu bearbeiten, auch was den Zweiten Weltkrieg betrifft. Dort gab es auch im Museum andere Aufgaben, vor allem die Themen Migration und Flucht haben uns dort beschäftigt. Ich kam zwei Monate nach der ersten Pegida-Demonstration nach Dresden und jeden Montag sind sie am Museum an meinem Büro vorbeimarschiert. Es ging in

erster Linie darum. Wir haben Veranstaltungen zum Islam gemacht, haben mit vielen Geflüchteten gearbeitet, haben Ausstellungen mit Geflüchteten gemacht. Daher glaube ich, dass Köln für das Thema Kolonialismus geeigneter ist. Was ich toll finde in Deutschland, ist die Bereitschaft zur Vergangenheitsbewältigung. Ich glaube, das hat auch etwas mit der NS-Zeit zu tun.

Sie sprachen vorhin von verschiedenen Themen, die Ihnen wichtig sind, unter anderem das Thema Nachhaltigkeit. Wie bringt sich das Museum dazu ein?

Wir haben zum Beispiel eine Veranstaltungsreihe initiiert, in der wir jedes Jahr ein bestimmtes Thema in den Fokus nehmen, ein Jahr die Bekleidungsindustrie, ein Jahr das Thema Plastik und so weiter. Wir machen auch Workshops dazu. Aber es geht auch um Nachhaltigkeit innerhalb des Museums. Die ganze Ausstellungsgestaltung unserer *RESIST!*-Ausstellung zum Beispiel war nachhaltig gedacht. Die verwendeten Materialien geben wir wieder zurück an die Produzenten oder sie können recycelt werden. Es geht auch um internes Recycling. Wie können wir unsere Projekte nachhaltiger machen. Wenn wir Dienstreisen machen, müssen wir wirklich das Flugzeug oder den Zug nehmen oder können wir es auch via Zoom machen? Das Gebäude des Museums ist überhaupt nicht nachhaltig gedacht, so dass mein großer Wunsch wäre, dass es auch um das Museum herum grüner wird. Das Bistro ist jetzt ein bisschen Bio, aber nicht genug. Oder dass wir auch weniger Papier verbrauchen und weniger Plakate drucken. Auf allen Ebenen unserer Arbeit soll das Thema Nachhaltigkeit implementiert werden.

Wir haben auch eine Arbeitsgruppe zu diesem Thema, in der wir intern und extern alles unter die Lupe nehmen und versuchen, uns zu verbessern. Dann möchte ich diese Themen auch in der Dauerausstellung implementieren, es soll ein Parcour für Kinder und Erwachsene mit diesen wichtigen Themen entstehen: Nachhaltigkeit, Natur und Globalisierung. Und natürlich kolonialkritische und machtkritische Themen, Diversität, Pluralität, Vielfalt und Nachhaltigkeit. Wir müssen unsere Strukturen immer wieder neu denken, überall, auch hier im Museum.

Über

Nanette Snoep

Das Leben von Nanette Snoep war von Anfang an eine bunte Mischung von Kulturen und Orten. Sie wurde 1971 in Utrecht geboren. Beide Elternteile stammen aus den Niederlanden, ihre Mutter wurde jedoch auf Sumatra in Indonesien geboren, wo mehrere Generationen der Familie gelebt haben.

Die Familie ist sehr frankophil und so lag es für Nanette Snoep nahe, in Paris Kulturelle Anthropologie zu studieren. Bei der Wahl ihres Studiums ging es ihr auch um die Konfrontation mit sich selbst, mit ihren eigenen Bildern, von denen sie geprägt war: »Ich fand es spannend, das mal zu analysieren. Historische Anthropologie ist eher die Geschichte der Wissensproduktion, wie Wissen in einer Gesellschaft produziert und geteilt wird.«, so Nanette Snoep.

Nach ihrem Studium blieb sie in Paris und begann 1998 am im Aufbau befindlichen *Musée du quai Branly* zu arbeiten. Ab 2000 lehrte Snoep zudem auch afrikanische Kunstgeschichte. Das *Musée du quai Branly*, das nationale französische Museum für außereuropäische Kunst, eröffnete erst 2006 und befindet sich im 7. Arrondissement in der Nähe des Eiffelturms. Es ist das jüngste Museum in Paris. Ab 2005 leitete Snoep die historische Abteilung des Museums und konzipierte auch Sonderschauen. 2011 die viel beachtete Ausstellung *Human Zoos – The invention of the savage*, die von ihr mit dem ehemaligen französischen Nationalspieler Lilian Thuram kuratiert wurde und die sich mit den sogenannten Völkerschauen auseinandersetzte, bei denen Menschen aus Afrika, Asien und Amerika nach Europa verschleppt und öffentlich zur Schau gestellt wurden.

Wichtige Themen sind für sie die Geschichte des kolonialen Widerstands und Migration. Was bedeuten das Erbe des Kolonialismus und Migration tatsächlich für die Menschen, mit welchen Folgen leben die Menschen? Wie geht man mit »dem Fremden« um, der Angst davor. Darum ist es ihr bei ihrer Arbeit wichtig, diese Themen im Museum so zu präsentieren, dass die Ängste überwunden werden, indem man das sogenannte Andere verstehen lernt. Ihrer Meinung nach ist ein ethnologisches Museum der ideale Ort für kritische Diskussionen und eine kritische Auseinandersetzung mit gesellschaftlichen Bewegungen und Veränderungen. Und darum sucht sie auch immer wieder die Verbindung zu KünstlerInnen und WissenschaftlerInnen aus den ehemaligen Kolonialländern und aus den Ländern, die besonders von Migration betroffen sind.

Ende 2014 zog sie mit ihrer Familie – sie ist Mutter von drei Söhnen – nach Dresden, wo sie zur Direktorin der *Staatlichen Ethnographischen Sammlungen Sachsens* berufen worden war. Sie trug damit die Verantwortung für drei Museen: dem *Museum für Völkerkunde Dresden*, dem *GRASSI Museum für Völkerkunde Leipzig* und dem *Völkerkundemuseum Herrnhut*.

»Ich bin nach Dresden gegangen, weil ich so ein gemeinsames Abenteuer mit meiner Familie sehr spannend fand und weil wir ein bisschen genug von

Frankreich hatten. Wir fanden es interessant, nach Ostdeutschland zu gehen. Aber als ich im Januar 2015 meine Stelle antrat, war das keine gute Zeit. Ich kam zwei Monate nach der ersten Pegida-Demonstration und sie sind jeden Montag an meinem Büro-fenster vorbeimarschiert. Man kann das nicht ignorieren, das war immer da und ich fand das auch bedrohlich«, erzählt Nanette Snoep.

2016 hat sie für die Ausstellung *Dazwischen In between* ein Wohnzim-mer ins Museum bauen lassen, in dem Gespräche über Fremdenhass und den Islam stattgefunden haben. Für die Ausstellung *Megalopolis – Stimmen aus Kinshasa* lud sie 2018 über zwanzig zeitgenössische KünstlerInnen, Schrift-stellerInnen und HistorikerInnen aus dem Kongo ein, das heutige Leben in der Hauptstadt der Demokratischen Republik

Kongo, Kinshasa, in Leipzig zu zeigen. Die KünstlerInnen zeigten in ihrer Ausstellung neben den unterschiedlichen künstlerischen Arbeiten auch Objekte aus der Museumssammlung, die aus ihrem kulturellen Erbe stammen.

In Ostdeutschland erlebte Nanette Snoep aber auch, dass die Situation von berufstätigen Müttern sich sehr von der in Westdeutschland und auch anderen europäischen Ländern unterscheidet: »In Dresden war es viel selbstverständlicher, dass ich als Mutter von drei Kindern berufstätig war. Auch in Frankreich arbeiten die meisten Frauen, wenn sie Kinder haben. Meine Mutter war auch berufstätig. Hier in Westdeutschland hört man sehr oft, dass Frauen, die arbeiten und Karriere machen wollen, deshalb keine Kinder haben. Das hört man in Frankreich nicht. Dort muss man arbeiten, weil man mit einem Einkommen auch gar nicht als Familie überleben könnte. Und das war auch in Ostdeutschland so. Hier in Köln spüre ich das schon manchmal, das man an eine berufstätige Frau mit drei Kindern, und dann noch eine Direktorin, nicht so gewöhnt ist.«

2018 wurde sie von der Stadt Köln eingeladen, die Leitung des *Rautenstrauch-Joest-Museum* zu übernehmen, die sie Januar 2019 antrat. »Ich kannte Köln und auch das Museum schon vor

unserem Umzug ein wenig und fand beides toll. Niederländer empfinden das Rheinland ihrem eigenen Land sehr ähnlich. Was ich an Köln spannend finde, ist, dass ich mich hier wirklich als Europäerin fühle. Auch in Sachsen fühlte ich mich als Europäerin, aber plötzlich war Prag näher als Berlin oder auch Köln. Mir wurde dort bewusst, wie wenig Osteuropa bis dahin in meinem Bewusstsein war und wie westeuropäisch ich bin. Und das finde ich das Tolle in Köln. Ich habe Holland in der Nähe und kann öfter zu meiner Mutter oder meinem Bruder, der in Amsterdam wohnt, fahren. Ich bin relativ schnell bei meinen Freunden in Paris oder kann nach Brüssel. Von Köln aus ist man sehr schnell in anderen westeuropäischen Städten, das gefällt mir. Und man ist sofort in anderen Ländern. So ist es für mich als Europäerin ideal in Köln. Ich mag die Mentalität der Menschen, das Lockere. Man kommt schnell in Kontakt und wenn es nur ein kurzer Moment auf der Straße ist. Ich bin froh hier in Köln und meine Söhne auch. Mein ältester Sohn hat jetzt sogar einen deutschen Pass, die beiden jüngeren bisher nur einen französischen, aber die möchten auch einen deutschen. Sie wollen alle drei gern in Deutschland bleiben und nicht mehr zurück nach Frankreich. Also bleiben wir jetzt erst einmal in Köln.«

DAS RAUTENSTRAUCH-JOEST-MUSEUM

Das vielfach ausgezeichnete Museum arbeitet seine Sammlungsgeschichte aktiv auf und kooperiert mit den Herkunftsländern der jeweiligen Objekte. Anfang des 20. Jahrhunderts wurde es dank der Sammlung von Wilhelm Joest und der Familie Rautenstrauch gegründet.

Es war eine Frau, die dafür sorgte, dass der Name Wilhelm Joest (1852–1897) innerhalb von Köln und auch weit darüber hinaus nicht in Vergessenheit geraten ist. Am 28. Juni 1899 schenkte Adele Rautenstrauch (1850–1903), geborene Joest, der Stadt Köln die ethnografische Sammlung ihres zwei Jahre jüngeren kinderlosen Bruders Wilhelm, die sie nach dessen Tod im Jahr 1897 geerbt hatte. Sie sollte nicht nur der Öffentlichkeit, sondern vor allem den Studenten der Kölner Handelshochschule am Hansaring, die später in der wiedergegründeten *Universität zu Köln* aufging, zugänglich gemacht werden – in der Hoffnung, so Adele Rautenstrauch, »das Verständnis der unsere Colonien bewohnenden Völker« zu fördern. Nach dem Tod ihres Ehemanns, dem Kölner Kaufmann und Stadtpolitiker Eugen Rautenstrauch (1842–1900), machte sie der Stadt Köln ein weiteres Geschenk: Zweihundertfünfzigtausend Reichsmark für den Bau eines Völkerkundemuseums, das den Namen *Rautenstrauch-Joest-Museum*, kurz *RJM*, erhalten sollte. Außerdem stiftete sie eine weitere beträchtliche Summe, mit der das Gehalt des Museumsdirektors für die ersten zehn Jahre gesichert war. Als sie 1903

Amtsantritt umfasste die Sammlung etwa fünfundzwanzigtausend Objekte, über sieben Mal so viel wie bei der Gründung des Museums 1901. Larissa Förster schreibt in ihrem Beitrag *Objekte aus deutschen Kolonien im Rautenstrauch-Joest-Museum*, der 2018 in dem Buch *Köln und der deutsche Kolonialismus*, herausgegeben von

DER HAUPTREIZ DES REISENS LIEGT IM RASCHEN WECHSEL DER EMPFANGENEN EINDRÜCKE, IM UNVERMITTELTEN ÜBERGANG AUS EINEM KULTURLEBEN IN DAS ANDERE, ODER AUS HOHER KULTUR IN BARBAREI UND UMGEKEHRT.

WILHELM JOEST

überraschend verstarb, übernahmen ihre drei Kinder die Kosten für den von ihr initiierten Museumsbau, der am 12. November 1906 am Ubierring in der Kölner Südstadt eröffnet wurde.

Erster Direktor war bis 1926 der Ethnologe Wilhelm Foy (1873–1929), der ab 1914 auch an der Kölner Handelshochschule, später an der wiedergegründeten neuen *Universität zu Köln*, lehrte. Bereits neun Jahre nach seinem

Marianne Bechhaus-Gerst und Anne-Kathrin Horstmann im Böhlau Verlag, erschienen ist: »Völkerkundemuseen, wie sie in Deutschland Ende des 19. und Anfang des 20. Jahrhunderts gegründet wurden, waren Orte kolonialer Wissensproduktion. Doch erhielten sie ihre Objekte nicht nur von den Pionieren der kolonialen Wissenschaft, sondern auch von Kolonialbeamten, Soldaten und Händlern. Die Museen profitierten mithin von den Netzwerken, die im Zuge der kolonialen Expansion Europas in Afrika, Asien, Ozeanien und Amerika etabliert worden waren. Der Kulturanthropologe Leo Frobenius schrieb 1925 im Rückblick über diese Zeit ›Die ethnographischen Museen schwollen an wie trächtige Flusspferde.‹ Im Falle des *Rautenstrauch-Joest-Museums* ist dies mit Zahlen eindrücklich zu belegen: Mehr als die Hälfte der über 65.000 Objekte, die das Museum bis heute gesammelt hat, wurden bis 1918, also bis zur Abtretung der Kolonien infolge des Vertrags von Versailles, erworben. Etwa ein Drittel der bis 1918 gesammelten Objekte stammte dabei aus den deutschen Kolonialgebieten. Der Löwenanteil hiervon war aus Deutsch-Neuguinea beschafft worden, und zwar insgesamt 8.600 Objekte. Unverkennbar ist also der Zusammenhang zwischen kolonialer Erschließung und musealem Sammeleifer.«

Was motivierte den Sammeleifer Wilhelm Joests? Zum einen vermutlich sein persönliches Interesse an den Objekten, die er teilweise auch in seiner Wohnung aufstellte. Zum anderen wollte er diese Objekte für die Wissenschaft erhalten und seine eigene wissenschaftliche Karriere fördern und übergab sie deshalb an völkerkundliche Museen, einen Großteil davon dem

Ethnologischen Museum in Berlin, das heute seinen Sitz im *Humboldt Forum* im neu erbauten Berliner Schloss hat. Seine Reisen führten ihn ab 1874 auf alle Kontinente. Nach seinem Studium der Naturwissenschaften und Sprachen in Bonn, Heidelberg und Berlin entschied er sich für ein Leben als Ethnologe und Forschungsreisender. Sein Interesse an Völker- und Landeskunde war groß, seine Begabung für Sprachen äußerst hilfreich und seine pekuniäre Situation als Sohn eines äußerst vermögenden Zuckerfabrikanten sehr komfortabel. Seine erste Reise führte ihn in die nordafrikanischen Mittelmeerländer. Es folgten Reisen durch Nord- und Südamerika sowie ganz Asien: Von Ceylon in Britisch-Indien (heute Sri Lanka) bis in den Himalaya, nach Afghanistan, Burma (heute Myanmar), Thailand, Indonesien, China, Japan und auf die Philippinen. 1881 kehrte er von Japan über Sibirien zurück nach Köln. Da er nicht nur als reisender Kaufmannssohn, sondern auch als Wissenschaftler wahrgenommen werden wollte, promovierte er über die Holontalo-Sprache auf Celebes (heute Sulawesi). Anschließend reiste er ab 1883 durch Ost- und Südafrika. Eine geplante Südseereise musste er wegen einer Malaria-Infektion in Aden (Jemen) abbrechen.

Eine zweite sollte er nicht riskieren, so der Rat seines Arztes. Er nutzte die Zeit und heiratete Clara Rath, die ebenfalls aus einer Zuckerdynastie stammte. Mit dem Sammler und Forscher Max von Oppenheim (1860–1946) unternahm er kürzere Reisen nach Marokko, Algerien und Ägypten. 1889-1891 folgte ein längerer Forschungsaufenthalt in den Guyanas und Venezuela. Nach seiner Scheidung im Jahr 1896 begab er sich im darauffolgenden Jahr in die Südsee. Es sollte seine letzte Reise sein. Tatsächlich erkrankte er, nachdem er sich bei zwei Unfällen beide Beine verletzt hatte, an einer Fieberkrankheit, und starb am 25. November 1897 auf hoher See. Auf der kleinen Südseeinsel Ureparapara (heute Teil Vanuatus) wurde er begraben.

Obwohl Wilhelm Joest die ganze Welt bereist hat, in mehreren wissenschaftlichen Vereinigungen aktiv war, eine Honorarprofessur inne hatte, zahlreiche Bücher und Aufsätze über seine Reise- und Forschungserfahrungen geschrieben und regelmäßig Tagebuch geführt hat, ist sein kurzes Leben kaum erforscht. Am *Rautenstrauch-Joest-Museum* läuft zur Zeit aber ein von der *Thyssen Stiftung* gefördertes Forschungsprojekt zum Leben Wilhelm Joests, dessen Ergebnisse 2023 veröffentlicht werden sollen.

Erste Ergebnisse zeigen, dass Joest aus einer vielschichtigen Motivation heraus zum Sammler und Ethnologen wurde. Der Drang zur Selbstverwirklichung und zum gesellschaftlichen Aufstieg spielte dabei in gleichem Maße ein Rolle wie seine Sehnsucht nach vermeintlich exotischen Ländern und seine Unterstützung des Kolonialismus. Mehr als alles andere sah Joest sich als Forschungsreisender, der den Armstuhl verließ und direkt vor Ort seine Beobachtungen anstellte. 1885 notierte er: »Der Hauptreiz des Reisens liegt im raschen Wechsel der empfangenen Eindrücke, im unvermittelten Übergang aus einem Kulturleben in das andere, oder aus hoher Kultur in Barbarei und umgekehrt. Der Mensch mit seinen Sitten und Anschauungen, seiner Sprache und zumal seinem Äußern ist das Ergebnis seiner geographischen Umgebung, der Umstände, unter welchen er lebt, und je länger der fremde Beobachter von Weltteil zu Weltteil eilt oder innerhalb desselben Kontinents Bewohner verschiedener geographischer Provinzen sieht, desto mehr wird sich sein Auge schärfen, den je nach der umgebenden Welt unausbleiblichen Kulturunterschied der betreffenden Völker zu erkennen und in seiner Ursächlichkeit zu verstehen, desto klarer werden ihm die Gegensätze, desto größer wird, mit einem Wort, sein Genuß beim Reisen.« Joest konnte so einige wichtige Erkenntnisse gewinnen, blieb aber dennoch in vielerlei Hinsicht

dem rassistischen Geist seiner Zeit verhaftet.

Dass mit seiner Sammlung einmal ein Museum begründet werden würde, hatte er vermutlich nicht geplant. In seinem Testament verfügte er nur, dass seine frühere Frau enterbt und seine Schwester Adele Alleinerbin seiner rund dreitausend Objekte umfassenden Sammlung werden würde. Nach der Schenkung an die Stadt Köln wurde sie zunächst in der alten Bottmühle, einer ehemaligen Wind- und Getreidemühle in der Kölner Südstadt, und im *Bayenturm* eingelagert. Doch das war nicht im Sinn der Familie Rautenstrauch, die die Sammlung mit der Absicht gestiftet hatte, »den Schülern der Handelshochschule die kultischen Wurzeln der Völker zu zeigen, mit denen sie später einmal Handel betreiben wollten«, wie Adele Rautenstrauchs Enkelsohn

Ludwig Theodor Rautenstrauch in einem Interview mit dem WDR 2004 erzählte. Die Familie bat die Stadt Köln daraufhin um ein Grundstück, auf dem sie ein Museum bauen konnte. Das fand sich am Ubierring und so wurde das erste Museumsgebäude des *Rautenstrauch-Joest-Museums* dort gebaut.

Im Zweiten Weltkrieg wurden die Objekte rechtzeitig in Sicherheit gebracht, bevor das Museumsgebäude schwer beschädigt und der gesamte Nordflügel zerstört wurde. Nach dem Krieg wurde ein neuer Anbau errichtet und das Museum konnte so sein Zuhause am Ubierring behalten. Als die Lagerflächen im Untergeschoss nach den Jahrhunderthochwassern 1993 und 1995 nicht mehr genutzt werden konnten, war allerdings schnell klar, dass der Platz nicht mehr ausreichte und ein Umzug wurde geplant. 2010 war es soweit: Das Museum zog in einen Neubau an der Cäcilienstraße, der auf dem Bauareal *Josef-Haubrich-Hof* errichtet worden war. Hier war das neue Kulturquartier am Neumarkt entstanden, für das 2002 unter anderem die nach einem Entwurf von Franz Lammermann 1967 erbaute *Josef-Haubrich-Kunsthalle* abgerissen wurde. Das Museum erhielt nicht nur neue Räumlichkeiten, sondern auch den Namenszusatz *Kulturen der Welt* und ein neues Konzept: Die Dauerausstellung

wurde nicht mehr nach Regionen, sondern nach Themen gegliedert. Drei Themenparcours mit verschiedenen Unterthemen sollen die BesucherInnen für andere Kulturen sensibilisieren und das Museum »als Ort der Begegnung, des Dialogs und der gesellschaftlichen Teilhabe erfahrbar« machen, wie man im Katalog des neuen *Rautenstrauch-Joest-Museums – Kulturen der Welt* nachlesen kann. Im ersten Parcours *Der Mensch in seinen Welten* befindet sich das neue Wahrzeichen des Museums, ein in den 1930er Jahren erbauter Reissspeicher aus Tana Toraja, einem Regierungsbezirk in der Provinz Sulawesi Selatan in Indonesien. Die BesucherInnen werden begrüßt mit einem Prolog und am Ende des Rundgangs mit einem Epilog verabschiedet. Dazwischen befinden sich zwei Parcours: *Die Welt erfassen* mit vier Themenbereichen und der Parcours *Die Welt gestalten* mit fünf Unterthemen, die Einblicke in verschiedene Lebensräume und Lebensformen geben. Für diese Art der Gestaltung hat das Museum mehrere Auszeichnungen erhalten. 2012 den Museumspreis des Europarates und außerdem eine Nominierung für den *European Museum of the Year Award (EMYA)* nominiert. 2013 wurde es von der *European Heritage Association* in den *Excellence Club der Best in Heritage* aufgenommen. Die Gründungsgeschichte des *RJM* fällt in die Kolonialzeit, und ein wichtiger Teil der Sammlung stammt aus der Zeit vor dem Ersten Weltkrieg. Ausgehend von diesem vorwiegend historischen Sammlungsbestand werden Auseinandersetzungen zum kolonialen Erbe, die Institutionsgeschichte und Erwerbskontexte von Sammlungsobjekten in den Fokus gerückt und nach neuen, interdisziplinären Herangehensweisen für Vermittlung von komplexen Fragestellungen und Einbindung von BesucherInnen mit oder ohne Vorwissen gesucht.

Seit 2019 arbeitet Nanette Snoep an der Umsetzung diversitätssensibler und machtkritischer Dekolonisierungsprozesse im *RJM*. Dazu zählen unter anderem die Sonderausstellungen *Die Schatten der Dinge* (11.09.20–11.04.21), *RESIST! Die Kunst des Widerstands* (01.4.2021–9.1.2022), *Eine Seele in Allem. Begegnungen mit Ainu aus dem Norden Japans* (05.11.2021–20.02.2022) sowie zuletzt *I MISS YOU. Über das Vermissen, Zurückgeben und Erinnern* (29.04.22 – fortlaufend) und *Syrien – Gegen das Vergessen* (10.06.–11.09.22), die sich alle mit dem kolonialen Erbe des Museums auseinandersetzen und nach neuen alternativen kuratorischen Methoden der Zusammenarbeit suchen.

Seit 2022 bis 2025 findet schrittweise eine inhaltliche Weiterentwicklung und technische Überarbeitung der Dauerausstellung in Zusammenarbeit mit ExpertInnen aus dem Globalen Süden und aus der Diaspora statt, in der insbesondere auch ein Fokus auf Kinder und Familien gelegt werden soll: *RJM RELOADED!* Ziel ist es dabei, das Museum zu einer lebendigen Plattform zu machen, auf der sich die Freie Szene, die interkulturellen Zentren Kölns und die diasporischen Gemeinschaften mit dem *RJM* und seinen Sammlungen und Ausstellungen verbinden können und in der aktuell brennend gesellschaftliche Themen sowie die neuesten Debatten rund um Ethnologische Museen und das koloniale Erbe Kölns abgebildet und verhandelt werden können. Heute kann nicht mehr von dem »fremden« und dem »eigenen« gesprochen werden.

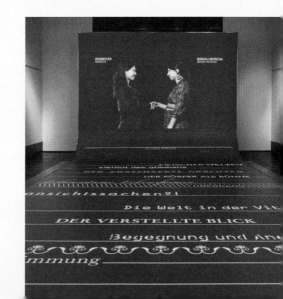

NIKOLA DIETRICH

*Kunstwissenschaftlerin, Kuratorin
und Direktorin des* Kölnischen Kunstvereins

———————

KÖLNISCHER KUNSTVEREIN

Welche Aufgabe hat Ihrer Meinung nach, liebe Frau Dietrich, ein Kunstverein und wie unterscheidet er sich von einem Museum?

Die Kunstvereinsgeschichte beruht darauf, dass in einem Kunstverein Künstlerinnen und Künstler einer Stadt einen Ort haben, wo sie ihre neueste Kunst zeigen können. Also ganz einfach gesagt, zeigte ein Kunstverein die Kunst, die gerade in einer Stadt gemacht wurde. Der heute immer noch größte Unterschied zu einem Museum besteht sicher darin, dass ein Kunstverein experimenteller ausgerichtet ist. Als zum Beispiel die Fotografie ein neues Medium war, wurde sie zuerst im Kunstverein gezeigt. Genauso war es mit der Videokunst. Gerade

Ein experimenteller Ort

Für die Kunsthistorikerin und Kuratorin Nikola Dietrich *sind Kunstvereine Orte der Begegnung und der diskursiven Auseinandersetzung, die Freiräume bieten, in denen sich Kunst abseits des Markts erproben kann.*

sie wurde damals im *Kölnischen Kunstverein* im Besonderen gezeigt, zum Beispiel in verschiedenen Videoausstellungen des Kurators Wulf Herzogenrath, der siebzehn Jahre, von 1973 bis 1989, Direktor des *Kölnischen Kunstvereins* war. Aber – so sehe ich das bis heute – es geht in der Hauptsache um die Produktion. Ein Kunstverein ist auch eine Produktionsstätte für Künstlerinnen und Künstler, die hier noch viel freier arbeiten können, jenseits von bestimmten Trends, die schon gesetzt sind, oder von bestimmten Kunstrichtungen, die schon eine Setzung erfahren haben. Ein Museum versucht eher eine Kunstform, ein Werk oder Künstlerinnen und Künstler in eine bestimmte Historie einzubetten. Ein Kunstverein stellt nicht notwendigerweise einen monografischen Überblick von Künstlerinnen und Künstlern vor, sondern auch mal einen Zwischenstand, um zu zeigen, woran sie gerade arbeiten. Ein Museum wäre vielmehr bedacht darauf, die ganze Geschichte des Künstlers, der Künstlerin zu zeigen, die dann aber wiederum in die Geschichte des Museums eingebettet werden würde. Das Interesse gilt Künstlerinnen und Künstler mit einem schon ausgereiften Werk. Ist eine Künstlerin oder ein Künstler in der Sammlung eines Museums vertreten, dann hat sie oder er schon einen Platz in der Kunstgeschichte. In einem Kunstverein möglicherweise noch nicht. Kunstvereine setzen da früher an, interessieren sich für die Kunstschaffenden, bevor ein Museum auf sie aufmerksam wird. Die Arbeit am Museum ist auch bezüglich der Zeitlichkeit eine andere

»EIN KUNSTVEREIN IST AUCH EINE PRODUKTIONSSTÄTTE FÜR KÜNSTLERINNEN UND KÜNSTLER, DIE HIER NOCH VIEL FREIER ARBEITEN KÖNNEN, JENSEITS VON BESTIMMTEN TRENDS, DIE SCHON GESETZT SIND, ODER VON BESTIMMTEN KUNSTRICHTUNGEN, DIE SCHON EINE SETZUNG ERFAHREN HABEN.«

NIKOLA DIETRICH

als hier im Kunstverein. Im Museum denkt man eher, was man in zwei Jahren macht, plant also immer weit voraus und kann nicht so flexibel reagieren wie in einem Kunstverein. Das macht Kunstvereine aus, dass man viel mehr der Zeit entsprechen kann, schneller agieren kann. Was ist in diesem Moment relevant, was wollen wir jetzt zeigen und eben nicht erst in fünf Jahren.

Der *Kölnische Kunstverein* stellt auch Ateliers zur Verfügung ...
Genau, das ist eine Eigenart vom *Kölnischen Kunstverein*, dass wir zehn Ateliers haben. Sie sind jeweils etwa so groß wie unsere Büroräume und befinden sich ebenfalls oberhalb der Ausstellungshalle. Das ist auch schön, dass wir die Künstlerinnen und Künstler gleich im Haus haben.

Wie wichtig sind Kunstvereine in heutiger Zeit und hat sich ihre Aufgabe seit ihren Anfängen verändert?

Kunstvereine beziehen die lokalen Begebenheiten mit ein. Aus dieser Verankerung im Lokalen erhofft man sich natürlich, eine Art von Mäzenatentum zu etablieren oder auch eine Mitverantwortlichkeit zu generieren. Daher glaube ich, dass es wichtig ist, dass Kunstvereine in den jeweiligen Städten tätig sind und auch erhalten bleiben. Jedoch macht sich in den letzten Jahren dieses Mäzenatentum nicht mehr so stark bemerkbar. Wir sind ja alle Weltreisende geworden und durch die Globalisierung hat sich viel verändert. Da wir inzwischen überall hinfahren können, ist das Lokale auch nicht mehr so gegeben. Wir laden natürlich auch internationale Künstlerinnen und Künstler ein, bei uns auszustellen, auch wenn wir natürlich immer schauen, wer hier vor Ort arbeitet. Es vermischt und verbindet sich alles viel mehr. Ich glaube, heutzutage gibt es nicht mehr dieses Herzblut für *meinen* Kunstverein oder *meine* Stadt. Das heißt aber auch, dass wir Kunstvereine uns sehr anstrengen müssen. Grundsätzlich fände ich es sehr schade, wenn es Kunstvereine als Kunstorte nicht mehr geben würde. Für jeden Künstler und jede Künstlerin ist es eine tolle Sache, an so einem Ort, Ausstellungen machen zu können.

Sie sind seit 2018 Direktorin des *Kölnischen Kunstvereins*. Was haben Sie sich für Ihre Amtszeit vorgenommen?

Mir war es ein großes Anliegen, wieder mehr dem Zeitgenössischen zu verfallen und mir anzuschauen, was politisch oder gesellschaftlich aufwühlend ist und was in dieser Hinsicht in der Kunst gerade mitgedacht wird. Und das verbunden mit monografischen Positionen, die wie ich denke, noch zu wenig gesehen worden sind. Ich habe zum Beispiel Tony Conrad (1940–2016), der vor ein paar Jahren leider verstorben ist, ausgestellt. Ich hatte ihn noch kennengelernt, habe einige Ausstellungen von ihm gesehen und wollte sein umfangreiches und vielfältiges Werk mal in einer Ausstellung zusammenbringen. Dieses Unterfangen war vielleicht mehr in der Größenordnung einer Museumsausstellung, aber es wurde noch nicht gemacht. Aufgrund Conrads Experimentierfreude, die er durchweg hatte, fand ich, dass seine Arbeiten sehr gut zu einem Ort wie einem Kunstverein passen. Der Begriff von Kunst, wie er ihn immer gelebt hatte, war sehr frei von ihm gedacht. Das wollte ich aufzeigen, und dass er als Experimentalmusiker früher schon in Köln bekannt war. Als ich 2018 nach Köln kam, habe ich mich mehrfach mit meinen Kolleginnen des *Bonner Kunstvereins* und dem *Kunstverein für die Rheinlande und Westfalen Düsseldorf* getroffen; auch dort waren zu dem Zeitpunkt Frauen als Direktorinnen tätig, sodass wir uns über ein gemeinsames Vorhaben ausgetauscht haben, das in der *Maskulinitäten*-Ausstellung mündete, die an den drei Orten umgesetzt wurde, ausgehend von der Frage, wie ein feministischer Blick auf den Mann im Kunstbetrieb aussehen kann. Es war eine Gesamtkonzeption und trotzdem hat jede von uns mit berücksichtigt, was für den jeweiligen Ort, aber auch für die jeweilige Geschichte des jeweiligen Kunstvereins bedeutsam ist. Diese Kollaboration haben wir in diesem Jahr fortgeführt, aber eben nicht als Ausstellungsprojekt, sondern als erster Zyklus eines Performance-, Veranstaltungs-, Workshopprogramms unter dem Titel *reboot: responsiveness*. Wir haben in diesem Zyklus eine Chore-Gruppe gebildet, die unter anderem aus PerformancekünstlerInnen, TheoretikerInnen und KunstwissenschaftlerInnen besteht, mit dem Ziel eines kollaborativen, zyklischen, antirassistischen und queer-feministischen Dialogs zwischen performativen und forschungsbasierten Praktiken. Davon war einiges per Zoom möglich, wie zum Beispiel die sogenannten mehrteiligen Corona-Seminare der Feministin Ewa Majewska. Oder vor Ort dann beispielsweise Symposien zu den Themen Parität und Diversität und Asynchronocity sowie Tanzveranstaltungen und Workshops. Wir hätten gern sehr viel mehr gemacht, was aufgrund der Pandemie nur schwer durchführbar war. Denn Kunstvereine sind Orte, an denen man sich begegnet und diskursive Auseinandersetzungen hat. Dieser Teil ist für unsere Arbeit besonders wichtig.

Achten Sie darauf, Künstlerinnen und Künstler im selben Verhältnis auszustellen?

Ja. Ich würde niemals eine Gruppenausstellung machen, bei der mehr als die Hälfte Männer sind. Das mache ich einfach nicht. Warum sollte das so sein? Da achte ich sehr drauf. Mir wurde vor Kurzem die Frage gestellt – und das fand ich schon sehr beachtlich –, warum ich denn so viele Frauen ausstellen würde? Darauf habe ich geantwortet, dass mir das gar nicht auffiele, denn ich schaue ja nur auf die Qualität der künstlerischen Arbeit. Genau das war immer das Argument, das von Männern angebracht wurde. Da hieß es: Wir schauen ja nur auf

die Qualität und die schien bei männlichen Künstlern eher gesehen worden zu sein. Es ist noch ein langer Weg zu gehen.

Sind Ihrer Meinung nach Frauen im Kunstbetrieb benachteiligt?

Der Kunstbetrieb ist mit sehr vielen Machtstrukturen aufgebaut. Macht ist ein Thema, gerade was die Stellen im Kunstbetrieb angeht. Als ich in den 1990er-Jahren Kunstgeschichte studierte, gab es viele Studentinnen. Als man dann im Arbeitsleben war, fragte man sich, wo die eigentlich alle waren. Den Frauen wurden meistens Assistentinnenjobs zugewiesen, weniger die Direktorenpositionen. Das ändert sich langsam und es werden deutlich mehr Stellen in Deutschland auch mit Frauen besetzt, aber eben noch lange nicht so viele. Da kann noch sehr viel getan werden. Die befristeten Stellen fallen auch eher den weiblichen Kuratorinnen zu. Bei Männern scheint es eine andere Hemmschwelle zu geben, die stellt man schneller auch langfristig ein. Auch die Gehälter – und das weiß man ja auch aus anderen Betrieben – sind noch nicht überall angepasst. Kuratoren verdienen oft mehr als Kuratorinnen. Also ja, Frauen sind immer noch benachteiligt, auch im Kunstbetrieb.

Und bei den Künstlerinnen und Künstlern ist es so, dass viele der westlichen Museen noch bis heute dominiert sind von männlichen Werken. Aber da bewegt sich was in den letzten Jahren und es gibt eine größere Selbstverständlichkeit, Werke von Künstlerinnen anzukaufen und diese auszustellen. Das ist noch lange nicht ausgeglichen, aber Künstlerinnen finden immer mehr Beachtung und Anerkennung.

Kommen wir zu Köln. Fühlen Sie sich hier wohl?

Ja, sehr. Ich vergleiche es immer gern mit Basel, auch wenn die Stadt viel kleiner ist als Köln. Aber Basel liegt auch am Rhein und ist eine Kunststadt mit vielen Institutionen, Museen, der Kunstmesse. Das hat Köln hier alles auch zu bieten. Aber die Menschen hier in Köln sind doch recht anders, was ich sehr schön finde. Die Baseler sind eher distanziertere Menschen, die Schweizer überhaupt. Ich will das nicht negativ ausdrücken, aber es ist schon ein anderer Zugang zum Menschen. Der ist hier ein bisschen leichter. Ich komme ja vom Bodensee, was eh eine herzliche Umgebung ist. Also hier in Köln bin ich gut aufgehoben.

Die Brücke, **das Gebäude, in dem sich der *Kölnische Kunstverein* befindet, wurde 1949/50 vom Kölner Architekten Wilhelm Riphahn gebaut und ist ein bedeutendes Bauwerk der Kölner Nachkriegsarchitektur. Gebäude und Kunstverein bilden eine perfekte Symbiose ...**

Der *Kölnische Kunstverein* zusammen mit diesem Gebäude ist schon sehr einzigartig. Der Kunstverein hat durch seine Ausstellungshallen, durch das Kino, den Theatersaal, in dem wir gerade sitzen und wir unsere Vorträge und Veranstaltungen ausrichten, und noch durch den Studioraum im obersten Stockwerk sehr viele Möglichkeiten, Kunst auf unterschiedliche Art zu behandeln. Die Räume sind einfach fantastisch und wunderschön. Das Licht hier ist toll. Fast alle KünstlerInnen, die hier arbeiten, finden das großartig.

Gibt es in Köln andere Orte, die Sie gerne besuchen?

Ich gehe natürlich immer wieder gerne ins *Museum Ludwig* und schaue mir an, wie die Sammlung immer wieder neu präsentiert wird. Auch das *Kolumba* besuche ich natürlich gerne. Die Kunstintitutionen im Rheinland sind vielfältig – das *Ludwig Forum* in Aachen, das *Museum Abteiberg*, die *Kunstsammlung NRW* oder auch das *Max-Ernst-Museum* in Brühl sind nur ein paar der Orte, die ich immer wieder aufsuche. Das ist ja das Wunderbare in Köln, man ist sofort überall.

Nikola Dietrich

Zugang zur Kunst fand Nikola Dietrich, Jahrgang 1972, bereits während ihrer Schulzeit in Konstanz am Bodensee, wo sie aufgewachsen ist. Nach dem Abitur bewarb sie sich an Kunstakademien, weil sie gern Künstlerin werden wollte. Doch immer wieder bekam sie dieselbe Antwort: sie habe Potenzial, sei aber noch zu jung und solle in einem Jahr wiederkommen. In diesem einen Jahr bewarb sie sich auch an Universitäten und landete in München an der *Ludwig-Maximilians-Universität*, wo sie mit dem Studium der Kunstgeschichte begann: »Irgendwann war es dann auch wirklich die Entscheidung: ich will Kunstgeschichte machen, das liegt mir total gut. Ich will über Kunst sprechen. Ich will Kunst sehen. Darum geht es mir vor allen Dingen. Ich habe auch ziemlich schnell aufgehört, selbst Kunst zu machen und bin künstlerisch überhaupt nicht tätig.«

Zum Hauptstudium wechselte sie nach Berlin, wo sie ihr Studium der Kunstgeschichte, der modernen deutschen Literatur und der Kommunikationswissenschaften abgeschlossen hat. Ihren ersten Job fand sie in einer Berliner Galerie, danach kamen Statio-

nen in Amsterdam, wo sie am *De Appel Curatorial Training Programme* teilgenommen hat und sich zur Kuratorin ausbilden ließ, und in Kassel, wo sie in der *Kuratorenwerkstatt* am *Fridericianum* tätig war, die der damalige Direktor René Block 2003 eingerichtet hatte. Von 2004 bis 2007 arbeitete Nikola Dietrich als Kuratorium am *Portikus* in Frankfurt, von 2008 bis 2014 leitete sie das *Museum für Gegenwartskunst, kurz* MGK, in Basel, das dem *Kunstmuseum Basel* angegliedert ist und seit 2016 den Namen *Kunstmuseum Basel | Gegenwart* trägt. 2011 hat sie in Basel zusammen mit den drei weiteren Kulturschaffenden Hannah Weinberger, Tenzing Barshee und Scott Cameron Weaver den Ausstellungsraum *Elaine* initiiert, ein Offspace, ein Ort, der eine direkte und unmittelbare Zusammenarbeit mit Kulturschaffenden ermöglichte und der an das MGK angegliedert war. Regelmäßig fanden dort über zwei Jahre hinweg Performances, Videovorführungen oder Vorträge statt.

Zurück in ihrer Homebase Berlin arbeitete Nikola Dietrich als freie Kuratorin und widmete sich dem Kunstmagazin *Starship*, das seit 1998 in Berlin

erscheint und seit 2014 von Gerry Bibby, Martin Ebner, Ariane Müller und Henrik Oelsen und ihr herausgegeben wird. »Dieses Heft lag etwa sechs Jahre brach und wir fragten uns, warum es nicht mehr erscheint. Das war für uns alle so ein tolles Heft, weil es auch so sehr der Zeit entsprach. Wir dachten, dass es doch unbedingt wieder erscheinen müsste.«

Das Besondere an diesem Kunstmagazin im Gegensatz zu anderen Kunstzeitschriften ist, dass es allein von KünstlerInnen gemacht wird: »Außer mir, als ich dann dazu kam. Alle HerausgeberInnen sind ansonsten KünstlerInnen. Ich glaube, allein dadurch hat man natürlich irgendwie einen freieren Zugang. Die Zeitschrift kann fast mit der Arbeit in einem Kunstverein verglichen werden. Wir veröffentlichen zum Beispiel selten klassische Reviews zu Ausstellungen, dafür haben wir keinen Sektor, sondern es erscheint höchstens mal ein Interview zu einer Ausstellung. Wir sind also viel experimenteller als andere Kunstmagazine. Es ist eine von Künstlerinnen und Künstlern gestaltete Zeitschrift.«

Als Nikola Dietrich erfuhr, dass ihr Vorgänger Moritz Wesseler den *Kölnischen Kunstverein* verlassen würde, bewarb sie sich beim Vorstand: »Ich bin jetzt seit über zwanzig Jahren als

Kuratorin tätig und da hat man natürlich auch ein großes Netzwerk und hört von KollegInnen, welche Stellen wieder frei sind. Und gerade im Bereich, in dem ich arbeite, also im Zeitgenössischen Kunstbereich ist es so, dass die Stellen sehr häufig wechseln, weil sie meist befristet sind. Alle meine Stellen waren befristet. Es ist in diesem Sektor natürlich auch gut, dass man immer wieder mit anderen Charakteren von KuratorInnen arbeitet.«

Im Juli 2018 übernahm sie die Leitung des *Kölnischen Kunstvereins* für fünf Jahre. Als seine Direktorin kuratiert Nikola Dietrich drei bis vier Ausstellungen pro Jahr, ergänzt um ein intensives Rahmenprogramm, und gibt zahlreiche Publikationen heraus. In ihrer Rolle als Kuratorin möchte sie Anstöße geben und Auseinandersetzungen suchen. Dafür ist ein Kunstverein ihrer Meinung nach ein idealer Ort. Das Schöne an der Arbeit mit der Kunst ist für Nikola Dietrich, »dass sie ein stückweit auch als Spiegel oder als Reflektion der Gesellschaft betrachtet werden kann.«

DER KÖLNISCHE KUNSTVEREIN

*Mit fünf Talern war man dabei. So viel kostete eine
Aktie und damit die Mitgliedschaft im Kölnischen Kunstverein,
als er am 7. April 1839 gegründet wurde.*

Die Geschichte der deutschen Kunstvereine begann 1792. War die Beschäftigung mit Kunst und Kultur und auch das Sammeln von Kunst bis dahin dem Adel vorbehalten, strebte nun das Bürgertum danach, ebenfalls daran teilzuhaben. In diesem Bewusstsein wurden die ersten Kunstvereine gegründet, der erste am 13. Oktober 1792 in Nürnberg, die *Kunst-Societät*, seit 1964 *Albrecht-Dürer Gesellschaft*. Es folgten der *Kunstverein in Hamburg* (1817), der *Badische Kunstverein* in Karlsruhe (1818) und ab 1823 Vereine in sämtlichen größeren Städten. Heute gibt es in Deutschland etwa dreihundert Vereine mit insgesamt weit über hunderttausend Mitgliedern. Ziel der Kunstvereine war – und ist es bis heute – die Vermittlung zeitgenössischer Kunst. Es sollten Orte des Austauschs zwischen der Kunst, den KünstlerInnen und der

Öffentlichkeit sein, Orte des Dialogs und auch der künstlerischen Freiheit.

Als der *Kölnische Kunstverein* 1839 gegründet wurde, hatte er seinen ersten Sitz im *Wallrafianum* in der Trankgasse 7, wo die Sammlung, die der Botaniker, Mathematiker, Priester und bedeutende Kunstsammler Ferdinand Franz Wallraf (1748–1824) seiner Heimatstadt Köln vermacht hatte, provisorisch untergebracht worden war. In diesem ehemaligen Quartier der Kölner Erzbischöfe kam auch der Kunstverein unter. Die Ausstellungen fanden jedoch an anderen, wechselnden Orten statt: Im *Gürzenich* und im *Spanischen Bau* am Rathausplatz oder in der ehemaligen Posthalterei in der Glockengasse. Als das *Wallrafianum* dank großzügiger Spende des Kölner Kaufmanns Johann Heinrich Richartz (1795–1861) einen eigenen Museumsbau an der heutigen Rechtschule erhält, der 1861 mit dem Namen *Wallraf-Richartz-Museum* eingeweiht wurde, fanden die Ausstellungen des *Kölnischen Kunstvereins* dort statt. 1891 verlegte der Verein auch seinen Sitz ins Museum und bekam einen eigenen Eingang.

Der Beginn der Kunstaktivitäten des *Kölnischen Kunstvereins* war auch gleichzeitig der Beginn der Etablierung eines Kunstmarktes in Köln, denn damals waren die Ausstellungen auch auf den Verkauf ausgerichtet.

Die Geschäfte des Kunstvereins führte in den ersten Jahren der damalige Direktor des *Wallraf-Richartz-Museums*, Carl Aldenhoven (1842–1907), und nach dessen Tod sein Nachfolger Alfred Hagelstange (1874–1914). Im Jahr 1913 ernannte der Vorstand des *Kölnischen Kunstvereins* eine schillernde Persönlichkeit der damaligen Kunstwelt zum künstlerischen Leiter, den Berliner Galeristen, Kunsthändler und Verleger Paul Cassirer (1871–1926). Seine Galerie in Berlin war damals die wichtigste Galerie für zeitgenössische Kunst in Europa. Vor allem dem Impressionismus galt sein Interesse, und er war es, der Anfang des 20. Jahrhunderts, als in Deutschland die Historienmalerei noch en vogue war, die französische Moderne nach Deutschland brachte. Französische Landschaftsmalerei zu zeigen, war damals eine mutige Pioniertat. Auch im *Kölnischen Kunstverein* wurden die neuen Bilder gezeigt. Es wurden Ausstellungen von Claude Monet oder Henri Toulouse-Lautrec realisiert und Bilder von vielen anderen Impressionisten ausgestellt, wie den deutschen Künstlern Max Liebermann und Max Slevogt oder Lovis Corinth. Unter Cassirers Leitung zog der Verein in das Haus der Familie Schaebens, den Erben der bekannten Klosterfrau Maria Clementine Martin (1755–1843), die mit ihrem *Klos-*

terfrau *Melissengeist* Weltruhm erlangt
hatte. Diese hatten sich am Domkloster
3, wo sich heute das *DOMFORUM* befindet, ein repräsentatives Geschäfts-
haus bauen lassen, in dem der *Kölnische Kunstverein* zwar kleine, aber
repräsentative Ausstellungsräume zur
Verfügung hatte.

Nach nur einem Jahr verließ Cassirer
den *Kölnischen Kunstverein* und sein
Stellvertreter Walter Klug (1873–1952)

wurde sein Nachfolger und geschäfts-
führender Direktor des Kunstvereins.
Klug hatte in Zürich Kunstgeschichte
studiert und ebenfalls eine Vorliebe für
den Impressionismus.

1919 sorgte er mit einer große Dada-
Ausstellung für Aufsehen und 1926
erregte eine Ausstellung der *Kölner
Secession* die Gemüter, vor allem das
des damaligen Erzbischofs, der verlangte, dass das Bild *Die Jungfrau züchtigt*

das Jesukind vor drei Zeugen: André Breton, Paul Eluard und Max Ernst, von Max Ernst gemalt, aus der Ausstellung entfernt werden sollte. Heute gehört das Bild zur Sammlung des *Museum Ludwig* in Köln. 1927 zeigte der Verein die Fotografieausstellung *Menschen des 20. Jahrhunderts* des in Köln lebenden Fotografen August Sander (1876–1964).

Inzwischen war der *Kölnische Kunstverein* wieder umgezogen, dieses Mal in einen geräumigen Neubau im klassizistischen Stil am Friesenplatz. Das 1922 eingeweihte Gebäude wurde im Zweiten Weltkrieg durch einen Bombeneinschlag zerstört. Ab Herbst 1943 wurden dem Kunstverein Ausstellungsräume in der Aula der Universität zur Verfügung gestellt. Als die Engländer Köln besetzten, kam die Vereinstätigkeit vorübergehend zum Erliegen. Der Jurist, Kunstsammler, Ratsherr und langjähriges Vorstandsmitglied des *Kölnischen Kunstvereins* Josef Haubrich (1889–1961) erreichte 1946 bei den Besatzungsbehörden, dass der Verein seine Tätigkeit wieder aufnehmen durfte. Doch er hatte keine Bleibe. Vom Haus am Friesenplatz standen nur noch die Grundmauern, einen Wiederaufbau lehnte die Stadt Köln ab. Wilhelm Riphahn plante für den Kunstverein ein eingeschossiges Gebäude in der Hahnenstraße, aber er konnte

seine Idee nicht verwirklichen. Stattdessen erbaute er dort ein Gebäude für das *British Information Centre Die Brücke*, sowie Wohnhäuser mit Laubengang. Der helle und weitläufige Bau sollte das Symbol einer »Kulturbrücke« zwischen den Deutschen und ihren Besatzern sein, ein Ort des Dialogs, in dem Kunst und Kultur zur Verständigung und Versöhnung beitragen sollten. Später befand sich in dem Gebäude der *British Council*, eine gemeinnützige Einrichtung zur Förderung internationaler Beziehungen. Der Kunstverein kam unterdessen in der *Hahnentorburg* am Rudolfplatz unter. Was als Provisorium gedacht war, blieb für zwanzig Jahre das beengte Zuhause des Vereins.

In dieser Zeit zeigte der *Kölnische Kunstverein* Werke von Georges Mathieu (1921–2012), einem Vertreter des Tachimus, K.O. Götz (1914–2017), dem kanadischen Maler und Bildhauer Jean Paul Riopelle (1923–2002), dem vom Kubismus beeinflussten französischen Künstler André Masson (1896–1987), dem weiß-russischen Kubisten Ossip Zadkine (1890–1967) und von Pablo Picasso (1881–1973). Sein 125jähriges Bestehens wurde mit der Ausstellung *Kunst des 20. Jahrhunderts in Kölner Privatbesitz* gefeiert. Der *Kölner Stadtanzeiger* bezeichnete sie in einem Artikel vom 18.11.1964 als »eine der schöns-

RIPHAHNSAAL

⬉ AUSSTELLUNGSFORTSETZUNG
EXHIBITION CONTINUES

ten Ausstellungen, die je an diesem Ort geboten wurden« und rühmte Köln nicht nur als »Stadt der Museen«, sondern auch als »Stadt der Sammler«.

Erst 1967 wurde eine neue Ausstellungshalle vom Architekten Franz Lammersen, der zusammen mit Franz Löwenstein auch die Zentralbibliothek am Neumarkt gebaut hatte, an der Cäcilienstraße das neue Domizil des *Kölnischen Kunstvereins*. Die 1979 nach dem langjährigen Vorstandsmitglied des Kunstvereins benannte *Josef-Haubrich-Kunsthalle* wurde 2002 nach heftigem Protest für den Bau eines neuen *Kulturquartiers am Neumarkt* abgerissen. Diese Kunsthalle war ein Symbol für aufsehenerregende Jahre, in denen sich Köln als Kunstmetropole etablierte, zum Beispiel 1970 mit der Ausstellung *Happening und Fluxus* mit Aktionen von Joseph

Beuys, Wolf Vostell und anderen. Wulf Herzogenrath, seit 1973 neuer Direktor des *Kölnischen Kunstvereins*, konzipierte 1976 die erste europäische Einzelausstellung eines Videokünstlers, des koreanischen Komponisten und bildenden Künstlers Nam June Paik (1932–2006), der bei Karlheinz Stockhausen in Köln studiert hatte. Es folgten viele weitere bedeutende Ausstellungen internationaler und nationaler Künstlerinnen und Künstler.

Gegen den Abriss der Kunsthalle demonstrierten namhafte KünstlerInnen wie Rosemarie Trockel, Gerhard Richter oder Sigmar Polke, da sie diese unter anderem auch als Denkmal der Kölner 60er-Jahre-Architektur für städtebaulich bedeutend und erhaltenswürdig hielten.

Man versprach einen Ersatzbau auf dem neuen Areal, auf dem außerdem das neue *Rautenstrauch-Joest-Museum* entstehen sollte, sowie eine Erweiterung des *Museum Schnütgen* und neue Räume für die Volkshochschule. Es gab eine Abschiedsparty für die Kunsthalle mit dem Titel *Ende, neu* an der Musiker wie *Kraftwerk* oder die *Einstürzenden Neubauten* mitwirkten.

Im Jahr 2002 erfolgte der Abriss und nach einem Baustopp klaffte das sogenannte *Kölner Loch* drei Jahre an der Cäcilienstraße. Dieser Name geht auf den Zweiten Weltkrieg zurück. Die Alliierten nannten ein Schlupfloch – eine zweiunddreißig Kilometer breite Lücke des Flak- und Scheinwerferriegels vor dem Ruhrgebiet und dem Gebiet um Koblenz –, das sie für den Einflug nach Deutschland nutzten, *Kölner Loch.*

Im Mai 2003 gab es eine Guerilla Aktion, bei der ein Stück aus der Fassade der alten Kunsthalle im Außenregal des *Römisch-Germanischen Museums* gegenüber der Dombauhütte platziert wurde. Die AktivistInnen wollten auf die desolate kulturpolitische Situation um das *Kölner Loch* aufmerksam machen. Dieses Stück wurde 2012 gestohlen. Doch da die AktivistInnen insgesamt fünf Stücke der Fassade besaßen, spendeten sie ein neues, das sich nun unter dem Bruchstück eines antiken Steinsargs und neben einem Stück

Stein einer römischen Säule befindet und die Nummer 32 trägt. Als im Juni 2005 schließlich der Grundstein für das neue Areal gelegt wurde, war eine neue Kunsthalle aus den Planungen gestrichen worden. Umso wertvoller dieses Zeugnis der nur fünfunddreißigjährigen Geschichte eines wichtigen Gebäudes der Kunst und Kultur in Köln.

Inzwischen hatte sich der *Kölnische Kunstverein* wieder in einem Provisorium eingerichtet. Dachte man zumindest. Mit der neuen Direktorin Marianne Stockebrand, zum ersten Mal einer Frau in dieser Position, zog der Verein 2002 in Wilhelm Riphahns Gebäude *Die Brücke* an der Hahnenstraße, das er auf den Fundamenten des 1859 erbauten Apostel-Gymnasium errichtet hatte. Im Dritten Reich wurde die Schule abgerissen, weil die Nationalsozialisten eine siebzig Meter breite Schneise vom Neumarkt bis zum Aachener Weiher errichten wollten. Es blieben nur der alte Baumbestand und die Kellerräume erhalten, beide bezog Riphahn in seine Planung für den Neubau mit ein. Dank der Bäume steht das Gebäude nicht direkt an der viel befahrenen Hahnenstraße, sondern ist ein Stück nach hinten versetzt. *Die Brücke* war einer der ersten Neubauten in Köln, der nach dem Zweiten Weltkrieg realisiert wurde. Sie wurde 1967 mit dem ersten Kölner Architekturpreis ausgezeichnet und erwies sich als Glücksfall für den *Kölnischen Kunstverein*, denn das aus drei Baukörpern bestehende Gebäude war mit der Bibliothek, seinem Theater-, Lese- und Kinosaal, sowie den Verwaltungszimmern ideal für seine Zwecke. Nachdem klar war, dass der Kunstverein kein neues Gebäude bekommen würde, stellte ihm die Stadt *Die Brücke* zunächst für dreißig Jahre zur Verfügung. Der Umbau und die Restaurierung wurden in Eigeninitiative und mit der Hilfe von Sponsoren finanziert. Der ehemalige Lesesaal und ein Seminarraum im dritten Stock dienen heute als Ausstellungsfläche, in den Studier- und Konferenzzimmern der ersten Etage befindet sich der Verwaltungstrakt des Vereins. Im ehemaligen Verwaltungstrakt des *British Council* wurden zehn Ateliers für StipendiatInnen eingerichtet und in der früheren Hausmeisterwohnung wohnen regelmäßig KünstlerInnen, die in den Ateliers arbeiten und ihre Kunst im Verein ausstellen. Das Atelierprogramm des *Kölnischen Kunstvereins* existiert seit 2003 und dient der Förderung von lokalen und internationalen NachwuchskünstlerInnen. Das Kino blieb erhalten. Seit dem Wegzug des *British Council* im Jahr 2001 ist der *Filmclub 813*, ein kleines unabhängiges Programmkino, das schon seit 1995 dort ansässig war, offizieller Betreiber des *Kino 813* in der *Brücke* und zeigt besondere Klassiker und Indie-Filme des 20. und 21. Jahrhunderts, die entweder nur für kurze Zeit oder schon lange nicht mehr in Köln zu sehen waren. Den ersten Film zeigten sie im Januar 1991.

Unter dem Titel *Idee und Praxis der Kunstvereine* wurden 2021 alle örtlichen Kunstvereine Deutschlands in das Verzeichnis Immaterielles Kulturerbe der Deutschen UNESCO-Komission aufgenommen, weil sie einer breiten Gesellschaftsschicht Kunst und Kultur vermitteln und die Teilhabe an Diskursen zur zeitgenössischen Kunst ermöglichten, was wiederum das Demokratieverständnis fördere und dem Erhalt des Kulturerbes diene.

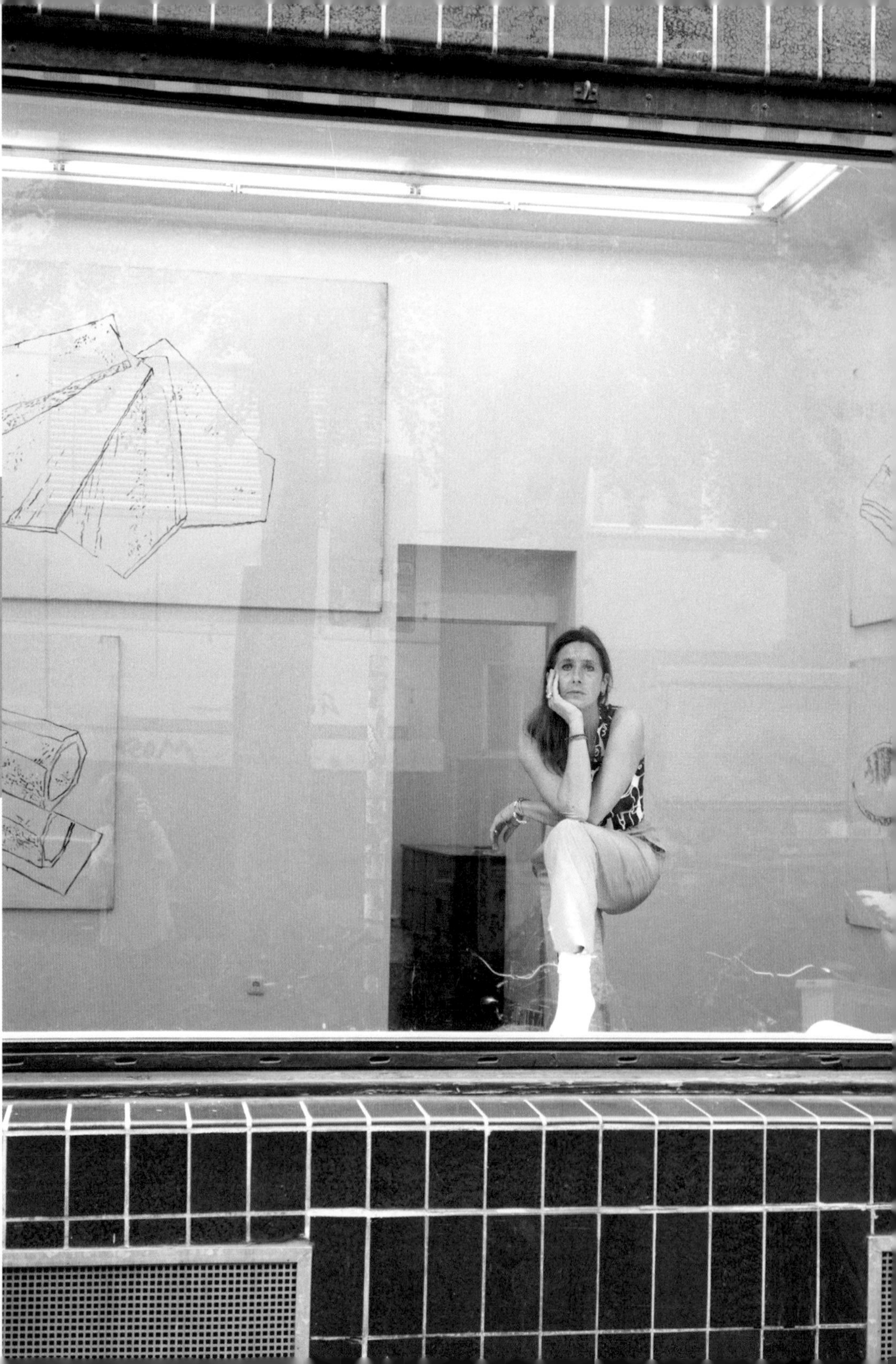

MARIETTA CLAGES

Galeristin

CLAGES GALLERY

Vor unserem Gespräch führt mich Marietta Clages durch die Ausstellung *xylocopa violacea* des Künstlers Bernhard Walter. Xylocopa violacea ist der lateinische Name der Großen Blauen Holzbiene, die ihr Nest gern in mürbem Totholz baut. Werke aus Holz, Spiegelglas und Silberplatten haben die Galerie in Besitz genommen. Im ersten Raum, dem Entrée, liegen auf dem schwarzen Fußboden vier aufgesägte Stücke eines Baumstamms, in dem einst eine Holzbiene ihr Nest gebaut hatte, wie ein Fächer auf dem Boden. An den Wänden hängen Malereien der Holzinstallationen, die in den anderen Räumen ausgestellt sind. In der oberen Etage liegen in einer Matrix angeordnete Silberplatten auf dem Boden. Die finden

Ein diskursiver Umschlagplatz

Kunst soll für die Galeristin Marietta Clages zu einem gesellschaftlichen Diskurs beitragen und eine Galerie auch ein politischer Ort sein, an dem Austausch und Anregung möglich sind.

sich auch immer wieder unter dem toten Holz, das zersägt für mehrere Monate der Sonne, dem Wind und dem Regen ausgesetzt wurde. Bienen haben es währenddessen besiedelt, bevor es gesäubert, poliert und zu Kunstwerken installiert wurde. Beim Gang durch die Ausstellung bekomme ich einen ersten Eindruck davon, wieviel Leidenschaft und Begeisterung Marietta Clages für Kunst besitzt.

Was bedeutet Kunst für Sie?
Kunst ist für mich etwas sehr Elementares geworden. Wenn man sich lange mit ihr beschäftigt, bestimmt sie einen irgendwann. Wenn man es wirklich ernst meint mit der Kunst, dann kommt man da nicht mehr raus. Das spüren auch die KünstlerInnen, mit denen man arbeitet.

Wieviele KünstlerInnen vertreten Sie in Ihrer Galerie?

Wir haben inzwischen vierzehn KünstlerInnen. Die Mischung zwischen männlichem und weiblichem Anteil verschiebt sich immer mal wieder. Am Anfang war eher der weibliche Anteil größer, dann kamen aber auch andere junge Künstler hinzu. Ich möchte meine KünstlerInnen nicht nach dem Geschlecht aussuchen, mich interessieren die diskursiven Inhalte. Eine Galerie sollte meiner Meinung nach ein gesellschaftlicher und sozialer Umschlagplatz, ein politischer Ort sein. Ein demokratisches Modell zum Austausch, Denken, Anregen. Das sehen Sie in dieser Ausstellung. Hier geht es um Naturschutz, um Land Art, auch um Feminismus und die Dominanz von Männlichem und Weiblichem, um Gerechtigkeit und Ungerechtigkeit. Das sind alles Momente, die mich interessieren und die ich gerne einer breiteren Öffentlichkeit vermitteln möchte, ohne zu didaktisch zu werden. Das Vermitteln im Moment ist wichtig. Aber gleichzeitig ist eine Galerie natürlich auch ein kommerzielles Unterfangen. Es gibt Messen, es gibt Eröffnungen, es gibt Galerienzusammenschlüsse, um ein bestimmtes Ziel zu erreichen.

Gibt es Ausstellungen oder Ausstellungsmomente, die Ihnen besonders in Erinnerung geblieben sind, die außergewöhnlich waren?

Interessant, dass Sie das fragen. Ich muss sagen, jede Ausstellung hat so ihr eigenes kleines Wunder.

Wo oder wie entdecken Sie die KünstlerInnen?

Früher habe ich Künstlerinnen und Künstler zum Beispiel an der *Kunstakademie Düsseldorf* gefunden. Dann gab es auch Empfehlungen von den KünstlerInnen untereinander. Es ist immer noch schwierig, wenn ein Künstler oder eine Künstlerin von außerhalb kommt und sagt: Darf ich Ihnen mal mein Portfolio zeigen? Das System ist wie eine Pyramide aufgebaut: Es gibt mehrere tausend KünstlerInnen, dann gibt es viele, viele Galerien und einige SammlerInnen. Die Luft ist also dünn.

Liegt Ihr Fokus hauptsächlich auf jüngeren KünstlerInnen?

Nein. Die KünstlerInnen, die wir vertreten, sind mid-career, also in der Mitte ihrer beruflichen Laufbahn. Teilweise auch young emergent, sind also sozusagen noch unentdeckt für den Markt. Das aufzubauen, Kataloge zu produzieren,

Ausstellungen zu machen, Produktionskosten zu übernehmen, beratend zur Seite zu stehen, das alles ist unser Job. Wir gehen auch, wenn es erforderlich ist, mit den KünstlerInnen zum Zahnarzt. Und deswegen ist das natürlich eine ganz andere Arbeit als in einem Auktionshaus. Wir bauen eine Beziehung zu den KünstlerInnen auf und platzieren sie in der Kunstwelt.

Wie wichtig ist für Sie als Galeristin die Teilnahme an Kunstmessen?
Sehr wichtig. Ich nehme jährlich an vier bis fünf Messen teil. Dort hat man die Möglichkeit, von KuratorInnen entdeckt zu werden, die nicht unbedingt nach Köln kommen würden und die Galerie kann einem neuen Publikum einen Querschnitt ihres Programms vermitteln.

Was gefällt Ihnen an Ihrer Arbeit besonders gut?

Das Tolle ist die persönliche Auseinandersetzung mit den KünstlerInnen über ihre Arbeit. Dadurch bekommt man einen ganz anderen Einblick in die Tiefe der Kunst. Und erst wenn sie etwas wirklich durchdrungen haben, können sie vermitteln und dann im besten Fall platzieren. Wir arbeiten nächstmöglich an den KünstlerInnen und vertreten ja ihre Ideen. Jede Einzelausstellung ist eine Herausforderung, Flexibilität und Engagement sind da wichtig. Ich mag diese Art der Herausforderung sehr.

Ab den 1980er-Jahren galt Köln als die Kunststadt Deutschlands. Hat sie diesen Rang Ihrer Meinung nach immer noch?

Köln ist immer noch eine Kunststadt. Wir haben hier wichtige Museen, viele Galerien und natürlich die *Art Cologne*. In Köln gibt es eine alte Kultur des Kunstsammelns. Viele KünstlerInnen leben und arbeiten in Köln, auch wenn einige nach Berlin abgewandert sind. Wobei auch viele BerlinerInnen begeistert von Köln sind, weil es überschaubar und freundlich ist und wegen seiner »Ästhetik des Hässlichen«. Aber dass es *die* deutsche Kunststadt ist, würde ich nicht sagen. Deutschland ist generell sehr spannend für die Kunst. Nürnberg oder Frankfurt bieten beispielsweise auch eine Menge.

Was ist für Sie das Besondere an Köln?

Die Mentalität ist für mich gleichermaßen anziehend wie abstoßend. Sie hat vom Grundton her etwas sehr Charmantes und das mag ich. Mit diesem Charme ist ein gewisses Laissez-faire verbunden, eine positive Offenheit, eine Neugier, die allerdings nicht lange anhält.

Haben Sie jemals darüber nachgedacht, woanders zu leben?

Ja, immer mal wieder. Ich habe auch mal woanders gelebt, in Wien, auch mal in New York und in Austin, als ich jung war, als Studentin. Ich habe eine wirklich große Liebe zu New York – auch eine Hassliebe. New York ist auf gewisse Weise auch sehr überschaubar, wenn man sich dort ein wenig auskennt und sein Netzwerk dort hat. Ich mag das gern.

Gibt es in Köln außer Ihrer Galerie noch einen anderen Ort, den Sie besonders mögen oder der für Sie wichtig ist?

Auf jeden Fall. Die Kirche *Sankt Maria* in der Kupfergasse mit ihrer Schwarzen Mutter Gottes ist eine ganz besondere Kirche für mich. Das ist ein sehr schöner besinnlicher Ort. Das Gereonskloster gefällt mir auch sehr. Die Architektur ist sehr beeindruckend, aber auch die Urbanität. Zudem gibt es dort auch schöne Lokale. Ich habe ein gespaltenes Verhältnis zum Gerling Quartier. Aber da gibt es auf jeden Fall schön verarbeitete Steine. Und dann gibt es natürlich auch an der Peripherie Orte, an denen ich gerne bin.

Marietta Clages

Zur Kunst kam die gebürtige Kölnerin Marietta Clages eigentlich über das Ballett. Dadurch wurde ihr Interesse an der Kunst im Allgemeinen geweckt. Sie tanzt seit ihrem vierten Lebensjahr, früher klassisches Ballett, was man ihr auch immer noch ansieht. Sie hat die Haltung einer Ballerina. Heute tanzt sie zwar immer noch, aber keinen Spitzentanz mehr: »Irgendwann ist die Kapitulation vor dem Schmerz, den man als Jugendliche als ästhetischen Schmerz empfindet, dann doch zu groß. Man muss ja sehen, dass man die letzten Jahre seines Lebens noch gut gehen kann«, sagt sie schmunzelnd. »Das Tanzen ist eine Kunstform, die mich nach wie vor interessiert. Es hat mich sehr geprägt. Tanzen war für mich eine Phantasie- und Fluchtwelt aus meiner Kindheit und ist es eigentlich immer noch.«

Stattdessen wendete sie sich einer anderen Kunstform zu, der Literatur: »Ich habe Germanistik in Köln und den USA studiert, in Austin/Texas. Das war dann die Flucht- und Phantasiewelt. Die Literatur hat mich sehr geprägt und mit anderen Künsten verbunden, zum Beispiel auch mit der Gesangskunst.

Eine Freundin von mir ging dann an die *Kunstakademie Düsseldorf* und hat mich zur Bildenden Kunst geführt. Ich habe Künstlerinnen und Künstler kennengelernt und so nahm alles seinen Lauf.«

Nach ihrem Studium machte sie ein Praktikum im *Museum of Modern Art* in New York, arbeitete in der *Kunsthalle Düsseldorf* und für die *Kunstsammlung Nordrhein Westfalen*. Mit einem Partner zusammen gründete sie anschließend den *Projektraum*: »Irgendwann habe ich mich gefragt: was interessiert mich, was will ich? Ich wollte mich mit der Kunst auf eine ganz andere Weise verbinden.«

Im Herbst 2008 eröffnete Marietta Clages schließlich ihre eigene Galerie: »Die Entscheidung für eine eigene Galerie habe ich sehr bewusst getroffen. Insbesondere vier Künstler gaben für mich den Ausschlag, diesen Schritt zu gehen. Letztendlich ordnet sich alles in meinem Leben der Kunst und der Galerie unter.«

Dass sie ihre Galerie im Belgischen Viertel in der Brüsseler Straße 5 eröffnen konnte, hat sie nicht unbedingt so geplant, es hat sich glücklich gefügt:

»Natürlich ist dieses Viertel für eine Kölnerin, wenn man in den 80er- oder 90er-Jahren auch in den Galerien unterwegs war, ein sehr begehrtes und reizvolles Viertel. Martin Kippenberger und viele andere haben hier gelebt. Das ist gelebte Kunstgeschichte in diesem Viertel. Das hat mich natürlich sehr gereizt. Durch einen glücklichen Zufall konnte ich dann dieses Ladenlokal hier mieten, aber nur diesen einen Raum hier vorne. Dann den Raum hinten, dann den ersten Raum oben, den nächsten Raum oben«, erzählt Marietta Clages lachend.

Inzwischen hat sie mehrere MitarbeiterInnen und regelmäßig PraktikantInnen: »Ich hatte immer Glück mit meinen PraktikantInnen. Einige wurden hier AssistentInnen und sind viele Jahre geblieben. Eine frühere Praktikantin leitet heute eine große Galerie, andere wurden wissenschaftliche MitarbeiterInnen an Museen«, erzählt sie.

Sie selbst ist mit vier GaleristInnen auch Sprecherin der *Köln Galerien*, einem Interessenverband und wichtigem Gremium der Kölner Galerienszene, der in den 1960er-Jahren gegründet wurde. Inzwischen hat er rund fünfzig Mitglieder und damit etwa fünftausend Quadratmeter Ausstellungsfläche. Pro Jahr veranstalten die *Köln Galerien* etwa dreihundert Ausstellungen mit nationalen und internationalen KünstlerInnen. Es gibt immer wieder Zeiten und Situationen, in denen die SprecherInnen der *Köln Galerien* besonders gefordert sind, so auch während der Corona Pandemie: »Auch während des Stillstands musste es für uns Galerien ja weitergehen und wir mussten auf uns aufmerksam machen. Das kann ich nicht nur auf meine eigene Galerie beziehen, sondern auf uns alle. Wir für unsere Galerie haben das Lockdown Intervention genannt und haben unser Schaufenster bespielt«, erläutert Marietta Clages.

Die ist inzwischen vorerst überstanden und Marietta Clages konnte im September und November 2021 endlich auch wieder an Kunstmessen teilnehmen, an der *miart* in Mailand und der *Art Cologne*, die wegen der Pandemie 2020 und im Frühjahr 2021 nicht stattfinden konnten.

DAS BELGISCHE VIERTEL

*In den 1970er- und 1980er-Jahren etablierte sich
das Belgische Viertel zum KünstlerInnenviertel, durch das
der Hauch der großen weiten Welt wehte.*

Die Galerie von Marietta Clages befindet sich am Anfang der Brüsseler Straße im Haus Nummer 5. Die Brüsseler Straße ist die Hauptachse des sogenannten Belgischen Viertels, das seinen Namen aufgrund der Straßennamen, die sich alle auf belgische Städte oder Provinzen beziehen, erhalten hat. Neben Brüssel sind das Antwerpen, Gent, Lüttich, Flandern, Brabant und Limburg. Zwei niederländische Städte haben sich

dazwischen geschmuggelt: Maastrich und Utrecht.

Wo sich Roon- und Lindenstraße kreuzen, beginnt die Brüsseler Straße und zieht sich von dort aus zunächst durch das Komponistenviertel. Nach der Jülicher Straße kreuzt sie die Richard-Wagner-Straße, bevor sie auf die Aachener Straße stößt und ins Belgische Viertel übergeht. Dieses entstand erst Ende des 19. Jahrhunderts, als die alte

Stadtmauer teilweise abgerissen und die Kölner Ringe nach Vorbild der Pariser Boulevards angelegt wurden. Zwischen den Ringen Hansa-, Hohenzollern- und Hohenstaufenring und dem Inneren Grüngürtel wurden die nördliche und südliche Kölner Neustadt angelegt. Zur Neustadt-Süd gehören außer dem Belgischen Viertel die Südstadt und das Kwartier Latäng.

Die Brüsseler Straße und auch die parallel verlaufende Moltkestraße waren im Mittelalter Teile des sogenannten Bischofswegs, einem ehemaligen Grenzpfad. Dieser verlief etwa fünfhundert Meter vor der Stadtmauer um die Stadt herum und bildete bis zur Eingemeindung des Gebiets der Kölner Neustadt im Jahr 1883 die eigentliche Stadtgrenze. Von der Eigelsteintorburg im Norden führte er bis in den Süden zur Severinstorburg. Die Fläche zwischen der mittelalterlichen Stadtmauer und dem Bischofsweg wurde landwirtschaftlich genutzt und blieb bis zur Gründerzeit unbesiedelt. Seinen Namen erhielt er aufgrund des Umstandes, dass seit Mitte des 13. Jahrhunderts kein Erzbischof mehr in der Stadt übernachten durfte. Bei der Schlacht von Worringen im Jahr 1288 haben die Erzbischöfe die weltliche Macht über Köln verloren und mussten außerhalb der Stadtmauern ein Quartier nehmen.

Wollten sie an ihren Hof in der Stadt, gelangten sie nur über den Bischofsweg dorthin.

Die Stadterweiterung Kölner Neustadt wurde nach Plänen des Architekten Josef Stübben (1845–1936) umgesetzt, der von 1881 bis 1898 Stadtbaumeister in Köln war und in dieser Zeit neben den Kölner Ringboulevards auch den Brüsseler Platz, das Zentrum des Belgischen Viertels, anlegte. Das Grundstück dafür, auf dem sich noch Teile der ehemaligen preußischen Stadtbefestigung befanden, hatte die Stadt Köln 1889 erworben. Zunächst wurde in der Mitte des Platzes in nur hundert Tagen ein provisorischer Kirchenbau aus Backsteinen errichtet. Die Kirche gehört zur Pfarrgemeinde *Sankt Gereon* und wurde am 29. September 1894 geweiht. Rings um den Platz und in den angrenzenden Straßen des neuen Viertels begann man mit der Bebauung und es entstanden repräsentative und zum Teil sehr prachtvolle Mehrfamilienhäuser im Stil der damaligen Zeit, des Historismus und des Jugendstils. Weil immer mehr Menschen in das Viertel zogen, wuchs die Kirchengemeinde sehr schnell, sodass ab 1902 eine größere Kirche nach den Plänen des in Köln ansässigen Architekten Eduard Endler (1860–1932) gebaut und am 29. September 1906,

dem Michaelstag, eingeweiht wurde: die Kirche *Sankt Michael*, nach dem Kölner Dom und der Kirche *Sankt Agnes* die drittgrößte Kirche Kölns.

Den Zweiten Weltkrieg überstand das Belgische Viertel einigermaßen. Im Großen und Ganzen blieb es in seiner baulichen Substanz erhalten, auch viele der alten herrschaftlichen Wohnhäuser standen noch mehr oder weniger unversehrt.

Ab 1977 begann die Sanierung mit besonderem Bedacht auf die Grünanlagen. Auch der Brüsseler Platz wurde umgestaltet, indem man die Brüsseler Straße etwas weiter nach Osten verlegte und damit den Vorplatz der Kirche erweiterte. Es wurden zwei Spielplätze angelegt und neue Bäume zwischen dem Hauptportal der Kirche und der Maastrichter Straße gepflanzt. Außerdem legte man Hochbeete an und bepflanzte sie mit Rasen und Sträuchern. Anfangs noch von der Stadt gepflegt, wurden sie im Lauf der Zeit sich selbst überlassen und sahen irgendwann entsprechend verwahrlost aus. Es gab Pläne, die Hochbeete zu planieren und den Platz vom Grün zu befreien. Dieser drohende Kahlschlag motivierte einige AnwohnerInnen zur ziehung von Kindern, Jugendlichen und Erwachsenen, Nachbarn, interessierten Laien, passionierten Gärtnern und Freiluftenthusiasten wird hier eine grüne Oase inmitten der Kölner Innenstadt am Leben gehalten. Den Bürgern wird biologische Vielfalt von Flora und Fauna, Stadtökologie, Klimaanpassung, Müllvermeidung und zukunftsfähige

»NATÜRLICH IST DIESES VIERTEL FÜR EINE KÖLNERIN, WENN MAN IN DEN 80ER- ODER 90ER-JAHREN AUCH IN DEN GALERIEN UNTERWEGS WAR, EIN SEHR BEGEHRTES UND REIZVOLLES VIERTEL.«

MARIETTA CLAGES

Gründung der Initiative *Querbeet*, die sich für den Erhalt der Grünanlagen einsetzt. *Querbeet* ist inzwischen ein eingetragener Verein und hat sich zu einem Netzwerk entwickelt, das in der ganzen Stadt aktiv ist, »damit die Stadtbewohner lernen, ihre Stadt zu lieben, sich für ihre erholsame und grüne Umgebung verantwortlich zu fühlen und ein Gespür für ein Miteinander geschaffen wird. Unter Einbe-

Formen städtischen Lebens vermittelt und sie werden zugleich für Umweltschutz sensibilisiert«, kann man auf der Internetseite des Vereins lesen.

Das Viertel zehrt noch heute vom Lebensgefühl der 1970er- und 80er-Jahre, als sich viele GaleristInnen und KünstlerInnen in Köln niederließen und es zu ihrer Bühne machten, darunter der Maler Martin Kippenberger (1953–1997) oder der Bildhauer Hubert Kiecol.

Das Atelier von Martin Kippenberger befand sich um die Ecke des *Chelsea Hotel*, das ehemals ein Heim für obdachlose Frauen war, bevor es zum Hotel umgebaut wurde. Das Hotelgebäude befindet sich an der Straßenecke Jülicher Straße 1 und Ecke Lindenstraße am Jean-Claude-Letist-Platz, und etablierte sich dank Martin Kippenberger zum KünstlerInnenhotel. Im Sommer 1986 während der Fußballweltmeisterschaft forderte Kippenberger den Besitzer Werner Peters zu einer Wette bezüglich des nächsten Fußballspiels heraus: Wenn Kippenberger gewinnen würde, dürfe er »eine Nacht im Doppelzimmer mit Frühstück ans Bett und allem Pipapo« verbringen, wie man auf der Internetseite des Hotels nachlesen kann. Er gewann und es gefiel ihm so gut im Hotel, dass er künftig bei seinen Kölnaufenthalten im *Hotel Chelsea* wohnte. Seine Rechnungen bezahlte er in Form von Kunst. Viele seiner KollegInnen handhaben es ähnlich und so etablierte sich das Hotel wie sein New Yorker Pendant, das *Chelsea Hotel* in der 222 West 23rd Street in Manhattan, schon bald als KünstlerInnenhotel.

Das sich noch heute im Erdgeschoß befindliche *Café Central* war in den 1980er- und 90er-Jahren das Wohnzimmer von Kippenberger und der internationalen Kunstszene, ganz nach dem Vorbild seines Namensgebers, dem berühmten *Café Central* in Wien, das Treffpunkt von vielen KünstlerInnen und DenkerInnen, wie Franz Werfel, Arthur Schnitzler, Sigmund Freud war.

2001 wurde das Hotel umgebaut und selbst zum Kunstwerk. Es bekam ein schräges, verschachteltes, dekonstruktivistisches neues Dach, unter dem sich die nach dem 1997 verstorbenen Künstler benannte zweistöckige Kippenberger-Suite befindet.

Hotel und Café liegen nur einen Steinwurf von Marietta Clages' Galerie entfernt und reihen sich ein in das kreative und vielfältige Treiben des Belgischen Viertels, das nach wie vor von KünstlerInnen, MusikerInnen, DesignerInnen, Verlagen, Agenturen, Galerien, kleinen individuellen Geschäften, vielen Cafés und Bars belebt wird. Mittendrin ein Kult-Büdchen – der pinkfarbene *Kölnkiosk* in der Brüsseler Straße 39-41, der mehr ist als nur ein typisches Kölner Büdchen: Neben diversen Getränken gibt es hier auch ein täglich wechselndes Mittagessen. Der Hauch der großen weiten Welt weht durch dieses bunte Viertel: ein bisschen was von Belgien und den Niederlanden, etwas von New York, ein wenig von Wien, aber letztendlich ist das alles vor allem Köln.

LEONIE PFENNIG

Kunsthistorikerin

———

TADSCH MAHAL

Liebe Leonie, Du bist Mitbegründerin der Initiative *And She Was Like: BÄM!*, die sich vor allem für die Gleichstellung in der Kunst- und Designszene einsetzt. Was gab den Ausschlag für die Gründung Eurer Initiative?
2015 habe ich zusammen mit einer sehr guten Freundin und Kollegin am *Museum Ludwig*, Luise Pilz, überlegt, ein eigenes Veranstaltungsformat zu machen, um die vielen tollen Frauen, die wir in Köln kennenlernt haben, zu vernetzen.

Während unseres Studiums der Kunstgeschichte erlebten wir sowohl auf Seite der Studierenden als auch der ProfessorInnen ein unausgeglichenes Geschlechterverhältnis. Es waren viel mehr weibliche als männliche Studierende

Ein authentischer Ort

Die Kunsthistorikerin Leonie Pfennig *lebt in Köln-Nippes. Sie geht regelmäßig auf den Wochenmarkt am* Wilhelmplatz, *der sie ein bisschen an Märkte in Südeuropa erinnert.*

eingeschrieben, aber unsere ProfessorInnen waren bis auf wenige Ausnahmen Männer, dafür waren die wissenschaftlichen Mitarbeiterinnen oder Dozentinnen überwiegend Frauen. Das ist uns aber erst rückblickend wirklich aufgefallen. Wir haben uns keine Gedanken darüber gemacht. Auch die einschlägige Fachliteratur ist im kunstgeschichtlichen Diskurs vermutlich zu neunundneunzig Prozent von Männern geschrieben, und natürlich lernt man sehr viel mehr über männliche als weibliche KünstlerInnen. Da hat sich inzwischen viel getan. Weil die Professuren paritätisch besetzt sein müssen, ist das Verhältnis ausgeglichener. Als wir dann im Berufsleben waren, fragten wir uns allmählich, wo all diese Frauen sind, die mit uns studiert haben, denn die Direktionsposten an Museen waren auch fast alle von Männern besetzt. Das war vor zehn Jahren noch etwas anders als es jetzt ist, aber damals merkten wir, dass die Männer aus unserem Studium an uns vorbeizogen, obwohl sie nicht besser qualifiziert waren als wir. Da begannen wir, unser Umfeld genauer zu beobachten.

Ein wirklich großer Auslöser für uns war auch die Berührung mit den Karnevalsvereinen hier in Köln. In den alten, traditionellen Kölner Karnevalsvereinen sind ja bis auf das Funkenmariechen keine Frauen zugelassen. Soweit ich weiß, dürfen Frauen teilweise nicht einmal das Vereinsgebäude betreten und sind auch aus vereinsinternen Sitzungen ausgeschlossen. Ich habe mich mit ein paar Männern aus den Vereinen unterhalten und wenn man sieht, was da läuft und wie die Deals gemacht werden und was da alles unter der Hand vergeben, verteilt und zugeschachert wird … Wir wollten ein Gegenstück zu diesen männlichen Karnevalsvereinen gründen.

Wir bekamen dann von drei Kölner Frauen, Lisa Long, Lisa Pommerenke und Yvonne Rundio, eine Einladung zu einem Dinner, das *And She Was Like: BÄM!* hieß. Die drei hatten parallel zu uns dieselbe Idee und eben dieses Abendessen als erste Veranstaltung organisiert, zu der Frauen aus Kunst und Design eingeladen waren, um sich zu vernetzen. Luise und ich haben uns danach mit den dreien getroffen – wir kannten uns ja auch schon flüchtig vom Sehen – und festgestellt, dass wir genau dieselbe Motivation und dieselben Gründe hatten. Und so beschlossen wir, einfach zusammen weiterzumachen. Lisa Pommerenke und Yvonne Rundio kommen aus dem Bereich Design und sind Gestalterinnen, Lisa Long ist Kuratorin, Luise Pilz und ich sind Kunstwissenschaftlerinnen. Das war das Gründungsteam. Wir bekamen ganz schnell eine Förderung vom Kulturamt der Stadt Köln. Nicht besonders viel, aber dadurch mussten wir liefern.

Und was habt Ihr geliefert?
Wir haben Veranstaltungen organisiert und einfach losgelegt. Das fing mit einer regelmäßigen Stammtisch-Reihe an, die wir ganz bewusst auch »Stammtisch« genannt haben, und hat sich weiter entwickelt zu öffentlichen Talk-Formaten, zu denen wir Frauen eingeladen haben, die auf ihrem Gebiet Vorbilder sind. Dann haben wir Workshop-Formate entwickelt. Alles immer mit dem Hintergrund, einen geschlossenen, geschützten Raum für Frauen und alle Menschen, die sich als Frauen identifizieren, zu bieten. Der war nicht mit einem festen Ort verbunden, denn wir sind immer nomadisch herumgewandert. Wir haben

bis heute keinen richtigen festen Sitz, aber *And She Was Like: BÄM!* ist einfach dieser Ort, wo man weiß, hier kann ich mich geschützt mit Gleichgesinnten unterhalten. Irgendwann haben wir auch tatsächlich einen Verein daraus gemacht und das alles ein bisschen institutionalisiert. Und das ist noch immer so. Das Team hat sich etwas gewandelt, da ist immer etwas in Bewegung. Mal sehen wie das jetzt weitergeht nach der Pandemie, denn wir leben von den Veranstaltungen, auch wenn wir inzwischen viel publizieren, einen regelmäßigen Newsletter verschicken, ein Online-Magazin machen und so weiter. Aber das wichtige sind schon die Treffen und der Austausch, und das war in der Pandemie nicht so einfach bis unmöglich.

Konntet Ihr in den letzten Jahren eine Veränderung hinsichtlich der Gleichstellung erkennen? Hat sich die Situation für Künstlerinnen und Designerinnen verändert?

Das Bewusstsein hat sich verändert. Wir haben in dem Moment gestartet, als das Bewusstsein für diese Ungleichheit – vor allem im Kunstbetrieb, aber das betrifft ja auch andere Ebenen – wirklich geschärft wurde und öffentlich genauer hingeschaut wurde. Wie sind Jobs, Gremien und Jurys besetzt, wie ist das Verhältnis von Künstlerinnen und Künstlern in Ausstellungsbeteiligungen, in Sammlungsbeständen? Da sind wir noch nicht an einem Punkt, wo alles gleich ist. Noch lange nicht. Aber das Bewusstsein ist viel größer geworden. Das merken wir auch, wenn wir zu Veranstaltungen, Podiumsdiskussionen oder Veranstaltungen in öffentlichen Museen eingeladen werden, wo genau diese Themen besprochen werden.

Und es ändert sich auch was am Selbstverständnis und Selbstbewusstsein bei den Studierenden. An den Kunsthochschulen bilden sich neue feministische Kollektive, die oft auch den Kontakt zu uns suchen. Und dann sprechen wir nicht mehr nur über Geschlechter, vor allem nicht über binäre Geschlechtervorstellungen, sondern überhaupt über Diversität, auch in allen anderen Bereichen wie Herkunft oder Klasse. Das sind Themen, die jetzt viel wichtiger geworden sind. Wir bewegen uns mit *And She Was Like: BÄM!* auf allen Feldern der Diskriminierung, sind intersektional orientiert. Das war schnell klar, dass es bei uns nicht nur darum geht, nur über die Genderfrage zu sprechen, sondern auch alles andere mit einbezogen wird.

Aber noch einmal zurück zur Frage der Geschlechter. Was machen Frauen anders als Männer, wenn sie ins Berufsleben einsteigen?

Wir beobachten immer wieder, dass Frauen viel mehr als Männer denken, sie müssen bestimmten Erwartungen entsprechen, anstatt das zu tun, was sie denken und vor allem wollen. Auch trauen sich Frauen oft weniger, andere um Rat zu fragen, weil sie denken, sie müssen alles alleine schaffen, weil sie nur dann ernst genommen werden. Aber man muss nicht immer alles alleine geschafft haben und sich alles durch eigene Kraft erarbeiten. Darin wollen wir uns gegenseitig bestärken und ermutigen, dass man sich offensiver untereinander austauscht, sich weiterempfiehlt und um Rat fragt. Ob das nun über Geld ist, oder um sich fachliche Hilfe zu holen.

Ich konnte oft feststellen, dass zwischen Frauen leider auch ein starker Konkurrenzkampf herrscht und sie sich dadurch vieles nehmen. Vor allem ältere Frauen haben oft ein Problem damit, jüngere Frauen zu unterstützen oder auch einfach nur neben sich bestehen zu lassen. Macht Ihr diese Erfahrung auch?

Leider ja! Das beobachten wir sehr oft in diesen Kontexten, auch persönlich. Und auch, dass bei Gleichaltrigen der Konkurrenzkampf geringer ist. Frauen, die schon ein bisschen älter sind, gönnen den Jüngeren oft nicht das, was sie erreicht haben und haben oft Angst, dass diese ihnen etwas wegnehmen könnten. Man kann es vielleicht ein wenig verstehen, denn es sind teilweise auch hart umkämpfte Positionen, ob das nun Professorinnen oder Museumsfrauen sind. Sie haben sehr hart dafür gearbeitet, um dahin zukommen. Aber es wird ja nicht besser dadurch, dass man dann nach unten verhindert, dass die Jüngeren nachkommen. Wir wollen gegen diese Angst, »die könnte jünger, schlauer, schöner oder was auch immer sein und könnte ihr was wegnehmen«, arbeiten, in dem wir zu einer Vermittlung über Generationen hinweg anleiten wollen und versuchen, dass wir nicht nur die jungen Frauen vernetzen, sondern ganz explizit in alle Richtungen. Das ist so wichtig, denn wir können so viel voneinander lernen ...

Im Gegensatz zu den Karnevalsvereinen ist unser größtes Anliegen aber, das wir offen sind für alle, die sich für feministische Themen interessieren. Es gibt keine Ausschlusskriterien, bei uns mitzumachen. Bei manchen Veran-

staltungen sind bewusst keine Cis-Männer zugelassen. Aber es sind trotzdem alle herzlich dazu eingeladen, sich mit den Inhalten zu beschäftigen und mit dem, was wir publizieren. Wir wollen Hürden abbauen, egal, ob jemand in der Kunst arbeitet oder nicht, egal welches Geschlecht. Wir sind keine dogmatisch feministische Initiative, wir wollen Offenheit verkörpern und nicht die Geschlossenheit eines Clubs mit Zugangsbeschränkung. Wir wollen Sichtbarkeit schaffen, für alle Menschen, die von Diskriminierung betroffen sind, weil wir glauben, dass wir alle ein anderes Leben haben werden, wenn Feminismus von allen Menschen gelebt wird. Auch Männer stecken in ihren Rollenklischees, Feminismus betrifft nicht nur Frauen, es ist eine Lebensform, eine Haltung und kein Dogma.

Kommen wir zu dem Ort, den Du Dir ausgesucht hast, das *Tadsch Mahal* auf dem Wilhelmsplatz in Köln Nippes ...

... dieses Gebäude mit seiner dysfunktionalen Architektur ist so typisch Köln. Da steht diese Treppenarchitektur, und keiner weiß so richtig wofür. Dann hat es oben zwei Terrassen, die vielleicht mal als Café-Terrassen angelegt wurden, sie sind aber dauerhaft gesperrt, obwohl man von dort einen schönen Ausblick hätte und die Sonne genießen könnte, wenn sie denn scheint. Es wird auch nicht gut gepflegt und ist schon relativ dreckig, weil hier jeden Tag der Markt stattfindet. Die Treppen erfüllen keinen Zweck, außer dass man sich darauf setzen kann. Aber irgendwie hat das was. Wenn man vormittags etwas erhöht auf diesen Treppen sitzt – wenn die Sonne scheint, dann scheint sie einem direkt ins

Gesicht, auch im Winter – und runter auf das Markttreiben schaut, fühlt man sich so ein bisschen wie in einem südeuropäischen Mittelmeerland.

Wohnst Du auch in Nippes?
Ja. Nippes war für mich kein Begriff, obwohl ich Köln ganz gut kannte, bevor ich hierher gezogen bin. Ich kam aus Berlin und habe mich hier sofort wohlgefühlt, weil es ein so normaler Ort war. Nicht so homogen wie der Prenzlauer Berg, wo ich gewohnt habe, oder Neukölln, wo alle gleich aussehen, dasselbe tragen, alle Cafés im gleichen Stil gestaltet sind. Und Nippes ist einfach das Gegenteil davon.

Und was magst Du außer dem südeuropäischen Flair an diesem Ort?
Dass es ein so lebendiger und durchmischter Ort ist. Das liebe ich. Und diesen Kaffeekiosk auf dem Markt … da sind junge Mütter mit ihren Kindern neben alteingesessenen NippeserInnen, es sitzt aber auch immer eine Runde von kölschen Opis und Omis dort, die klönen und ihren Kaffee trinken, mit denen man aber auch ins Gespräch kommt, wenn man möchte. Es kommen viele türkische Markthändler vorbei und holen sich einen Kaffee. Das ist einfach eine Mischung von Menschen, die miteinander in Kontakt sind, die es so in Berlin zum Beispiel nicht gibt, weil man dort kaum alte Menschen im Stadtbild sieht.

Es gibt einen Gemüsestand, wo ich eigentlich immer hingehe. Ein netter Händler, der immer die besten Sachen hat. Der Markt ist teilweise etwas ramschig mit Klamotten oder Handykabeln, also kein schicker Bio-Markt. Nur an bestimmten Tagen sind Bio-Stände da. Es gibt einen sehr guten Käsestand, einen tollen Metzger aus der Eifel und viele Gemüsestände von türkischen Großhändlern, bei denen es Unmengen Koriander, Artischocken und alles, was man sich vorstellen kann, gibt. Und daneben gibt es ein paar regionale Stände. Also auch da ist alles sehr divers.

Dieser Markt ist für mich ein wirklich authentischer Ort, und am *Kaffee-Kiosk* treffen sich alle aus Nippes oder den benachbarten Vierteln auf einen Kaffee in der Sonne. Man trifft immer jemanden, den man kennt. Wir sind inzwischen schon eine Runde von Leuten und müssen uns eigentlich gar nicht verabreden. Außerdem startet hier jedes Jahr der Straßenkarneval …

Ist der Karneval wichtig für Dich?

Ja, schon. Die acht Jahre, die ich in Berlin gelebt habe, bin ich jedes Jahr zum Karneval nach Köln gefahren. Als er in der Pandemie nicht stattgefunden hat, war ich richtig traurig. Ich bin sogar in Urlaub geflogen, weil ich es nicht aushalten konnte, in der Stadt zu sein und nicht feiern zu können. Mit dem Sitzungs- und Vereinskarneval kann ich nichts anfangen, aber der Kneipen- und Straßenkarneval, das ist meins. Meine Freunde wissen das auch alle. Jedes Jahr gibt es ein neues Kostüm und auf dem Wilhelmplatz geht es meistens los.

Was macht Köln für Dich außer dem Karneval lebenswert?

Es existiert ja das Klischee, dass die Kölner so herzlich und so nett sind. Aber das ist kein Klischee. Es ist so. Diese Offenheit und Freundlichkeit der Menschen, dass man mit jedem ins Gespräch kommen oder ein Schwätzchen halten kann, ohne dass man komisch angeguckt wird. Das macht sehr viel aus, dass die Leute so von Grund auf netter sind, auch wenn es natürlich Ausnahmen gibt. Man erlebt hier wirklich oft skurrile oder lustige Situationen, die einem nur in Köln passieren können.

Köln ist natürlich keine schöne Stadt, und gerade im Winter frage ich mich, warum ich eigentlich hier und nicht in einer ansprechenderen Stadt bin. Aber ich sehe – vielleicht auch durch mein Studium und meine Beschäftigung mit Kunst und Architektur – nicht alles Grau in Grau, sondern entdecke auch in der verschrienen Fünfzigerjahre-Architektur totale Schätze. Diesem ganzen durcheinander Gebautem und Verschachteltem kann ich wirklich viel abgewinnen. Ja, selbst in diesen gefliesten Nachkriegsfassaden kann man etwas entdecken und kann sehen, was man sich nach dem Krieg dabei gedacht hat.

Ich mag es auch sehr, dass innerhalb der Stadt alles gut erreichbar ist, mit dem Fahrrad oder auch zu Fuß mit dem Hund.

Den Rhein liebe ich auch – das ist auch so ein Klischee, aber es stimmt einfach. Ich bin am Rhein, in Bonn, aufgewachsen. So ein großer Fluss schafft eine besondere Atmosphäre, auch wenn es kein See ist und man nicht darin baden kann. Es ist einfach ein wichtiger Ort, an dem ich auch viel Zeit verbringe und schon immer verbracht habe.

Leonie Pfennig

1983 geboren und aufgewachsen in Bonn, wollte Leonie Pfennig nach ihrem Abitur unbedingt nach Berlin. Irgendwas mit Kunst wollte sie dort machen, konnte sich zu Beginn aber nicht entscheiden, ob im kreativen oder theoretischen Bereich:

»Man kann in Deutschland entweder auf der Kunsthochschule oder an der Universität studieren, eine Mischung zwischen Theorie und Praxis gab es damals nicht in Deutschland. Ich habe mich für Kunstgeschichte eingeschrie-

ben, denn das war am nächsten an dem dran, was mich interessierte. Dann fand ich das Studium nach dem ersten Semester nicht so uninteressant und bin dabei geblieben. Nach dem ersten Semester habe ich ein Praktikum in der Galerie EIGEN + ART gemacht und wurde dann als studentische Aushilfe übernommen. Damit hatte sich meine andere Idee mit einem Design- oder Kunststudium erledigt, denn ich hatte total viel Freude an dem Job und der praktischen Ergänzung zu meinem theoretischen Studium der Kunstgeschichte«, erzählt sie.

Nach ihrem Studium bleibt sie noch ein Jahr in Vollzeit in der renommierten Galerie EIGEN + ART, die auch eine Dependance in Leipzig hat und zeitgenössische KünstlerInnen aus der ganzen Welt ausstellt, wollte dann aber unbedingt an ein Museum und bewarb sich um ein Volontariat: »Das war der klassische Weg, den man vorgesetzt bekommt, wenn man Kunstgeschichte studiert. Da ist als Arbeitsort immer noch das Museum im Kopf«, so Leonie Pfennig.

Im *Museum Ludwig* in Köln bekam sie eine Stelle in der Presseabteilung und ist 2012 in die Rheinmetropole gezogen. Das Museum kannte sie schon aus ihren Kindheitstagen sehr gut, denn ihre Eltern sind mit ihr und ihrer Schwester oft in Museen gegangen:

»Ich habe Erinnerungen, wie ich als Kind immer dahin und die Blumen von Andy Warhol, die *Flowers*, sehen wollte. Und ein Kunstwerk, eine große Installation von Edward Kienholz hat mich als Kind fasziniert, weil es da eine Frau gab, die amerikanische Sängerin Kate Smith, wie ich heute weiß, die aus einer Mülltonne heraus *God bless America* sang: *The Portable War Memorial*. Ich habe das als Kind überhaupt nicht verstanden, dass diese silberangemalte Mülltonne gesungen hat. Ich hatte immer schöne Erinnerungen an dieses Museum und daher war das ein schöner Wendepunkt, dass ich dann dort die Stelle bekam.«

Ursprünglich hatte sich Leonie Pfennig vorgestellt, zwei, drei Jahre in Köln zu bleiben und danach ins Ausland zu gehen, um irgendwas ganz anderes zu machen, am liebsten nach New York oder Melbourne, um dort weiter in der Kunstszene zu arbeiten. Jetzt ist sie immer noch da, aber nicht mehr festangestellt am *Museum Ludwig*. Für das arbeitet sie inzwischen nur noch freiberuflich. Nach drei Jahren kündigte sie dort ihren Vertrag, machte sich selbstständig und möchte ihre freiberufliche Tätigkeit auch nicht mehr gegen eine Festanstellung eintauschen.

Für diesen Schritt entschieden hat sie sich, weil ihr die Arbeit im Museum nach einiger Zeit zu einseitig war, zu festgelegt auf ein Aufgabengebiet. »Es hat mir zwar viel Spaß gemacht, aber mir hat das Schreiben gefehlt. Ich wollte das Mehrgleisige, verschiedene Themen, verschiedene Aufgaben gleichzeitig machen und vor allem mit verschiedenen Menschen zusammenarbeiten. Ich habe mich einfach selbstständig gemacht, um erst einmal zu schauen, wo es hingeht, und dann hat sich alles ergeben und verselbständigt. Ich kannte natürlich viele Leute durch die Arbeit am Museum und habe angefangen mehr zu schreiben, auch journalistisch, habe meine Texte Magazinen und Zeitschriften angeboten. Inzwischen habe ich mir ein Feld aufgebaut und beschreibe meine Tätigkeit so, dass ich alles mache, was mit Text und Kunst zu tun hat. Ich schreibe unter anderem für Zeitschriften wie *Monopol* und für Ausstellungskataloge und ich konzipiere Social-Media-Kampagnen für KundInnen aus dem Kunstbereich. KünstlerInnen oder Galerien fragen bei mir an, weil sie Texte für Ausstellungen brauchen. Ich mache auch immer noch Pressearbeit, aber eher die strategische Planung als aktiv mit JournalistInnen in Kontakt zu treten. Außerdem lektoriere ich Texte von anderen. Ich glaube auch, dass das, was ich mache, in Berlin nicht so einfach wäre, weil dort die Konkurrenz so groß wäre. Es gibt dort gar nicht so viele Institutio-nen für die vielen Menschen, die in der Kunst arbeiten wollen. Das Rheinland ist so unheimlich dicht an Institutionen, Kunstvereinen, Kunsthallen, Museen. Hier hat man ein ganz anderes professionelles Netzwerk und einen anderen Austausch. Das ist auch ein Grund, warum ich hier so gerne bin. Weil man nicht nur in Köln ist, sondern gleichzeitig auch in ganz vielen anderen Orten.«

Eine weiteres Tätigkeitsfeld von Leonie Pfennig ist das kostenfreie Magazin *Raum 5*, ein Design- und Wohnguide für Köln und seine Umgebung, der zwei Mal im Jahr erscheint. Drei Jahre war sie Chefredakteurin, bis zur Ausgabe Dezember 2021. Nun hat sie diese Aufgabe abgegeben, schreibt nur noch für das Magazin, weil sie 2022 unter anderem im Kommunikationsteam für den Deutschen Pavillon auf der *Biennale di Venezia* arbeitet.

Und dann ist da ja auch noch ihre ehrenamtliche Arbeit für *And She Was Like: BÄM!*, bei der Leonie Pfennig sich vor allem um alle redaktionellen Aufgaben kümmert, aber auch Veranstaltungen organisiert, Förderanträge schreibt und viel Netzwerkarbeit betreibt.

Seit 2021 hat Leonie Pfennig die kleine Straßenhündin Enie an ihrer Seite, die sie regelmäßig zwingt, den Schreibtisch zu verlassen und durch die Parks von Köln und die Natur außerhalb der Stadt zu streifen.

DER WILHELMPLATZ UND
SEIN *TADSCH MAHAL*

Der Kölner Stadtteil Nippes hat neun Quartiere, die man an den Straßen-namen erkennen kann. Der Wilhemplatz, *benannt nach Kaiser Wilhelm I. (1797–1888), befindet sich im sogenannten Preußen-Quartier.*

Was der weltberühmte Kronenpalast im indischen Agra und das Toiletten- und Trafohäuschen mit integriertem Kiosk auf dem Wilhelmplatz in Köln-Nippes gemeinsam haben könnten, darüber könnte man lange rätseln. Das eine ein mit weißem Marmor verkleidetes präch-tiges und riesengroßes Mausoleum, das der muslimische Großmogul Shah Jahan (1592–1666) zum Gedenken an seine große Liebe Mumtaz Mahal, die

1631 starb, Mitte des 17. Jahrhunderts erbauen ließ und das seit 1983 auf der Liste des UNESCO-Weltkulturerbes steht. Das andere ein wenig ansehnli-cher, unförmiger Betonbau, in dem sich eine Toilette, die seit mehreren Jahren außer Betrieb ist, eine Trafoanlage und ein Kiosk befinden, 1992 an der Nord-seite des Wilhelmplatz erbaut. Warum der damalige Kölner Oberbürgermeister Norbert Burger (1932–2012) bei der Ein-

weihung des neu gestalteten Wilhelm-
platzes diesen Vergleich wagte und diesem Trafo- und Toilettenhäuschen den
Namen *Tadsch Mahal* gab, darüber
lässt sich nur spekulieren. Burger setzte
sich sehr für das Erscheinungsbild
seiner Heimatstadt ein und kämpfte
gegen deren architektonischen Wild-
wuchs. Seinem Einsatz ist es unter anderem zu verdanken, dass es in Köln
das sogenannte Höhenkonzept gibt,
das besagt, dass innerhalb der Kölner
Ringe, also innerhalb der mittelalterlichen Stadt Köln, die Firsthöhe der Gebäude auf zweiundzwanzigeinhalb Meter
begrenzt ist. Vielleicht war ihm dieses
Betonhäuschen einfach zu viel Wild-
wuchs und er wollte es wenigstens mit
einem Namen versehen, mit dem man
Pracht und Herrlichkeit assoziierte. Da
die KölnerInnen in Bezug auf ihre Stadt

eine Neigung zu Superlativen besitzen
und Köln neben dem Dom und einigen
romanischen Kirchen seit dem Zweiten
Weltkrieg nicht mehr so viel architektonische Pracht vorzuweisen hat, wurde der Name *Tadsch Mahal* auch prompt
von ihnen angenommen. Sicherlich auch
aufgrund einer guten Prise Humor, der
den KölnerInnen zu eigen ist.

Doch nicht nur das *Tadsch Mahal*
ist einzigartig in Köln, der Wilhelmplatz
kann mit einer weiteren Kölner Einzig-
artigkeit aufwarten. 1899 auf dem ehemaligen Areal einer Ziegelei angelegt,
gibt es auf dem Platz seit Juni 1900
einen täglich stattfindenden Wochenmarkt. Dass er jeden Tag außer Sonntags stattfindet, ist einmalig in Köln.
Zusätzlich findet einmal im Monat an
einem Sonntag ein Flohmarkt statt.

Das Markttreiben kann man wun-

derbar beobachten, wenn man auf den Stufen des *Tadsch Mahal* sitzt. Einen noch besseren Blick darauf hätte man von der Terrasse des Gebäudes, doch diese ist für das Publikum nicht mehr zugänglich, vermutlich aus Sicherheitsgründen.

Das Nippeser *Tadsch Mahal*, auch schon als »teuerstes Toilettenhäuschen von Köln« bespottet, gibt immer wieder Anlass zu heftigen Diskussionen unter den Bewohnern von Nippes, so dass die Nippeser Bezirksvertretung beschloss, es verschönern zu lassen. 2003 wurde es von dem Kölner Künstler Rolf Jahn, der auch schon Trafonetzstationen am Ebertplatz, am Brandtsplatz in Ehrenfeld, am Tamborskreuz in Porz oder in Köln-Immendorf verschönerte, mit bunten *Vögeln der Welt* bemalt. Der *Kölner Stadtanzeiger* zeigte sich erfreut über

die »Augenweide« und den »tollen Farbtupfer« und empfand die Malereien als »eine Bereicherung«. Inzwischen sind sie leider überstrichen, weil der Beton des *Tadsch Mahal* im Winter 2017/18 saniert wurde und das Gebäude vollflächig grau überstrichen wurde. Nur wenige Monate nach der Sanierung, im Juni 2018, überlegte die Bezirksvertretung das Gebäude im Zuge einer kompletten Umgestaltung des Platzes sogar abzureißen und die Trafoanlage unter die Erde legen zu lassen. Doch das scheint inzwischen vom Tisch zu sein. 2022 steht das *Tadsch Mahal* jedenfalls immer noch, und statt den Vögeln der Welt zieren ein paar weniger schöne Graffiti den grauen Betonanstrich.

Seit 2013 betreiben Marthe Berens und Ilka Buchloh den *KaffeeKiosk* im Seitenflügel des *Tadsch Mahal*. Die beiden Medienfrauen wollten mal was

anderes in ihrem Leben machen, sind nach fünfzehn Jahren Fernseharbeit und KünstlerInnenmanagement aus ihren früheren Berufen ausgestiegen und haben beschlossen, ihre Leidenschaft für guten Kaffee mit anderen Menschen in einem typischen Kölner Büdchen zu teilen. Das Büdchen fand Marthe in einer Zeitungsannonce und schnell war der Entschluss gefasst, es mit Ilka zu übernehmen. Sie suchten sich eine gute Rösterei, machten einen Barista-Kurs und ein sehr kurzes Praktikum bei den Vorbesitzern des Kiosk, renovierten das Büdchen und brachten mit ihrem Elan, ihrer Kreativität und auch ihrem guten Kaffee neuen Schwung ins *Tadsch Mahal* und auf den Wilhelmplatz. Ihr *KaffeeKiosk* ist ein liebevoll dekoriertes Kleinod, eine Villa Kunterbunt im Kleinformat, in dem es auch viele Kleinigkeiten zu kaufen gibt, wie das *Büdchen*

Tütchen mit verschiedenen Süßigkeiten. Im ersten halben Jahr haben beide achtzehn Stunden »durchgerockt«, wie Ilka erzählt, und haben alles selbst gemacht. Auch auf dem Platz mussten sie sich erst einmal einfinden und vor allem von den Marktbeschickern akzeptiert werden, von denen sie inzwischen aber liebevoll »Büdschenmädschen« genannt werden. Außer Cappuccino, Espresso, Latte Macchiato und sonstigen Kaffeespezialitäten gibt es immer noch den klassischen Filterkaffee für die Kundschaft, die schon vorher kam. Wie auch Leonie Pfennig erzählt, trifft sich hier eine bunte Mischung an Menschen, darunter viele Stammgäste. Neben den Marktbeschickern sind das unter anderem Geschäftsleute, die auf einen schnellen Kaffee oder in ihrer Mittagspause vorbeikommen, Mütter mit ihren kleinen Kindern, RentnerInnen – die »Ollis«, von denen inzwischen sechs gestorben sind –, Freunde und Bekannte der beiden Betreiberinnen, aber auch Obdachlose. »Wir sind ein Treffpunkt für jedermann, eine soziale Anlaufstelle mit vielen Nebenschauplätzen. Wir könnten ein Büdchenvolume eins bis acht schreiben, so viel erleben wir jeden Tag auf's Neue«, so Ilka Buchloh. Nach inzwischen neun Jahren haben beide ihren damaligen Entschluss nie bereut, auch wenn sie immer früh aufstehen müssen, weil ihr Kiosk –

wie der Markt auch – um sieben Uhr morgens öffnet und ihr Arbeitstag nach einer Mittagspause um sechs Uhr abends endet. »Dieser Kiosk hat unser Leben nachhaltig bereichert«, erzählt Ilka, »und für uns ist das immer noch wunderbar, hier zu arbeiten. Es ist ein Mikrokosmos, eine schräge Welt, die wir hier erleben.«

Neben Getränken bieten sie auch Kleinigkeiten zum Essen an, wie Croissants oder Nußecken von ihrem Lieblingsbäcker und ihre inzwischen berühmte Marktstulle, eine Eigenkreation, die reich belegt ist mit Apfel, Möhre, Käse und Ei und die es mittlerweile auch in veganer Ausführung gibt.

Auch wenn das Nippeser *Tadsch Mahal* keine Sehenswürdigkeit ist und optisch in keiner Weise mit seinem indischen Namenspaten mithalten kann, sicherlich auch nie auf der Liste des UNESCO-Weltkulturerbes landen wird, lohnt sich ein Besuch dieses etwas anderen Kleinods durchaus, schon allein wegen des guten Kaffees bei Ilka und Marthe.

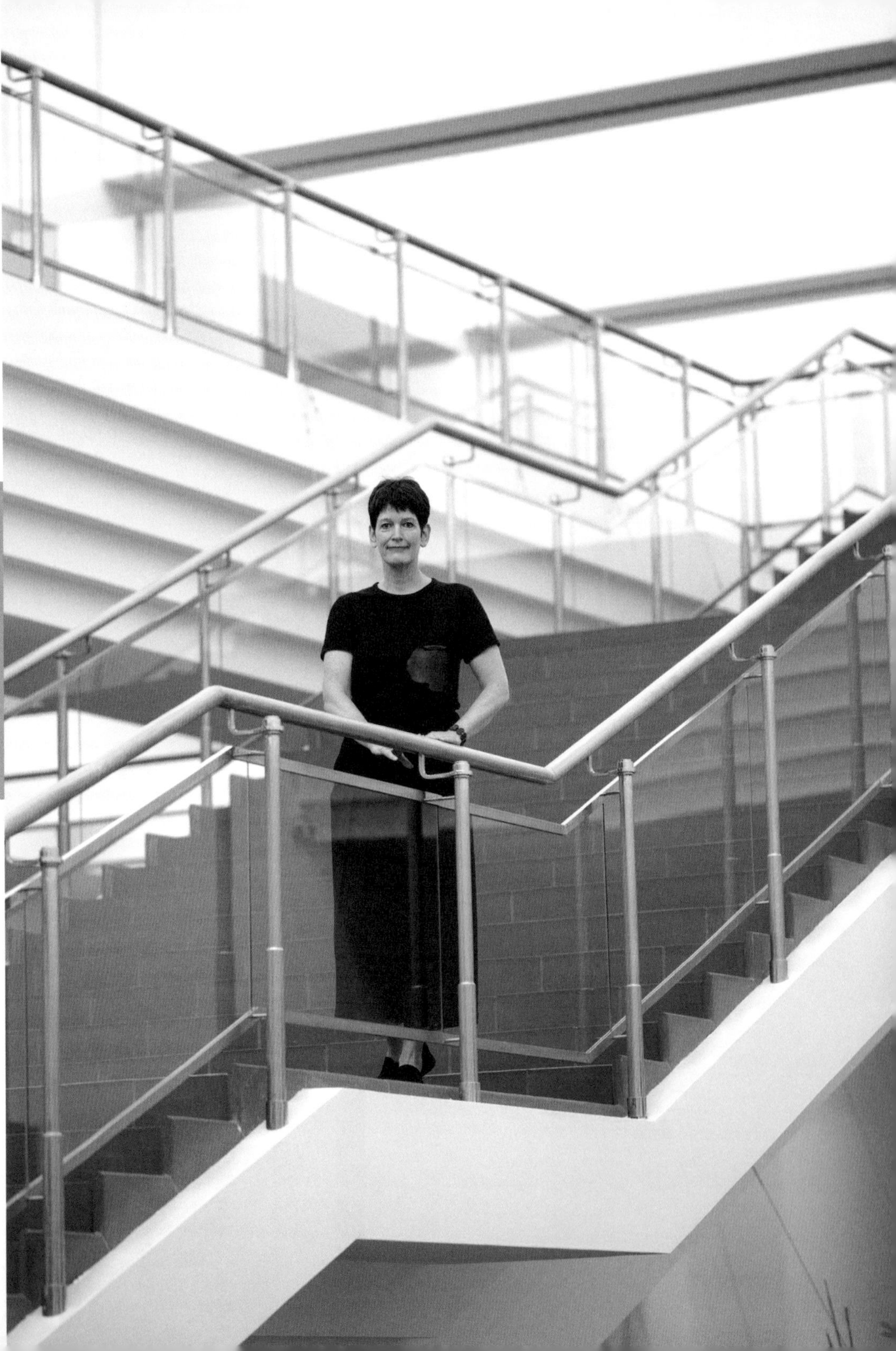

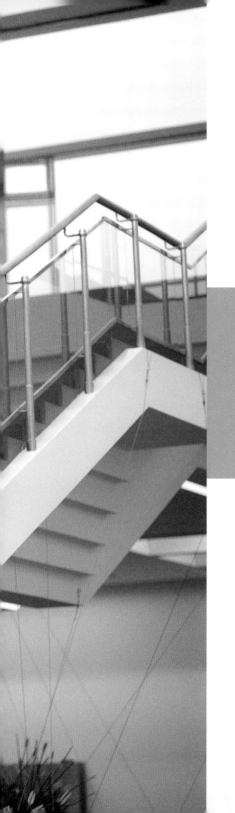

RITA KERSTING

Kunsthistorikerin und stellvertretende
Direktorin des Museum Ludwig

———

MUSEUM LUDWIG

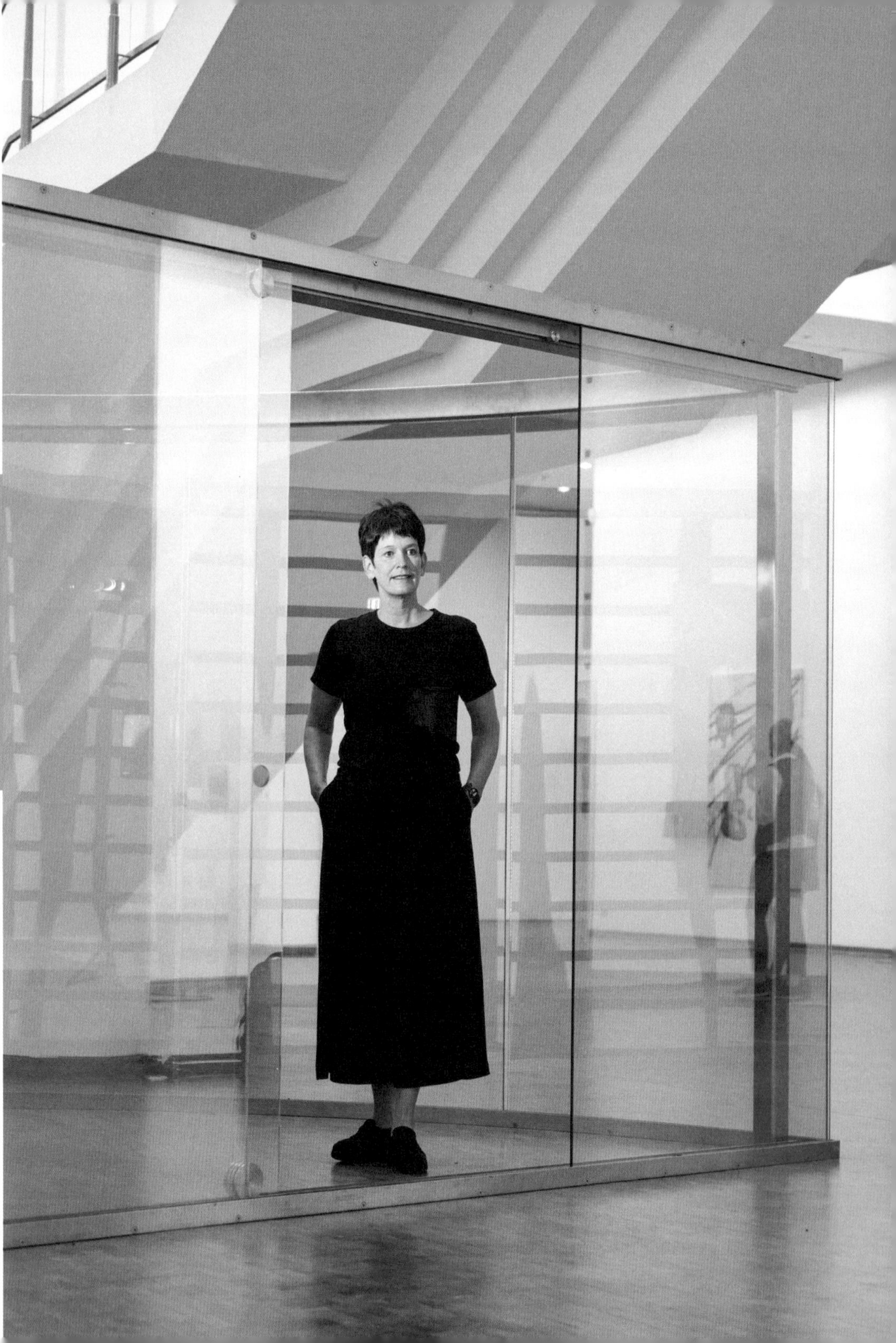

Das *Museum Ludwig Köln* ist ein Museum für die Kunst des 20. Jahrhunderts und der Gegenwartskunst. Das bedeutet, dass viele KünstlerInnen, die hier ausstellen oder deren Werke das Museum besitzt, noch leben. Sie gelten als Expertin für zeitgenössische Kunst und haben unzählige Ausstellungen zeitgenössischer KünstlerInnen kuratiert. Wie eng ist der Kontakt zu den KünstlerInnen, von denen das Museum Werke ausstellt oder ankauft?

KünstlerInnen haben eine genaue Vorstellung davon, wie sie ihre Werke präsentieren wollen. Die Vorbereitung einer Ausstellung geschieht in ganz enger Zusammenarbeit und intensivem Austausch mit ihnen, am Ende sind sie mehrere

Ein wegweisender Ort

Im Moment liegt der Fokus der Kunsthistorikerin Rita Kersting auf der Kunst von Frauen. Auch das Museum Ludwig orientiert sich in diesem Bereich neu.

Wochen vor Ort hier in Köln. Selbst wenn wir einzelne Werke, die sich seit Jahren in unserer Sammlung befinden, ausstellen, beraten wir die Art der Präsentation mit den KünstlerInnen. Dabei geht es um Fragen von Nachbarschaft, von Kontext, Vermittlung oder auch von Licht oder Display, da kommt dann zum Beispiel das Team unserer Schreinerei dazu; manchmal gibt es Fragen zu Medien oder Materialermüdung, dazu werden dann unsere ExpertInnen aus der Restaurierung befragt.

Wie sieht Ihr Arbeitsalltag aus? Was sind Ihre Aufgabenbereiche?

Ich bereite Ausstellungen vor, zurzeit von Isamu Noguchi (USA, 1904–1988), ich recherchiere zu seinen bisher noch wenig bekannten Skulpturen, zum Beispiel seinen politischen Arbeiten aus den 1930er-Jahren, oder forsche, ob und wo er zu Lebzeiten in Europa ausgestellt hat. Ich suche eine Skulptur aus seinem Werk aus, die wir für die Sammlung des Museums erwerben können. Weiter müssen Pressemitteilungen, Leihgaben und die Zusammenarbeit mit Partnerinstitutionen und Förderern koordiniert werden. Oder ich formuliere Texte, die als Hintergrundinfo dienen – möglichst kurz und knapp, ein paar interessante Stichworte, die helfen, die Kunst mit Gewinn zu betrachten.

Als stellvertretende Direktorin habe ich über die Ausstellungsprojekte hinaus viele tägliche Aufgaben, die mit der Verwaltung, dem Team, den Renovierungen im Museum und der programmatischen Ausrichtung des Museums insgesamt zu tun haben. Manchmal ist es ein bisschen zäh, weil wir Teil der Stadtverwaltung sind, aber insgesamt ist es eine wunderbare und abwechslungsreiche Arbeit.

Bereits Ende der 1990er-Jahre waren Sie zwei Jahre Assistentin des damaligen Direktors des *Museum Ludwig*, Dr. Jochen Poetter. 2016 sind Sie also an eine frühere Wirkungsstätte als stellvertretende Direktorin zurückgekehrt. Hat sich das Museum seitdem verändert?

Ja, damals teilten wir uns mit dem *Wallraf-Richartz-Museum* noch das Gebäude. In den vergangenen zwanzig Jahren hat sich das *Museum Ludwig* dann zu einem wegweisenden Ort für internationale Gegenwartskunst entwickelt. Es ist ein Motor im Diskurs geworden, und steht für Innovation und Themen wie Diversität und Nachhaltigkeit. Wir treten dabei teilweise in die Fußstapfen von Peter und Irene Ludwig und nehmen ihre Perspektive auf, die schon in den 1980/90er-Jahren globaler war als die von anderen SammlerInnen oder Museumsleuten, die noch ganz auf die westliche Kunst fixiert waren.

Im dritten Teil dieses Porträts schreiben Sie über die feministische Sammlungsorientierung im *Museum Ludwig*. Sie selbst haben 2018 eine Ausstellung der expressionistischen Künstlerin Gabriele Münter (1877–1962), *Malen ohne Umschweife*, kuratiert und 2019 die Ausstellung *Exile Is a Hard Job* der türkischen Künstlerin Nil Yalter (*1938), »Pionierin einer gesellschaftlich engagierten und technisch avancierten Kunst«, wie Sie selbst schreiben. Zuvor, 2016, haben Sie eine Ausstellung von Gerhard Richter kuratiert. Gibt es Ihrer Meinung nach einen eminenten Unterschied zwi-

schen weiblicher und männlicher Kunst, zwischen weiblichen und männlichen Künstlern?

Wir kennen viele Künstlerinnen des 20. Jahrhundert noch gar nicht, Es gibt eine Menge nachzuholen. Generell kann man sagen, dass individuelle und gesellschaftliche Situationen stärker und oft auf interessante Weise in der Kunst von Frauen auftauchen. Also Fragen nach Geld, Zeit, Körper, Familie, Konsum, Haus- und Handarbeit und so weiter. Auch die Medien und Techniken, für die Künstlerinnen sich entscheiden, sind bemerkenswert. Viele internationale Künstlerinnen arbeiteten in den späten 1960er-und 1970er-Jahren mit Video. Die Lebenswelt von Frauen und die Erwartungen, die es auch im 20.

Jahrhundert noch an sie gab, bilden ein Fundament. Vielleicht weil es mehr zu entdecken gibt, finde ich insgesamt gesehen, die Kunst von Frauen im Moment faszinierender.

Nach dem Abitur haben Sie zunächst eine Ausbildung zur Hotelfachfrau gemacht und im Anschluss Kunstgeschichte studiert. Wie hat sich das Interesse für Kunst bei Ihnen entwickelt und weshalb haben Sie sich für das Studium der Kunstgeschichte entschieden?
Während meiner Lehre habe ich Wien besucht und mir die *Secession* angeschaut. Dort bin ich zufällig in eine Ausstellung von Franz Erhard Walther geraten. Farbige Stoffformen im Raum, die man betreten konnte. Dabei kam man mit anderen ins Gespräch – und mit sich selbst. Das hat mich begeistert.

Sie haben hier in Köln studiert, kennen die Stadt und ihre Kunstschätze recht gut. Gibt es ein Kölner Kunstwerk, das Sie besonders fasziniert?
Seit Jahrzehnten besuche ich auch mit internationalen KünstlerInnen immer wieder die *Goldene Kammer* in der Kirche *Sankt Ursula*. Dort finden sich die legendären Knochen von elftausend Jungfrauen, die zusammen mit der Heiligen Ursula, die den heidnischen König verschmäht hatte, ermordet wurden. Ein feierlicher, grotesker Raum, voll von zu Mustern geordneter angeblicher Märtyrerinnenknochen. Ich empfehle eine Führung mit dem sehr lebendigen *Frauengeschichtsverein* Köln.

Sie haben Ihre Magisterarbeit über die 1936 geborene amerikanische Künstlerin Joan Jonas geschrieben, die Sie auch persönlich kennengelernt haben. Sie gilt als wegweisend für die Performance und Videokunst, nahm mehrmals an der *documenta* in Kassel teil und lehrte von 1995 bis 2002 an der *Staatlichen Akademie der Bildenden Künste* in Stuttgart. Also schon damals haben Sie sich für eine weibliche, experimentelle Künstlerin entschieden. War diese Wahl im Vergleich zu der Wahl der anderen Studierenden ungewöhnlich?
Am *Kunsthistorischen Institut* in Köln lehrte in den 1990er-Jahren Professorin Antje von Graevenitz. Sie war die einzige, die sich wirklich für Kunst interessierte, also Kunst nicht nur als historisches Artefakt, sondern als Prozess, als

Produkt von Künstlerinnen und Künstlern hier und heute. Sie brachte uns die Grundlagen der damals aktuellen Kontextkunst bei, nämlich die neuen Formen und Medien, die in den 1960er- und 1970er-Jahren entwickelt worden waren, die sie selbst als Kritikerin erlebt hatte. Die Künstlerin Joan Jonas, die bis dato fast unbekannt war, wurde wie viele andere unterbelichtete Positionen von Antje von Graevenitz in ihren Vorlesungen ausführlich behandelt. Einige von uns Studierenden haben sich so für Themen entschieden, die akademisch noch wenig bearbeitet waren. Jonas, heute eine zentrale Figur der jüngeren amerikanischen Kunstgeschichte, hat viele junge KünstlerInnen beeinflusst, nicht nur in Stuttgart, sondern weltweit. Ich treffe sie ab und zu, oft bei Eröffnungen von internationalen Ausstellungen, wo sie eingeladen ist. Das Haus der Kunst zeigt dieses Jahr eine Retrospektive, da freue ich mich drauf.

Das *Museum Ludwig* befindet sich an prominenter Stelle zwischen Rhein und Dom. Das von den Kölner Architekten Busmann + Haberer entworfene Gebäude beherbergt außerdem die *Kölner Philharmonie*, die Kunst- und Museumsbibliothek der Stadt Köln und das *Filmforum NRW*, ist also ein wahrer Kunsttempel. Haben Sie neben Ihrer Arbeit Zeit, auch diese Institutionen zu nutzen?

Heute Abend spielt das *Gürzenich Orchester* in der *Philharmonie* ein wunderbares Programm mit Mendelsohn-Bartholdy, Korngold und von Zemlinsky. Das *Filmforum* zeigt zur Zeit *Metropolis*, mit Klavier, macht aber heute Abend Platz für die Freunde des Museums, die den japanischen Künstler Koki Tanaka zu einem Vortrag eingeladen haben – da gehe ich hin. Das Programm in und um das Museum und Philharmonie ist so reich, die Zeit reicht einfach nicht.

Was gefällt Ihnen an der Stadt Köln, an den KölnerInnen, besonders gut? Leben Sie gern hier?

Köln ist super. Im Karneval werden in den Liedern der Rhein, der Dom und die Menschen hier gepriesen; die Ergriffenheit steigert sich mit jedem Glas Kölsch, sehr komisch. Es gibt viele lebendige Szenen hier, die Kunst ist stark, mit KünstlerInnen, dem Kunstverein, Galerien und der KHM. Ich lebe sehr gern hier.

Über
Rita Kersting

Ich komme aus Goch am Niederrhein, in
meiner Kindheit ist mir die Trostlosigkeit
der westdeutschen Provinz nicht aufgefallen; die Nähe zu Holland war schön
und die Landschaft gefällt mir bis heute
sehr. Joseph Beuys kam aus der Nähe –

aus Kleve, dort habe ich zum ersten Mal
ein Museum besucht, das *B. C. Koekkoek-
Haus*, ein Palais aus dem 19. Jahrhundert, fand ich wunderbar, mit den Kunstwerken konnte ich noch nicht so viel
anfangen. Nach einer Lehre als Hotel-

fachfrau habe ich während meines Studiums der Kunstgeschichte an der Uni in Köln begonnen, Ausstellungen und Museen zu besuchen; für die erste große Prüfung in Kunstgeschichte musste man alles in Köln kennen: den Dom von innen und außen, die wichtigsten Kunstwerke im *Wallraf-Richartz-Museum* und im *Museum Ludwig*, die wenigen historischen Gebäude, alle Kirchen mit dem zentralen Inventar, die Skulpturen im öffentlichen Raum und die wichtigen Bauten aus der Nachkriegszeit. Das war sehr lokal, aber eine Stadt so zu erkunden, öffnete den Blick auf eine Weise, die mich immer noch prägt. Meine Magisterarbeit schrieb ich 1995 über die amerikanische Performancekünstlerin Joan Jonas, die ich zuvor während eines Praktikums am *Stedelijk Museum* in Amsterdam kennen gelernt hatte. Sie war damals Ende Fünfzig und in Europa völlig unbekannt.

Nach Assistenzen habe ich die Leitung des *Kunstvereins für die Rheinlande und Westfalen* in Düsseldorf übernommen. Kunstvereine sind in Deutschland bekannt für ihr progressives, internationales experimentelles Programm, man lädt KünstlerInnen ein, betreut die Vereinsmitglieder, macht Fundraising. Sechs Jahre lang haben ich und eine andere Kuratorin mehr männliche als weibliche und viel, viel mehr weiße als

Artists of Colour (eine) oder Schwarze KünstlerInnen (einen) eingeladen. Ich habe mir damals kaum Gedanken über Gender und Diversität gemacht, vermutlich hätte ich mein Programm ausreichend divers gefunden, es gab damals noch Ausstellungen, die nur Männer zeigten. Es ist unheimlich interessant, wie schnell sich die Welt verändert und man selber immer weiter dazu lernt und sich nach kurzer Zeit über frühere Entscheidungen und Verhaltensweisen wundert.

2012 ging ich als Kuratorin für Gegenwartskunst ans *Israel Museum* in Jerusalem, das war eine Überraschung, dass sich das Museum für eine deutsche Nicht-Jüdin entschied. Das Sammeln und Ausstellen von internationaler Gegenwartskunst im *Israel Museum* ist automatisch globaler. Das liegt daran, dass dort schon in der Abteilung Archäologie Objekte verschiedener Kulturen und Religionen ausgestellt werden und es in der Judaika-Sammlung jüdische Artefakte aus aller Welt gibt. Aber auch weil die BesucherInnen und FreundInnen des Museums aus verschiedensten Regionen der Erde kommen, ebenso wie die MitarbeiterInnen. So gab es viel Rückenwind für eine Ausweitung des Panoramas in der zeitgenössischen Kunst. Und die KünstlerInnen aus den verschiedensten Ländern haben sich engagiert – bis auf Ausnahmen natür-

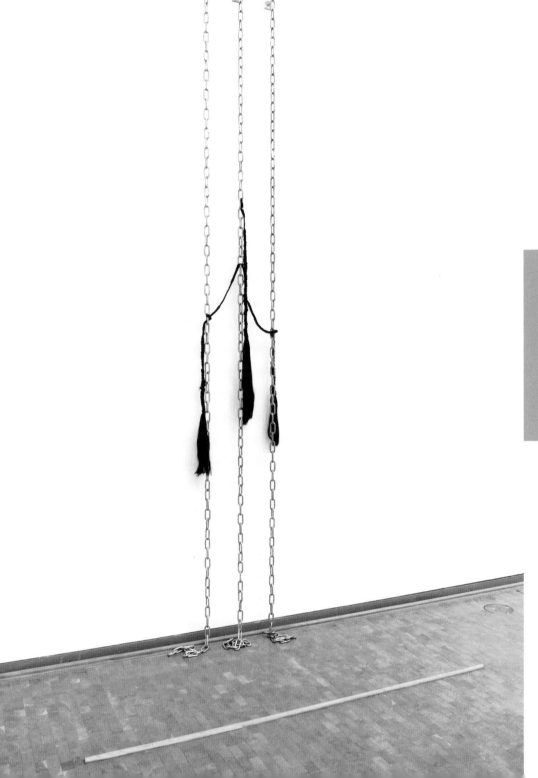

lich, vor allem in den (Nachbar-)Ländern im Mittleren Osten. So blieb ein Ankauf von Bildern einer Künstlerin aus Beirut ebenso wenig möglich wie die von einem Künstler aus Karachi.

Nun bin ich seit fünf Jahren stellvertretende Direktorin am *Museum Ludwig*. Das *Museum Ludwig* mit seiner Spezialisierung auf die Kunst des 20. und 21. Jahrhunderts hatte sich einen 360° Grad-Blick verordnet. Es ist ein tolles Museum zwischen Dom und Rhein, mitten in einer Stadt, in der die Zerstörungen im Zweiten Weltkrieg auf weitreichende Weise spürbar bleiben, auch durch eine Stadtgestaltung, deren ästhetische, das heißt geistige, aber auch ökonomische Grundlagen bis heute immer wieder erstaunen. Trotzdem: jeden Morgen fahre ich mit dem Rad am Rhein entlang und freue mich, im *Museum Ludwig* arbeiten zu dürfen, mit einem ambitionierten Direktor, Yilmaz Dziewior, und einem hoch engagierten und sehr netten Team und auch einer Stadtverwaltung, die sich immer wieder Mühe gibt, uns bei der effektiven und nachhaltigen Verwirklichung unserer künstlerischen Projekte zu unterstützen. Manchmal träumt man von schnelleren Wegen, aber wir arbeiten im Dienste der Öffentlichkeit und betreuen eine Sammlung, die allen KölnerInnen gehört und nicht Privateigentum ist. Unsere historischen Werke, also die Gemälde des Expressionismus oder der Neuen Sachlichkeit, die Skulpturen von Käthe Kollwitz oder Wilhelm Lehmbruck, die vor hundert Jahren entstanden sind, versuchen wir auch aus heutiger Sicht zu befragen. Gesellschaftlich wichtige Themen werden oft von KünstlerInnen angestoßen und verarbeitet. Die Überlegungen welche Kunst, welche KünstlerInnen wir ausstellen, steht zentral und: wie wir eine breite Öffentlichkeit erreichen, wie wir nachhaltig werden oder wie wir das Museum digital verbessern. Im *Museum Ludwig* gibt es jeden Tag eine Menge zu tun, es macht Spaß.

FEMINISTISCHE SAMMLUNGS-ORIENTIERUNG IM MUSEUM LUDWIG

von Rita Kersting

»Die Sammlung des Museum Ludwig ist zu weiß, zu europäisch und zu männlich.« Gorilla Girls, *August 2016*

Als 1986 das städtische *Museum Ludwig* zwischen Dom und Rhein eröffnet wurde, gab es unter den tausenden Kunstwerken, die vor allem aus den ehemaligen Sammlungen von Peter Ludwig und Josef Haubrich stammten, nur ganz wenige von Frauen. Die sich über Jahrhunderte bis vor kurzem haltende Auffassung, dass Künstlerinnen die schlechteren Künstler seien, manifestierte sich auch im *Museum Ludwig*,

und dieser Trugschluss wird zumindest in der Sammlung der Moderne und der unmittelbaren Nachkriegskunst auch durch eine dezidiert feministische Sammlungspolitik wohl nie mehr revidiert werden können.

Wie geht das öffentliche *Museum Ludwig* damit um, dass seine vor hundert Jahren begonnene progressive, ursprüngliche Privatsammlung Haubrich, die wie alle anderen zu dieser Zeit kaum

Gabriele Münter, Knabenkopf (Willi Blab), 1908.

Die Kunstwerke auf den vorhergehenden Fotos sind von:
Seite 472: Dan Graham, Two-wag Mirror Curved an Straight an Open Shōji Screen Triangel, 1998;
Seite 475: Isa Genzken, Venedig, 1993; Seite 479: Yves Klein, Éponge Blue: RE 19, 1958;
Seite 481: Diamond Stingily, Elephant Memory #27, 2019;
Seite 483: Paula Modersohn-Becker, Worpsweder Landschaft, ca. 1907.

Künstlerinnen beinhaltete, heutzutage noch immer diese paternalistisch geprägte Kunstgeschichte zeigt, mit großartigen Bildern von Ernst Ludwig Kirchner, Max Pechstein, Emil Nolde, Wilhelm Lehmbruck, Wassiliy Kandinsky, Robert Delaunay, Otto Dix, Heinrich Hoerle, Otto Freundlich und vielen anderen, sowie vier Bildern von der Künstlerin Paula Modersohn-Becker, die Haubrich vierzig Jahre nach ihrem Tod der Sammlung hinzufügte?

Eine Korrektur erfolgte durch die Erwerbung der Sammlung *Russische Avantgarde* durch Peter und Irene Ludwig seit den 1970er-Jahren. Anders als im Westen konnten Künstlerinnen der Moderne in Russland die künstlerischen Bewegungen selbstverständlich mitbestimmen. Ljubov Popova, Alexandra Exter, Natalia Gontscharova und andere, die zu den wichtigen frühen WegbereiterInnen der Kunst des 20. Jahrhunderts gehören, kamen in die Sammlung des Museums.

Im Westen war zum Beispiel Gabriele Münter eine prägende, aber bis vor wenigen Jahren in ihrer Bedeutung übersehene Position der Moderne. Der Sammler Josef Haubrich kannte die Kunst Münters und hatte sie schon 1925 zu einer Einzelausstellung in den *Kölnischen Kunstverein* eingeladen, dessen Vorsitzender er war. Aber er kaufte kein

einziges Bild von ihr. Vor vier Jahren rief nun das *Museum Ludwig* auf, spät und endlich ein Werk von Gabriele Münter für die Sammlung zu erwerben. Ein starkes Portrait ihres Nachbarjungen Willi Blab aus dem Jahr 1908. Und diese Nachricht verbreiteten die *Freunde des Wallraf-Richartz-Museums und Museums Ludwig* unter ihren sechstausend Mitgliedern und über die Presse in ganz Köln und darüber hinaus. Die *Kulturstiftung der Länder* und die *Ernst von Siemens Kunststiftung* unterstützten diesen wichtigen Ankauf, und über sechshundert KölnerInnen beteiligten sich – mit kleinen, mittleren und großen Beiträgen. Das Bild – zentrales Stück der ersten umfassenden Retrospektive von Gabriele Münter – und seine Finanzierung durch Crowdfunding war in aller Munde. Anlässlich der gut besuchten Ausstellung von Münter wurde in Vorträgen und Zeitungsartikeln breit diskutiert: Die Benachteiligung von Frauen in der Kunst, zum Beispiel dadurch, dass ihnen in Deutschland noch zu Beginn des 20. Jahrhunderts der Besuch der Kunstakademien verwehrt war. Oder die Verantwortung der Institutionen, der PrivatsammlerInnen und des Kunstmarkts an der Zuschreibung von Bedeutung. Das Fundraising für das Bild ging mit einer Aufklärungskampagne einher und öffnete die Augen und die Portemonnaies. Das flächige Portrait des achtjährigen Jungen vor gelbem Hintergrund ist mittlerweile ein Herzstück unserer Sammlung und wird von vielen BesucherInnen geliebt. Dieser spektakuläre, zusammen mit einer breiten Öffentlichkeit verwirklichte Ankauf bildete ein Beispiel für eine veränderte Ausrichtung der Sammlungspolitik.

Am Anfang stand 2016 ein Video der feministischen Künstlerinnengruppe *Guerilla Girls*, die wir zu der Ausstellung *Wir nennen es Ludwig* anlässlich des vierzigjährigen Jubiläums des *Museum Ludwig* eingeladen hatten. Die feministischen Künstlerinnen aus New York, die anonym in Gorillamasken auftreten, hatten uns Fragen gestellt und Antworten recherchiert, die sie im Video mit Musik und Bildern präsentieren.

FRAUENPROBLEM?

Wie viele von den 3498 Künstlern in der Sammlung Ludwig sind Frauen?
Elf Prozent.
Wie viele davon sind *Women of Color*?
Drei Prozent.
Wie viele Einzelausstellungen von Künstlerinnen hat es gegeben?
Nur 20 Prozent seit 1989.
Wie viele davon sind *Women of Color*?
Eine.

Auf weitere Fragen zur Diversität in der Sammlung waren die Antworten beziehungsweise die Quoten ebenfalls ernüchternd.

Diese deutliche künstlerische Kritik war der letzte Anstoß für eine Ausrichtung von Ausstellungen und Sammlung, die seitdem von Diversität und von Feminismus bestimmt wird. Die Verwirklichung im Sammlungsgebiet der Moderne, also von etwa 1900–1945 ist nicht einfach, es gibt aber zum Beispiel mit Stillleben von Maria Marc und Arbeiten der Bauhaus-Fotografin Aenne Biermann gute Anfänge bei den Neuerwerbungen in diesem Bereich.

Auch die Sammlung der Nachkriegskunst, also Pop Art, Abstrakter Expressionismus, Nouveau Réalisme, Minimalismus oder Zero wird aktuell um fehlende Künstlerinnen bereichert. Peter und Irene Ludwig hatten einige zentrale Künstlerinnen bereits aufgenommen wie Lee Krasner, Yayoi Kusama, Marisol oder Jo Baer. Aber es fehlen zahllose Positionen, von denen einige in den vergangenen Jahren hinzu gewonnen werden konnten. Insbesondere prägnante Werke aus den 1960er-Jahren, zum Beispiel Bilder von der aus Peru stammenden Teresa Burga oder eine Skulptur von Marta Minujin, auf deren Bedeutung die PostWar-Ausstellung im *Haus der Kunst* in München 2018

Julia Scher, Security by Julia X, 1991.

hingewiesen hatte. Der Name der Künstlerin Mary Bauermeister ist vielen ein Begriff, aber vor allem als »Mutter« der Fluxusbewegung, als eine Figur, die – übrigens ähnlich wie Gabriele Münter – Räume und Verpflegung für die experimentellen und innovativen Künstler ihrer Zeit zur Verfügung stelle und diese wunderbar unterstütze. Die Kunst, die Mary Bauermeister machte, wurde lange übersehen. Mithilfe der Gruppe *Perlensucher* konnten frühe Bilder von Bauermeister erworben werden.

2020 fand eine Ausstellung statt, die den neuen Blick des Museums auf seine eigene Sammlung noch einmal besonders deutlich unterstrich. In *Mapping the Collection* untersuchte die Kuratorin Janice Mitchell die amerikanische Sammlung des Museums im Hinblick auf queere, postkoloniale und Gender-Fragen. Im Anschluss kamen Werke von amerikanischen Künstlerinnen wie Senga Nengudi, Barbara Chase Riboud, Ruth Marion Baruch oder Adrian Piper, die aus ihrer jeweiligen Perspektive politische Fragestellungen in ihre Kunst mit aufnahmen, in die Sammlung.

In der zeitgenössischen Kunst ist der Erwerb von Kunstwerken von Künstlerinnen nahezu selbstverständlich. Interessant ist jedoch, dass die Werke von Frauen immer noch erheblich günstiger sind als die von Männern.

»Der Markt wird von Männern dominiert. Wir müssen das Männlich-Dominante aufbrechen.« Die Künstlerin Valie Export, eine Pionierin der feministischen Kunstpraxis seit fast sechzig Jahren, beklagt die immer noch starren Strukturen. Von ihr hat das *Museum Ludwig* in den frühen 2000ern eine erste Arbeit erworben, eine Grundlage, auf die wir nun aufbauen. In den vergangenen sechs Jahren stammen sechzig bis neunzig Prozent aller Neuerwerbungen von Künstlerinnen. Das *Museum Ludwig* hat als öffentliches Museum eine besondere Verantwortung und dazu gehört neben Diversität eine feministische Perspektive. Das fordern nicht nur die *Guerilla Girls* von uns, sondern die ganze Gesellschaft.

Rita Kersting und Petra Mandt (Gemälderestauratorin).

2020 fand die viel beachtete Ausstellung *Russische Avantgarde im Museum
Ludwig – Original und Fälschung* statt, die Forschungsergebnisse des Museums
präsentierte und einige der vermeintlichen Originale aus der berühmten
Sammlung *Russische Avantgarde* als Fälschungen entlarvte. Das Öffentlichmachen
der Untersuchungen sorgte in der Museumswelt, in der Fälschungen ein
Tabu sind, für große Überraschung. Auch das Publikum liebte diese Ausstellung.
Die Kölner Galerie hingegen, die die meisten Bilder der *Russischen Avantgarde*
verkauft hatte, verklagte das Museum – ohne Erfolg.

ALICE SCHWARZER

Journalistin, Verlegerin und Aktivistin

FRAUENMEDIATURM

A CAUER SCHREIBT TAGEBUCH

1987 haben Sie, liebe Alice Schwarzer, sich für die Nutzung des *Bayenturms* mit dem *Frauenarchiv Alice Schwarzer* beworben. 1994 war es dann so weit, das Archiv, inzwischen in *FrauenMediaTurm* umbenannt, ist in den Turm eingezogen. Weshalb wollten Sie in diesen Turm?

Es war eigentlich eher ein Zufall. Ein Architekt hatte mir den Tipp gegeben. Ich habe dann dem Oberstadtdirektor geschrieben – und der fand die Idee gut. Auch die damalige Stadtkonservatorin, Hiltrud Kier, war sehr dafür. Denn gemeinhin sind in diesen historischen Türmen in Köln ja die Karnevalsvereine, also: Warum nicht mal die Frauen! Stadt und Land haben den im Zweiten Weltkrieg

Ohne Geschichte keine Zukunft

Einen symbolträchtigeren Ort als den Bayenturm
hätte Alice Schwarzer *für ihr feministisches Archiv sicher
nirgendwo finden können.*

schwer beschädigten Turm wiederaufgebaut – und wir, die Stiftung *Feministisches Archiv und Bibliothek*, haben den modernen Innenausbau gemacht und bezahlt, unterstützt von Jan Philipp Reemtsma, der ja auch über zwanzig Jahre eine Anschubfinanzierung für das Archiv gegeben hat. Zum Dank dafür, dass ich sein *Hamburger Institut für Sozialforschung* mit aufgebaut habe. Wir sind dann im August 1994 hier eingezogen.

Mussten Sie hart für diesen Turm kämpfen?

Zunächst nicht. Aber danach ging es los. Was mir gar nicht klar gewesen war: Es gab heftige Begehrlichkeiten für diesen stolzesten aller Kölner Wehrtürme. Vor allem, nachdem er von uns so schön ausgebaut worden war. So manche aus dem grünen, feministischen und alternativen Milieu wollten hier einziehen. Das wäre aber nur gegangen, wenn man uns verjagt hätte. Es begann also eine Phase der wirklich heftigen und niedrigen Intrigen gegen den *FrauenMedia-Turm* und mich persönlich. Das war mit das Schlimmste, was ich in meinem ja reichlich bewegten Leben je erlebt habe. Stil: »Im Turm ist gar kein Archiv drin. Da hat die Schwarzer ihr Himmelbett stehen.« Oder: »Das ist eine Festung. Da darf niemand rein.« Fakten zählten nicht. Und man weiß ja: Wo Rauch ist, ist auch Feuer. Aber das ist jetzt Vergangenheit. Wir haben es überstanden. Und inzwischen wird der *FrauenMediaTurm* auch von der Stadt Köln gefördert. Zwar noch zaghaft, aber die Oberbürgermeisterin Henriette Reker, die schon mehr-fach hier war, hat uns Hoffnung auf mehr gemacht.

Zehn Jahre nach dem Archiv, 2004, sind Sie mit der *EMMA*-Redaktion in den Turm gezogen. Weshalb nicht schon früher, zusammen mit dem Archiv?
Das Archiv ist eine gemeinnützige Stiftung, für die ich als Gründerin und Vor-standsvorsitzende ehrenamtlich zuständig bin. Die *EMMA* ist eine kommerzielle Zeitschrift, deren Verlegerin ich bin. Das sind zwei ganz verschiedene Dinge, die nicht vermischt werden dürfen. Sicher, die beiden Projekte sind sozusagen politische Schwestern und *EMMA* gibt seit 1984 kontinuierlich große Buch- und Materialbestände an den *FrauenMediaTurm*, gratis selbstverständlich. Und wir recherchieren selbst ab und an auch im Archiv. Aber ansonsten sind der *Frau-enMediaTurm* und *EMMA* zwei eigenständige, nicht verbundene Projekte. In den schweren ersten zehn Jahren des Archivs hatte *EMMA* zehn Fußminuten entfernt, in der Alteburger Straße, ihren Sitz. Dann habe ich den Antrag im Rat der Stadt gestellt, ob *EMMA* eine leerstehende Etage des Turms mieten kann. Der Rat hat zugestimmt. Für mich ist das natürlich sehr praktisch: Ich habe ja mit beiden zu tun. Und auch für *EMMA* ist das schön. Der Ort ist ja ein Traum-arbeitsplatz.

Sie sagen »Ohne Geschichte keine Zukunft« und arbeiten in einem ehema-ligen Wehrturm der Kölner Stadtmauer. Hat es für Sie eine besondere Be-deutung, dass das feministische Archiv und die *EMMA*-Redaktion in einem so wehrhaften und historischen Gebäude sind?
Ja! Ich finde, das hat eine hohe Symbolik! Frauen sind ja angeblich quasi ge-

schichtslos – und dieser Ort ist hoch geschichtsträchtig. Er war über sechshundert Jahre lang das Wahrzeichen der Stadt, bis zur Fertigstellung des Doms. Wenn Besuch aus dem Ausland kommt, können die es immer gar nicht fassen, dass ein feministisches Archiv an einem so stolzen Ort ist. Und es hat natürlich auch etwas von Ewigkeit: Die Materialien, die hier das Leben und den Kampf von Frauen über Jahrhunderte, bis heute, dokumentieren, sollen nie wieder in Vergessenheit geraten. So wie einst die historische Frauenbewegung vor hundert Jahren, die wir jungen Feministinnen erst mühsam wieder ausgraben mussten. Einmal abgesehen davon, dass natürlich weite Teile der Bücher, Zeitschriften und Fotos längst auch digital verewigt sind und jede und jeder sie online, über frauenmediaturm.de studieren kann. Aber die öffentliche Bibliothek im vierten

Stock mit ihrem Blick über den Rhein ist natürlich nochmal etwas ganz Besonderes. Da kann jede und jeder lesen und studieren. Anmeldung genügt.

Der Bayenturm wurde von der Kölner Bürgerschaft Ende des 12. bis Anfang des 13. Jahrhunderts erbaut und war ein mächtiger, uneinnehmbarer Festungsturm. Sie sind eine kämpferische, engagierte Frau und waren und sind in Ihrem Leben vielen Anfeindungen ausgesetzt. Sind die dicken Mauern des Turms für Sie auch ein Schutz?
Vielleicht. Darüber habe ich vorher nicht nachgedacht.

Nach dem Grund für die Gründung des Archivs gefragt, sagten Sie: »Ich wollte, dass die Frauen sich auf die Schultern ihrer Vorgängerinnen stellen können – um weiter zu gucken.« Das Feministische Archiv ist in den oberen Etagen des Turms untergebracht, und man kann von dort oben sehr weit schauen. Über die Bibliothek gelangt man auf das Dach des Turms und hat vom Zinnengang aus einen wunderbaren Blick auf die Stadt und die Umgebung. Haben Sie von diesem altehrwürdigen Turm, einen weiteren und klareren Blick in die Welt?
Ich will die Wahrheit sagen: Ich bin eine sehr intensive Arbeiterin und gucke oft von meinem Schreibtisch gar nicht hoch. Dann muss meine Mitarbeiterin Margitta Hösel, die ein paar Meter entfernt von mir sitzt, sagen: »Alice, guck mal, der Regenbogen!« – »Alice, guck mal, die Schafe auf den Rheinwiesen!« – »Alice, guck mal, dieser Wahnsinnskahn«. Aber Sie haben recht. Der Blick durch die Zinnen ist überwältigend: auf der einen Seite über die ganze Stadt bis hin zum Dom und auf der anderen Seite bis hin zum Siebengebirge.

Mit dem Schlachtruf *Kölle alaaf!* – Köln voran! – stürmten die aufgebrachten KölnerInnen 1262 den Bayenturm und beendeten die weltliche Herrschaft des damaligen Erzbischofs. Denn wer diesen Turm, von ChronistInnen oft als »Burg« bezeichnet, hatte, der hatte die Macht. Nun haben die Frauen die Macht im Turm. Was wünschen Sie sich für die Zukunft des *FrauenMediaTurms*?
Ich wünsche mir, dass das Material, das hier archiviert wird, nie mehr in Vergessenheit gerät oder gar von Feinden verbrannt wird, wie die Nazis das mit den

Büchern unserer Vorgängerinnen gemacht haben: Anita Augspurg, Lida Gustava Heymann oder Helene Stöcker. Und ich wünsche mir, dass dieser vom *Frauen-MediaTurm* mitgestaltete Turm für immer der Sitz des feministischen Archivs bleiben wird. Damit die heutigen und folgenden Generationen auf dem Wissen und den Erfahrungen ihrer Vorgängerinnen aufbauen, sich auf ihre Schultern stellen und weiterblicken können.

Sie sind in Wuppertal geboren, sind also gebürtige Rheinländerin, und haben sich 1976 bewusst für Köln als Standort für die *EMMA* entschieden, nachdem Sie einige Jahre in Paris, das Sie als ihre »zweite Geburtsstadt« bezeichnen, und Berlin gelebt haben. Was macht für Sie den Reiz von Köln aus und weshalb lieben Sie diese Stadt?

Sie sagen ganz richtig: Ich bin Rheinländerin. Köln ist also für mich auch ein Stück Heimat. Und es ist die nächste Großstadt an Paris. Bis heute nehme ich, wie seit über fünfzig Jahren, auf Gleis 9 am Hauptbahnhof den Zug nach Paris und steige am Gare du Nord aus. Inzwischen geht es schneller, mit dem TGV sind es nur dreieinviertel Stunden. Näher als Berlin. Überhaupt bin ich mentalitätsmäßig näher an den Franzosen als an den Preußen dran. »Die Preußen haben uns besetzt!«, pflegte meine Großmutter gerne zu sagen. Was nun speziell die KölnerInnen angeht: Die liebe ich! Sie sind, wie man heute sagt, cool. Sie sind selbstbewusste, stolze BürgerInnen, unabhängig von ihrer Klasse, zutiefst antiautoritär und so herrlich selbstironisch. Die BerlinerInnen lachen gerne über andere, die KölnerInnen lachen am liebsten über sich selber.

Der Bayenturm liegt direkt am Rhein und Sie können aus Ihrem Fenster auf den Fluss schauen. Ist er zum einen der deutsche Strom schlechthin, umrankt von Mythen und Sagen, markiert er zum anderen die Grenze zwischen Frankreich und Deutschland, eine Grenze, die Sie immer noch oft überschreiten, um in ihrer zweiten Heimat Frankreich zu sein.

Der Rhein. Er ist das Beste an dieser Stadt! Und in der Tat ist er für mich persönlich das Band, das Deutschland und Frankreich verbindet. Deutschland ist mein Heimatland – aber Paris, wo ich heute auch wieder ein kleines Pied-à-terre habe, bleibt meine Heimatstadt. Köln ist ein bisschen beides.

Alice Schwarzer

In der Schule war sie die Beste im Aufsatzschreiben und Zeitungen las sie schon immer leidenschaftlich gern. Auf die Idee, das Schreiben zu ihrem Beruf zu machen, kam sie aber erst durch ein Gespräch mit einem jungen Mann, der damals in München die Journalistenschule besuchte. Danach stand ihr Entschluss fest: »Ich werde Journalistin.« Dass die Medien Alice Schwarzer konsequent von Berufs wegen als Feministin bezeichnen, ärgert sie oft, denn sie ist zwar »von der Überzeugung und Haltung Feministin. Ich bin auch Humanistin. Ich bin eine echte Pazifistin ... Aber vom Beruf her bin ich Journalistin.«

Ihr Berufswunsch war also klar, ihr Sehnsuchtsort auch. Das war Paris, das sie in einem Sommerurlaub 1963 zum ersten Mal besuchte. Da sie kein Abitur und auch keine finanziellen Möglichkeiten hatte, ein Studium zu finanzieren, sich aber von ihrem Plan, irgendwie nach Paris zu gehen, nicht abbringen ließ, beschloss sie, zunächst als Au-pair-Mädchen nach Paris zu gehen, »dort Französisch zu lernen und meinen Horizont zu erweitern – und mich von da aus zu bewerben.«

Und genauso machte sie es, ging erst nach Paris als Au-Pair und bewarb sich dann von dort aus auf Volontariate, erschuf sich ein Leben, mit dem sie beide Sehnsüchte miteinander verband, absolvierte ihr Volontariat bei den Düsseldorfer Nachrichten, etablierte sich als Journalistin mit Stationen beim satirischen Monatsmagazin *pardon* in Frankfurt und als freie Korrespondentin für Funk, Fernsehen und Print in Paris, wie sie es in ihrer Biografie *Lebenslauf* aufgeschrieben hat.

Bevor ich sie zum ersten Mal persönlich treffe, lese ich ihre Autobiografie und bleibe nach der Lektüre beeindruckt zurück von einer leidenschaftlichen, zielstrebigen, intelligenten und engagierten, unerschrockenen, vielfältig interessierten, sensiblen, einfühlsamen, humorvollen und unkonventionellen Frau, die aus ihrem Großelternhaus, in dem sie aufwuchs, das Interesse an Politik, die Liebe zu Frankreich und einen großen Sinn für Gerechtigkeit mitbekommen hatte: »Der Motor meines ganzen Handelns ist die Gerechtigkeit, Gerechtigkeit in meinem persönlichen Leben; in dem Land, in dem ich lebe;

in der Welt«, so schrieb sie 1968 an ihren damaligen Lebensgefährten in Paris.

Alice Schwarzer wächst anarchisch auf, wie sie selbst schreibt, ist rebellisch, frei und furchtlos. Das strahlt sie bis heute aus. Ich begegne einer offenen, liebenswürdigen Frau, deren Augen herausfordernd freundlich lächeln. Sie ist wach und präsent, man spürt ihr Interesse am Gegenüber.

Bevor am 26. Januar 1977 die erste Ausgabe der Zeitschrift *EMMA* erscheint, arbeitete Alice Schwarzer erfolgreich als freie Journalistin und Buchautorin. Das erste Buch von ihr erschien 1971 im Suhrkamp Verlag: *Frauen gegen den § 218*. Ihr drittes Buch, der Bestseller *Der kleine Unterschied und seine großen Folgen* erschien 1975, wurde in zwölf Sprachen übersetzt und wird bis heute immer wieder neu aufgelegt. Ein Longseller. Aus den Einnahmen vom *Kleinen Unterschied* finanzierte sie die *EMMA*. Von einer feministischen Zeitschrift träumte sie seit einer Begegnung mit Gloria Steinem, Gründerin und Herausgeberin des amerikanischen feministischen Magazins *Ms.*, die sie 1973 in Paris traf.

1984 gründete Alice Schwarzer ein feministisches Archiv, seit 1994 *FrauenMediaTurm*, das die Benachteiligung und Emanzipation von Frauen von gestern bis heute dokumentiert und in dem Schriften, Nachlässe und Bilder von Pionierinnen der historischen und der neuen Frauenbewegung archiviert werden: »Ein Hort der Frauengeschichte, genauer der Geschichte der Emanzipation der Frauen vom 19. bis ins 21. Jahrhundert«, der seit 1994 seinen Sitz im Kölner Bayenturm hat. 2018 gründete sie die *Alice Schwarzer Stiftung* mit Sitz in Berlin. Zweck dieser gemeinnützigen Stiftung ist »die Förderung der Selbstbestimmung, Gleichberechtigung und Menschenrechte von Mädchen und Frauen. Sowie die Bekämpfung der strukturellen, patriarchalischen Unterdrückung und Gewalt gegen Frauen«.

Es gäbe noch sehr viel mehr über Alice Schwarzer zu erzählen, was aber den Rahmen dieses Buchs sprengen würde: über ihre Liebe zu Frankreich und zu ihrer »Heimatstadt« Paris, über ihre »algerische Familie« (über die sie 2018 ein Buch geschrieben hat) oder auch über ihren Kampf für Tierrechte. 2020 erschien der zweite Teil ihrer Autobiografie *Lebenswerk*. Besonders interessant ist für mich, dass sie schreibt, sie habe »keine Angst«. Das ist vermutlich die Essenz der Alice Schwarzer, auf der ihr Erfolg, ihr Durchhaltevermögen gegen alle Widerstände und ihr Engagement beruhen: ihre Furchtlosigkeit.

VOM BAYENTURM
ZUM FRAUENMEDIATURM

Der Bayenturm *erinnert mit seiner äußeren, rekonstruierten Hülle an die Geschichte Kölns. In seinem Inneren bewahrt und dokumentiert er die Geschichte der Frauen.*

»Die Nachricht, daß Köln nahe vor uns läge, trieb mich hinauf auf das Verdeck, der Regen hatte aufgehört, ein freundlicher Sonnenblick erleuchtete die Stadt. Der wahrhaft imposante Anblick derselben übertraf bei weitem meine Erwartung, soviel ich auch früher von anderen davon gehört hatte. Der Abstand zwischen den üppig blühenden Ufern der Garonne und den öden flachen Umgebungen dieser uralten Hansestadt ist freilich sehr groß, dennoch fiel die Lage von Bordeaux mir auf das lebhafteste hier ein. Wie dort die Garonne, so bildet hier der sehr breite Rhein einen weiten prächtigen Bogen, um den Köln wie Bordeaux an der Garonne in einem großen Halbzirkel sich hinzieht, an dessen äußerem Ende der schöne alte *Bayenturm* steht«, schreibt die Schriftstellerin und Salonnière Johanna Schopenhauer (1766–1838) in ihrem Buch *Ausflug nach Köln* 1828.

Diesen Blick hätte man heute nicht mehr, würde man per Schiff über den Rhein nach Köln reisen. Seit der *Rheinauhafen* Ende des 19. Jahrhunderts ausgebaut wurde, steht der *Bayenturm* nicht mehr direkt am Ufer des Rheins

Im 13. Jahrundert erbaut, bildete der *Bayenturm* den südöstlichen Abschluss der ehemaligen mittelalterlichen Stadtmauer. Dieser eindrucksvolle und strategisch wichtigste Turm der mittelalterlichen Befestigung um Köln schien unüberwindlich. Doch den Kölner BürgerInnen und Bürgern gelang es, ihn im Kampf gegen Erzbischof Engelbert und für ihre eigene Freiheit einzunehmen. Der Erzbischof war damals nicht nur der geistliche, sondern auch der weltliche Herr der Stadt. 1259 rangen ihm die KölnerInnen das Stapelrecht ab, womit nicht mehr nur der Erzbischof, sondern auch die KölnerInnen das Vorkaufsrecht auf die Waren hatten, die in Köln ausgeladen wurden und drei Tage dort gestapelt werden mussten.

Im Jahr 1262 begann der Erzbischof die beiden am Rhein gelegenen Türme, den südlichen *Bayenturm* und den nördlichen *Kunibertsturm*, auszubauen, um seine Truppen dort einzuquartieren, was zum bewaffneten Aufstand der alarmierten Kölner Bürgerschaft führte. Innerhalb eines Tages hatte sie die vierzehn Tore zur Landseite hin einge-

nommen und stürmte am 8. Juni 1262 mit dem berühmten Schlachtruf *Kölle Alaaf! – Köln voran!* – auch den scheinbar uneinnehmbaren *Bayenturm*. Mit dieser Heldentat beendeten sie die weltliche Herrschaft des Erzbischofs in Köln und begründeten den Mythos vom *Bayenturm*, der besagte: Wer den *Bayenturm* hat, der hat die Macht!

Fortan war der *Bayenturm* das Symbol eines neuen städtischen Selbstbewusstseins der Kölner Bürgerschaft. Von 1801 bis 1814 war er französisches Nationaleigentum, bevor er wie alle KölnerInnen unter preußische Herrschaft und somit wieder in deutsche Hände kam. Zum Glück störte er den Expansionsdrang der preußischen Machthaber, die Köln zu einer Militärbastion ausbauten, nicht und entging dem Schicksal der meisten mittelalterlichen Stadttore. Er verlor zwar seine herausragende Funktion als Festungsturm und stand hinter dem preußischen Fort I nun in zweiter Reihe, wurde aber immerhin nicht abgerissen, sondern an die Stadt Köln verkauft, die ihn ab 1895 instand setzen ließ.

Nach einer kurzen Nutzung als Museum für Völkerkunde und kurz darauf als das für Frühgeschichte, das später zusammen mit der Römischen und Germanischen Abteilung des *Wallraf-Richartz-Museums* den Grundstock für

das *Römisch-Germanische Museum* bildete, wurde der standhafte Turm im Zweiten Weltkrieg bei einem Luftangriff 1943 in großen Teilen zerstört. Seine Überreste fristeten ein trauriges Dasein. Er wurde notdürftig renoviert und erhalten. Sein kompletter Wiederaufbau, der über Jahrzehnte immer wieder verschoben wurde, nahm erst ab 1987 Fahrt auf. Alice Schwarzer hatte sich bei der Stadt Köln dafür beworben, im *Bayen-*

turm einen neuen Ort für ihr *Feministisches Archiv* zu erschaffen, das sie 1983 gegründet hatte. Es befand sich von 1983 bis 1986 in Frankfurt am Main und dann in Köln am Ubierring. Nach den Soldaten, Beamten, Gefangenen und einem Museum sollten nun also die Frauen den Turm erobern? Das ging einigen Herren der Stadt dann doch zu weit und sie führten immer wieder Gegenargumente ins Feld. Nach fünf

Jahren war das Ringen um den Turm beendet und die Umbauarbeiten konnten beginnen.

Die Stadt Köln und das Land Nordrhein-Westfalen übernahmen den Wiederaufbau der äußeren Fassade, den Innenausbau übernahm das Archiv mit Hilfe einer großzügigen Spende von Jan Philipp Reemtsma. 1992 konnte unter der Leitung der in Köln ansässigen Architektin Dörte Gatermann mit dem Innenausbau begonnen werden.

Dörte Gatermann wurde in Hamburg geboren und hat in Braunschweig und Aachen Architektur studiert. Fünf Jahre arbeitete sie im Büro ihres Studienvaters, dem Kölner Architekten Gottfried Böhm, bevor sie 1984 mit ihrem Mann Elmar Schossig ein eigenes Architekturbüro gründete. Sie war die erste deutsche Architektin, die ein Hochhaus baute, das

KölnTriangle Hochhaus für die Rheinischen Versorgungskassen. In einem Artikel aus dem Jahr 2004, der in der *EMMA* erschienen ist, beschreibt Alice Schwarzer Dörte Gatermann und ihre Herangehensweise an Architektur wie folgt: »Das Arbeits- und Lebensmotto von Dörte Gatermann, die als Architektin von der klassischen Moderne geprägt ist, lautet: ›Nicht Entweder/oder, sondern Sowohl/als-auch!‹ Nämlich: Funktionalität und Schönheit, Rationalität und Emotion, Familie und Karriere.«

Es lag also nahe, dass ihre Wahl für den Innenausbau des *Bayenturms* auf Dörte Gatermann fiel, denn auch da musste ein »Sowohl/als-auch« erschaffen werden, Historisches musste mit Zeitgenössischem verbunden werden: Der Turm als Symbol für Kölns Stadtgeschichte musste mit der Geschichte der Frauen

und einem modernen Archiv mit Bibliothek in Einklang gebracht werden.

Dörte Gatermann selbst bezeichnete das Projekt als »eines der spannendsten und interessantes Bauvorhaben« und entwarf für den wehrhaften, düster mittelalterlichen Turm eine leichte, transparente Innenarchitektur, die sie selbst so beschreibt: »In den mittelalterlichen Mantel habe ich ein Kleid des 21. Jahrhunderts gestellt. Der *Bayenturm* erscheint mir wie ein junge Frau, die das Kleid ihrer Großmutter angezogen hat. Auf den ersten Blick sehen wir eine alte Frau. Sobald wir aber genauer hinsehen, wird die junge darin lebendig.« Die gesamte Innenarchitektur hebt sich zwar komplett von der Architektur des mittelalterlichen Turms ab, und doch scheint sie wie für ihn gemacht. Alle Einbauten, wie die Treppen und die Stahlgalerie in

der Bibliothek und auch die Möbeleinbauten, wie die Bücherregale, hängen oder stehen frei im Raum. Sie bilden einen modernen Kontrast zur historischen Hülle und ergänzen sie auf sehr harmonische Weise. Das moderne Gewand verhüllt oder versteckt nichts, sondern es wurde respektvoll und unaufdringlich eingefügt, hebt die alten Mauern eher noch hervor. Der Einzug von etwas ganz anderem und neuem wird von der Architektur gekonnt in Szene gesetzt und unterstrichen. Der Charakter des Turms bleibt dabei erhalten.

Hat man die steile Treppe zum Eingang im ersten Stock erklommen, steht man vor dem ersten Tor, einer schweren Stahltür, und bittet mit Hilfe einer Klingel um Einlass. Wird dieser gewährt, was er in der Regel wird, befindet man sich in einer Art Schleuse, dem alten Wehrgang, der zum zweiten Eingangstor, einer schweren Glastür, führt. Erst danach befindet man sich im Inneren des Turms.

Die »junge Frau«, das feministische Archiv, befindet sich in den oberen Etagen der »Großmutter« und man hat die Wahl mit dem Aufzug hinauf zu fahren oder das Treppenhaus zu benutzen. Es lohnt sich, die Treppen hinaufzusteigen, denn durch die ehemaligen Schießscharten hat man von Stockwerk zu Stockwerk schönere Ausblicke auf den *Rheinauhafen*, den Rhein und die Stadt.

Im vierten und obersten Stock ist die öffentliche Bibliothek. Da der Raum sehr hoch ist, wurde eine Galerie eingebaut. Da er außerdem nur über vier schmale Fenster in jeder Himmelsrichtung verfügt, baute Dörte Gatermann ein *Himmelsauge* in Form einer gläsernen Pyramide in der Decke ein, um mehr Tageslicht in den Raum hineinfallen zu lassen und der Galerie mehr Licht zu schenken, die sonst im Dunkeln gelegen wäre, da sich die Fenster im unteren Teil des Raums befinden. Über eine Treppe gelangt man von der Galerie hinauf aufs Dach, auf den Zinnengang des Turms. Von dort hat man eine fantastische Aussicht, je nach Wetter bis weit ins Siebengebirge. Doch nicht nur die Weitsicht ist beeindruckend. Dort oben spürt man die lange Geschichte dieser ehemaligen Zwingburg noch intensiver als im Innenraum. Es ist, als würde die Geschichte der Stadt im Zeitraffer an einem vorüber gleiten, über den *Rheinauhafen* und die Südstadt zum *Colonius*, Kölns Fernmeldeturm, weiter zum Dom und der Hohenzollernbrücke, die sich hinter den Kranhäusern über den Rhein spannt, hinüber ans andere Rheinufer, wo in der Ferne der Messeturm hervorragt und das von Dörte Gatermann erbaute *Köln-Trinagle Hochhaus*.

So viel kann dieser Turm erzählen, so viel hat er erlebt, so lange war er das Wahrzeichen der Stadt, bis er 1880 vom fertig gebauten Dom überragt und abgelöst wurde. Er ist ein besonderes Relikt der Stadtgeschichte, das sich heute zwischen den modernen Bauten des *Rheinauhafen* behauptet.

Doch seit 1994 stellt der *Bayenturm* nicht nur ein lebendiges Zeugnis Kölner Stadtgeschichte dar, sondern das lebendige Gedächtnis der Frauenbewegung und ist das Symbol weiblichen Selbstbewusstseins, nicht nur innerhalb der Stadt, sondern weit darüber hinaus. Drei Tage wurde der Einzug des feministischen Archivs in den *Bayenturm* mit vielen verschiedenen Veranstaltungen gefeiert. Die Uraufführung der Licht-Text-Klang-Collage *Der FrauenTurm* der inzwischen verstorbenen New Yorker Komponistin Sorrel Hays (1941–2020) und der österreichischen Schriftstellerin

Marlene Streeruwitz bildete den Höhepunkt des Festes.

Als eine »Goldgrube, ein Archiv der Superlative« bezeichnet Alice Schwarzer den *FrauenMediaTurm* – und mit Recht. Etwa fünfundsechzigtausend Bücher und Aufsätze aus mehreren Jahrhunderten, über achttausend digitalisierte Fotos, unzählige Presseausschnitte, fast dreißigtausend Ausgaben feministischer Zeitschriften, Nachlässe und historische Handschriften und noch vieles mehr ist in diesem mächtigen Turm aufbewahrt und allen Menschen zugänglich, vor Ort, per Fernleihe oder auf etwa sechzigtausend Datensätzen auf der Website des Archivs. Die Geschichte der Emanzipation, »das Wissen und die Erfahrung von Frauen«, ist im *Bayenturm* gesichert und beschützt und er ist trotz seiner immer noch sehr wehrhaften äußeren Erscheinung ein offener und auch sehr behaglicher Ort, vor allem, wenn man zwischen all den vielen Büchern in der Bibliothek sitzt und vielleicht noch etwas Regen auf das *Himmelsauge* prasselt.

Auf der sehr ausführlichen und gut strukturierten Internetseite des *FrauenMediaTurms* hat man nicht nur die Möglichkeit der Recherche, sondern findet außerdem viele wichtige und interessante Informationen zum Thema Feminismus und auch zur Geschichte des Turms.

»Die Arbeit des *FrauenMediaTurms* ist und bleibt der Aufklärung verpflichtet. Die Frau ist frei geboren. Dazu, daß sie auch frei leben kann, will der *FrauenMediaTurm* in Zukunft beitragen«, schrieb Alice Schwarzer in ihrem Beitrag *Ein Turm für Frauen allein* anlässlich des Einzugs der Frauen in den *Bayenturm*.

Der Innenausbau des *FrauenMedia-Turms* bekam insgesamt drei Auszeichnungen: 1994 eine Auszeichnung für Vorbildliche Bauten NRW und 1995 die Anerkennung sowohl des Deutschen als auch des Kölner Architekturpreises. Bleibt zu hoffen, dass auch das Archiv und sein wertvoller Beitrag zur Frauengeschichte öffentliche Würdigung erhalten wird und seinen Auftrag noch sehr lange weit über die Stadtgrenzen in die Welt hinaustragen wird.

1 Rathausturm Köln
Rathausplatz 2
www.stadt-koeln.de
www.frauengeschichtsverein.de
www.roemisch-germanisches-museum.de

2 Kölner Dom
Domkloster 4
www.koelner-dom.de
◎ koelnerdomofficial

Zitate Seite 49ff.:
Sulpiz Boisserèe, *Der Briefwechsel mit Moller, Schinkel und Zwirner*, Greven Verlag Köln, 2008

Markus Klein (Hg.), *Der Kölner Dom. Ein literarischer Führer*, insel taschenbuch 2226, 1998

Barbara Schock-Werner
www.barbara-schock-werner.de

Buchtipp:
Barbara Schock-Werner, *Domgeschichten*, DuMont Buchverlag Köln, 2020

Barbara Schock-Werner, *Mein Melaten*, Greven Verlag Köln, 2022

3 E-Werk
Schanzenstraße 37, Mülheim
www.e-werk-cologne.de

Biggi Wanninger
www.biggi-wanninger.de
www.stunksitzung.de

4 Funkhaus am Wallrafplatz
Wallrafplatz 5
www1.wdr.de
◎ wdr
www.funkhaus-koeln.de
◎ cafe_funkhaus

Buchtipp:
Heinrich Böll, *Dr. Murkes gesammeltes Schweigen*, Kiepenheuer & Witsch Köln, 2013

Melitta Erven
www.wdr-aktiv.de
www.lyceumclub-koeln.de
www.freimaurerinnen.de

5 Dufthaus 4711
Glockengasse 4
www.4711.com
◎ 4711
www.m-w.de
◎ maeurerundwirtz.karriere

6 Oper Köln
im Staatenhaus
Rheinparkweg 1, Mülheim
www.oper.koeln
◎ dieoperkoeln

Zitate Seite 136ff.:
Christoph Schwandt (Hg.), *Oper in Köln. Von den Anfängen bis zur Gegenwart*, Dittrich Verlag Berlin, 2007

7 Museum für Ostasiatische Kunst
Universitätsstraße 100
www.museum-fuer-ostasiatische-kunst.de
◎ mok_cologne

Abbildung Seite 146:
Literatenstein, Dauerleihgabe des *Museum Ludwig*

Zitate Seite 155ff.:
Frieda Fischer, *Japanisches Tagebuch, Lehr- und Wanderjahre*, F. Bruckmann Verlag München, 1938

Dieter Wellershoff, *Pan und die Engel. Ansichten von Köln*, Kiepenheuer & Witsch Köln, 1990

Christiane Löhr
www.christianeloehr.de
🔘 christiane.loehr

Buchtipp:
Christiane Löhr,
Hatje Cantz Berlin, 2020

8 Kolumba
Kolumbastraße 4
www.kolumba.de
🔘 kolumba_artmuseum

Abbildung Seite 160 und 169:
Jannis Kounellis, Tragedia Civile, 1975

Abbildung Seite 175:
Bethan Huws, The Unicorn (or Horus
Conclusus), 2018

Zitat Seite 178:
Barbara Schock-Werner, *Köln auf den
Punkt I,* DuMont Buchverlag, 4. Auflage 2020

Leiko Ikemura
www.leiko.info
🔘 studioleikoikemura

**9 Lintgasse 28
Skulpturenpark**
Parkeingang: Riehler Straße
www.skulpturenparkkoeln.de

Die Zitate in den Texten stammen aus:
Mary Bauermeister, *Kulturgewächs –
Spektrum über 60 Jahre,* Katalog zur
Ausstellung im *Frauenmuseum Bonn*
vom 22.4. bis 19.8.2012

Historisches Archiv der Stadt Köln (Hg.),
*intermedial kontrovers experimentell.
Das Atelier Mary Bauermeister in Köln
1960-62,* Emons Verlag Köln, 1993

Mary Bauermeister, *Ich hänge im Triolengitter – Mein Leben mit Karlheinz
Stockhausen,* btb, 2013

Thomas Köster, *Mary Bauermeister –
Im Märchenreich. Haus und Garten,*
Hirmer, 2021

www.cafedeutschland.staedelmuseum.de/
gespraeche/mary-bauermeister

Dokumentarfilm *Eins und eins ist drei*
von Carmen Belaschk, ACCENTUS Music,
2020

10 Nordfriedhof
Pallenbergstraße
Nippes (Weidenpesch)
www.nabu-koeln.de
🔘 nabu_koeln
www.melatenfriedhof.de

Hänneschen-Theater
Eisenmarkt 2-4
www.haenneschen.de
🔘 haenneschentheater

Zitat Seite 208:
Frauke Kemmerling und Monika Salchert,
*Mich Hätz wie Holz – 200 Jahre Kölsch
Hännesche,* Emons, 2002

11 Alexianer Klostergärtnerei
Kölner Straße 64
Porz
www.alexianer-werkstaetten.de
🔘 alexianer_klostergaertnerei

**Gartengirls
Anne Rixmann und Gabi Weiss**
www.gartengirls.de

12 Speisekammer
Alteburger Str. 18
www.speisekammer.koeln
🔘 speisekammer_koln

**GOODgirls
Elli Erl und Tina van Wickeren**
🔘 goodgirls.music
www.aluis.de

509

13 Afro Shop Megitta Luvivila Domingos
Ehrenfeldgürtel 104
Ehrenfeld
 Afro-Kosmetik-Megitta Luvivila Domingos

Ehrenfeld
www.ehrenfelder.org
Buchsalon Ehrenfeld
Wahlenstraße 1
www.buchsalon-ehrenfeld.de
 buchsalon

Zitat S. 259:
Peter Rosenfeld, *Venedig ist auch nicht viel größer als Ehrenfeld*, Verlag der Buchhandlung König Köln, 2017

Melane Nkounkolo
www.melanemusic.com
 thisismelane
 beautifulcolours_
www.hairlikethis.de

14 Ulrepforte
Sachensring 42, Südstadt
www.rote-funken.de
 rote_funken

15 Kunsthochschule für Medien Köln
Peter-Welter-Platz 2
www.khm.de
 kunsthochschulefuermedien
www.filmpalette-koeln.de
 filmpalette_koeln

Kerstin Stutterheim
www.kerstinstutterheim.de
 kerstin_stutterheim
www.filmforumnrw.de
 filmforumnrw

16 Institut für Archäologie
Universität zu Köln
Kerpener Straße 30
Lindenthal
www.uni-koeln.de
 uni_koeln

17 Literaturhaus Köln
Großer Griechenmarkt 39
www.literaturhaus-koeln.de
 literaturhauskoeln
www.literaturszene-koeln.de
 literaturszenekoeln

www.litcologne.de
 lit.cologne

Buchhandlung Klaus Bittner
Albertusstraße 6
www.bittner-buch.de
 buchhandlung_bittner

18 Alhambra
Park an der Inneren Kanalstraße
Nippes

Fort X
Ehemalige Befestigungsanlage,
Park und Rosengarten am
Neusser Wall

Brigitte Glaser
www.brigitteglaser.de

Buchtipp:
Brigitte Glaser, *Kaiserstuhl*,
Ullstein 2022

19 Wochenmarkt Klettenberg
Klettenberggürtel/Siebengebirgsstraße
Klettenberg

Hanne(lore) Hippe
www.hannelore-hippe.de

Buchtipp:
Hanne Hippe, *Die Geschichte einer unerhörten Frau*,
Goldmann, 2021

Hanne H. Kvandal, *13° – Tödlicher Sommer*, dtv, 2022

DANK

Im Besonderen danken wir den achtundzwanzig porträtierten Frauen für interessante, inspirierende, bereichernde und herzliche Begegnungen und dafür, dass Sie uns Einblicke in ihr Leben und Wirken gewährt haben. Der Grafik- und Buchdesignerin Christina Krutz danken wir sehr herzlich für die immer wieder sehr harmonische und konstruktive Zusammenarbeit. Sie trug durch ihre Ideen und Anregungen entscheidend zur Gestaltung des Buchs bei und verliert auch nie die Geduld mit der Herausgeberin. Lektoriert wurden die Texte von Christiane Ahumada, auch ihr einen herzlichen Dank für wertvolle Anregungen. Für die Endkorrektur einen herzlichen Dank an Georg Patzer. Ebenso danken wir der Stadt Köln, insbesondere der Oberbürgermeisterin und ihren MitarbeiterInnen, der Hohen Domkirche beziehungsweise dem Domkapitel, Wilhelm Wirtz vom *E-Werk*, dem WDR, insbesondere Thorsten Rudnick, der Geschäftsführung von Mäurer & Wirtz und den MitarbeiterInnen des *Dufthauses 4711*, der *Oper Köln*, dem *Ostasiatischen Museum* und dem Erzbistum Köln, Marco Büttgenbach von der *Alexianer Klostergärtnerei*, dem *Hänneschen-Theater*, Megitta Luvivila Domingos, Sel Öker von der *Speisekammer*, den *Kölsche Funke rut-wieß vun 1823 e.V.*, der *Kunsthochschule für Medien*, dem Institut für Archäologie der *Universität zu Köln*, dem *Literaturhaus*, dem *Kölnischen Kunstverein*, dem *Rautenstrauch-Joest-Museum* und dem *Museum Ludwig*, sowie dem *FrauenMediaTurm* für die sehr entgegenkommende, unkomplizierte und angenehme Zusammenarbeit und Unterstützung.

Copyright © 2022 by Panima Verlag, Karlsruhe

Fotografien: © Bettina Flitner, Köln, www.bettinaflitner.de

Motiv Umschlagfoto: *Große Agrippina* an der ehemaligen Agrippina-Hauptverwaltung in der Riehler Straße 90

Abbildungen von Kunstwerken mit freundlicher Genehmigung der VG Bild-Kunst, Bonn 2022

Lektorat: Christiane Ahumada, Köln, www.wortgarnitur.de

Layout und Satz: Christina Krutz, Biebesheim am Rhein

Druck und Bindung: LONGO AG, Bozen, Italien, www.longo.media

ISBN: 978-3-9820126-3-6

Panima Verlag
Christiane Möschle
Leopoldstraße 2
76133 Karlsruhe

www.panima-verlag.de